高等职业教育规划教材

工程建设法规

王铁三　王丽珠　主编

GONGCHENG
JIANSHE FAGUI

化学工业出版社
·北京·

内 容 简 介

本教材是依据高职高专院校人才培养方案、课程标准以及当前教学改革要求，按照最新制定的工程建设法律法规和标准规范进行编写的。全书共十章内容，包括：工程建设法律基础、工程项目建设程序、工程建设招标与投标、工程建设合同法律制度、工程建设监理法律制度、工程建设安全生产管理法律制度、工程建设质量管理法律制度、工程建设纠纷处理法律制度、工程建设用地制度与政策、城市房地产管理法律制度。

本书为高等职业教育工程管理、工程造价、建筑工程技术等土木建筑大类相关专业的教材，也可供建筑相关专业技术、经济、管理人员学习时参考。

图书在版编目（CIP）数据

工程建设法规 / 王铁三，王丽珠主编．—北京：
化学工业出版社，2022.2
高等职业教育规划教材
ISBN 978-7-122-40387-2

Ⅰ．①工… Ⅱ．①王… ②王… Ⅲ．①建筑法–中国–高等职业教育–教材 Ⅳ．①D922.297

中国版本图书馆 CIP 数据核字（2021）第 257099 号

责任编辑：王文峡　　　　　　　　　　　　　　文字编辑：李　曦
责任校对：王鹏飞　　　　　　　　　　　　　　装帧设计：张　辉

出版发行：化学工业出版社（北京市东城区青年湖南街 13 号　邮政编码 100011）
印　　装：三河市延风印装有限公司
787mm×1092mm　1/16　印张 15¾　字数 390 千字　2022 年 3 月北京第 1 版第 1 次印刷

购书咨询：010-64518888　　　　　　　　　　　售后服务：010-64518899
网　　址：http://www.cip.com.cn
凡购买本书，如有缺损质量问题，本社销售中心负责调换。

定　　价：49.00 元　　　　　　　　　　　　　　　　　　　版权所有　违者必究

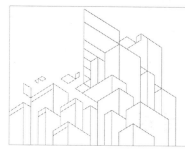

前言 Preface

建筑业是国民经济的支柱产业之一，建筑业的发展对推动国民经济增长影响巨大。近年来，随着我国改革开放的进一步深化，建筑业的发展也呈现出突飞猛进的趋势。在我国建筑市场逐步规范和与国际接轨的过程中，建筑业对专业人才的需求越来越多，对专业人才的素质要求也越来越高。在这样的大背景下，建筑市场的规范和完善有待于进一步加强。这就需要从业人员能充分学习并熟练运用法律法规知识解决问题。

党的十八届四中全会召开以后，全面推进依法治国的总目标业已形成。建筑业从业人员有义务通过学习增强法律意识和法制观念，做到学法、懂法、守法和用法；有义务依法从事工程管理。

为满足应用型本科院校及高职高专院校对学生培养的新要求，针对当前土木建筑类法规教材建设的需要，结合应用型本科院校及高职高专院校学生的特点及多年的教学实践经验，依据《中华人民共和国建筑法》《中华人民共和国招标投标法》《中华人民共和国民法典》等相关法律法规编著了这本《工程建设法规》教材。该教材是在2021年1月《中华人民共和国民法典》颁布实施之后编著完成的，编著过程中参考了大量的文献资料，特别是对归入《中华人民共和国民法典》的原《中华人民共和国合同法》《中华人民共和国物权法》《中华人民共和国侵权责任法》《中华人民共和国民法通则》等废止后的部分法律条款进行了相应的补充完善或重新解读，力求适应新形势下教材规划的要求。本教材的特点是借助大量的案例帮助学生对专业知识的理解和掌握，并希望通过案例教学来提高学生分析解决问题的能力。全书共一章内容，分别是：工程建设法律基础、工程项目建设程序、工程建设招标与投标、工程建设合同法律制度、工程建设监理法律制度、工程建设安全生产管理法律制度、工程建设质量管理法律制度、工程建设纠纷处理法律制度、工程建设用地制度与政策、城市房地产管理法律制度。这些章节涵盖了工程建设过程中的主要法律法规知识。

本书为高等职业教育工程管理、工程造价、建筑工程技术等土木建筑大类专业的教材，也可供建筑相关专业技术、经济、管理人员学习时参考。

本书由王铁三、王丽珠担任主编，冯蕾、杨金亮、张家鹏担任副主编，李翔、马元杰、王力、于海清、张慧洁参加了本书的编写。编写过程中本教材参阅了大量国内专家、学者、同行的相关著作，并得到了一些行业朋友的大力支持，在此致以衷心的感谢！

由于时间紧迫，编者水平所限，书中不妥之处在所难免，恳请广大读者及同行批评指正。

编者
2022年2月

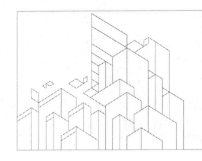

目录 Contents

1 工程建设法律基础

1.1 工程建设法规概述 …………… 1
   1.1.1 建设法规的概念与作用 …… 1
   1.1.2 建设法规的特征 ………… 2
   1.1.3 建设法规的基本原则 …… 3
1.2 工程建设法律关系 …………… 4
   1.2.1 建设法律关系的概念 …… 4
   1.2.2 建设法律关系的构成要件 … 4
   1.2.3 建设法律关系的产生、变更
       和消灭 ………………… 6

案例分析 ……………………… 7
1.3 工程建设法规体系 …………… 7
   1.3.1 建设法规体系的概念 …… 8
   1.3.2 我国建设法规体系的颁布
       背景 …………………… 9
本章小结 ……………………… 10
复习思考题 …………………… 10

2 工程项目建设程序

2.1 工程项目建设程序的内容 ……… 11
   2.1.1 工程项目建设程序的
       概念 …………………… 11
   2.1.2 工程项目建设的阶段划
       分及内容 ……………… 11
   案例分析 …………………… 15
2.2 工程报建制度 ………………… 15
   2.2.1 工程报建制度的概念 …… 15
   2.2.2 工程报建的范围、内容
       与程序 ………………… 15
   2.2.3 建设项目选址意见书制度 … 16
   2.2.4 建设工程规划许可制度 …… 17
2.3 工程建设施工许可 …………… 18
   2.3.1 工程建设施工许可的概念 … 18
   2.3.2 建筑工程施工许可制度 …… 18

2.4 工程建设保险制度 …………… 19
   2.4.1 工程建设保险的概念 …… 19
   2.4.2 建筑工程一切险 ………… 20
   2.4.3 安装工程一切险 ………… 21
2.5 工程建设从业单位的资质许可 … 22
   2.5.1 从业单位的条件要求 …… 22
   2.5.2 建筑业企业资质等级许可 … 23
2.6 工程建设从业人员的资质许可 … 27
   2.6.1 注册建筑师 ……………… 27
   2.6.2 注册造价工程师 ………… 28
   2.6.3 注册监理工程师 ………… 29
   2.6.4 注册建造师 ……………… 31
案例分析 ……………………… 32
本章小结 ……………………… 32
复习思考题 …………………… 33

3 工程建设招标与投标　　34

- 3.1 工程建设发承包制度 …………… 34
  - 3.1.1 建筑工程发包、承包的概念 …………………………… 34
  - 3.1.2 建筑工程发包、承包的原则 …………………………… 34
  - 3.1.3 建筑工程发包、承包的主体 …………………………… 35
  - 3.1.4 工程发包 …………………… 37
  - 3.1.5 工程承包 …………………… 38
- 3.2 工程招标与投标概述 …………… 40
  - 3.2.1 建设工程招标投标的概念 … 40
  - 3.2.2 建设工程招标投标的原则 … 40
  - 3.2.3 建设工程招标投标的意义 … 41
- 3.3 工程建设招标 …………………… 42
  - 3.3.1 必须招标的工程建设项目的规定 …………………… 42
  - 3.3.2 招标的主体 ………………… 43
  - 3.3.3 工程建设招标应具备的条件 …………………………… 45
  - 3.3.4 工程建设招标方式 ………… 46
  - 3.3.5 工程建设招标程序 ………… 47
  - 案例分析 ……………………………… 51
- 3.4 工程建设投标 …………………… 52
  - 3.4.1 工程建设投标主体 ………… 52
  - 3.4.2 工程建设投标准备 ………… 54
  - 3.4.3 工程建设投标文件 ………… 56
  - 3.4.4 工程建设投标担保 ………… 57
  - 案例分析 ……………………………… 58
- 3.5 工程建设开标、评标与定标 …… 58
  - 3.5.1 开标 ………………………… 58
  - 3.5.2 评标 ………………………… 60
  - 3.5.3 定标 ………………………… 64
  - 案例分析 1 …………………………… 66
  - 案例分析 2 …………………………… 67
- 本章小结 ……………………………… 68
- 复习思考题 …………………………… 68

4 工程建设合同法律制度　　69

- 4.1 合同与《民法典》之合同编概述 …………………………… 69
  - 4.1.1 合同的概念 ………………… 69
  - 4.1.2 合同的分类 ………………… 69
- 4.2 合同的订立 ……………………… 70
  - 4.2.1 合同订立的概念 …………… 70
  - 4.2.2 合同订立的形式 …………… 71
  - 4.2.3 合同订立的程序 …………… 71
  - 4.2.4 缔约过失责任 ……………… 74
- 4.3 合同的一般条款 ………………… 75
  - 4.3.1 当事人的姓名或者名称和住所 …………………………… 75
  - 4.3.2 标的 ………………………… 75
  - 4.3.3 数量 ………………………… 75
  - 4.3.4 质量 ………………………… 76
  - 4.3.5 价款和报酬 ………………… 76
  - 4.3.6 履行期限、地点和方式 …… 76
  - 4.3.7 其他条款 …………………… 76
- 4.4 合同的生效与履行 ……………… 77
  - 4.4.1 合同的成立 ………………… 77
  - 4.4.2 合同的生效 ………………… 78
  - 4.4.3 合同的履行 ………………… 81
  - 4.4.4 合同履行的抗辩权 ………… 83
  - 4.4.5 合同的保全 ………………… 85
  - 4.4.6 合同履行的担保 …………… 87
- 4.5 合同的变更、撤销、转让与终止 … 91
  - 4.5.1 合同的变更 ………………… 91
  - 4.5.2 合同的可撤销 ……………… 92
  - 4.5.3 合同的转让 ………………… 94
  - 4.5.4 合同的终止 ………………… 96
- 4.6 合同的违约责任 ………………… 97
  - 4.6.1 违约责任与违约行为 ……… 97
  - 4.6.2 违约责任的承担形式 ……… 98
  - 4.6.3 违约的免责事由 …………… 99

4.6.4　工程施工中违约事件的
　　　　　责任承担 …………………… 100
4.7　合同的索赔 …………………………… 101
　　4.7.1　索赔的概念和分类 ……… 101
　　4.7.2　索赔的依据和索赔程序… 102
　　4.7.3　索赔的时效 ……………… 104
　　案例分析 ………………………… 104
本章小结 …………………………………… 105
复习思考题 ………………………………… 106

|5| 工程建设监理法律制度　　107

5.1　工程建设监理概述 …………………… 107
　　5.1.1　工程建设监理的概念 …… 107
　　5.1.2　工程建设监理的性质 …… 108
　　5.1.3　工程建设监理的作用 …… 110
　　5.1.4　工程建设监理的范围 …… 110
5.2　工程建设监理制度 …………………… 111
　　5.2.1　工程建设监理的理论
　　　　　基础 ……………………… 111
　　5.2.2　工程建设监理合同 ……… 112
　　5.2.3　工程建设监理的依据、
　　　　　内容和权限 ……………… 112
　　5.2.4　项目监理机构及其设施… 113
　　5.2.5　工程建设监理企业资质管理
　　　　　与年检制度 ……………… 115
　　5.2.6　工程监理单位实施的
　　　　　禁止性行为 ……………… 116
　　5.2.7　工程建设监理的特点和
　　　　　发展趋势 ………………… 116
5.3　工程建设监理的法律责任……… 117
　　案例分析 ………………………… 117
　　5.3.1　监理单位的行业法律
　　　　　责任 ……………………… 118
　　5.3.2　监理单位的行业行政
　　　　　责任 ……………………… 118
　　5.3.3　监理单位安全责任 ……… 119
　　5.3.4　监理人员法律责任 ……… 119
　　案例分析 ………………………… 120
本章小结 …………………………………… 120
复习思考题 ………………………………… 121

|6| 工程建设安全生产管理法律制度　　122

6.1　工程建设安全生产立法概述 …… 122
　　6.1.1　建设安全生产管理的概念
　　　　　和管理原则……………… 122
　　6.1.2　施工单位的安全生产
　　　　　保障 ……………………… 123
　　案例分析 1 ……………………… 126
　　6.1.3　从业人员安全生产的权利
　　　　　和义务…………………… 126
　　案例分析 2 ……………………… 127
　　案例分析 3 ……………………… 129
　　6.1.4　生产安全事故的应急救援
　　　　　和调查处理……………… 129
　　6.1.5　安全生产的监督管理 …… 131
　　案例分析 4 ……………………… 133
6.2　建设工程安全生产管理基本
　　制度……………………………… 133
　　6.2.1　建设工程安全管理制度… 133
　　6.2.2　建设单位安全责任 ……… 138
　　6.2.3　工程监理单位的安全
　　　　　责任 ……………………… 140
　　6.2.4　施工单位的安全责任 …… 141
　　6.2.5　勘察、设计单位的安全
　　　　　责任 ……………………… 146
　　6.2.6　其他单位的安全责任 …… 147
6.3　工程建设安全生产许可证制度… 148
　　6.3.1　安全生产许可证的取得
　　　　　条件 ……………………… 149

6.3.2 安全生产许可证的管理规定 …………………… 150
案例分析 5 ……………………………… 151
本章小结 ………………………………… 151
复习思考题 ……………………………… 152

|7| 工程建设质量管理法律制度　　153

7.1 工程建设质量管理概述 ……… 153
 7.1.1 工程建设质量的含义 …… 153
 7.1.2 工程质量的特点 ………… 154
 7.1.3 影响工程质量形成的五个阶段 ………………… 155
 7.1.4 工程质量法规体系 ……… 156
7.2 工程建设质量管理基本制度 … 157
 7.2.1 工程建设质量监督管理制度 ……………………… 157
 7.2.2 工程建设质量监督及检测机构 ……………………… 158
 7.2.3 建设工程质量的验评及奖励制度 ………………… 160
 7.2.4 工程竣工验收备案制度 … 162
 7.2.5 工程质量事故报告制度 … 165
7.3 工程建设质量体系认证制度 … 168
 7.3.1 质量体系认证概述 ……… 168
 7.3.2 质量管理和质量保证系列标准 ………………… 170
 7.3.3 质量保证体系系列标准内容 ……………………… 171
 7.3.4 质量保证体系标准的选择 ……………………… 172
7.4 工程建设标准化管理 ………… 172
 7.4.1 工程建设标准概述 ……… 172
 7.4.2 工程建设标准的种类 …… 174
 7.4.3 我国质量标准的分级 …… 177
 7.4.4 工程建设标准的制定 …… 178
 7.4.5 工程建设标准的实施与监督 ……………………… 181
 7.4.6 工程建设强制性标准 …… 182
7.5 建设工程质量保修制度 ……… 183
 7.5.1 建设工程质量保修制度的概念 ……………………… 183
 7.5.2 建设工程质量的保修范围及保修期限 …………… 184
 7.5.3 建设工程保修责任 ……… 185
 7.5.4 建设工程保修的程序 …… 185
 7.5.5 建设工程质量缺陷的损害赔偿 ………………… 186
 7.5.6 建设工程质量保证金 …… 186
案例分析 1 ……………………………… 187
案例分析 2 ……………………………… 188
本章小结 ………………………………… 188
复习思考题 ……………………………… 188

|8| 工程建设纠纷处理法律制度　　189

8.1 工程建设纠纷的成因及防范措施 ……………………………… 189
 8.1.1 工程建设纠纷的概念 …… 189
 8.1.2 工程建设中常见纠纷的成因与防范措施 ………… 190
8.2 工程建设纠纷的处理程序 …… 192
 8.2.1 民事纠纷处理程序 ……… 192
 8.2.2 行政纠纷处理程序 ……… 202
8.3 工程建设纠纷处理的法律依据 … 205
 8.3.1 合同计价的纠纷 ………… 205
 8.3.2 工程计量的纠纷 ………… 207
 8.3.3 竣工日期的纠纷 ………… 209
 8.3.4 工程价款优先受偿权的纠纷 ……………………… 210
 8.3.5 建筑工程质量不符合约定的纠纷 ……………………… 211
案例分析 ………………………………… 211
复习思考题 ……………………………… 212

9 工程建设用地制度与政策 …… 213

- 9.1 我国现行土地制度概述 ……… 213
  - 9.1.1 土地所有制度 ………… 213
  - 9.1.2 土地使用制度 ………… 214
  - 9.1.3 土地管理制度 ………… 214
  - 9.1.4 工程建设用地的概念和特征 …………………… 215
- 9.2 建设用地的取得与管理 ……… 216
  - 9.2.1 国有建设用地使用权的出让 ………………… 216
  - 9.2.2 建设用地使用权的转让及管理 ………………… 220
  - 9.2.3 建设用地使用权划拨 …… 221
- 案例分析 ……………………… 222
- 本章小结 ……………………… 223
- 复习思考题 …………………… 223

10 城市房地产管理法律制度 …… 224

- 10.1 房地产法律制度与政策概述 … 224
  - 10.1.1 房地产的概念 ………… 224
  - 10.1.2 房地产的特征 ………… 224
  - 10.1.3 房地产法概述 ………… 225
- 10.2 房地产开发经营管理制度与政策 ………………… 226
  - 10.2.1 房地产开发的含义 …… 226
  - 10.2.2 房地产开发企业的分类与设立 ………………… 227
  - 10.2.3 房地产开发建设管理 … 229
  - 10.2.4 房地产交易 …………… 231
- 10.3 城市房屋征收与补偿法律制度 ………………… 234
  - 10.3.1 城市房屋征收与补偿概述 ……………… 234
  - 10.3.2 国有土地上房屋征收与补偿的基本程序 ……… 236
- 10.4 房地产登记制度 …………… 237
  - 10.4.1 房地产登记制度概述 … 237
  - 10.4.2 土地登记制度 ………… 238
  - 10.4.3 房屋登记制度 ………… 239
- 案例分析 ……………………… 242
- 本章小结 ……………………… 242
- 复习思考题 …………………… 243

参考文献 …… 244

1 工程建设法律基础

【知识目标】
1. 熟悉建设法规的概念、作用与特征；
2. 掌握建设法律关系的产生、变更与消灭；
3. 掌握建设法规的构成要素；
4. 了解建设法规的体系构成；
5. 了解我国工程建设法规体系的颁布背景。

1.1 工程建设法规概述

1.1.1 建设法规的概念与作用

1.1.1.1 建设法规的概念

建设法规是由国家立法机关或其授权的行政机关制定的，用于调整国家机关、企事业单位、社会团体及公民个人之间，在建设活动过程中所发生和缔结的各种社会关系的法律规范的统称。建设法规体现了政府组织、管理、协调城乡建设、市政建设等各项建设活动的方针、政策和基本原则。我国的全国人民代表大会是最高国家权力机关，同时又是国家立法机关。它有权制定、修改和废除法律。立法机关的范围随层级不同可相应扩大。如国务院可经全国人民代表大会授权制定行政法规，国务院所属各部委可制定部门规章，省、自治区、直辖市的人民代表大会可制定地方性法规，地方人民政府经地方人民代表大会授权可制定地方规章。我国建设法规体系是纵向的梯形结构形式。从纵向效力层级上讲，工程建设法规体系必须服从国家法律体系的总要求，必须与宪法和相关法律保持一致。在建设法规体系范围内，纵向不同层次的法规应相互衔接，不能上下矛盾。例如，国务院制定的建设行政法规不得与全国人民代表大会制定的建设法律相抵触；住房和城乡建设部制定的部门规章不得与国务院制定的行政法规相抵触；省、自治区、直辖市地方政府制定的地方规章不得与地方人民代表大会制定的地方法规相冲突。

1.1.1.2 建设法规的作用

我国的法律体系涉及行业领域较多，建设法规只是国家法律体系的重要组成部分。工程建设法规覆盖建设活动的各行业、各领域以及工程建设的整个过程，其作用是确保我国的建设活动在政府、行业主管部门的管理下科学有序地进行，一般体现在如下三个方面。

（1）规范指导建设行为。建设法律规范通过对参建各方合法建设行为的肯定与违法建设行为的否定来规范指导建设行为。它明确了建设主体的义务性建设行为和禁止性建设行为。必须做的义务性建设行为在法律法规的表述中一般都有强制性要求，如《中华人民共和国建筑法》（该法于2019年4月进行了修正，全书以下简称《建筑法》）第五十八条中规定应当履行的"建筑施工企业必须按照工程设计图纸和施工技术标准施工"。义务性建设行为是建设法律关系一方权利相对人应当在双务合同中履行的相应义务，这种义务性条款一般在合同中均有明确的规定，正当地、合理地按照合同条款中的要求履行各自义务是合同当事人的职责，通常所见的合同条款权利和义务往往是相对应的，双务合同中一方当事人享有的权利有时恰恰是另一方当事人应当履行的义务。义务性条款明确了双方在合同中应做的工作以及质量要求和标准。禁止性建设行为是规定了当事人在建设活动中的禁止性行为，如《中华人民共和国招标投标法》（2017年12月修正，全书以下简称《招标投标法》）第三十三条规定："投标人不得以低于成本的报价竞标，也不得以他人名义或者以其他方式弄虚作假，骗取中标。"禁止性条款警示了参建单位在建设活动中严格遵守法律法规，所有建设活动不得越过法律红线，否则便是触犯了法律的违法行为。

（2）保护工程建设参建方的合法行为。在工程项目建设活动中，涉及的参建单位有多家，但能形成法律关系的单位一般是合同当事人，如设计合同中的建设单位与设计单位，工程施工合同中的建设单位与施工单位，工程监理合同中的建设单位与监理单位等。这些合同都属于工程建设合同，都属于双方互负义务的合同。合同中列明了双方在履行合同过程中各自的权利和义务条款。建设法律、法规、技术标准等是拟定合同的依据。国家应对工程建设参建方的合法建设行为给予确认和充分的保护。例如，《建筑法》第四条规定："国家扶持建筑业的发展，支持建筑科学技术研究，提高房屋建筑设计水平，鼓励节约能源和保护环境，提倡采用先进技术、先进设备、先进工艺、新型建筑材料和现代管理方式。"第四十七条规定："建筑施工企业和作业人员在施工过程中，应当遵守有关安全生产的法律、法规和建筑行业安全规章、规程，不得违章指挥或者违章作业。作业人员有权对影响人身健康的作业程序和作业条件提出改进意见，有权获得安全生产所需的防护用品。作业人员对危及生命安全和人身健康的行为有权提出批评、检举和控告。"这些均属于保护合法建设行为的规定。

（3）处罚违法建设行为。建设法规在保护合法建设行为的同时应对参与者的违法建设行为给予制裁，这是工程建设活动得以顺利实施的有效保障。例如，《建筑法》第七十五条规定："建筑施工企业违反本法规定，不履行保修义务或者拖延履行保修义务的，责令改正，可以处以罚款，并对在保修期内因屋顶、墙面渗漏、开裂等质量缺陷造成的损失，承担赔偿责任。"处罚违法建设行为是指法律关系当事人一方因不履行或没有正当履行合同给对方造成损失的，应承担损害赔偿责任。《建筑法》第六十六条则规定了当事人违法、违规作业应当受到的处罚。

1.1.2　建设法规的特征

建设法规多属于民商法、行政法和经济法的范畴。例如，《中华人民共和国合同法》（全书以下简称《合同法》）属于民商法［2021 年《中华人民共和国民法典》（全书以下简称《民法典》）颁布实施后，原《合同法》同时废止］；《建筑法》《中华人民共和国城乡规划法》（2019 年 4 月第二次修正，全书以下简称《城乡规划法》）属于行政法；《中华人民共和国土地管理法》（2019 年 8 月第三次修正，全书以下简称《土地管理法》）、《中华人民共和国预算法》（2018 年 12 月第二次修正，全书以下简称《预算法》）等属于经济法。建设法规是以综合的手段对行政、民事、经济等社会关系加以规范和调整的法规。它具备一般法规的属性特征，如规范性、普遍性、概括性和强制性。同时，建设法规还具备区别于其他法规的特征。

1.1.2.1 建设活动具有流动性的特点

建筑产品一般生产周期长，在活动过程中需要投入大量资金、人力、物力等资源，建筑产品的质量与人们的生命、财产安全息息相关，建设法规通过规范人们在建设过程中的行为来确保建筑市场的有序和正常发展。

在建设法规中，调整建设活动的方式有授权、命令、禁止、许可、免除、确认、计划、撤销等。授权是国家依据建设法规，授予建设管理机关管理权限，建设管理机关按照国家授权在授权范围内对建筑行业进行监督管理；命令和禁止是国家建设行政机关要求建设法律关系主体作为和不作为的义务；许可是国家建设行政主管部门根据法律关系主体的申请，准许其在法律允许的范围内从事某种活动的权利；免除是国家依照工程建设法规，对法律关系主体在特定条件下的某种行为或事项予以免除；确认是国家建设行政主管部门依法对有争议的法律关系或事件加以认定；计划是国家通过工程建设法规对建筑行业的投资规模、资金使用加以科学调节；撤销是建设行政主管部门运用行政权力使法律关系主体权利、义务归于消灭。

1.1.2.2 建设法规调整工程建设领域里的各种社会关系

建设法规调整的社会关系包括建设行政主管部门与参建各方的行政监督管理关系、参建主体的权利义务关系等。同时，建设法规还起着对建筑市场的宏观调控作用，监管着工程建设企业的设立、变更和终止，规范着建筑类企业资质的晋升与降级。

1.1.2.3 建设法规通过技术标准、技术规范和规程来规范工程建设参与人的工作行为和工程质量

严格按照技术标准、技术规范和规程进行施工是施工人员的主要义务，是保证工程建筑符合建设单位要求的前提和基础。如果工程建设操作人员不遵守技术性的规定，轻者会导致生产率低下，严重的会危及生产，引发质量安全事故。

1.1.3 建设法规的基本原则

为保证建设活动得以顺利进行，工程建设法规必须体现以下基本原则。

1.1.3.1 确保工程质量与安全原则

工程质量与安全是关系到人民生命与财产安全的重大问题，是整个建设活动的核心。它应当符合国家规定和合同约定的安全、适用、耐久等指标的要求。其目的就是确保工程在生

产过程中和交付使用后不因质量问题而引起人员伤亡和财产损失。

1.1.3.2 与国家建筑工程安全标准相统一原则

国家标准是由国务院建设行政主管部门制定的，在全国范围内使用的统一的技术规程、标准和要求；行业标准是由国家各部委（局）批准发布的在该部门范围内统一使用的标准，行业标准要由国务院建设行政主管部门制定并报国务院标准化行政主管部门备案。

1.1.3.3 工程参建方依法执业原则

建设活动的参与者包括从事建设活动的建设单位、勘察单位、设计单位、监理单位、施工单位等，都必须依法执业，并在建设活动的过程中不得损害社会公共利益和他人的合法权益。

1.1.3.4 合法权利受法律保护原则

宪法和法律保护每一个公民的合法权益，工程建设法规除维护建筑市场的秩序外，还保护参建主体的合法权益不受侵犯，任何人不得妨碍和阻挠依法进行的工程建设活动。

1.2 工程建设法律关系

1.2.1 建设法律关系的概念

法律关系是通过法律规范来确定和调整的人与人、人与组织之间形成的权利义务关系。法律关系的种类很多，如民事法律关系、刑事法律关系、行政法律关系等。法律关系一旦形成即受到法律的约束和保护。从关系所属领域的角度讲，法律关系同政治关系、经济关系、宗教关系等一样，仅为社会关系的一种。

建设法律关系是由建设法律规范所确认和调整的，人们在建设活动过程中所产生的权利义务关系。例如，某单位拟投资建设一栋办公楼项目，经过严格的招标投标程序，确定某施工企业为中标人，双方签订了工程施工合同，这个合同就表明建设单位和施工单位之间形成了一种建设法律关系。合同条款中明确规定了当事双方在项目建设中各自履行的义务和应享有的权利。建设法律关系受建设法律规范的约束和调整，它是建设法律法规在国家经济建设与生产活动中实施结果的反映。只有当社会组织或个人严格按照建设法律法规进行建设活动，形成具体的权利和义务关系时，才构成建设法律关系。

1.2.2 建设法律关系的构成要件

法律关系由法律关系主体、法律关系客体和法律关系内容三个要素组成，缺少其中任何一个要素都不能构成法律关系。如果三要素之一发生了变化，那么该法律关系就会再生为另一种新的法律关系。

建设法律关系与其他法律关系一样，也包含主体、客体和内容三个要素。

1.2.2.1 建设法律关系主体

建设法律关系的主体就是工程建设活动的参加者，也指参加建设活动、受建设法规调整的，在法律上享有权利、承担义务的单位或个人。在工程建设活动中主体有如下几种。

（1）国家机关。国家机关包括国家权力机关和国家行政机关，它们是国家各种法律法规的制定者，是各类建设活动的审批者、监督者和管理者。

国家权力机关指的是全国人民代表大会和地方各级人民代表大会。它负责审批国家的建设计划和国家财政预决算；制定和颁布建设法律；监督和检查国家建设法律的执行情况等。国家行政机关包括各级计划机关、建设主管机关、建设监督机关和国家建设相关业务的主管机关。这些机关依法行使国家行政职权，组织并管理国家行政事务，规划制定建设法规和标准，根据标准进行行业管理。

（2）法人或其他组织。法人是具有民事权利能力和民事行为能力，依法独立享有民事权利和承担民事义务的组织，这是工程建设活动中最常见的主体，如建设单位、施工企业、勘察设计单位、工程监理单位、建设银行、招标代理机构和工程技术咨询单位等。根据《民法典》的规定，法人必须具备四个成立条件：一是依法成立；二是有必要的财产或经费；三是有自己的名称、组织机构和住所；四是能够独立承担民事责任。

其他组织指的是依据有关政策成立，有相应的组织机构和一定数量的财产，但不具备法人资格的非法人组织。它们主要包括不具备法人资格的私营企业、合伙企业和个体经营者。一些不具备法人资格的协会、学会、俱乐部等也属于这类组织。

（3）公民个人或自然人。自然人比公民的定义更广泛，是指伴随着出生而获得生命的人类个体，是基于自然出生而在民事上享有某些权利和履行义务的人。公民是指取得一国国籍并根据该国法律规定享有权利和履行义务的人，是赋予其国籍的自然人。在现实生活中，二者并不做严格的区分。公民个人或自然人参与工程建设活动的领域相当广泛，可以是勘察设计人员、施工管理人员、监理人员，也可以是架子工、钢筋工、混凝土工等与单位签订劳动合同的操作工人等。

1.2.2.2 建设法律关系客体

建设法律关系客体是指建设法律关系主体享有的权利和履行的义务所共同指向的对象。由于客体的存在，建设法律关系各方主体之间才建立起了某种权利义务关系。例如，甲建设单位针对某项目对外发包，乙施工单位依法中标，双方针对该项目签订工程施工合同。在这里甲建设单位和乙施工单位是工程建设主体，它们因某项目而签订合同，某项目也就是甲乙双方权利义务所共同指向的对象——客体。

在工程建设活动中，建设法律关系客体有多种，一般表现为财、物、行为和非物质财富。

在建设法律关系中表现为"财"的客体主要是指各种有价证券和建设资金，如在贷款合同中货币就是标的。

在建设法律关系中表现为"物"的客体包括各种建筑材料、各类建筑机械设备、已竣工或在建的建筑物和构筑物等。

行为在法律意义上是指人们有意识的活动。"行为"这种客体多指建设法律关系主体为达到一定的目的所进行的活动，在建设活动中通常表现为建设行政执法、勘察设计、施工安装、工程验收等活动。

非物质财富是人们脑力劳动的成果或在智力方面的创造，如设计人员设计的图纸就融入了个人智力方面的成果。在工程建设中表现为"非物质财富"的客体主要包括商标权、专利权、著作权等。

1.2.2.3 建设法律关系内容

建设法律关系的内容是建设活动参与者各自享有的权利和应履行的义务。这些内容要在合同中充分体现出来。例如，建设单位和施工单位签订了施工合同，施工合同中明确规定了建设单位享有的权利和应履行的义务，建设单位有对施工人员的作业进度、工程质量进行检查等权利，同时建设单位也有为施工单位提供设计图纸和勘察资料以及定期向施工单位拨款等方面的义务。施工合同中也明确了施工单位享有的权利和应履行的义务，如监理人员指令错误，给施工单位造成经济损失，施工单位有要求建设单位赔偿的权利，同时施工单位也有按时、保质保量完成工程项目以及履行保修、接受建设单位检查等义务。建设法律关系中任何一方在享有权利的同时必须自觉履行义务。当一方的权利由于其他主体的不当作为不能实现时，受到侵害的一方有权要求建设行政主管部门或其他国家机关加以保护，并对对方的不当行为予以制裁。

1.2.3 建设法律关系的产生、变更和消灭

1.2.3.1 建设法律关系的产生

建设法律关系的产生是指建设法律关系主体之间通过签订合同而形成一定的权利和义务关系。例如，建设单位和工程监理单位签订了建设工程监理合同，主体双方就工程项目监理这项服务工作产生了明确的权利和义务关系，这种关系就是受建设法律规范调整的建设法律关系的一种。

1.2.3.2 建设法律关系的变更

建设法律关系的变更是指因某一建设法律事实的出现，原有的建设法律关系的主体、客体和内容发生了变化。

（1）主体变更。主体变更是指参与工程建设当事人的数量增多、减少或者当事人发生了改变。在建设合同中，如果签订合同时的标的物不发生改变（客体不变），原当事人确定的权利义务也没有发生变化，仅主体发生了改变，这种情况被称为"合同转让"，合同转让也是主体变更。

（2）客体变更。客体变更是指建设法律关系中主体签订合同时，标的物发生了范围或性质上的变化。例如，原来拟建四层的办公楼现在增建为五层，这是范围上的变化；原来拟建的二层超市现在改为浴池，这是功能或性质上的变化。客体变更必然会导致内容上的变更，主体应根据新的客体重新确定各自的权利和义务。

（3）内容变更。建设法律关系中主体和客体发生变化，一般都会导致主体间相应的权利和义务的变化，即主体间重新修订合同中的权利义务条款，这些重新修订的合同条款就是内容的变更。

1.2.3.3 建设法律关系的消灭

建设法律关系的消灭是指建设法律关系主体之间合同的解除或关系的结束，也是主体间权利义务的消灭。常见的建设法律关系的消灭有以下三种情况。

（1）自然消灭。自然消灭也叫自然解除，是指建设法律关系主体在合同履行过程中，完

成了合同中约定的义务，获得了应有权利。例如，在设计合同中设计单位提供了符合建设单位要求的图纸，设计单位获取了应得的设计费，双方不再有利益关系，该法律关系自然解除。

（2）协议消灭。协议消灭也叫协议解除，是指建设法律关系主体因某一事件的介入协商解除相互的权利义务关系，而导致建设法律关系消失。社会事件、自然灾害的出现都会导致工程不能继续实施，在这种情况下合同当事双方可考虑协议解除合同。

（3）违约消灭。违约消灭也叫违约解除，是指建设法律关系主体中有一方不履行义务或没有正当履行义务，而导致另一方权利不能实现，另一方行使解约权后，双方权利与义务终止。所以，在合同中要明确双方的违约责任。与协议消灭相比，违约消灭是由主体过错造成的，因此按照法律规定或合同约定，过错方应承担损害赔偿责任。

1.2.3.4 法律事实

能引起建设法律关系产生、变更和消灭的客观存在，通常被称为建设法律事实。建设法律事实是引起建设法律关系产生、变更和消灭的原因。这里应当注意，只有当建设法规因某种客观现象而导致一定的法律后果时，这种现象和事实才被认定为建设法律事实。

法律事实分为事件和行为两种情况。

不以人的意志为转移而发生的自然现象或社会现象被称为事件。自然现象是由自然灾害造成的建设法律关系的消灭，如地震、台风、海啸或其他天气等；社会现象是由战争、暴乱、罢工或其他恐怖活动等造成的工程延期甚至停工。

行为是人们通过主观意识所进行的积极作为或消极的不作为。例如，建设单位与施工单位签订工程合同后，施工单位依法履行合同义务并确保了工程的按期完工，就属于积极的作为。如果在工程施工过程中因建设单位拖延拨付工程款而导致双方法律关系消灭，就属于消极的不作为。

案例分析

> 某银行A新建一栋办公楼，经招标与B施工企业签订了建设施工合同。同时，为了保证该办公楼工程的质量，A银行与C监理单位签订了工程监理合同，委托C对工程质量进行监理。建筑工程施工以后，C监理单位为了保证工程质量，要求进行施工现场监理，却遭到B施工企业的拒绝。B施工企业认为该监理单位与自己没有合同关系，自己也就不履行配合其工作的义务，由此双方产生争端。
>
> 问题：监理活动中各方主体法律关系是什么？
>
> 分析：C监理单位进行监理的权利并不是由其与施工企业之间的合同而产生的。其权利来源主要是其与业主之间的监理合同以及法律的规定。
>
> C监理单位之所以能够监理工程的质量主要是根据项目法人的授权，也即通过监理合同而行使项目法人监督管理B施工企业履行建筑工程承包合同的权利。同时，为了保证建筑工程的质量，法律规定应当由C监理单位对建筑工程的质量进行监督管理。

1.3 工程建设法规体系

工程建设法规体系是指根据《中华人民共和国立法法》（2015年3月修正，全书以下简称《立法法》)的规定,制定和公布施行的有关建设工程的各项法律、行政法规、地方性法规、自治条例、单行条例、部门规章和地方政府规章的总称。我国的建设法规体系是国家法律体系的重要组成部分,它的制定结合建设领域的独特性而自成体系。我国的建设法规体系覆盖国家建设活动的各个行业、各个领域,贯穿工程建设的全过程,为各个地区的建设活动提供了建设法律依据。

1.3.1 建设法规体系的概念

建设法规体系是指把已制定和需要制定的不同层次的建设法律、法规、地方性法规和部门规章衔接成一个互相关联、互为补充、相互协调的统一的、完整的框架体系。

我国的建设法规体系是由多个不同的层次法规组成的。根据《立法法》的规定和要求,我国的建设法规体系由以下几个层次组成。

1.3.1.1 建设法律

建设法律是指由全国人民代表大会及其常务委员会制定并颁布实施的属于国务院建设行政主管部门主管业务范围内的各项法律,这些法律是建设法规体系的核心和基础。目前,我国正式颁布的建设法律包括《建筑法》《招标投标法》《城乡规划法》《中华人民共和国城市房地产管理法》(全书以下简称《城市房地产管理法》)等,2021年1月1日颁布实施的《民法典》中的物权编、合同编、侵权责任编等也是调整建设法律关系的法律部分。

1.3.1.2 建设行政法规

建设行政法规是指由国务院依法制定并颁布的,属于住房和城乡建设部主管业务范围内的各项法规,如《建设工程质量管理条例》《建设工程安全生产管理条例》《建设工程勘察设计管理条例》等。

1.3.1.3 地方性建设法规

地方性建设法规是指由省、自治区、直辖市人民代表大会及其常务委员会制定颁布的建设方面的法规。地方性法规是由地方立法机关制定或认可的,只能在地方区域内发生法律效力的规范性法律文件。地方性法规是省、自治区、直辖市以及省级人民政府所在地的市和国务院批准的较大城市的人民代表大会及其常务委员会,根据宪法、法律和行政法规,结合本地区的实际情况制定的,并不得与宪法、法律行政法规相抵触的规范性文件。地方性法规不用国务院公布。常见的地方性法规都标明地方名称,如《××市建筑业企业资质及人员资格动态监督管理暂行办法》《××省建筑业管理条例》等。

需要注意的是,地方性法规是不属于行政法规的,行政法规是全国性质的,地方性法规不是全国性质的,地方性法规和行政法规是并列关系,不是包含与被包含的关系。

1.3.1.4 建设部门规章

建设部门规章是指由住房和城乡建设部根据国务院规定的职责范围,依法制定颁布的,用于调整建设活动中各类社会关系的法规,如《建设工程消防设计审查验收管理暂行规定》(2020年6月1日生效)、《建设工程勘察质量管理办法》(2021年4月1日修改发布)、《建筑工程施工许可管理办法》（2021年3月30日修改发布）、《建筑业企业资质管理规定》（2018年12月22日修改发布）等。

1.3.2 我国建设法规体系的颁布背景

我国的建设法规体系是自新中国成立以来，随着经济的发展和社会的进步而不断完善起来的。它共经历了五个时期。

1.3.2.1 1949—1956年的立法时期

我国继1950年6月颁布《中华人民共和国土地改革法》之后，建筑工程立法的大幕也被拉开，大量的法规性文件相继出台。例如，1950年12月由当时的政务院颁布了《关于决算制度、预算审核、投资的施工计划和货币管理的决定》；1951年8月颁布了《关于改进与加强基本建设计划工作的指示》；1952年1月颁布了《基本建设工作暂行办法》；1953年11月发布了《国家建设征用土地办法》；1955年11月政务院改为国务院，这一年颁布了《基本建设工程设计任务书审查批准暂行办法》；1956年5月国务院颁布了《关于加强和发展建筑工业的决定》。同一时期国家建设部门也相继颁发了11个建设方面的规范性文件，这些文件为推动建筑业和相关产业的发展和进步、规范建设秩序、稳定国民经济起到了非常重要的作用。

1.3.2.2 1957—1965年的曲折发展时期

1957年因我国政策上的激进，多个行业的发展受到了影响和冲击，刚刚起步的工程法制方面的建设也受到很大冲击。直到1960年实行调整国民经济政策后，工程建设的规章制度才得到一定的恢复与发展，如1961年9月，原国家建筑工程部制定了《关于贯彻执行〈国营工业企业工作条例〉（草案）的规划》等。之后国家建设计划部委也制定了一系列规范建设程序等方面的制度。

1.3.2.3 1966—1976年的十年"文化大革命"时期

"文化大革命"十年是我国的一个特殊社会历史时期，法制建设、经济建设受到很大影响，原有的建筑工程法律法规也难以得到有效执行，新的工程建设立法更无从谈起。经统计，"文化大革命"十年中没有制定过一部规范性的法律法规。

1.3.2.4 1977—1996年的计划经济向市场经济过渡时期

1977年至1982年间，召开了党的十一届三中全会，我国的法制建设重新得到发展。国家建设委员会等部门颁布了一系列规范基本建设程序、维护建设市场秩序的法律法规。最初的法律体系在这一时期初步形成，如1986年颁布了《土地管理法》，1988年出台了《楼堂馆所建设管理暂行条例》，1989年颁布了《中华人民共和国城市规划法》（全书以下简称《城市规划法》），1991年颁布了《城市房屋拆迁管理条例》，1994年7月颁布了《城市房地产管理法》，1995年9月和10月分别颁布了《中华人民共和国注册建筑师条例》（全书以下简称《注册建筑师条例》）和《建筑业企业资质管理规定》，1996年6月颁布了《国家重点建设项目管理办法》等。这一时期制定的法律法规顺应了时代发展，注重结合国情借鉴国际工程建设先进经验和先进技术，促使市场经济体制下的工程建设法律体系得到了较快发展。

1.3.2.5　1997年之后的日趋完善时期

自1997年至今，我国先后又出台了多部建设法律法规。先是1997年11月1日第八届全国人民代表大会常务委员会通过并于1998年3月1日起正式实施的《建筑法》。之后与工程建设相关的配套法律法规及部门规章也陆续出台。1999年3月15日，全国人民代表大会颁布《合同法》；1999年8月30日，全国人民代表大会颁布《招标投标法》；1999年10月15日，原建设部颁布《建筑工程施工许可管理办法》；2000年1月和9月国务院分别颁布《建设工程质量管理条例》和《建设工程勘察设计管理条例》；2000年6月和8月建设部分别颁布《房屋建筑工程质量保修办法》和《建设工程勘察质量管理办法》；2001年原建设部一年中颁布了四部规章：4月颁布《建筑业企业资质管理规定》，7月颁布《建设工程勘察设计企业资质管理规定》，8月颁布《工程监理企业资质管理规定》，11月颁布《建筑工程施工发包与承包计价管理办法》；2002年6月29日，全国人民代表大会颁布《中华人民共和国安全生产法》（全书以下简称《安全生产法》）；2003年11月24日，国务院颁布《建设工程安全生产管理条例》；2004年1月13日，国务院颁布《安全生产许可证条例》；2004年7月5日，建设部颁布《建筑施工企业安全生产许可证管理规定》；2005年11月10日，建设部颁布《民用建筑节能管理规定》；2006年1月26日，建设部颁布《注册监理工程师管理规定》；2006年12月，原建设部颁布《注册造价工程师管理办法》和《注册建造师管理规定》；2007年1月11日，原建设部颁布《工程建设项目招标代理机构资格认定办法》；2007年4月9日，国务院颁布《安全生产事故报告和调查处理条例》；2007年6月26日，建设部又重新颁布《工程监理企业资质管理规定》和《建设工程勘察设计资质管理规定》。这一系列法律、法规和规章的颁布说明了我国建设法律体系正日趋完善。

本章小结

建设法规是指国家立法机关或其授权的行政机关制定的，旨在调整国家及其有关机构、企事业单位、社会团体、公民之间，在建设活动中或建设行政管理活动中发生的各种社会关系的法律、法规的统称。

任何法律关系都是由法律关系主体、法律关系客体和法律关系内容三个要素组成的，缺少其中的任何一个都不能构成法律关系。建设法律关系由建设法律关系主体、建设法律关系客体和建设法律关系内容三个要素组成。

建设法律关系的内容即建设法律关系中的权利和义务，是建设法律关系主体在某法律关系中的具体的要求。我国的建设法规体系是由建设法律、建设行政法规、地方性建设法规和建设部门规章等共同组成的。

复习思考题

1. 什么是建设法规？建设法规调整的社会关系有哪些？
2. 何谓建设法律关系？其构成要素是什么？
3. 简述建设法律关系消灭的几种情况。
4. 举例说明建设法规体系的构成。

2 工程项目建设程序

【知识目标】
1. 掌握工程项目建设程序的概念和内容；
2. 熟悉工程报建的范围；
3. 掌握申请施工许可的条件、范围；
4. 了解企业资质等级许可制度及专业人员执业资格制度。

2.1 工程项目建设程序的内容

2.1.1 工程项目建设程序的概念

工程项目建设程序是指工程项目从决策提出，经施工准备、施工，到竣工验收、投入生产或交付使用的整个建设过程中，各项工作在时间或流程上必须遵循的先后顺序关系。工程项目建设程序反映了工程建设过程的客观规律性，严格按照建设程序进行工程建设是建筑工程项目科学决策和顺利进行的重要保证。

在我国严格执行建设程序，是由建设法律制度、建设活动的特点和建筑产品的特性所决定的。建筑产品建设周期长、占用的资源多、体积庞大且具有生产过程的隐蔽性，工程竣工后需要较长时间的维护、保养、维修等。因此，工程实施前要经过各相关单位严格的审批，在实施阶段要遵循先勘察、后设计、再施工的原则。工程完工后还应签订维修协议，以明确工程的主体责任。国家这样做的目的是加强对建筑活动的监督控制，确保建筑工程的质量和安全。建设程序的设置便于建设行政主管部门掌握本区域内的工程项目的进度实施情况，避免盲目建设造成的资源浪费。在工程建设程序中，前一阶段的工作是后一阶段工作的基础和条件，没有做好或完成前一阶段工作，后一阶段工作就无法开展或进行。

2.1.2 工程项目建设的阶段划分及内容

根据我国相关法规的规定，我国工程建设程序共划分为五个阶段，即决策分析、建设准备、工程实施、工程竣工验收与保修、项目建成后评价五个阶段。其中每个阶段又包含若干个环节，各个环节的工作内容根据工程规模的大小、复杂程度的高低也有所不同，具体执行时应根据工程特点灵活地开展工作。

2.1.2.1 决策分析阶段

决策分析阶段是建设工作前期阶段,这一阶段是对工程项目的投资是否合理进行调研的阶段,也是决定投资效益的重要阶段。该阶段主要包括投资意向、投资机会分析、项目建议书、可行性研究、审批立项等内容。

(1)投资意向。投资意向指投资主体根据本单位或本部门需要,拟进行某一项目建设的意愿,它是工程建设活动的起点。例如,"某学校为解决生源增长过快,教室拥挤的问题,计划建造一栋面积为5000平方米的教学楼",这句话就具有明确的投资意向,投资项目是教学楼,目的是解决教室拥挤现状,投资项目规模5000平方米是根据在校生人数、生源增长率、生均所占教室面积综合估算而得出的,投资项目的功能为教学。

(2)投资机会分析。投资机会分析是投资主体对投资机会所进行的预期的效益评估,认为投资机会合适,可以产生良好的投资效益后,则进行下一项工作。如上例,经过分析可得出投资建设5000平方米的教学楼,基本满足在校生使用教学面积的需要,既没有出现资源的浪费,又解决了教室拥挤的实际问题。这就体现了投资的经济效益和社会效益达到了最大化。

(3)项目建议书。项目建议书是投资主体向其主管部门报送的对投资机会分析结果的文件,也是要求建设某一具体工程项目的建议文件。项目建议书主要从宏观上分析项目建设的必要性,分析拟建项目建设的可能性及预期收益。国家对项目建议书的审批部门的审批权限和范围有相关的规定:对于大中型项目建筑工程的投资建议书,由主管部门初审后,再由国家发展和改革委员会审批;对于小型工程项目或限额以下项目的投资建议书,按隶属关系由主管部门或地方发展和改革委员会审批。项目建议书可供项目审批机关作出初步决策,减少项目选择的盲目性,为下一步的可行性研究打下基础。

(4)可行性研究。项目建议书批准后,即可着手对项目进行可行性研究。可行性研究是指拟建项目在审批立项前,对其技术先进性、经济合理性、建设必要性和可行性进行全面的分析评价,由此确定该项目是否应该投资和如何投资等结论。所有的建设项目都要在审批立项前,对拟建项目进行深入细致的调查研究,对各种可能采用的技术方案、建设方案进行比较论证,对建成后项目的社会效益、经济效益进行科学的预测,以便选择经济效益和社会效益最好的方案来编制可行性研究报告。由于可行性研究是项目的最终决策文件,因此要求它具有高度的准确性并达到一定的深度要求:

① 可行性研究要能充分反映项目可行性研究工作的成果,要求报告内容齐全、结论明确、数据准确、论据充分,要能满足决策单位或投资人的要求;

② 选用主要的设备参数应能满足要求,引进技术设备的资料应满足合同要求;

③ 重大技术经济方案应进行多方案比较;

④ 主要工程技术数据应准确科学;

⑤ 投资估算应满足投资控制要求;

⑥ 融资方案应能满足银行等金融机构信贷决策的需要;

⑦ 可行性研究中应反映出某些方案未被采纳的理由;

⑧ 应附有评估、决策审批时需要的合同协议、意向书、政府批件等文件。

(5)审批立项。根据可行性研究的内容要求编制可行性研究报告。可行性研究报告一经主管部门批准，即说明该项目被批准立项。被批准立项的可行性研究报告不得随意更改。审批立项是有关部门对建设项目可行性研究报告进行全面审核和审查批准的程序，审查一经通过即予以立项，然后进入项目建设准备阶段。

2.1.2.2 建设准备阶段

建设准备阶段的内容主要包括规划、征地、房屋征收与补偿、报建、工程发包与承包五个环节。

（1）规划。规划是城乡规划行政主管部门根据依法制定的城乡规划及有关法律规范和技术规范，对各类建设工程进行组织、控制、引导和协调。在我国，凡在规划区域内建设的工程，必须符合城市规划或村庄、集镇规划的要求。工程选址和布局必须报请当地土地管理部门和城市规划行政主管部门的同意、批准。依法取得土地管理部门颁发的建设用地规划许可证和城市规划行政主管部门依法核发的建筑工程规划许可证、选址意见书（两证一书）后，才可以进行设计、施工等相应的建设活动。

（2）征地。征地就是获得土地使用权。《土地管理法》明确规定："城市市区的土地属于国家所有。农村和城市郊区的土地，除由法律规定属于国家所有的以外，属于农民集体所有。"工程建设用地都必须通过国家对土地使用权的出让而取得，需在农民集体所有的土地上进行工程建设的，也必须先由国家征用农民土地，然后再将土地使用权出让给建设单位或个人。

（3）房屋征收与补偿。2011年1月国务院颁发并实施的《国有土地上房屋征收与补偿条例》第八条规定："为了保障国家安全、促进国民经济和社会发展等公共利益的需要，有下列情形之一，确需征收房屋的，由市、县级人民政府作出房屋征收决定：（一）国防和外交的需要；（二）由政府组织实施的能源、交通、水利等基础设施建设的需要；（三）由政府组织实施的科技、教育、文化、卫生、体育、环境和资源保护、防灾减灾、文物保护、社会福利、市政公用等公共事业的需要；（四）由政府组织实施的保障性安居工程建设的需要；（五）由政府依照城乡规划法有关规定组织实施的对危房集中、基础设施落后等地段进行旧城区改建的需要；（六）法律、行政法规规定的其他公共利益的需要。"补偿包括被征收房屋的价值、因征收房屋而造成的搬迁和临时安置、因房屋征收而造成的停产停业等费用。实施房屋征收应当遵循先补偿、后搬迁的原则。

（4）报建。被批准立项的建设项目，报建单位或其委托的代理机构应持工程项目立项批文、银行的资信证明、建设用地批文等资料，向当地政府建设行政主管部门或其授权机构进行申请。凡未经报建批准的工程项目，建设单位不得办理招标手续，建设行政主管部门不得发放施工许可证，设计和施工单位不得与建设单位签订设计、施工合同，并不得承接该项目的设计、施工任务。

（5）工程发包与承包。工程发包与承包是指合同中一方当事人把某项工作交由另一方当事人完成，委托方当事人接受工作成果并支付工作报酬的交易行为。其中，接受工作成果并支付工作报酬的是发包方；承揽工作并按要求完成、交付工作成果的一方是承包方。

根据《建筑法》的规定，建筑工程发包可分为招标发包和直接发包两种方式。建筑工程招标发包指建设单位通过投标竞争来确定承包人的一种发包方式。建筑工程直接发包指发包方直接与承包方签订承包合同的一种发包方式，发包方与承包方直接进行商谈，约定工程建设价格、工期、违约责任和其他条件。国家提倡建筑工程实行招标发包，这种方式比直接发包更有利于公平竞争，有利于择优选出合格中标人，也更符合我国社会主义市场经济规律的要求。而直接发包一般针对不适于公开招标的保密工程、特殊专业工程等。

2.1.2.3 工程实施阶段

工程实施阶段的内容包含工程勘察设计、工程施工和投产前准备三项内容。其中，工程施工阶段生产过程复杂、工作内容多、花费时间长，是主要阶段。

（1）工程勘察设计。勘察的目的是取得当地地质、水文等基础资料，这是工程设计人员开展设计的主要依据。设计与勘察是密不可分的，它是工程项目建设的重要环节，设计成果是制订建设计划、组织施工和控制成本的依据。设计分为初步设计和施工图设计两个阶段，对于技术复杂的项目或大型工程项目增加技术设计阶段。

（2）工程施工。在建设单位取得施工许可证，施工单位做好技术和物资方面的准备后，施工单位应组建项目经理部，并确保工作人员的业务能力与合同要求一致。要对现场管理人员和技术、质检等关键岗位人员进行上岗前的资格验证，在必要时组织岗前培训。要编制好施工组织设计、检验试验装置、做好交接桩与施工复测、查看现场"三通一平"（"五通一平""七通一平"）。检查特殊条件下施工人员、施工物资、设备进场等工作是否到位。

（3）投产前准备。投产前准备指施工临近结束时，为保证拟建项目能及时投产使用而进行的准备活动，这是建设阶段转入生产运营阶段的必要条件。生产准备阶段的内容主要包括组织人员参加设备安装调试、进行工程验收、配备生产人员、制定管理制度、落实原材料来源以及其他需配合的条件准备。

2.1.2.4 工程竣工验收与保修阶段

工程项目按规定的标准和要求建设完成后，即可进行工程验收。工程竣工验收是工程建设过程的最后一个环节，是全面考核建设成果、检验设计的科学性和施工质量的重要步骤，也是建设项目转入投产使用的标志。

（1）工程竣工验收。在具备下列条件后，工程方可竣工验收：
① 完成了设计和施工合同约定的所有内容；
② 技术档案和施工管理材料完整；
③ 主要建筑材料、建筑构配件和设备的进场试验报告齐全；
④ 有工程勘察、设计、监理等单位签署的质量合格文件；
⑤ 有施工单位签署的工程保修书。

（2）工程保修。建筑工程实行质量保修制度。工程竣工验收交付使用后，在保修期限内，施工单位应履行保修义务并对工程中出现的质量问题承担保修责任，对于给他人造成的损失按规定给予相应赔偿。《房屋建筑工程质量保修办法》对房屋建筑工程规定了保修期限，具体如下：
① 地基基础工程和主体结构工程，为设计文件规定的该工程的合理使用年限；
② 屋面防水工程、有防水要求的卫生间、房间和外墙面的防渗漏，为五年；
③ 供热与供冷系统，为2个采暖期、供冷期；
④ 电气管线、给排水管道、设备安装为2年；
⑤ 装修工程为2年。

其他项目的保修期限由建设单位和施工单位约定，房屋建筑工程保修期从工程竣工验收合格之日起计算。

2.1.2.5 项目建成后评价阶段

项目建成后评价是在工程项目经历竣工投产并运营一段时间后，对项目自立项决策开始直到生产运营为止的全过程进行系统科学评价的一种活动。评价的目的是针对所建项目总结经验，分析并解决问题，改进工作。项目建成后评价是固定资产管理的重要内容之一，也是固定资产投资管理的最后一个环节。

案例分析

> 某化工厂拟自筹资金建一栋办公楼，2018年3月，在尚未完成施工图设计时即与当地某施工单位签订了工程施工合同，并将材料预付款付给施工单位。施工单位按照化工厂的要求做了进场准备，搭设临时工棚和办公室，租赁施工机械和施工设备等进入现场，同时购进了大批的钢筋、砂子、水泥等建筑材料。
>
> 化工厂拿到设计图纸时发现如果按照该图纸施工，将会超出工程预算款的25%以上，很可能会造成因资金不足而导致中间停建的情况。对此，化工厂要求设计单位重新设计图纸，并将该情况通知了施工单位。施工单位接到通知后及时地送来了索赔报告，内容包括临时设施搭建费，工人窝工费，吊车、卷扬机、搅拌机、模板、脚手架等设备工具租赁费等60余万元。
>
> **问题**：你认为该事件的主要责任方是谁？为什么？
>
> **分析**：从事件的情况看，主要责任人显然是建设单位。根据工程建设程序先设计再施工的要求，化工厂在没有完成设计图纸的情况下，即令施工单位进场施工，从而给施工单位造成了大量的经济损失，显然化工厂应该承担由此而给施工单位造成的经济损失。

2.2 工程报建制度

2.2.1 工程报建制度的概念

工程报建制度是指建设单位在工程项目建设过程中完成建设立项、可行性研究、项目评估、选址定点等筹备工作后，向建设行政主管部门报告工程前期筹备工作结束，申请转入工程建设的实施阶段，建设行政主管部门依照法律规定对建设单位提交的申请是否具备发包条件进行审查，对符合条件的，准许该工程进行发包的一项制度。

工程报建制度是规范项目建设的一项重要制度，要求报建单位严格遵守。相关法规中明确规定了未经报建的工程建设项目，不得办理工程招标投标手续，不得发放施工许可证，设计、施工单位不得承接该项工程的设计与施工任务。

2.2.2 工程报建的范围、内容与程序

2.2.2.1 工程报建的范围

按照原建设部1994年8月颁布实施的《工程建设项目报建管理办法》的规定，凡在我国境内投资兴建的项目都必须实行报建制度，接受当地建设行政主管部门或其授权机构的监

督与管理。对于建设投资过程中出现的涉及主体、客体和内容方面的变更，相关单位应重新进行登记备案。

报建的时间一般在工程建设项目的可行性研究报告或其他立项文件批准后、建筑工程发包前。

2.2.2.2　工程报建的内容

工程报建的内容包括工程名称、建设地点、投资规模、资金来源、当年投资额、工程规模、开工竣工日期、工程发包方式、工程筹建情况等。

2.2.2.3　工程报建的程序

工程报建的程序如下：

（1）建设单位到建设行政主管部门或其授权机构领取"工程建设项目报建表"；

（2）按报建表的内容及要求认真填写；

（3）将填写后的报建表报送建设行政主管部门；

（4）向建设行政主管部门报送并交验立项批准文件、建筑工程规划许可证、土地使用证、投资许可证及资金证明；

（5）建设行政主管部门或其代理机构将审核合格并签署意见的报建表发还建设单位。

2.2.3　建设项目选址意见书制度

2.2.3.1　选址意见书的概念

选址意见书是指在项目立项过程中，城乡规划主管部门对建设单位提出的关于建设项目所选地址的具体的批复性意见。2008年1月1日，《城乡规划法》施行，《城市规划法》同时废止；2019年4月23日，《城乡规划法》进行了第二次修正。修正后的《城乡规划法》第三十六条第一款规定："按照国家规定需要有关部门批准或者核准的建设项目，以划拨方式提供国有土地使用权的，建设单位在报送有关部门批准或者核准前，应当向城乡规划主管部门申请核发选址意见书。"选址意见书制度规定了建设项目建议书和设计任务书在审批时，必须与计划管理和规划管理有机地结合起来，保证所建项目在建成后能取得良好的经济效益、社会效益和环境效益。

2.2.3.2　选址意见书的申请与审批

按照《建设项目选址规划管理办法》的相关规定，申请建设项目选址意见书的项目包括下列几种情况：

（1）新建、迁建建设项目需要使用土地的；

（2）原址改建、扩建建设项目需要使用本单位以外土地的（含拆迁房屋）；

（3）需要改变本单位土地使用性质的。

按照相关法规的规定，建设项目选址意见书应按建设项目计划审批权限实行分级管理。县级规划主管部门审批的项目由县级规划主管部门核发选址意见书；地、市级规划主管部门审批的项目由地、市级规划主管部门审批并核发选址意见书；直辖市或计划单列市规划主管部门审批的建设项目，由直辖市、计划单列市规划主管部门核发选址意见书；省、自治区规划主管部门审批的建设项目，先由项目所在地的县、市级规划主管部门提出审查意见，再报省、自治区规划主管部门核发选址意见书；国家审批的大中型建设项目，由项目所在地的县、市级规划主管部门提出审查要求，报请省、自治区、直辖市人民政府行政主管部门核发选址意见书，并报国务院规划主管部门备案；对于中央各部门、施工单位审批的限额以下的建设项目或小型建设项目，由项目所在地的县、市级规划主管部门核发选址意见书。

2.2.4 建设工程规划许可制度

修正后的《城乡规划法》第四十条第一款规定："在城市、镇规划区内进行建筑物、构筑物、道路、管线和其他工程建设的，建设单位或者个人应当向城市、县人民政府城乡规划主管部门或者省、自治区、直辖市人民政府确定的镇人民政府申请办理建设工程规划许可证。"

建设单位在取得建设用地规划许可证后，获取土地的方式有两种，即划拨和转让。按照国家规定需要批准或者核准的建设项目，凡是以划拨方式提供国有土地使用权的，建设单位在报送有关部门批准或者核准前，应当向城乡规划主管部门申请核发选址意见书；凡以出让方式取得国有土地使用权的建设项目，建设单位在取得建设项目的批准、核准、备案文件和签订国有土地使用权出让合同后，应向城市、县人民政府城乡规划主管部门领取建设用地规划许可证。

2.2.4.1 城乡规划实施的有关规定

城乡规划的实施涉及城镇、乡村基础设施及其他设施。按照《城乡规划法》的有关规定，城市的建设和发展，首先应当安排基础设施以及公共服务设施的建设，妥善处理好新区开发与旧区改造的关系，统筹兼顾进城务工人员生活、村民生产与生活的需要以及周边乡村经济发展现状。

乡、镇、村庄的建设和发展，应当因地制宜，从环保节能的角度出发，节约用地，充分发挥村民自治组织的作用，正确引导村民合理进行建设，改善农村生产、生活条件。结合农村经济社会发展和产业结构调整，安排供排水、供电、供气、道路、通信、广播电视等基础设施和学校、卫生院、文化站、幼儿园、福利院等公共服务设施的建设。

需要注意的是，在城市总体规划、镇总体规划确定的建设用地范围以外，不得设立各类开发区和城市新区。

2.2.4.2 城乡规划的变更

根据修正后的《城乡规划法》第四十三条的规定，建设单位应当按照规划条件进行建设；确需变更的，必须向城市、县人民政府城乡规划主管部门提出申请。城市、县人民政府城乡规划主管部门应当及时将依法变更后的规划条件通报同级土地主管部门并公示。

建设单位应当及时将依法变更后的规划条件报有关人民政府土地主管部门备案。

2.3 工程建设施工许可

2.3.1 工程建设施工许可的概念

工程建设施工许可指建设行政主管机关对建设单位提报的允许其进行工程建设的申请经审核通过后，依法赋予其从事施工活动资格的法律权利，是建设行政主管部门对单位或个人从事建设活动的具体行为依法核准的行政许可。建筑工程施工许可分为从业许可和施工许可两种。

《建筑法》第七条第一款规定："建筑工程开工前，建设单位应当按照国家有关规定向工程所在地县级以上人民政府建设行政主管部门申请领取施工许可证；但是，国务院建设行政主管部门确定的限额以下的小型工程除外。"

从业许可主要表现在两个方面：一是对从事建设活动的建设单位、勘察单位、设计单位、施工单位和监理单位等单位的资信能力，企业内部主要管理人员和专业技术人员的素质、管理水平、工作业绩等进行审查，来确定企业的资质等级，明确其可以承担的工程业务范围，并颁发相应的资质证书。二是对建设活动中依法通过考试并经注册的专业技术人员，颁发职业资格证书的行为。通过双向准入保证了建筑市场的规范运行。

2.3.2 建筑工程施工许可制度

我国 1999 年 12 月 1 日起在全国实行建筑工程施工许可制度。按照规定，建筑工程开工前，建设单位应当按照国家有关规定向工程所在地县级以上人民政府建设行政主管部门申请领取允许施工的许可证——施工许可证。施工许可证是工程在开始施工前，建设单位按规定向建设行政主管部门申请领取的可以开工的证明文件。2021 年 3 月，住房和城乡建设部对《建筑工程施工许可管理办法》进行了修正。

2.3.2.1 施工许可证的申领时间与范围

修正后的《建筑工程施工许可管理办法》规定，在中华人民共和国境内从事各类房屋建筑及其附属设施的建造、装修装饰和与其配套的线路、管道、设备的安装，以及城镇市政基础设施工程的施工，建设单位在开工前应当依照本办法的规定，向工程所在地的县级以上人民政府住房和城乡建设主管部门申请领取施工许可证。未领取施工许可证的不得开工；已经开工的，必须立即停止施工。

建筑工程相关法律法规也规定了不需要办理施工许可证的几种情况：
（1）限额以下的小型工程，工程投资额在 30 万元以下或建筑面积不超过 300 平方米的建筑工程，可以不申请办理施工许可证；
（2）抢险救灾工程、临时性建筑工程不需要办理施工许可证；
（3）按照国务院规定的权限和程序批准开工报告的建筑工程，不再领取施工许可证。

2.3.2.2 施工许可证的申领条件

《建筑法》规定，申请领取施工许可证，应当具备下列条件：
（1）已经办理该建筑工程用地批准手续；

(2) 依法应当办理建设工程规划许可证的,已经取得建设工程规划许可证;
(3) 需要拆迁的,其拆迁进度符合施工要求;
(4) 已经确定建筑施工企业;
(5) 有满足施工需要的资金安排、施工图纸及技术资料;
(6) 有保证工程质量和安全的具体措施。

2.3.2.3 施工许可证的时间效力

施工许可证的时间效力在《建筑法》中有明确规定。《建筑法》第九条规定:"建设单位应当自领取施工许可证之日起三个月内开工。因故不能按期开工的,应当向发证机关申请延期;延期以两次为限,每次不超过三个月。既不开工又不申请延期或者超过延期时限的,施工许可证自行废止。"

《建筑法》第十一条规定:"按照国务院有关规定批准开工报告的建筑工程,因故不能按期开工或者中止施工的,应当及时向批准机关报告情况。因故不能按期开工超过六个月的,应当重新办理开工报告的批准手续。"

2.3.2.4 中止施工和恢复施工

中止施工是指建筑工程开工后,在施工过程中因特殊情况而发生了中途停止施工的行为。导致中止施工的原因复杂,如地震、洪水、龙卷风等不可抗力,以及市场宏观调控作用的影响等。

对于中止施工的,建设单位应当自中止施工之日起一个月内,向发证机关报告,并按照规定做好建筑工程的维护管理工作,以免工程在中止施工期间遭受不必要的损失。

中止施工不满一年的工程,建设单位应当向发证机关报告恢复施工的情况。中止施工满一年的工程恢复施工前,建设单位应当报发证机关核验施工许可证,看是否仍具备组织施工的条件,不具备条件的待具备条件后,由建设单位重新申请领取施工许可证。对于实行开工报告制度的建筑工程,按照《建筑法》第十一条的规定执行。

2.4 工程建设保险制度

2.4.1 工程建设保险的概念

2015年4月修正的《中华人民共和国保险法》(全书以下简称《保险法》)规定,保险是指投保人根据合同约定,向保险人支付保险费,保险人对于合同约定的可能发生的事故因其发生所造成的损失承担赔偿保险金责任,或者当被保险人死亡、伤残、疾病或者达到合同约定的年龄、期限等条件时承担给付保险金责任的商业保险行为。

从《保险法》规定的保险的概念可以看出,保险是一种受法律保护的,有效分散危险和消化损失的法律制度。危险具有发生的时间和地点不确定、损失后果不确定的特点,因此危险的存在是保险产生的前提。

投保人与保险人通过订立保险合同确定双方的权利义务关系。投保人在保险合同中履行支付保险费义务,保险人承担赔偿或给付保险金义务的责任。

工程建设保险是指建设单位或承包人针对项目建设过程中可能出现的人身伤害或财产损

失，向保险人投保以化解各类风险的行为。工程建设保险的投保人一般是建设单位或承包单位，被保险人和受益人多是参与工程实施的主体或个人。

建设活动中所涉及的风险根据工作特点分为建筑工程一切险和安装工程一切险两大类。

2.4.2 建筑工程一切险

建筑工程一切险承保各类民用建筑、工业建筑和公用事业建筑等项目的建造过程中因自然灾害或出现意外事故所造成的一切损失。道路、桥梁、堤坝和港口所投保的保险也属于这一类。

投保建筑工程一切险时往往还加保第三者责任险。第三者责任险的责任范围是在保险有效期内因施工场地上的意外事故而造成在施工场地或邻近区域的第三者人身伤害或财产损失。

2.4.2.1 建筑工程一切险的投保人和被保险人

按照建设工程施工合同（示范文本）（GF-2017-0201）的规定，工程开工前，发包人应当为建筑工程办理保险并支付保险费用。

建筑工程一切险的被保险人包括业主、总承包商和分包商、业主委托或聘用的专业工程师等。

2.4.2.2 建筑工程一切险承保的内容

建筑工程一切险承保的内容包括：
（1）合同中约定的工程内容，即总承包商和分包商按合同约定实施的全部工程；
（2）施工机具和设备，工程现场所用到的大型路上运输和施工机械，水电供应及其他设备；
（3）施工用的设施，包括临时用房、仓库、拌料站、脚手架等；
（4）为清理工程现场支付的费用，也称场地清理费；
（5）工程现场内现有的建筑物；
（6）业主或承包人存放于工程现场的财产；
（7）工程现场及邻近地区的第三者人身伤害或财产损失。

2.4.2.3 建筑工程一切险的除外责任

建筑工程一切险的除外责任包括：
（1）因战争、罢工、社会动乱而造成的损失；
（2）因被保险人严重失职或行为故意而导致的损失；
（3）因设计人员设计错误而造成的损失；
（4）因自然磨损及非外界原因而造成的损失；
（5）因原子核裂变污染而导致的损失；
（6）因使用非标准材料或构配件造成返工而增加的支出。

2.4.2.4 建筑工程一切险的保险期限与保险额度

（1）建筑工程一切险的保险期限。自投保工程开工之日起或工程开工前用料卸放于工程现场之日起生效，两者以先发生为准；施工机具保险以其卸放于工程现场之日起生效。保险终止日为工程竣工验收之日或保险单上规定的终止日期。

（2）建筑工程一切险的保险额度。保险额度是保险人承担赔偿或支付保险金应尽责任的最高限额。

2.4.2.5 建筑工程一切险费用的交纳

建筑工程生产周期长、工程成本高，其保险期必然也较长，保险数额较大。保险费用的缴纳可分期进行，第一期保险费可在投保出单后缴纳，最后一笔保险费应在工程完工前半年内缴清。如果工程在保险期内没有完工，保险可适当延期，投保人应补缴保险费。

2.4.3 安装工程一切险

安装工程一切险是为各种机器设备的安装及钢结构工程的实施提供专门的保险。

2.4.3.1 安装工程一切险的投保人与被保险人

安装工程一切险的投保人向保险人支付保险费用并与保险人签订合同，他可以是业主，也可以是承包人或供货商、供应商。

安装工程一切险的被保险人包括业主、承包商、制造商或供应商、专业工程师、待安装构件的买受人等。

2.4.3.2 安装工程一切险的保险内容

安装工程一切险的保险内容包括：

（1）安装工程合同规定的需要安装的机器、设备、装置、物料、各种临时性照明、通信等；

（2）安装工程所使用的承包商的机器和设备；

（3）在安装险内附带投保的厂房、仓库、办公楼、桥梁、宿舍等土建项目，不得超过总保额的20%；

（4）现场清理费用；

（5）业主或承包商在工程现场的其他财产。

2.4.3.3 安装工程一切险与建筑工程一切险的区别

（1）风险开始时间不同。建筑工程一切险的保险标的从开工以后逐步增加，保险额也逐步提高。安装工程一切险的保险标的一开始就存放于工地，保险公司一开始就承担着全部货价的风险，风险比较集中。

（2）风险的成因不同。在一般情况下，自然灾害造成建筑工程一切险的保险标的损失的可能性较大，而安装工程一切险的保险标的多数是在建筑物内安装，受自然灾害损失的可能性较小，受人为事故损失的可能性较大。

（3）损失概率不同。安装工程交接前必须经过试车试验，由此造成的损失要占安装工期内总损失的一半以上，在试车期间安装工程一切险的保险费率通常占整个工期保费的1/3左右，风险较大，保险费率高。建筑工程注重过程中的检查与验收，不存在试车试验风险，因

（4）保障范围不同。安装工程一切险是指针对各种设备、装置的安装工程的保险。建筑工程一切险承保各类民用、工业和公用事业建筑工程项目在建造过程中因自然灾害或意外事故而造成的一切损失。

（5）除外责任方面，二者也有不同。建筑工程一切险侧重自然磨损、设计错误和材料缺陷，而安装工程一切险强调不可抗力和行为人的过错。

2.5　工程建设从业单位的资质许可

2021年6月3日，国务院发布《关于深化"证照分离"改革进一步激发市场主体发展活力的通知》（国发〔2021〕7号）。"证照分离"改革让审批更简、监管更强、服务更优。其意义在于：一是激发了市场主体发展活力；二是加快了政府职能转变；三是优化了营商环境。该通知涉及法律、行政法规、国务院决定设定的企业经营许可事项等，同时明确了2021年7月1日起在全国范围内执行，该通知涉及内容还包含了房地产、建筑施工、工程监理、勘察、设计、工程造价等多个企业资质等级的调整、认证申请方式。

国发〔2021〕7号文件决定取消的部分建设工程企业资质，主要如下：

① 工程勘察企业资质类型中的岩土工程勘察分项、水文地质勘察专业、工程测量专业取消丙级资质；

② 工程设计资质类型中的建筑工程专业取消丙级、丁级资质；

③ 建筑工程施工总承包资质取消三级资质；

④ 地基基础工程专业承包资质取消三级资质；

⑤ 钢结构工程专业承包取消三级资质；

⑥ 建筑机电安装工程专业承包取消三级资质；

⑦ 古建筑工程专业承包取消三级资质；

⑧ 工程监理企业资质类型中的房屋建筑工程专业取消丙级资质。

根据《建筑法》和相关的法律法规文件最新规定，从事建筑活动的施工单位、勘察设计单位、工程监理单位、工程造价咨询企业等进入建筑市场应具备相应条件并符合资质审查制度要求。

2.5.1　从业单位的条件要求

资质改革后，从事建筑活动的施工单位、勘察设计单位、工程监理单位应具备的条件如下。

2.5.1.1　有符合国家规定的注册资本

这是对从业单位应具备的责任能力要求，从业单位只有具备了一定的财产权才能够履行与其经营活动相适应的财产义务。

（1）对房屋建筑工程施工总承包企业的注册资本的最低限额规定为：特级企业3亿元以上；一级企业5000万元以上；二级企业2000万元以上。

（2）对工程勘察单位的注册资本的最低限额规定为：工程勘察综合类不少于 800 万元；工程勘察专业类甲级资质不少于 150 万元，乙级不少于 80 万元。

（3）工程设计单位的注册资本的最低限额规定为：工程设计综合类资质不少于 6000 万元；工程设计行业类甲级资质不少于 600 万元，乙级不少于 300 万元；工程设计专业类甲级资质注册资本金不少于 300 万元，乙级不少于 100 万元。

（4）工程监理单位注册资本的最低限额规定为：工程监理综合类不少于 600 万元，工程监理甲类资质不少于 300 万元，乙级不少于 100 万元。

2.5.1.2 有与其所从事的建设活动相适应的专业技术人员

工程建设活动是一项专业性和技术性均较强的活动，这就要求施工企业、勘察设计单位、工程监理单位等必须有与其资质数量要求相符合的、通过考试取得执业资格证书并经注册的专业技术人员。

2.5.1.3 有与从事建设活动相适应的技术装备

技术装备是保证工程建设活动的前提，因为建筑活动具有较强的技术性和专业性，很多复杂的技术检测、建设活动必须借助于技术装备来完成。例如，从事工程施工活动，要有相应的施工机械设备和技术检测设备等。

2.5.1.4 法律法规规定的其他条件

除以上应具备的三项条件外，从业单位还应具备生产经营活动所具备的其他条件，如《民法典》规定的法人应具备的条件等。

2.5.2 建筑业企业资质等级许可

2.5.2.1 建筑业企业资质管理

建筑业企业是指从事土木工程、线路管道设备安装工程、装修工程的新建、扩建、改建等活动的企业。

建筑类企业分施工总承包、专业承包和劳务分包三个序列。施工总承包企业按照房屋建设、公路、铁路、港口与航道、水利、水电、电力、冶金等划分为 12 个工程类别。专业承包企业按照专业划分为 60 个类别。劳务分包企业按照木工、砌筑工、抹灰工、油漆工等作业工种划分为 13 个类别。

房屋建筑工程施工总承包企业资质分为特级、一级、二级、三级，共四个等级。各企业的资质等级标准如下。

（1）特级企业资质标准。企业注册资本金在 3 亿元以上；企业净资产 36 亿元以上；企业近 3 年年平均工程结算收入 15 亿元以上；企业其他条件均达到一级企业资质标准。

（2）一级企业资质标准。企业近 5 年内承担过下列 6 项中的 4 项以上工程的施工总承包或主体工程承包，工程质量验收合格：25 层以上的房屋建筑工程；高度 100 米以上的构筑物或建筑物工程；单体建筑面积超过 3 万平方米的房屋建筑工程；单跨跨度超过 30 米的房屋建筑工程；建筑面积 10 万平方米以上的住宅小区工程；单项建筑安装合同（全书以下简称建安合同）额 1 亿元以上的房屋建筑工程。

一级资质企业项目经理要有10年以上从事工程管理工作的经历或具有高级职称；企业注册资本金5000万元以上，企业净资产6000万元以上。企业近3年最高年工程结算收入2亿元以上。企业具有与承包工程范围相适应的施工机械和质量检测设备。

（3）二级企业资质标准。企业近5年承担过下列6项中的4项以上工程的施工总承包或主体工程承包，工程质量为合格：12层以上的房屋建筑工程；高度超过50米的构筑物或建筑物；单体建筑面积超过1万平方米的房屋建筑工程；单跨跨度超过21米的房屋建筑工程；建筑面积5万平方米以上的住宅小区或建筑群体；单项建安合同额3000万元以上的房屋建筑工程。

二级资质企业项目经理要有8年以上从事工程管理工作的经历或中级以上职称；技术负责人要有8年以上从事施工技术管理工作经历并具有本专业高级职称；财务负责人具有中级以上会计职称。

（4）三级企业资质标准。企业近5年承担过下列5项中的3项以上工程的施工总承包或工程主体承包，工程质量合格：6层以上的房屋建筑工程；高度超过25米的构筑物或建筑物；单体建筑面积超过5000平方米的房屋建筑工程；单跨跨度超过15米的房屋建筑工程；单项建安合同额超过500万元的房屋建筑工程。

三级资质企业项目经理要有5年以上从事工程管理工作的经历；技术负责人有5年以上从事施工技术管理工作的经历并具有本专业中级以上职称；财务负责人要有初级以上会计职称。

（5）房屋建筑工程施工总承包企业承包工程的范围

① 特级企业可承担各类房屋建筑工程的施工。

② 一级企业可承担单项建安合同额不超过企业注册资金5倍的房屋建筑工程的施工。其包括40层以下、各类跨度的房屋建筑工程；高度低于240米的构筑物；建筑面积20万平方米以下的住宅小区工程。

③ 二级企业可承担单项建安合同额不超过企业注册资金5倍的房屋建筑工程的施工。其包括28层以下、单跨跨度36米以下的房屋建筑工程；高度120米以下的构筑物；建筑面积12万平方米以下的住宅小区工程。

④ 三级企业可承担单项建安合同额不超过企业注册资金5倍的房屋建筑工程的施工。其包括14层以下、单跨跨度小于24米的房屋建筑工程；高度70米以下的构筑物；建筑面积6万平方米以下的住宅小区工程。

（6）建筑企业资质的申请。建筑企业申请资质等级，应按照归属地管理原则，向企业注册所在地县级以上地方政府建设行政主管部门申请办理。由中央管理的直属企业直接向国务院建设行政主管部门申请资质，中央管理企业的所属企业如果申请施工总承包特级、一级和专业承包一级资质的，由中央管理企业向国务院建设行政主管部门申请办理，同时到企业注册所在地省级建设行政主管部门备案。

（7）建筑企业资质的审批。施工总承包序列的特级和一级企业，专业承包序列一级企业资质经省级建设行政主管部门审核同意后，报由国务院建设行政主管部门审批。

施工总承包序列、专业承包序列中的二级建筑业企业和劳务分包序列企业资质等级，由企业注册所在地的省级建设行政主管部门审批。

（8）建筑企业资质的管理。各级建设行政主管部门对建筑企业资质的监督与管理是其法定职责。建设行政主管部门对建筑企业资质实行年检制度。建筑企业应在规定的时间内向建设行政主管部门提交建筑企业资质年检表、建筑企业资质证书、企业法人营业执照以及其他有关资料。

由建设行政主管部门检查建筑企业是否符合资质等级标准，并监督其是否存在违法行为。建筑企业的年检结论可分为合格、基本合格和不合格三种。

2.5.2.2 勘察、设计企业资质

勘察、设计企业是指依法成立并持有规定部门颁发的工程勘察、设计资格证书，从事勘察、设计活动的经济实体。

（1）勘察、设计企业资质。工程勘察按专业可分为水文地质勘察、岩土工程及工程测量3个专业。工程设计按专业可分为建筑工程、市政公用工程、建材、电力工程、煤炭、冶金、铁道、民航、石油、天然气等28个专业。

工程勘察企业资质分为工程勘察企业综合资质、工程勘察企业专业资质和工程勘察企业劳务资质。工程勘察企业综合资质只设甲级；工程勘察企业专业资质设甲级、乙级；工程勘察企业劳务资质不分等级。

取得工程勘察企业综合资质的企业，可以承接除海洋工程勘察之外的各专业、各等级工程勘察业务；取得工程勘察企业专业资质的企业，可以承接相应等级、相应专业的工程勘察业务；取得工程勘察企业劳务资质的企业，可以承接岩土工程治理、工程钻探、凿井等工程勘察劳务作业。

工程设计企业资质可分为工程设计企业综合资质、工程设计企业行业资质、工程设计企业专业资质和工程设计企业专项资质。工程设计企业综合资质只设甲级；工程设计企业行业、专业、专项资质可设甲、乙两级。

取得工程设计企业综合资质的企业，可以承接各行业、各等级的建筑工程设计业务；取得工程设计企业行业资质的企业，可以承接相应行业等级的工程设计业务、本行业范围内同级别的相应专业、专项工程的设计业务；取得工程设计企业专业资质的企业，可以承接本专业相应等级的工程设计业务、相应级别的专项工程设计业务；取得工程设计企业专项资质的企业，可以承接相应等级的专项工程设计业务。

（2）勘察、设计企业资质的申请。申请工程勘察企业、工程设计企业甲级资质，以及涉及铁路、交通、水利、信息产业、民航等方面的工程设计企业乙级资质的，应向企业工商注册所在地的省、自治区、直辖市人民政府建设行政主管部门提出申请。

（3）勘察、设计企业资质的审批。省、自治区、直辖市人民政府建设行政主管部门应当自收到申请之日起20天内初审完毕，并将初审意见和申请材料报国务院建设行政主管部门。

国务院建设行政主管部门应当自收到省、自治区、直辖市人民政府建设行政主管部门的申请材料之日起60天内完成审查，公示审查意见，公示时间为10天。其中，涉及铁路、交通、水利、信息产业、民航等方面的工程设计企业资质，由国务院建设行政主管部门报送国务院有关部门审核，国务院有关部门在20天内审核完毕，并将审核意见送国务院建设行政主管部门。

工程勘察、设计企业乙级及以下资质、劳务资质，可由省、自治区、直辖市人民政府建设行政主管部门负责实施。

省、自治区、直辖市人民政府建设行政主管部门应自作出决定之日起30天内，将决定报国务院建设行政主管部门备案。

2.5.2.3　工程监理企业资质

工程监理是指工程监理单位接受建设单位的委托和授权,并代表建设单位对承建单位的建设行为进行专业化监控的服务活动。监理单位监理的主要依据是相关的法律法规、技术标准和合同文件。

工程监理企业是依法取得监理单位资质证书,并经注册的具有法人资格的中介组织。

(1)工程监理企业资质等级。工程监理企业资质是企业技术能力、管理水平、工作业绩、社会信誉等综合性指标,其资质根据所拥有的注册资本、专业技术人员数量和工程监理业绩等申请。工程监理企业的资质可分为甲、乙两个等级。

(2)工程监理企业资质相应许可的业务范围。甲级资质监理企业可承担相应专业工程类别的一、二等工程监理业务;乙级资质工程监理企业可承担相应专业工程类别二等工程监理业务。

(3)工程监理企业资质的申请与审批。专业甲级资质的申请与审批,应当报送企业工商注册所在地的省、自治区、直辖市人民政府建设行政主管部门;专业乙级资质由企业所在地省、自治区、直辖市人民政府建设行政主管部门审批。

2.5.2.4　工程造价咨询企业资质

2020年2月19日,《工程造价咨询企业管理办法》根据住房和城乡建设部令第50号进行了第三次修订。

工程造价咨询企业是指接受建设单位委托,对建设项目投资、工程造价的业务提供专业咨询服务的企业。工程造价咨询企业在进行业务活动时按规定应当依法取得工程造价咨询企业资质,并在其资质等级许可的范围内从事工程造价咨询活动。

(1)工程造价咨询企业的资质等级。根据技术负责人的技术职称、从业年限、专业技术人员的数量、企业的业绩情况、企业为本单位专职专业人员办理的社会基本养老保险手续是否齐全等指标,工程造价咨询企业资质等级分为甲级、乙级。甲级资质造价咨询企业必须是已取得乙级工程造价咨询企业资质证书满3年,再结合其他条件进行申报。

(2)工程造价咨询企业的资质变更。工程造价咨询企业资质有效期届满,需要继续从事工程造价咨询活动的,应当提前30日向资质许可机关提出资质延续申请。资质有效期可延续3年。

工程造价咨询企业的名称、住所、企业组织形式、法定代表人、技术负责人、注册资本等事项发生变更的,应当提前30日到资质许可机关办理资质证书变更手续。

工程造价咨询企业申请合并的,合并后的工程造价咨询企业应按规定的资质标准,选择与规定条件相对应的资质等级。工程造价咨询企业分立的,按规定只能由分立后的一方承继原企业资质,但应当与原工程造价咨询企业资质等级条件相对应。

(3)工程造价咨询企业的资质申请。根据《工程造价咨询企业管理办法》的规定,申请甲级工程造价咨询企业资质的,可以向申请人工商注册所在地省、自治区、直辖市人民政府住房和城乡建设主管部门或者国务院有关专业部门提交申请材料。甲级造价咨询企业资质由国务院住房和城乡建设主管部门审批。申请乙级工程造价咨询企业资质的,由省、自治区、直辖市人民政府住房和城乡建设主管部门审查决定。主管部门在作出决定之日起30日内,要将准予资质许可的决定报国务院住房和城乡建设主管部门备案。

对于新申请工程造价咨询企业资质的,按照相关规定资质标准核定为乙级,并设暂定期一年。暂定期届满需继续从事工程造价咨询活动的，应提前30日向资质许可机关申请换发资质证书。符合乙级资质条件的，由资质许可机关换发资质证书。

2.6 工程建设从业人员的资质许可

工程建设从业人员的执业资格制度是指具备一定专业学历和经历的、从事工程建设活动的专业技术人员，通过专业考试和注册确定其所从事职业的技术资格，获得相应工程签字权的一种制度。

2.6.1 注册建筑师

注册建筑师是依法取得注册建筑师执业资格证书并经注册，从事房屋工程设计及相关专业工作的人员。

注册建筑师分为一级注册建筑师和二级注册建筑师。

2008年原建设部依据《中华人民共和国行政许可法》（全书以下简称《行政许可法》）、《中华人民共和国注册建筑师条例》（全书以下简称《注册建筑师条例》）制定了《中华人民共和国注册建筑师条例实施细则》（全书以下简称《注册建筑师条例实施细则》），具体并细化了《注册建筑师条例》。

2.6.1.1 注册建筑师考试

注册建筑师考试分为一级注册建筑师考试和二级注册建筑师考试。国家实行全国统一考试制度，每年考试一次。

2.6.1.2 注册建筑师注册

注册建筑师经考试合格后，取得相应的注册建筑师资格，依法可以申请注册。一级建筑师的注册，由全国注册建筑师管理委员会负责；二级建筑师的注册，由省、自治区、直辖市注册建筑师管理委员会负责，对不符合规定注册条件的，不予注册。建筑师注册的有效期为两年。

2.6.1.3 注册建筑师的执业范围

一级注册建筑师的执业范围不受建筑规模和工程复杂程度的限制；二级注册建筑师的执业范围只限于国家规定的民用建筑三级及以下项目。

2.6.1.4 注册建筑师的权利

根据《注册建筑师条例》（根据2019年4月23日《国务院关于修改部分行政法规的决定》修订）的规定，注册建筑师的权利包括以下几方面。

（1）注册建筑师有权以注册建筑师的名义执行注册建筑师业务。非注册建筑师不得以注册建筑师的名义执行注册建筑师业务。二级注册建筑师不得以一级注册建筑师的名义执行业务，也不得超越国家规定的二级注册建筑师的执业范围执行业务。

（2）国家规定的一定跨度、跨径和高度以上的房屋建筑，应当由注册建筑师进行设计。

（3）任何单位和个人修改注册建筑师的设计图纸，应当征得该注册建筑师同意；但是，因特殊情况不能征得该注册建筑师同意的除外。

2.6.1.5 注册建筑师的义务

根据《注册建筑师条例》第二十八条的规定，注册建筑师应当履行下列义务：
（1）遵守法律、法规和职业道德，维护社会公共利益；
（2）保证建筑设计的质量，并在其负责的设计图纸上签字；
（3）保守在执业中知悉的单位和个人的秘密；
（4）不得同时受聘于二个以上建筑设计单位执行业务；
（5）不得准许他人以本人名义执行业务。

2.6.2 注册造价工程师

注册造价工程师是指通过全国造价工程师执业资格统一考试或者资格认定、资格互认，取得造价工程师执业资格，并按照规定注册，取得造价工程师注册执业证书和执业印章，从事工程造价活动的专业人员。住房和城乡建设部2020年2月19日修正了《注册造价工程师管理办法》，对造价工程师的注册、执业及法律责任做了更加具体明确的规定。

注册造价工程师分为一级注册造价工程师和二级注册造价工程师。

2.6.2.1 注册造价工程师考试

国家实行全国一级注册造价工程师统一考试制度，每年考试一次。

参加注册造价工程师考试者，由本人根据要求提出申请，经所在单位审查同意后，统一向省、自治区、直辖市注册造价师管理委员会报名，经审查符合规定的条件的，方可参加注册造价工程师考试。

2.6.2.2 注册造价工程师注册

修正后的《注册造价工程师管理办法》第四条规定："国务院住房和城乡建设主管部门对全国注册造价工程师的注册、执业活动实施统一监督管理，负责实施全国一级注册造价工程师的注册，并负责建立全国统一的注册造价工程师注册信息管理平台；国务院有关专业部门按照国务院规定的职责分工，对本行业注册造价工程师的执业活动实施监督管理。省、自治区、直辖市人民政府住房和城乡建设主管部门对本行政区域内注册造价工程师的执业活动实施监督管理，并实施本行政区域二级注册造价工程师的注册。"

注册造价工程师的注册分为初始注册、续期注册和变更注册三种情况。

（1）初始注册。经全国造价工程师执业资格统一考试合格的人员，应当在取得执业资格考试合格证书三个月内，到省级注册机构或者部门注册机构申请初始注册。

《注册造价工程师管理办法》第十条第一款规定："取得职业资格证书的人员，可自职业资格证书签发之日起1年内申请初始注册。逾期未申请者，须符合继续教育的要求后方可申请初始注册。初始注册的有效期为4年。"

（2）续期注册。一级注册造价工程师延续注册，由省、自治区、直辖市人民政府住房城乡建设主管部门或者国务院有关专业部门收到申请材料后，在5日内将申请材料报国务院住房和城乡建设主管部门，国务院住房和城乡建设主管部门应当自受理之日起10日内作出决定。二级注册造价工程师延续注册,省、自治区、直辖市人民政府住房和城乡建设主管部门收到申请材料后,应当自受理之日起10日内作出决定。

(3)变更注册。在注册有效期内,注册造价工程师变更执业单位的,应当与原聘用单位解除劳动合同,并按照《注册造价工程师管理办法》规定的程序,到新聘用单位工商注册所在地的省、自治区、直辖市人民政府住房和城乡建设主管部门或者国务院有关专业部门办理变更注册手续。变更注册后延续原注册有效期。

2.6.2.3 注册造价工程师的工作内容。

《注册造价工程师管理办法》第十五条规定:"一级注册造价工程师执业范围包括建设项目全过程的工程造价管理与工程造价咨询等,具体工作内容:(一)项目建议书、可行性研究投资估算与审核,项目评价造价分析;(二)建设工程设计概算、施工预算编制和审核;(三)建设工程招标投标文件工程量和造价的编制与审核;(四)建设工程合同价款、结算价款、竣工决算价款的编制与管理;(五)建设工程审计、仲裁、诉讼、保险中的造价鉴定,工程造价纠纷调解;(六)建设工程计价依据、造价指标的编制与管理;(七)与工程造价管理有关的其他事项。二级注册造价工程师协助一级注册造价工程师开展相关工作,并可以独立开展以下工作:(一)建设工程工料分析、计划、组织与成本管理,施工图预算、设计概算编制;(二)建设工程量清单、最高投标限价、投标报价编制;(三)建设工程合同价款、结算价款和竣工决算价款的编制。"

2.6.2.4 注册造价工程师的权利

根据《注册造价工程师管理办法》第十六条的规定,注册造价工程师享有下列权利:
(1)使用造价工程师名称;
(2)依法从事工程造价业务;
(3)在本人执业活动中形成的工程造价成果文件上签字并加盖执业印章;
(4)发起设立工程造价咨询企业;
(5)保管和使用本人的注册证书和执业印章;
(6)参加继续教育。

2.6.2.5 注册造价工程师应当履行下列义务

根据《注册造价工程师管理办法》第十七条的规定,注册造价工程师应当履行下列义务:
(1)遵守法律、法规、有关管理规定,恪守职业道德;
(2)保证执业活动成果的质量;
(3)接受继续教育,提高执业水平;
(4)执行工程造价计价标准和计价方法;
(5)与当事人有利害关系的,应当主动回避;
(6)保守在执业中知悉的国家秘密和他人的商业、技术秘密。

2.6.3 注册监理工程师

根据2016年修正的《注册监理工程师管理规定》第三条的规定,注册监理工程师是指经考试取得中华人民共和国监理工程师资格证书,并按照本规定注册,取得中华人民共和国注册监理工程师执业证书和执业印章,从事工程监理及相关业务活动的专业技术人员。

2.6.3.1 注册监理工程师注册

按照《注册监理工程师管理规定》第五条的规定,注册监理工程师实行注册执业管理制度。取得资格证书的工程监理人员,只有经过注册才能以注册监理工程师的名义执业。注册证书和执业印章是注册监理工程师的执业凭证,只能由注册监理工程师本人保管和使用。注册证书和执业印章有效期为三年。

(1) 注册监理工程师的初始注册。初始注册监理工程师可自资格证书签发之日起三年内提出申请。初始注册人员应具备以下条件:①经全国注册监理工程师执业资格统一考试合格,并取得资格证书;②受聘于一个相关单位;③达到继续教育对专业人员的最低要求;④身体健康状况良好且年龄不超过65周岁;⑤受到过刑事处罚的人员,自刑事处罚执行完毕之日起已满二年。

(2) 注册监理工程师的变更注册。在注册有效期内,注册人员因故变更执业单位的,应与原执业单位彻底解除劳动关系,并按规定办理变更注册手续,变更注册后仍延续原注册有效期。按规定,变更注册人员需提交下列材料:①申请变更注册人员提交的申请表;②申请人与新聘用单位签订的聘用劳动合同复印件;③申请人与原聘用单位解除劳动合同证明文件。

2.6.3.2 注册监理工程师的权利

注册监理工程师享有下列权利:
(1) 使用注册监理工程师称谓;
(2) 在规定范围内依据本人能力从事监理活动;
(3) 依法保管和使用本人的注册证书和执业印章;
(4) 解释和辩护本人的执业活动;
(5) 接受继续教育;
(6) 获得相应的劳动报酬;
(7) 对侵犯本人权利的行为进行申诉。

2.6.3.3 注册监理工程师的义务

注册监理工程师应当履行下列义务:
(1) 遵守法律、法规和有关管理规定;
(2) 履行管理职责,执行技术标准、规范和规程;
(3) 保证执业活动成果的质量,并承担相应责任;
(4) 接受继续教育,努力提高执业水准;
(5) 在本人执业活动所形成的工程监理文件上签字、加盖执业印章;
(6) 保守在执业中知悉的国家秘密和他人的商业、技术秘密;
(7) 不非法转让注册证书或者执业印章;
(8) 不同时在两个或者两个以上单位受聘或执业;
(9) 在规定的业务范围和聘用单位业务范围内从事执业活动;

（10）协助注册管理机构完成相关工作。

2.6.4 注册建造师

2.6.4.1 注册建造师的概念

注册建造师也叫注册建造工程师，是指通过考核认定或考试合格取得建造师资格证书，并按照规定注册，取得建造师注册证书和执业印章，担任施工单位项目负责人及从事相关活动的专业技术人员。

目前，我国的注册建造师有一级建造师和二级建造师两类。按专业分为土建、交通、水利、通信等。按规定，县级以上地方人民政府住房和城乡建设主管部门对本行政区域内的注册建造师的注册、执业活动实施监督管理；县级以上地方人民政府交通、水利、通信等有关部门在各自职责范围内，对本行政区域内有关专业工程注册建造师的执业活动实施监督管理。

按照《注册建造师管理规定》第五条第二款的规定，取得资格证书的人员，经过注册方能以注册建造师的名义执业。

2.6.4.2 注册建造师的注册

注册建造师的注册分为初始注册、变更注册和延续注册。

（1）申请初始注册应具备的条件。注册建造师，无论是一级建造师还是二级建造师，在初始注册时首先要经考核认定或考试合格取得资格证书，其次要受聘于一个相关单位，再次要按规定参加继续教育并达到相关要求。另外，注册人不得有《注册建造师管理规定》第十五条所列的任何一种情形。

（2）对于申请变更注册、延续注册的建造师，国务院住房和城乡建设主管部门应当自受理之日起 10 日内作出审批决定。作出决定后的 10 日内公告审批结果。国务院有关部门收到申请材料后 5 日内应审核完毕，并将审核意见送国务院住房和城乡建设主管部门。2016 年 9 月修正的《注册建造师管理规定》第九条规定："取得二级建造师资格证书的人员申请注册，由省、自治区、直辖市人民政府住房和城乡建设主管部门负责受理和审批，具体审批程序由省、自治区、直辖市人民政府住房和城乡建设主管部门依法确定。对批准注册的，核发由国务院住房和城乡建设主管部门统一样式的《中华人民共和国二级建造师注册证书》和执业印章，并在核发证书后 30 日内送国务院住房和城乡建设主管部门备案。"

注册证书与执业印章有效期为 3 年。

按照规定，注册建造师在注册有效期内变更执业单位，应当与原聘用单位解除劳动关系，并按照规定办理变更注册手续，变更注册后仍延续原注册有效期。

2.6.4.3 注册建造师的权利

根据《注册建造师管理规定》的规定，注册建造师享有下列权利：

（1）使用注册建造师名称；

（2）在规定范围内从事执业活动；

（3）在本人执业活动中形成的文件上签字并加盖执业印章；

（4）保管和使用本人注册证书、执业印章；

（5）对本人执业活动进行解释和辩护；

（6）接受继续教育；
（7）获得相应的劳动报酬；
（8）对侵犯本人权利的行为进行申述。

2.6.4.4　注册建造师的义务

根据《注册建造师管理规定》的规定，注册建造师应当履行下列义务：
（1）遵守法律、法规和有关管理规定，恪守职业道德；
（2）执行技术标准、规范和规程；
（3）保证执业成果的质量，并承担相应责任；
（4）接受继续教育，努力提高执业水准；
（5）保守在执业中知悉的国家秘密和他人的商业、技术等秘密；
（6）与当事人有利害关系的，应当主动回避；
（7）协助注册管理机关完成相关工作。

案例分析

> 2018年8月20日，某学校（甲方）与某施工单位（乙方）订立了建筑工程承包合同（施工单位在工商行政管理机关登记的经营范围为维修和承建小型非生产性建筑工程，无资格承包此工程，其承包工程借用了其他单位资质）。合同约定：乙方为甲方建宿舍区，总造价1200万元人民币；承包方式为包工包料；开工日期为2018年9月8日，竣工日期为2019年8月15日。自工程开工至2019年9月底，甲方付给乙方工程款、材料款共计1108万元人民币。乙方在规定的工程施工期限内未能完工，且未完工程部分折价为117万元。已完工程的部分屋面质量不合格，产生的返工费为4.7万元。为此，甲乙双方产生纠纷。
>
> 问题：
> 1.甲乙双方签订的合同是否为有效合同？为什么？
> 2.双方问题该如何解决？
>
> 分析：根据相关规定，建筑施工企业在进行生产活动时既要取得营业执照，在工商行政管理机关核准的经营范围内进行经营活动，又要取得资质等级证书，在进行承建活动时，严格遵守资质等级许可制度，在核准的资质等级范围内承揽业务。本案例中，乙方经营范围为维修和承建小型非生产性建筑工程，根据其资质等级，不能与甲方签订生产性的建筑施工合同，乙方借用其他企业资质等级签订了承包合同。在处理此案例时，首先，明确甲乙双方所订立的建筑工程承包合同无效；其次，乙方应返还甲方多付的工程款；最后，乙方应偿付因工程质量不合格所需的返工费，同时要赔偿原告的经济损失。

本章小结

本章主要介绍了工程建设的基本程序、工程报建的范围，申请施工许可的条件、范围及未取得施工许可证擅自开工的后果，企业资质等级许可制度及专业人员执业资格制度。

工程建设各阶段的主要内容包括决策分析、建设准备、工程实施、工程竣工验收与保修、项目建成后评价。

2021年3月住房和城乡建设部修改发布的《建筑工程施工许可管理办法》规定：在中华人民共和国境内从事各类房屋建筑及其附属设施的建造、装修装饰和与其配套的线路、管道、设备的安装，以及城镇市政基础设施工程的施工，建设单位在开工前应当依照本办法的规定，向工程所在地的县级以上地方人民政府住房城乡建设主管部门申请领取施工许可证。未领取施工许可证的不得开工；已经开工的，必须立即停止施工。我国工程建设执业资格制度是单位执业资质等级许可制度和个人执业资质等级许可制度并存的模式。

工程建设保险是指建设单位或承包人针对项目建设过程中可能出现的人身伤害或财产损失，向保险人投保以化解各类风险的行为。工程建设保险的投保人一般是建设单位或承包单位，被保险人和受益人多是参与工程实施的主体或个人。

建设活动中所涉及的风险根据工作特点分为建筑工程一切险和安装工程一切险两大类。根据《建筑法》和相关的法律法规文件的最新规定，从事建筑活动的施工单位、勘察设计单位、工程监理单位、工程造价咨询企业等进入建筑市场应具备相应条件的要求并符合资质审查制度。

我国工程建设执业资格制度是单位执业资质等级许可制度和个人执业资质等级许可制度并存的模式。

复习思考题

1. 施工许可证的申领条件有哪些？
2. 简述工程建设工程许可的含义。
3. 简述工程竣工验收应具备的条件。
4. 简要叙述工程监理企业的资质申请与审批程序。
5. 施工许可证的申领时间与范围是怎样规定的？
6. 房屋建筑工程最低保修期限的规定有哪些？

3 工程建设招标与投标

【知识目标】
1. 掌握工程发包、承包制度的相关知识；
2. 掌握招标投标的概念；
3. 了解招投标原则、招标方式；
4. 熟悉招投标的范围和规模要求；
5. 掌握建筑工程招标、投标、开标、评标及定标的程序；
6. 熟悉工程建设招投标主体违反《招标投标法》应负的法律责任。

3.1 工程建设发承包制度

3.1.1 建筑工程发包、承包的概念

发包、承包是一种经营方式，是指交易的一方负责为交易的另一方完成某项工作或供应一批货物，并按一定的价格取得相应报酬的交易行为。工程发包、承包是根据协议，作为交易一方的建筑施工企业，负责为交易另一方完成某一项工程工作，并按一定的价格取得相应报酬的活动。委托任务并负责支付报酬的一方称为发包人，接受任务并按要求完成后取得报酬的一方称为承包人。

现阶段，我国在工程建设中所采取的经营方式主要是发包、承包方式。

承包方式可分为指定承包、协议承包和招标承包。指定承包是指国家对承包人下达工程施工任务，承包人接收任务并完成。协议承包是指发包人与建筑施工企业就工程内容及价格进行协商，签订承包合同。招标承包是指由3家以上建筑施工企业进行承包竞争，建设单位择优选定建筑施工企业与其签订承包合同。

3.1.2 建筑工程发包、承包的原则

建筑工程发包、承包活动是一项特殊的商品交易活动，同时又是一项重要的法律活动。因此，发承包双方必须共同遵守交易活动的一些基本原则，只有依法进行才能确保活动的顺

利进行。《建筑法》将这些基本原则以法律的形式做了如下规定。

3.1.2.1 发包、承包双方依法订立书面合同和全面履行合同义务的原则

由于建筑工程承包合同所涉及的内容特别复杂，合同履行期较长。为便于明确各自的权利与义务，减少纷争，《建筑法》和《民法典》都有关于建筑工程承包合同应当采用书面形式的明确规定。

订立建筑工程合同时，应当以发包单位发出的招标文件和中标通知书中规定的承包范围、工期、质量和价款等实质性内容为依据；非招标工程应当以当事人双方协商达成的一致意见为依据。

发包、承包双方应根据建筑工程承包合同约定的时间、地点、方式、内容及标准等要求，全面、准确地履行合同义务。一旦发生不按照合同约定履行义务的情况，违约方将依法承担违约责任。

3.1.2.2 建筑工程发承包应当按照以招标发包为主、直接发包为辅的原则

招标发包是一种科学先进的发包方式，也是国际通用的形式，受到社会和国家的重视。因此，《建筑法》规定，建筑工程依法实行招标发包，对不适于招标发包的可以直接发包。我国于2000年1月1日起实施《招标投标法》（随着国民经济的发展和环境条件的变化，这部法律于2017年进行了修订）。工程发承包阶段，建设单位对于符合要求进行招标的建筑工程，必须依照《招标投标法》实行招标发包。

3.1.2.3 按规定确定合同价款的原则

建筑工程合同价款应当按照国家有关规定，由发包单位与承包单位在合同中约定。

全部或者部分使用国有资金或者国家融资的建筑工程，发包单位和承包单位应当按照国家发布的计价规则和标准编制招标文件和投标文件，按规定确定工程承包合同价款。

3.1.3 建筑工程发包、承包的主体

建筑工程发包、承包的主体是指参与建筑生产交易过程的各方，主要有业主（建设单位或发包人）、承包商（包括总承包商和分包商）、工程咨询服务机构等。

3.1.3.1 业主

业主是指既有某项工程建设需求，又具有该项工程的建设资金和各种准建手续，在建筑市场中发包工程项目建设的勘察、设计、施工任务，并最终得到建筑产品达到其经营使用目的的政府部门、企事业单位和个人。

在我国，业主也被称为建设单位，在发包工程或组织工程建设时才成为市场主体，故又被称为发包人或招标人。因此，业主方作为市场主体具有不确定性。为了规范业主行为，我国建立了投资责任约束机制，即由项目业主对项目建设进行全过程负责的项目法人责任制。

项目业主的产生，主要有以下三种方式。

（1）业主是企业或单位。企业或机关、事业单位投资新建、扩建、改建工程，则该企业或单位即为项目业主。

（2）业主是联合投资董事会。由不同投资方参股或共同投资的项目，其业主是由共同投资方组成的董事会或管理委员会。

（3）业主是各类开发商。开发商自行融资、由投资方协商组建或委托开发的工程管理单位也可成为业主。

3.1.3.2 承包商

相对于业主，承包商作为建筑市场主体，是长期和持续存在的。因此，无论是国内还是按国际惯例，对承包商一般都要实行从业资格管理。

承包商按其所从事的专业可分为土建、水电、道路、港口、铁路、市政工程等专业施工单位。在市场经济条件下，承包商需要通过市场竞争（投标）取得施工项目，需要依靠自身的实力去赢得市场。承包商的实力主要包括以下四个方面。

（1）技术方面的实力。这包括有精通本行业的工程师、造价师、经济师、会计师、项目经理、合同管理专家等专业人员队伍；有施工专业装备；有承揽不同类型项目施工的经验等。

（2）经济方面的实力。这包括具有相当的周转资金用于工程准备；具有相当的固定资产和为完成项目需购入大型设备所需的资金；具有支付各种担保和保险的能力，有承担相应风险的能力；承担国际工程还需具备筹集外汇的能力。

（3）管理方面的实力。建筑承包市场属于买方市场，承包商为打开局面，往往需要低利润报价取得项目。故必须在成本控制上下功夫，向管理要效益，并采用先进的施工方法提高工作效率和技术水平。因此，承包商必须具有一批过硬的项目经理和管理专家。

（4）信誉方面的实力。承包商一定要有良好的信誉，它将直接影响企业的生存与发展。要建立良好的信誉，就必须遵守法律法规，承担国外工程能按国际惯例办事，保证工程质量、安全、工期，文明施工，认真履约。

承包商承揽工程，必须根据本企业的具体条件和实际情况，选择适合发挥自己优势的项目，避开企业不擅长或缺乏经验的项目，做到扬长避短，避免给企业带来不必要的风险和损失。

3.1.3.3 工程咨询服务机构

工程咨询是指遵循独立、科学、公正的原则，运用工程技术、科学技术、经济管理和法律法规等多学科方面的知识和经验，为政府部门、项目业主及其他各类客户的工程建设项目决策和管理提供咨询活动的智力服务。工程咨询机构是专门从事工程项目咨询服务活动的企业。

从不同的行业角度来看，工程咨询服务机构可分为工程项目管理咨询、工程规划咨询、工程设计咨询、工程评估咨询等。

（1）工程项目管理咨询。工程项目管理咨询是针对工程建设活动中参建各方业务性质或工程的不同阶段，提供招投标代理、政府采购代理、工程监理、工程造价咨询以及相关的法律信息咨询等服务活动的咨询。

（2）工程规划咨询。工程规划咨询主要是针对城市规划区域发展方面的咨询，包括建设用地性质咨询、绿地率咨询、区域交通规划咨询等。

（3）工程设计咨询。工程设计咨询主要是指导项目设计单位进行各阶段设计工作，依据国家现行的设计规范、地方的规划要求，对各阶段设计成果文件进行复核及审查，纠正偏差和错误，并提出优化建议，出具咨询报告。

（4）工程评估咨询。工程评估咨询是对委托方就某一具体事项内容的评估提供的咨询服务。工程评估咨询包含项目建议书、可行性研究报告、项目申请报告和资金申请报告，以及项目后评价，概算、预算、决算审查等的评估。

3.1.4 工程发包

3.1.4.1 工程发包方式

（1）直接发包。直接发包是对特殊建筑工程或法律规定应招标发包范围以外的工程，发包方直接与承包方签订承包合同的行为。建筑工程一般实行招标发包，不适于招标发包的工程可以直接发包，如保密工程、特殊专业工程，未超过法律规定的总投资额或建筑面积的建筑工程等。

（2）招标发包。建筑法规鼓励招标发包，只有不适于招标发包时，才实行直接发包，这就是在法律中确定招标发包处于优先考虑的位置。如此规定是由于招标发包符合市场经济的要求，体现公平竞争的原则。建筑工程项目由发包方发布信息，凡具备相应资质条件、符合投标要求的单位，不受地域和部门的限制，都可以申请投标，而发包方就可以在较为广泛的范围内、有竞争性的报价中，择优选择承包单位，将工程项目委托给信誉较好、技术能力较强、管理水平较高、报价合理的承包单位。直接发包仅限于特定的条件，难以展开公开竞争，但在现实中仍然是需要的，法律对其既是允许的，又是有一定限制的。

3.1.4.2 工程发包行为规范

（1）发包单位及其工作人员在建筑工程发包中不得收受贿赂、回扣或者索取其他好处。《建筑法》第十七条第一款规定："发包单位及其工作人员在建筑工程发包中不得收受贿赂、回扣或者索取其他好处。"承包单位及其工作人员不得利用向发包单位及其工作人员行贿、提供回扣或者给予其他好处等不正当手段承揽工程。

收受贿赂、回扣或者索取其他好处，是市场经济发展过程中贪污受贿的最典型的表现形式。这不仅是《建筑法》明令禁止的行为，同时也触犯了刑律。因此，《建筑法》特别强调了此项规定。在账外暗中给予对方单位或者个人回扣的，以行贿论处；对方单位或者个人在账外暗中收受回扣的，以受贿论处。

（2）发包单位应当按照合同的约定及时拨付工程款项。《建筑法》第十八条第二款规定："发包单位应当按照合同的约定，及时拨付工程款项。"拖欠工程款是规范建筑市场的难点问题。它不仅严重影响了企业的生产经营和发展，也影响了工程建设的顺利进行及投资效益的提高。此项规定是针对发包单位行为的规范，也是施工单位追索工程欠款的法律依据。

（3）发包单位应当依照法定程序和方式进行公开招标。《建筑法》第十九条规定："建筑工程依法实行招标发包，对不适于招标发包的可以直接发包。"第二十条第一款规定："建筑工程实行公开招标的，发包单位应当依照法定程序和方式，发布招标公告，提供载有招标工程的主要技术要求、主要的合同条款、评标的标准和方法以及开标、评标、定标的程序等内容的招标文件。"

（4）发包单位应当将建筑工程发包给依法中标的承包单位。建筑工程实行直接发包的，发包单位应当将建筑工程发包给具有相应资质条件的承包单位。之所以强调直接发包的工程中承包单位的相应资格，是因为通过招标方式发包，一般都通过了资格预审程序，能够参加投标的单位已经具备资格条件。建筑工程实行招标发包的，发包单位应当将建筑工程发包给依法中标的承包单位。这个中标的承包单位是依照法定程序被选定的，在这个过程中形成了一系列的法律关系，中标后该承包单位即享有承包该项建筑工程的合法权益，发包单位不应改变这种既定权益。政府及其所属部门也不得滥用行政权力，限定发包单位将招标发包的建筑工程发包给指定的承包单位。这项法律规定表明，必须排除政府部门对招标发包的不正当干预，尊重招标投标过程中的交易方式所确定的权利和义务。

（5）禁止将建筑工程肢解发包。提倡对建筑工程实行总承包，禁止将建筑工程肢解发包。禁止肢解发包，即不得将应当由一个承包单位完成的建筑工程肢解成若干部分发包给几个承包单位。建筑工程的发包单位可以将建筑工程的勘察、设计、施工、设备采购一并发包给一个工程总承包单位，也可以将建筑工程勘察、设计、施工、设备采购的一项或多项发包给一个工程总承包单位，但是不得将应当由一个承包单位完成的建筑工程肢解成若干部分发包给几个承包单位。

对建筑施工最小发包的工程为一个单位工程，单位工程是单项工程的组成部分。通常按照单项工程所包含不同性质的工作内容，根据是否独立施工的要求，一个单项工程可划分为若干个单位工程。对勘察设计最小发包的工程为一个单项工程。

（6）发包单位不得指定承包单位购入用于工程的建筑材料、建筑构配件和设备或指定生产厂、供应商。按照合同约定，建筑材料、建筑构配件和设备由工程承包单位采购，发包单位不得指定承包单位购入用于工程的建筑材料、建筑构配件和设备或者指定生产厂、供应商。由发包方自行采购的，不存在此类问题。这项规定的重要性在于限制发包单位利用其有利地位而违背合同的约定；保护承包单位在合同中确定的权利，也有利于明确其责任；防止发包单位利用指定生产厂、供应商谋取不正当利益，影响工程质量。发包单位指定承包单位购入用于工程的建筑材料、建筑构配件和设备或者指定生产厂、供应商的行为，不仅违反《建筑法》的规定，同时也是《反不正当竞争法》所禁止的行为。

3.1.5 工程承包

3.1.5.1 工程承包方式

建筑工程承包方式即建筑工程发承包双方之间经济关系的形成。建筑工程发承包制度是我国建筑经济活动中的一项基本制度。《建筑法》规定，建筑工程的发包单位与承包单位应当依法订立书面合同，明确双方的权利和义务。建筑工程承包方式按不同的划分标准可进行不同的分类。

（1）按承包的范围和内容，建筑工程承包方式可以分为全过程承包、阶段承包和专项承包。

全过程承包又称"统包""一揽子承包"或"交钥匙"，指承包单位按照发包单位提出的使用要求和竣工期限，对建筑工程全过程实行总承包，直到建筑工程达到交付使用要求；阶段承包指承包单位承包建设过程中某一阶段或某些阶段工程的承包形式，如勘察设计阶段、施工阶段等；专项承包又称专业承包，指承包单位对建设阶段中某一专业工程进行的承包，如勘察设计阶段的工程地质勘察、施工阶段的分部分项工程施工等。

（2）按承包中相互结合的关系，建筑工程承包方式可以分为总承包、分承包、联合体承包等。

总承包也称"总包"，指由一个施工单位全部、全过程承包一个建筑工程的承包方式；分包是总包单位将总包工程中若干专业性工程项目，再发包给资质条件符合要求的专业施工单位的一种承包方式；联合体承包是指由两个或两个以上承包单位经协议后联合承包一项建筑工程。参加联合的各单位应以一个单位的名义与发包单位签订承包合同，共同对发包单位承担连带责任。

《建筑法》提倡对建筑工程实行总承包。实行建筑工程总承包有利于充分发挥企业的专业优势，综合协调工程建设中的各种关系，加强对工程建设的统一指挥和组织管理，保证工程质量、提高投资效益。发包单位可以将建筑工程的勘察、设计、施工、设备采购一并发包给一个工程总承包单位，也可以将建筑工程勘察、设计、施工、设备采购的一项或者多项发包给一个工程总承包单位。

① 总承包与分承包。建筑工程总承包是发包单位将建筑工程的勘察、设计、施工、设备采购一并发包给一个工程总承包单位，由总承包单位直接向发包单位负责。总承包单位可以自主负责整个建筑工程的全过程，也可以依法分包给若干个专业分包单位完成。总包单位选择分包单位必须经建设单位认可。

允许建设单位指定分包。指定分包单位被总承包单位认可后即在总承包合同中约定。总承包单位要对该分包单位所承包的工程负责。总包单位也有权利拒绝建设单位的这种指定，因为如果建设单位指定的分包单位不能很好地完成现场工作，将增大总承包单位的风险与责任。

实行项目总承包的，建筑工程主体结构的施工必须由总承包单位自行完成。建筑工程总承包单位按照总承包合同的约定对建设单位负责；分包单位按照分包合同的约定对总承包单位负责。总承包单位和分包单位就分包工程对建设单位承担连带责任。对于分包工程的责任，建设单位可以向总承包单位请求赔偿。

② 联合体承包。《建筑法》规定了建筑工程联合承包制度。采用联合承包方式承包工程的优势主要表现为：承包单位联合投标，可以加大技术力量等方面的优势组合，增强竞争力，增加中标机会，降低投资风险；承包单位共享利润的同时，可以共担风险；对建设单位来说，可以降低投资成本，降低风险。出现索赔时，由于联合承包各方负有连带责任，可以向任何一方要求赔偿，即使某个承包单位无力赔偿或破产，也不会影响索赔。

《建筑法》第二十七条规定："大型建筑工程或者结构复杂的建筑工程，可以由两个以上的承包单位联合共同承包。共同承包的各方对承包合同的履行承担连带责任。两个以上不同资质等级的单位实行联合共同承包的，应当按照资质等级低的单位的业务许可范围承揽工程。"

联合承包的工程范围是大型建筑工程或者结构复杂的建筑工程。大型建筑工程或者结构复杂工程范围，参照国务院、地方政府或国务院有关部门确定的标准。大型工程以建筑面积或工程总造价划分，结构复杂工程以结构的专业性强弱划分。中小型建筑工程或结构不复杂的工程，不能联合承包。

3.1.5.2 建筑工程承包行为规范

（1）禁止承包单位以虚假、欺诈手段承揽工程。承包建筑工程的单位应当持有依法取得的资质证书，并在其资质等级许可的业务范围内承揽工程。禁止建筑施工企业超越本企业资质等级许可的业务范围承揽工程；禁止假冒其他企业的名义承揽工程；禁止建筑施工企业以任何形式允许其他单位或者个人使用本企业的资质证书、营业执照，以本企业的名义承揽工程，如出借、出租资质证书、营业执照，允许其他建筑施工企业挂靠自己企业等。

（2）禁止承包单位将承包的工程违法分包。总承包单位可以将部分工程分包出去，但必须经建设单位同意，同意的方式为在总承包合同中的约定，或者经建设单位认可。如果未经建设单位同意分包，则视为违法分包。禁止分包单位将其承包的工程再分包；禁止总承包单位将工程分包给不具备相应资质条件的单位。

（3）禁止转包。转包是指在工程建设中，承包单位不履行承包合同规定的职责，将所承包的工程转包给其他单位，只收取管理费，对工程不承担经济、技术及管理责任的行为。转包的形式有两种：一是承包单位将其承包的全部建筑工程转包给他人；二是承包单位将其承包的全部工程肢解后以分包的名义发包给他人，即变相的转包。

分包工程发包人将工程分包后，未在施工现场设立项目管理机构和派驻相应人员，并未对该工程施工活动进行组织管理的，视为转包行为。

转包容易使不符合资质条件的低素质承包单位承接工程，导致质量问题、安全事故等，也容易产生行贿、受贿等现象。《建筑法》第二十八条规定："禁止承包单位将其承包的全部建筑工程转包给他人，禁止承包单位将其承包的全部建筑工程肢解以后以分包的名义分别转包给他人。"

3.2 工程招标与投标概述

3.2.1 建设工程招标投标的概念

《招标投标法》由第九届全国人民代表大会常务委员会第十一次会议于1999年8月30日通过，自2000年1月1日起施行，该法于2017年12月进行了修正。《招标投标法》明确了凡在我国境内进行招标的项目建设及其采购活动，必须依照该法的规定进行，将招标与投标活动纳入法制管理的轨道。

工程建设招标是指建设单位对拟建的工程项目通过法定的程序和方式吸引相关承包单位参与竞争，并从中选择条件优越者来完成工程建设任务的法律行为。工程建设投标是指承包单位按照招标文件的要求，经过审查程序获得投标资格，并按招标文件要求在规定的时间内递交编制好的投标文件，力求通过竞争获取中标的行为。建设工程招标和投标制度是建设工程市场制度的重要组成部分，是通过竞争方式选择合作对象的特殊程序。招标投标活动通过严格、规范、科学合理的运作程序和监管机制，有力地保证了竞争过程的公正和交易安全。

3.2.2 建设工程招标投标的原则

《招标投标法》第五条规定："招标投标活动应当遵循公开、公平、公正和诚实信用的原则。"

3.2.2.1 公开原则

招标投标活动的公开原则，首先要求进行招标活动的信息要公开，招标投标活动具有高度的透明度。采用公开招标方式,应当发布招标公告,依法必须进行招标的项目的招标公告,必须通过国家指定的报刊、信息网络或者其他公共媒介发布。无论是招标公告、资格预审公告,还是投标邀请书,都应当载明能满足潜在投标人决定是否参加投标竞争所需要的信息。另外,开标的程序、评标的标准和程序以及中标的结果等都应当公开。应使每一个投标人获得同等的信息,知悉招标的一切条件和要求。

3.2.2.2 公平原则

公平原则就是在招标投标活动中要求招标人严格按照规定的条件和程序办事,给予所有投标人平等的机会,使其享有同等的权利并履行相应的义务,不以任何理由排斥或歧视任何一方,不对不同的投标竞争者采用不同的标准。

3.2.2.3 公正原则

公正原则就是要求招标人在招标投标活动中行为应当公正,对所有的投标竞争者都应平等对待,不能有特殊。特别是在评标时,评标标准应当明确、严格,对所有在投标截止日期以后送到的投标书都应拒收,与投标人有利害关系的人员都不得作为评标委员会的成员。招标人和投标人双方在招标投标活动中的地位平等,任何一方不得向另一方提出不合理的要求,不得将自己的意志强加给对方。

3.2.2.4 诚实信用原则

诚实信用原则是所有民事活动都应遵循的基本原则之一。它要求当事人以诚实、守信的态度行使权利、履行义务,保证彼此都能得到自己应得的利益,同时不得损害第三人和社会的利益,不得规避招标、串通投标、泄露标底、骗取中标等。它要求在招标投标活动中的招标人、招标代理机构、投标人等均应以诚实的态度参与招标投标活动,坚持良好的信用,不得以欺骗手段进行虚假招标或投标,牟取不正当利益,并应恪守诺言,严格履行义务。在当事人之间的利益关系中,诚信原则要求尊重他人利益;在当事人与社会的利益关系中,诚信原则要求当事人不得通过自己的活动损害第三人和社会的利益,必须在法律范围内以符合其社会经济目的的方式行使自己的权利。

《招标投标法》第六条规定:"依法必须进行招标的项目,其招标投标活动不受地区或者部门的限制。任何单位和个人不得违法限制或者排斥本地区、本系统以外的法人或者其他组织参加投标,不得以任何方式非法干涉招标投标活动。"本条规定是针对招标投标活动中的地区保护主义和部门保护主义制定的。保证每个符合招标项目资格条件、具备承担招标项目能力的法人或者其他组织都有公平地参与投标活动的机会,是招标投标活动的基本要求之一。任何单位不得违反《招标投标法》的有关规定,限制或者排斥本地区、本系统以外的法人或者其他组织参加投标,对非法干预招标投标活动的,应责令改正,对单位直接负责的法人要追究刑事责任。个人利用职权进行上述违法行为的,依照规定追究其法律责任。

3.2.3 建设工程招标投标的意义

招标是我国建设市场或设备供应走向规范化、完善化的重要举措,是计划经济向市场经济转变的重要步骤,对控制项目成本、保护相关员工廉政廉洁有着重要意义。

3.2.3.1 形成由市场定价的价格机制,使工程价格更加趋于合理

推行招投标制最明显的表现是若干投标人之间出现激烈竞争(相互竞标),这种市场竞争最直接、最集中的表现就是价格上的竞争。通过竞争确定趋于合理的工程价格,有利于节约投资、提高投资效益。

3.2.3.2 降低社会平均劳动消耗水平,使工程价格得到有效控制

在建设市场中,不同投标者的个别劳动消耗水平是有差异的。推行招投标制,有利于实现生产力资源较优配置。投标者面对激烈竞争的压力,为了自身的生存与发展,不得不降低自己的个别劳动消耗水平,使工程最终中标价格更合理。

3.2.3.3 有利于规范价格行为,使公开、公平、公正、诚实信用的原则得以贯彻

我国招标投标活动有特定的管理机构,有严格的程序,有高素质的专家支持系统,有工程技术人员的群体评估与决策,能够避免盲目过度的竞争和营私舞弊现象的发生,对建设领域中的腐败现象也给予强有力的遏制,使价格形成过程变得透明而较为规范。

3.3 工程建设招标

3.3.1 必须招标的工程建设项目的规定

3.3.1.1 招标的范围

《招标投标法》第三条规定,在中华人民共和国境内进行下列工程建设项目,包括项目的勘察、设计、施工、监理以及与工程建设有关的重要设备、材料等的采购,必须进行招标:

(1)大型基础设施、公用事业等关系社会公共利益、公众安全的项目;
(2)全部或者部分使用国有资金投资或者国家融资的项目;
(3)使用国际组织或者外国政府贷款、援助资金的项目。

2018年6月6日,国家发展和改革委员会发布《必须招标的基础设施和公用事业项目范围规定》。它代替了原有的《工程建设项目招标范围和规模标准规定》,二者相比,不只是名称有了变化,而且从招标的范围看也有较大变化。《必须招标的基础设施和公用事业项目范围规定》规定了必须招标的范围具体如下:

(1)煤炭、石油、天然气、电力、新能源等能源基础设施项目;
(2)铁路、公路、管道、水运,以及公共航空和A1级通用机场等交通运输基础设施项目;
(3)电信枢纽、通信信息网络等通信基础设施项目;
(4)防洪、灌溉、排涝、引(供)水等水利基础设施项目;
(5)城市轨道交通等城建项目。

全部或者部分使用国有资金投资或者国家融资的项目包括:使用预算资金200万元人民币以上,并且该资金占投资额10%以上的项目;使用国有企业事业单位资金,并且该资金占控股或者主导地位的项目。

使用国际组织或者外国政府贷款、援助资金的项目包括:使用世界银行、亚洲开发银行

等国际组织贷款、援助资金的项目；使用外国政府及其机构贷款、援助资金的项目。

3.3.1.2 工程建设项目招标规模标准

2018年3月，《国务院关于〈必须招标的工程项目规定〉的批复》（国函〔2018〕56号）明确，2018年6月1日《必须招标的工程项目规定》施行之日，2000年4月4日国务院批准、2000年5月1日原国家发展计划委员会发布的《工程建设项目招标范围和规模标准规定》同时废止。

《必须招标的工程项目规定》第五条规定："……勘察、设计、施工、监理以及与工程建设有关的重要设备、材料等的采购达到下列标准之一的，必须招标：（一）施工单项合同估算价在400万元人民币以上；（二）重要设备、材料等货物的采购，单项合同估算价在200万元人民币以上；（三）勘察、设计、监理等服务的采购，单项合同估算价在100万元人民币以上。同一项目中可以合并进行的勘察、设计、施工、监理以及与工程建设有关的重要设备、材料等的采购，合同估算价合计达到前款规定标准的，必须招标。"

与原国家发展计划委员会发布的《工程建设项目招标范围和规模标准规定》相比，《必须招标的工程项目规定》对强制招标的工程建设项目范围做了重大调整：工程招标数额标准从200万元提高到400万元，与工程建设密不可分的货物从100万元提高到200万元、服务从50万元提高到100万元，取消项目总金额3000万元的限制。

建设项目的勘察、设计，采用特定专利或者专有技术的，或者其建设艺术造型有特殊要求的，经项目主管部门批准，可以不进行招标。依法必须进行招标的项目，全部使用国有企业事业单位资金投资或者该资金占控股或者主导地位的，应当公开招标。省、自治区、直辖市人民政府根据实际情况，可以规定本地区必须进行招标的具体范围的规模标准，但不得缩小本规定确定的必须进行招标的范围。招标投标活动不受地区、部门的限制，不得对潜在投标人实行歧视待遇。

3.3.1.3 可不参加工程项目招标的建设项目范围

下列情形可不参加工程项目招标：
（1）涉及国家安全、国家秘密的工程；
（2）抢险救灾工程；
（3）利用扶贫资金实行以工代赈、需要使用农民工等特殊情况；
（4）建设造型有特殊要求的设计；
（5）采用特定专利技术、专有技术进行勘察、设计或施工；
（6）停建或者缓建后恢复建设的单位工程，且承包人未发生变更的；
（7）施工企业自建自用的工程，且该施工企业资质等级符合工程要求的；
（8）在建工程追加的附属小型工程或者主体加层工程，且承包人未发生变更的；
（9）法律、法规规定的其他情形。

3.3.2 招标的主体

3.3.2.1 工程建设招标主体必须具备的条件

《招标投标法》第八条规定："招标人是依照本法规定提出招标项目、进行招标的法人或者其他组织。"根据该法规定，招标人必须具备下列条件。

（1）招标人应当有进行招标项目的相应资金或者资金来源已经落实，并应当在招标文件中如实载明。

（2）招标人有权自行选择招标代理机构，委托其办理招标事宜。任何单位和个人不得以任何方式为招标人指定招标代理机构。招标人具有编制招标文件和组织评标能力的，可以自行办理招标事宜。任何单位和个人不得强制其委托招标代理机构办理招标事宜。依法必须进行招标的项目，招标人自行办理招标事宜的，应当向有关行政监督部门备案。

（3）招标人采用公开招标方式的，应当发布招标公告。依法必须进行招标的项目的招标公告，应当通过国家指定的报刊、信息网络或者其他媒介发布。招标公告应当载明招标人的名称和地址，招标项目的性质、数量、实施地点和时间以及获取招标文件的办法等事项。

（4）招标人采用邀请招标方式的，应当向三个以上具备承担招标项目的能力、资信良好的特定的法人或者其他组织发出投标邀请书。投标邀请书应当载明上述第（3）条中有关规定的事项。

（5）招标人可以根据招标项目本身的要求，在招标公告或者投标邀请书中，要求潜在投标人提供有关资质证明文件和业绩情况，并对潜在投标人进行资格审查。国家对投标人的资格条件有规定的，依照其规定，招标人不得以不合理的条件限制或者排斥潜在投标人，不得对潜在投标人实行歧视待遇。

（6）招标人应当根据招标项目的特点和需要编制招标文件。招标文件应当包括招标项目的技术要求、对投标人资格审查的标准、投标报价要求和评标标准等所有实质性要求和条件。此外，招标文件中还应包括拟签订合同的主要条款。国家对招标项目的技术、标准有规定的，招标人应当按照其规定在招标文件中提出相应要求。招标项目需要划分标段、确定工期的，招标人应当合理划分标段、确定工期，并在招标文件中载明。

（7）招标人根据招标项目的具体情况，可以组织潜在投标人踏勘项目现场。

（8）招标人不得向他人透露已获取招标文件的潜在投标人的名称、数量以及可能影响公平竞争的有关招标投标的其他情况。招标人设有标底的，标底必须保密。

（9）招标人对已发出的招标文件进行必要的澄清或者修改的，应当在招标文件要求提交投标文件截止时间至少15日前，以书面形式通知所有招标文件收受人。该澄清或者修改的内容为招标文件的组成部分。

（10）招标人应当确定投标人编制投标文件所需要的合理时间；但是，依法必须进行招标的项目，自招标文件开始发出之日起至投标人提交投标文件截止之日止，最短不得少于20日。

3.3.2.2　工程建设招标类型

（1）自行招标。《招标投标法》第十二条第二款规定："招标人具有编制招标文件和组织评标能力的，可以自行办理招标事宜。任何单位和个人不得强制其委托招标代理机构办理招标事宜。"根据2013年修订后的《工程建设项目自行招标试行办法》第四条的规定，招标人自行办理招标事宜，应当具有编制招标文件和组织评标能力，具体包括：

① 具有项目法人资格；

② 具有与招标项目规模和复杂程度相适应的工程技术、概预算、财物和工程管理等方面专业技术力量；

③ 有从事同类工程建设项目招标的经验；

④ 拥有三名以上取得招标职业资格的专职招标业务人员；

⑤ 熟悉和掌握招标投标法及有关法规规章。

（2）工程建设招标代理。工程建设招标代理是指建筑工程招标人将建筑工程招标事务委托给相应的社会中介服务机构，由该机构在招标人委托授权的范围内以委托的招标人的名义同他人独立进行建筑工程招标投标活动，由此产生的法律效果直接归于委托的招标人的一种委托代理制度。

《招标投标法》第十二条第一款规定："招标人有权自行选择招标代理机构，委托其办理招标事宜。任何单位和个人不得以任何方式为招标人指定招标代理机构。"招标代理机构应当在招标人委托的范围内办理招标事宜，并遵守《招标投标法》关于招标人的规定。

3.3.2.3　工程建设招标代理机构

根据《招标投标法》第十三条的规定，招标代理机构是依法设立、从事招标代理业务并提供相关服务的社会中介组织。招标代理机构应当具备下列条件：

（1）有从事招标代理业务的营业场所和相应资金；

（2）有能够编制招标文件和组织评标的相应专业力量。

3.3.3　工程建设招标应具备的条件

建筑工程招标必须具备一定的条件，不具备这些条件就不能进行招标。《招标投标法》第九条规定："招标项目按照国家有关规定需要履行项目审批手续的，应当先履行审批手续，取得批准。招标人应当有进行招标项目的相应资金或者资金来源已经落实，并应当在招标文件中如实载明。"

《房屋建筑和市政基础设施工程施工招标投标管理办法》（2001年6月1日建设部令第89号发布，根据2018年9月28日住房和城乡建设部令第43号修正。全书以下简称《工程施工招投标管理办法》）第七条规定，工程施工招标应当具备下列条件：①按照国家有关规定需要履行项目审批手续的，已经履行审批手续；②工程资金或者资金来源已经落实；③有满足施工招标需要的设计文件及其他技术资料；④法律、法规、规章规定的其他条件。

国家对某些招标项目实行审批控制，主要是从国家经济建设与发展的全局出发，对某些涉及国计民生以及有其他方面重要影响的项目进行总量控制。同时，国家对某些招标项目的审批控制，也有利于促进招标工作正确迅速地进行。根据国家有关规定需要先履行审批手续的招标项目，在未取得批准之前，不允许进行有关招标的具体工作。从这一意义上讲，履行审批手续是这些项目取得招标资格的先决条件。未取得国家有关部门批准而擅自进行招标投标工作的，除应当立即停止招标投标工作外，还必须补办审批手续，并对由此造成的第三人的损失承担赔偿责任。

进行招标项目的相应资金不仅包括招标项目本身所需的资金（如在政府采购行为中，作为招标方的政府应当具有进行采购所必需的资金；在建筑工程招标中，招标方应具有支付该建筑工程建设费用的能力等），也包括招标项目在招标、投标、评标、定标过程中所需的一切费用。

3.3.4　工程建设招标方式

按照不同的标准，招标有多种方式。如按其性质划分，招标可分为公开招标和邀请招标；按竞争范围划分，招标可分为国际竞争性招标和国内竞争性招标；按价格确定方式划分，招标可分为固定总价项目招标、成本加酬金项目招标和单价不变项目招标等。同时，根据招标的内容不同，也可以选择不同招标方式：①全过程招标，从工程项目的策划、立项开始（包括项目建议书、可行性研究报告、勘察设计），到施工、竣工投产、交付使用，实行一揽子招标；②各专业的一项或几项同时或分割招标方式，如监理招标、勘察设计招标、施工招标、材料与设备采购招标等。无论哪一种招标方式，都离不开招标的基本特性，即公开性、竞争性和公平性。

目前，世界各国和国际组织招标的方式有三种：公开招标、邀请招标和议标。《招标投标法》只规定了公开招标和邀请招标为法定招标方式。

3.3.4.1　公开招标

公开招标也称无限竞争性招标，是指招标人以招标公告的方式邀请不特定的法人或者其他组织参与投标。采用这种招标方式可为所有的承包商提供一个平等竞争的机会，业主有较大的选择余地，有利于降低工程造价，提高工程质量和缩短工期。不过，这种招标方式可能导致招标人对资格预审和评标工作量增大，招标费用支出增加；同时也使投标人中标概率减小，从而增加其投标前期风险。

3.3.4.2　邀请招标

邀请招标又称有限竞争招标，是指招标人以投标邀请书的方式邀请特定的法人或者其他组织投标。采用这种招标方式，由于被邀请参加竞争的投标者人数有限，不仅可以节省招标费用，而且能提高每个投标者的中标概率，所以对招标、投标双方都有利。采用这种招标方式因竞争者数量较少，不利于降低造价、缩短工期。

《招标投标法》第十一条规定："国务院发展计划部门确定的国家重点项目和省、自治区、直辖市人民政府确定的地方重点项目不适宜公开招标的，经国务院发展计划部门或者省、自治区、直辖市人民政府批准，可以进行邀请招标。"

《工程施工招投标管理办法》第八条第二款规定："依法必须进行施工招标的工程，全部使用国有资金投资或者国有资金投资占控股或者主导地位的，应当公开招标，但经国家计委或者省、自治区、直辖市人民政府依法批准可以进行邀请招标的重点建设项目除外；其他工程可以实行邀请招标。"采用邀请招标方式时，招标人应当向三个以上具备承担该工程施工能力、资信良好的施工企业发出投标邀请书。

采用邀请招标的项目一般属于以下几种情形之一：
（1）涉及保密的工程项目；
（2）专业性要求较高的工程，一般施工企业缺少技术、设备和经验，采用公开招标响应者较少；
（3）工程量较小、合同额不高的施工项目，对实力较强的施工企业缺少吸引力；
（4）地点分散且属于劳动密集型的施工项目，对外地域的施工企业缺少吸引力；
（5）工期要求紧迫的施工项目，没有时间进行公开招标；

（6）采用公开招标所花费的时间和费用在工程造价中占比过大的施工项目。

3.3.4.3 公开招标与邀请招标在招标程序上的主要区别

（1）招标信息的发布方式不同。公开招标是利用招标公告发布招标信息，而邀请招标则是采用向三家以上具备实施能力的投标人发出投标邀请书，请他们参与投标竞争。

（2）对投标人资格预审的时间不同。进行公开招标时，由于投标响应者较多，为了保证投标人具备相应的实施能力，以及缩短评标时间，突出投标的竞争性，通常设置资格预审程序。而邀请招标由于竞争范围小，且招标人对邀请对象的能力有所了解，不需要再进行资格预审，但在评标阶段还要对各投标人的资格和能力进行审查和比较，通常称之为"资格后审"。

（3）邀请的对象不同。邀请招标邀请的是特定的法人或者其他组织，而公开招标则是向不特定的法人或者其他组织邀请投标。

3.3.5 工程建设招标程序

3.3.5.1 办理审批手续，成立招标组织

招标活动必须由一个专门机构组织，这就是招标委员会或招标小组。招标人要具有编制招标文件和组织评标的能力，可以自行组织招标，并报建设行政监督部门备案；如果不具备法定条件，则应先选择招标代理机构，签订委托合同，委托其办理招标事宜。无论是自行组织招标还是委托代理机构招标，招标人都要组织成立招标小组或招标委员会，以便能对招标中的诸多事项，如确定投标人、中标人等重大问题进行决策。

根据《招标投标法》第三条的规定，必须进行招标的建设项目必须经有关部门审核批准，并且建设资金已经落实后才能招标。此外，对于不属于强制招标的范围，但是法律、法规、规章明确应当审批的项目，也必须履行审批手续。

工程项目招标应当具备下列条件：

（1）概预算已经批准；

（2）建设项目已经列入国家、部门或地方的年度固定资产投资计划；

（3）建设用地的征用工作已经完成；

（4）有能够满足施工需要的施工图纸及设计文件；

（5）建设资金和主要建筑材料、设备的来源已经落实；

（6）建设项目已经经所在地规划部门批准，施工现场的"三通一平"已经完成或一并列入施工招标范围。

3.3.5.2 编制招标文件和标底

（1）编制招标文件。《招标投标法》第十九条规定："招标人应当根据招标项目的特点和需要编制招标文件。招标文件应当包括招标项目的技术要求、对投标人资格审查的标准、投标报价要求和评标标准等所有实质性要求和条件以及拟签订合同的主要条款。国家对招标项目的技术、标准有规定的，招标人应当按照其规定在招标文件中提出相应要求。招标项目需要划分标段、确定工期的，招标人应当合理划分标段、确定工期，并在招标文件中载明。"

① 招标文件的内容。《工程施工招投标管理办法》第十七条规定，招标人应当根据招标工程的特点和需要，自行或者委托工程招标代理机构编制招标文件。招标文件应当包括下列内容：

一是投标须知，包括工程概况，招标范围，资格审查条件，工程资金来源或者落实情况（包括银行出具的资金证明），标段划分，工期要求，质量标准，现场踏勘和答疑安排，投标文件编制、提交、修改、撤回的要求，投标报价要求，投标有效期，开标的时间和地点，评标的方法和标准等；

二是招标工程的技术要求和设计文件；

三是采用工程量清单招标的，应当提供工程量清单；

四是投标函的格式及附录；

五是拟签订合同的主要条款；

六是要求投标人提交的其他材料。

② 招标文件依据的原则。编制招标文件是一项十分细致、复杂的工作，必须做到系统、完整、准确、明了，提出要求的目标要明确，使投标者一目了然。编制招标文件依据下列原则：

一是建设单位和建设项目必须具备招标条件；

二是必须遵守国家的法律、法规及有关贷款组织的要求；

三是应公正、合理地处理业主和承包商的关系，保护双方的利益；

四是正确、详尽地反映项目的客观、真实情况；

五是招标文件各部分的内容要力求统一，避免各份文件之间有矛盾。

招标文件的措辞应表达清楚、确切，要指明评标时考虑的因素，不仅要考虑到总价中除货价以外的运输、保险、检验费用以及需进口某些部件时的关税、进口费用、支付货币等，还要说明尚有哪些因素以及怎样评价。招标文件的技术规格一定要准确、详细，国家对招标项目的技术、标准有相关规定的，招标文件中应予以体现。

（2）编制标底。设有标底的招标项目，招标人应当编制标底。标底是我国工程招标中的一个特有概念，标底既是招标人对该工程的预期价格，也是评标的依据。标底是依据国家统一的工程量计算规则、预算定额和计价办法计算出来的工程造价，是招标人对建筑工程预算的期望值。

《招标投标法》第二十二条规定："招标人不得向他人透露已获取招标文件的潜在投标人的名称、数量以及可能影响公平竞争的有关招标投标的其他情况。招标人设有标底的，标底必须保密。"

招标人对潜在投标人状况及标底具有保密义务。招标人向他人透露已获取招标文件的潜在投标人的名称、数量以及可能影响公平竞争的有关招标投标的其他情况，泄露本应当保密的标底的行为，都直接违反了《招标投标法》的规定，从而使招标投标流于形式，损害其他投标人的利益，严重破坏了社会主义市场条件下正当的竞争秩序，具有相当大的社会危害性，因此必须加以禁止。对于招标人将有关信息或标底泄露给某特定投标人的行为，应认定其为招标投标中的不正当竞争行为，属于招标人和投标人的串通行为。

在我国工程建设领域，一些地方标底作为一种比较投标价格的参照仍然被应用。在实践中，投标价格是否接近标底价格仍然是投标人能否中标的一个重要的条件。正是由于标底在投标中的重要作用，一些投标人为了中标，想方设法地获取标底，由此产生的违法问题也屡见不鲜。因此，招标人必须依照法律规定，对标底进行保密。

标底的编制应当注意以下几点：

① 根据设计图纸及有关材料、招标文件，参照国家的技术、经济标准定额及规范，确定工程量和设定标底；

② 标底价格应由成本、利润和税金组成，一般应控制在批准的建设项目总概算及投资包干的限额内；

③ 标底价格作为招标人的期望价，应力求与市场的实际变化相吻合，要有利于竞争和保证工程质量；

④ 标底价格应考虑人工、材料、机械设备等价格变动因素，还应包括施工不可预见费、包干费和措施费等；

⑤ 工程要求优良的，还应增加相应费用，一个工程只能编制一个标底。

3.3.5.3 发布招标公告或投标邀请书

公开招标与邀请招标两种招标方式的选择要根据工程项目的特点和实际情况而定。采用何种形式招标应在招标准备阶段进行认真研究，主要分析哪些项目对投标人有吸引力，可以在市场中展开竞争。对于明显可以展开竞争的项目，应首先考虑采用打破地域和行业界限的公开招标。

《招标投标法》第十六条规定："招标人采用公开招标方式的。应当发布招标公告。依法必须进行招标的项目的招标公告，应当通过国家指定的报刊、信息网络或者其他媒介发布。招标公告应当载明招标人的名称和地址，招标项目的性质、数量、实施地点和时间以及获取招标文件的办法等事项。"

（1）招标信息公示要求。按照规定，依法必须招标项目的招标公告和公示信息应当在"中国招标投标公共服务平台"或者项目所在地省级电子招标投标公共服务平台发布。

《招标公告和公示信息发布管理办法》第九条规定："省级电子招标投标公共服务平台应当与'中国招标投标公共服务平台'对接，按规定同步交互招标公告和公示信息。对依法必须招标项目的招标公告和公示信息，发布媒介应当与相应的公共资源交易平台实现信息共享。'中国招标投标公共服务平台'应当汇总公开全国招标公告和公示信息，以及本办法第八条规定的发布媒介名称、网址、办公场所、联系方式等基本信息，及时维护更新，与全国公共资源交易平台共享，并归集至全国信用信息共享平台，按规定通过'信用中国'网站向社会公开。"

（2）电子招标信息公告的相关规定。按照电子招标投标有关数据规范要求交互招标公告和公示信息文本的，发布媒介应当自收到起12小时内发布。采用电子邮件、电子介质、传真、纸质文本等其他形式提交或者直接录入招标公告和公示信息文本的，发布媒介应当自核验确认起1个工作日内发布。核验确认最长不得超过3个工作日。招标人或其招标代理机构应当对其提供的招标公告和公示信息的真实性、准确性、合法性负责。发布媒介和电子招标投标交易平台应当对所发布的招标公告和公示信息的及时性、完整性负责。发布媒介应当按照规定采取有效措施，确保发布招标公告和公示信息的数据电文不被篡改、不遗漏和至少10年内可追溯。

（3）招标公告应载明的内容。依法必须进行招标的项目，资格预审公告和招标公告应载明的内容包括以下几方面：

① 招标项目名称、内容、范围、规模、资金来源；
② 对投标人的能力要求，以及是否接受联合体投标；
③ 获取和递交资格预审文件或招标文件的方式和时间；
④ 招标人及其代理机构的名称、地址及联系方式；
⑤ 采用电子招标投标方式进行招标的项目，潜在投标人访问电子招标投标交易平台的网址和方法。

《招标投标法》第十七条第一款规定："招标人采用邀请招标方式的，应当向三个以上具备承担招标项目的能力、资信良好的特定的法人或者其他组织发出投标邀请书。"

3.3.5.4 对投标单位的资格审查

承包商的投标是否真实或是否有履行承包合同的能力，直接关系到招标项目能否顺利进行及招标目标能否顺利实现。招标人可以根据招标项目本身的特点和需要，要求投标人提供满足其资格要求的文件，并对其进行资格审查。国家对投标人的资格条件有规定的，依照其规定。

资格审查根据招标进行的时间，可以分为资格预审、资格中审和资格后审。我国的行政规章规定了资格预审和资格后审。资格预审是指在招标文件发售前对潜在投标人进行的资格审查。资格后审是指在开标后对投标人进行的资格审查。进行资格预审的，一般不再进行资格后审，但招标人需对中标企业是否有能力履行合同义务进行进一步审查的，可以在招标文件中另作规定。

招标人应在资格预审文件中载明资格预审的条件、标准和方法。采用资格后审的，招标人应在招标文件中载明对投标人资格要求的条件、标准和方法。招标人不得改变载明的资格条件或以没有载明的资格条件对潜在投标人进行资格审查。资格预审是招标人对投标人的财务状况、技术能力等方面事先进行的审查，确保参加投标人均为有工程承建能力的投标人。资格预审主要从法律、技术及资金等方面对投标人的资格进行审查。具体地说，资格预审就是审查投标人的财务能力、机械设备条件、技术水平、施工经验、工程信誉及法律资格等方面的有关情况。设置资格审查程序是为了在招标过程中剔除资格条件不适合履行合同的潜在投标人。

《招标投标法》第十八条规定："招标人可以根据招标项目本身的要求，在招标公告或者投标邀请书中，要求潜在投标人提供有关资质证明文件和业绩情况，并对潜在投标人进行资格审查；国家对投标人的资格条件有规定的，依照其规定。招标人不得以不合理的条件限制或者排斥潜在投标人，不得对潜在投标人实行歧视待遇。"

关于资格审查的规定主要是针对资格预审作出的，同时《工程施工招投标管理办法》第十五、十六条对资格预审的有关事项进行了规定。

招标人可以根据招标工程的需要，对投标申请人进行资格预审，也可以委托工程招标代理机构对投标申请人进行资格预审。实行资格预审的招标工程，招标人应当在招标公告或者投标邀请书中载明资格预审的条件和获取资格预审文件的办法。

资格预审文件一般应当包括资格预审申请书格式、申请人须知，以及需要投标申请人提供的企业资质、业绩、技术装备、财务状况和拟派出的项目经理与主要技术人员的简历、业绩等证明材料。

资格预审后，招标人应当向资格预审合格的投标申请人发出资格预审合格通知书，告知获取招标文件的时间、地点和方法，并同时向资格预审不合格的投标申请人告知资格预审结果。

在资格预审合格的投标申请人过多时，可以由招标人从中选择不少于 7 家资格预审合格的投标申请人。

案例分析

> 某承包商通过资格预审后，对招标文件进行了仔细分析，编制了投标文件并进行了封装，在封口处加盖本单位公章，在投标截止时间前一天上午将投标文件报送业主。次日（即投标截止日当天）下午，在规定的开标时间前一小时，该承包商又递交了一份补充材料，其中声明将原报价降低 4%。但是，招标单位的有关工作人员认为：一个承包商不得递交两份投标文件，因而拒收承包商的补充材料。
>
> 问题：该项目在招标投标过程中存在哪些问题？
>
> 分析：该项目招标投标程序存在以下问题：
>
> （1）招标单位的工作人员不应拒收承包商的投标文件，因为承包商在投标截止时间之前所递交的任何正式书面文件都是有效文件，都是投标文件的有效组成部分。也就是说，补充文件与原投标文件共同构成一份投标文件，而不是两份相互独立的投标文件。
>
> （2）该承包商的投标文件仅有单位公章，而无法定代表人或其代理人的印鉴，不符合密封要求，应作为废标处理。

3.3.5.5 发售招标文件

招标文件、图纸和有关基础资料发售给通过资格预审或具有投标资格的投标单位。不进行资格预审的，发售给愿意参加投标的单位。投标单位收到招标文件、图纸和有关资料后，应当认真核对，核对无误后以书面形式予以确认。

在工程实践中，经常会出现招标人以不合理的高价发售招标文件的现象。对此，《工程施工招投标管理办法》第二十一条规定："招标人对于发出的招标文件可以酌收工本费。其中的设计文件，招标人可以酌收押金，对于开标后将设计文件退还的，招标人应当退还押金。"根据该条规定，借发售招标文件的机会谋取不正当利益的行为是法律所禁止的。

3.3.5.6 组织投标单位踏勘现场，并对招标文件答疑

招标人根据招标项目的具体情况可以组织潜在的投标人踏勘项目现场，向其介绍工程场地和相关环境的有关情况。但招标人不得单独或分别组织任何一个投标人进行现场踏勘。潜在投标人依据招标人介绍的情况作出判断和决策。标前会议也称投标预备会，是招标人按投标须知规定的时间和地点召开会议。对于潜在投标人在阅读招标文件和现场踏勘中提出的问题，招标人可以书面形式或召开投标预备会的方式解答。但需要同时将解答以书面方式通知所有购买招标文件的潜在投标人，该解答的内容为招标文件的组成部分。

招标文件对招标人具有法律约束力，一经发出，不得随意更改。《招标投标法》第二十三条规定："招标人对已发出的招标文件进行必要的澄清或者修改的，应当在招标文件要求提交投标文件截止时间至少十五日前，以书面形式通知所有招标文件收受人。该澄清或者修改的内容为招标文件的组成部分。"

根据《工程施工招投标管理办法》第十九条的规定，招标人对工程施工招标文件进行必要的澄清或者修改的，除应当履行《招标投标法》第二十三条要求的法定义务以外，还应当

同时报工程所在地的县级以上地方人民政府建设行政主管部门备案。

（1）对投标人书面质疑的解答。投标人研究招标文件和进行现场考察后会对招标文件中的某些问题提出书面质疑，招标人应对其问题给予书面解答，并应就问题的解答同时送达每一个投标人，但送给其他人的解答不涉及问题的来源以保证公平竞争。

（2）标前会议的解答。标前会议对投标人即时提出问题的解答，在会后应以会议纪要的形式发给每一个投标人。

（3）补充文件的法律效力。无论是招标人主动提出的对招标文件有关内容的补充或修改，还是对投标人质疑解答的书面文件或标前会议纪要，均构成招标文件的有效组成部分，与原发出的招标文件不一致之处，以各文件的发送时间靠后者为准。

（4）补充文件的发送对投标截止日期的影响。在任何时间招标人均可对招标文件的有关内容进行补充或者修改，但应当考虑投标人编制投标文件所需要的合理时间。按照《招标投标法》的规定，澄清或者修改文件应在投标截止日期的 15 天以前送达每一个投标人。因此，若迟于上述时间，投标截止日期应当相应顺延。

招标人应保管好证明澄清或修改通知已发出的有关文件（如邮件回执等）；投标单位在收到澄清和修改通知后应书面予以确认，该确认书双方均应妥善保管。

3.4 工程建设投标

3.4.1 工程建设投标主体

3.4.1.1 投标的概念

投标又称报价，指作为承包方的投标人根据招标人的招标条件，向招标人提交其依照招标文件要求所编制的投标文件，即向招标人提出自己的报价，以期承包到该招标项目的行为。建筑工程投标指具有合法资格和能力的投标人根据招标条件和自己的意愿，经过初步研究和估算，在规定的期限内编制递送出投标文件并参与开标评标，以确定能否中标的经济活动。

投标人是响应招标、参加投标竞争的法人或其他组织。招标公告或者投标邀请书发出后，所有对招标公告或投标邀请书感兴趣并有可能参加投标的人被称为潜在投标人。那些响应招标并购买招标文件，参加投标的潜在投标人被称为投标人。这些投标人必须是法人或者其他组织。

3.4.1.2 投标主体资格条件

投标人除应当符合国家规定的资质条件外，还应符合招标文件中对投标人的资格要求。投标人应具备承担招标项目的能力，主要包括技术能力和财务能力，并通过招标人的资格预审。投标人如果以弄虚作假的方式投标，事后被评标委员发现，其投标应作废标处理。

《招标投标法》第二十六条规定："投标人应当具备承担招标项目的能力；国家有关规定对投标人资格条件或者招标文件对投标人资格条件有规定的，投标人应当具备规定的资格条件。"参加项目主体工程的设计、施工安装和监理以及主要设备、材料供应等的投标单位，必须具备下列条件：

（1）具有招标文件要求的资质证书，并为独立的法人实体；

（2）承担过类似建设项目的相关工作，并有良好的工作业绩和履约记录；
（3）财务状况良好，没有处于被接管、破产或其他关、停、并、转状态；
（4）在最近三年内没有与骗取合同有关以及其他经济方面的严重违法行为；
（5）近几年有较好的安全记录，投标当年内没有发生重大质量和特大安全事故。

3.4.1.3 联合体投标

大型建筑工程项目，往往不是一个投标人所能完成的。所以，法律允许几个投标人组成一个联合体，共同参与投标，并对联合体投标的相关问题做了明确规定。

（1）联合投标的含义。根据《招标投标法》第三十一条第一款的规定，联合投标是指"两个以上法人或者其他组织可以组成一个联合体，以一个投标人的身份共同投标"。联合体各方签订共同投标协议后，不得再以自己名义单独投标，也不得组成新的联合体或参加其他联合体在同一项目中投标。

（2）联合体的资格。《招标投标法》第三十一条第二款规定："联合体各方均应当具备承担招标项目的相应能力；国家有关规定或者招标文件对投标人资格条件有规定的，联合体各方均应当具备规定的相应资格条件。由同一专业的单位组成的联合体，按照资质等级较低的单位确定资质等级。"这是为了促使资质优秀的投标人组成联合体，防止以高等级资质获取招标项目，而由资质等级低的投标人来完成的行为。

联合体参加资格预审并获通过的，其组成的任何变化都必须在提交投标文件截止之日前征得招标人的同意。如果变化后的联合体削弱了竞争力，含有事先未经过资格预审或者资格预审不合格的法人或者其他组织，或者使联合体的资质降到资格预审文件中规定的最低标准以下，招标人有权拒绝接受。

（3）联合体各方的权利和义务。《招标投标法》第三十一条第三款规定："联合体各方应当签订共同投标协议，明确约定各方拟承担的工作和责任，并将共同投标协议连同投标文件一并提交招标人。联合体中标的，联合体各方应当共同与招标人签订合同，就中标项目向招标人承担连带责任。"

联合体各方必须指定牵头人，授权其代表所有联合体成员负责投标和合同实施阶段的主办、协调工作，并应当向招标人提交由所有联合体成员法定代表人签署的授权书。联合体投标的，应当以联合体各方或者联合体中牵头人的名义提交投标保证金。以联合体中牵头人名义提交的投标保证金，对联合体各成员具有约束力。

3.4.1.4 建筑工程投标的禁止行为

（1）禁止串通招标投标。串通招标投标是指招标者与投标者之间采用不正当手段，对招投标事项进行串通，以排挤竞争对手或者损害投标者利益的行为。

国家工商行政管理总局根据《反不正当竞争法》于1998年1月6日发布了第82号令《关于禁止串通招标投标行为的暂行规定》。该规定明确了属于投标人相互串通及招标人与投标人相互串通的行为。随着后续《招标投标法》及其实施条例的出台，串通投标行为在《招标投标法》及其实施条例中得到了进一步的界定，《关于禁止串通招标投标行为的暂行规定》也随之废止。

① 投标人之间串通投标。《招标投标法》第三十二条第一款规定："投标人不得相互串通投标报价，不得排挤其他投标人的公平竞争，损害招标人或者其他投标人的合法权益。"

《中华人民共和国招标投标法实施条例》（全书以下简称《招标投标法实施条例》）第三十九条列举了投标人之间串通投标的以下几种表现形式：投标人之间协商投标报价等投标文件的实质性内容；投标人之间约定中标人；投标人之间约定部分投标人放弃投标或者中标；属于同一集团、协会、商会等组织成员的投标人按照该组织要求协同投标；投标人之间为谋取中标或者排斥特定投标人而采取的其他联合行动。

《招标投标法实施条例》第四十条规定，有下列情形之一的，视为投标人相互串通投标：不同投标人的投标文件由同一单位或者个人编制；不同投标人委托同一单位或者个人办理投标事宜；不同投标人的投标文件载明的项目管理成员为同一人；不同投标人的投标文件异常一致或者投标报价呈规律性差异；不同投标人的投标文件相互混装；不同投标人的投标保证金从同一单位或者个人账户转出。

② 投标人与招标人之间串通投标。《招标投标法》第三十二条第二款规定："投标人不得与招标人串通投标，损害国家利益、社会公共利益或者他人的合法权益。"《招标投标法实施条例》第四十一条就投标人与招标人之间串通投标行为列举了以下几种表现形式：招标人在开标前开启投标文件并将有关信息泄露给其他投标人；招标人直接或者间接向投标人泄露标底、评标委员会成员等信息；招标人明示或者暗示投标人压低或者抬高投标报价；招标人授意投标人撤换、修改投标文件；招标人明示或者暗示投标人为特定投标人中标提供方便；招标人与投标人为谋求特定投标人中标而采取的其他串通行为。

（2）投标人不得以低于成本的报价竞标。《招标投标法》第三十三条规定："投标人不得以低于成本的报价竞标。"投标人以低于成本的报价竞标，其目的主要是排挤其他对手。投标者企图通过低于成本的价格，满足招标人的最低价中标的目的以争取中标，从而达到占领市场和扩大市场份额的目的。

这里的成本应指企业的个别成本。投标人的报价一般由成本、税金和利润三部分组成。当报价为成本价时，企业利润为零。如果投标人以低于成本的报价竞标，就很难保证工程的质量，偷工减料、以次充好等各种现象也随之产生。因此，投标人以低于成本的报价竞标的手段是法律所不允许的。

（3）投标人不得以非法手段骗取中标。《招标投标法》第三十三条还规定，投标人不得以他人名义投标或者以其他方式弄虚作假，骗取中标。在工程实践中，投标人以非法手段骗取中标的现象大量存在，主要表现在以下几个方面：①非法挂靠或借用其他企业的资质证书参加投标；②投标文件中故意在商务上和技术上采用模糊的语言骗取中标，中标后提供低档劣质货物、工程或服务；③投标时递交虚假业绩证明、资格文件；④假冒法定代表人签名，私刻公章，递交虚假的委托书等。

（4）投标人不得以行贿的手段牟取中标。《招标投标法》第三十二条第三款规定："禁止投标人以向招标人或者评标委员会成员行贿的手段谋取中标。"投标人以行贿的手段谋取中标是违背《招标投标法》基本原则的行为，对其他投标人是不公平的。投标人以行贿手段谋取中标的法律后果是中标无效，有关责任人和单位应当承担相应的行政责任或刑事责任，给他人造成损失的，还应当承担民事赔偿责任。

3.4.2 工程建设投标准备

承包商在获得投标邀请后，就可以根据投标邀请书或招标公告的内容决定是否进行投标、如何做好投标准备。要组织力量认真研究招标文件的内容，并对投标项目的实施条件进行了解调查，参加招标人现场踏勘，出席标前会议，把握这些机会积极参与招标人之间的合法交流活动，并及时获得招标人对招标文件的澄清或修改等信息，为编制实质上响应招标文件的投标文件作好充分准备。

3.4.2.1 研究招标文件

资格预审合格，取得了招标文件，即进入投标实战的准备阶段。首要的准备工作是仔细认真地研究招标文件，充分了解其内容和要求，以便部署投标工作，并发现应提请招标单位予以澄清的疑点。研究招标文件的着重点，通常放在以下几个方面。

（1）研究工程综合说明，借以获得对工程全貌的轮廓性了解。

（2）熟悉并详细研究设计图纸和规范（技术说明），目的在于弄清工程的技术细节和具体要求，使制订施工方案和报价有确切的依据。为此，要详细了解设计规定的各部位做法和对材料品种规格的要求；对整个建筑物及其各部件的尺寸，各种图纸之间的关系（建设图与结构图、平面、立面与剖面图、设备图与建设图、结构图的关系等）都要彻底明白，发现不清楚或互相矛盾之处，要提请招标单位解释或更正。

（3）研究合同主要条款，明确中标后应承担的义务和责任及应享有的权利，重点是承包方式、开工和竣工时间及工期奖罚、材料供应及价款结算办法、预付款的支付和工程款结算办法、工程变更及停工、窝工损失处理办法等。对于国际招标的工程项目，还应研究支付工程款所用的货币种类、不同货币所占比例及汇率。这些因素或者关系到施工方案的安排，或者关系到资金的周转，最终都会反映在标价上，所以都须认真研究，以减少或避免风险。

（4）熟悉投标须知，明确在投标过程中，投标单位应在什么时间做什么事和不被允许做什么事，目的在于提高效率，避免造成废标。全面研究了招标文件，对工程本身和招标单位的要求有了基本的了解之后，投标单位才能制订自己的投标工作计划，以争取中标为目标，有秩序地开展工作。

3.4.2.2 投标信息的收集与分析

在投标竞争中，投标信息是一种非常宝贵的资源，正确、全面、可靠的信息，对投标决策起着至关重要的作用。投标信息包括影响投标决策的各种主观因素和客观因素，主要有以下几点。

（1）企业技术方面的实力，即投标者是否拥有各类专业技术人才、熟练工人、技术装备以及类似工程经验，来解决工程施工中所遇到的技术难题。

（2）企业经济方面的实力，包括垫付资金的能力、购买项目所需新的大型机械设备的能力、支付施工用款的周转资金的多少、支付各种担保费用以及办理纳税和保险的能力等。

（3）管理水平，是指是否拥有足够的管理人才、运转灵活的组织机构、各种完备的规章制度、完善的质量和进度保证体系等。

（4）企业拥有良好的社会信誉，这是获取承包合同的重要因素，而社会信誉的建立不是一朝一夕的事，要靠平时的保质、按期完成工程项目来逐步建立。

（5）业主和监理工程师的情况，指业主的合法地位、支付能力及履约信誉情况，监理工程师处理问题的公正性、合理性以及是否易于合作等。

（6）项目的社会环境，主要是国家的政治经济形势、建筑市场繁荣程度、竞争激烈程度以及与建设市场有关的税收制度、银行贷款利率等方面的情况。

（7）项目的自然条件，指项目所在地及其气候、水文、地质等对项目进展和费用有影响的一些因素。

（8）项目的社会经济条件，包括交通运输、原材料及构配件供应、水电供应、工程款的支付、劳动力的供应等各方面条件。

（9）竞争环境，包括竞争对手的数量，其实力与自身实力的对比，对方可能采取的竞争策略等。

（10）工程项目的难易程度，如工程的质量要求，施工工艺难度的高低，是否采用了新结构、新材料，是否有特种结构施工以及工期的紧迫程度等。

3.4.3 工程建设投标文件

投标文件是投标人根据招标人在招标文件中的要求并结合自身的情况而编制以提供给招标人的一系列文件。其通常包括投标书、投标书附录、投标保证金（投标保证金除现金外，可以是银行出具的银行保函、保兑支票、银行汇票或现金支票，也可以是招标人认可的其他合法担保形式）、法定代表人资格证明书、授权委托书、辅助资料表、具有标价的工程量清单与报价表及必要的资格审查表等。

3.4.3.1 编制投标文件

《招标投标法》第二十七条规定："投标人应当按照招标文件的要求编制投标文件。投标文件应当对招标文件提出的实质性要求和条件作出响应。招标项目属于建设施工的，投标文件的内容应当包括拟派出的项目负责人与主要技术人员的简历、业绩和拟用于完成招标项目的机械设备等。"

《工程施工招投标管理办法》第二十四条第一款规定："投标人应当按照招标文件的要求编制投标文件，对招标文件提出的实质性要求和条件作出响应。"

《工程施工招投标管理办法》第二十五条规定，投标文件应当包括下列内容：

（1）投标函；

（2）施工组织设计或者施工方案；

（3）投标报价；

（4）招标文件要求提供的其他材料。

投标人根据招标文件载明的项目实际情况，拟在中标后将中标项目的部分非主体、非关键性工作进行分包的，应当在投标文件中载明。

3.4.3.2 投标文件的递送

递送投标文件也称递标，是指投标人在规定的投标截止日期之前，将编制好的投标文件按要求密封加盖公章后递送到招标单位的行为。《工程施工招投标管理办法》第二十七条第一款规定："投标人应当在招标文件要求提交投标文件的截止时间前，将投标文件密封送达投标地点。招标人收到投标文件后，应当向投标人出具标明签收人和签收时间的凭证，并妥善保存投标文件。在开标前，任何单位和个人均不得开启投标文件。在招标文件要求提交投标文件的截止时间后送达的投标文件，为无效的投标文件，招标人应当拒收。"根据《民法典》合同编中的条款规定，要约到达受要约人时生效，因此投标人在将投标文件提交招标人时，即产生合同上要约的效力。

所有的投标文件必须经反复校核、审查并签字盖章，特别是投标授权书要由具有法人地位的施工单位负责人签署、盖章。投标保函在保证银行行长签字盖章后，还要由投标人签字确认，然后按投标须知要求密封包装起来，由投标人在截标之前送交招标单位。如果是通过邮寄递交，邮寄递交要考虑路途的时间，并且注意投标文件的完整性。迟交的标书即宣布为无效标书。因此，不论采用什么方法送交标书，一定要保证准时送达。

3.4.3.3 投标文件的修改与补充、撤回与撤销

《招标投标法》第二十九条规定："投标人在招标文件要求提交投标文件的截止时间前，可以补充、修改或者撤回已提交的投标文件，并书面通知招标人。补充、修改的内容为投标文件的组成部分。"对于已送出的标书，若发现有错误要修改，可及时通知招标单位，修改或撤回投标书的通知不得迟于招标文件规定的截标时间。

《招标投标法》第二十九条的撤回规定，实际上涉及投标截止之前投标文件是否可以撤销的问题。在投标生效与投标截止时间之间，投标即为可撤销之要约，这时如果投标人撤回投标文件，则其投标保证金并不丧失；而在投标截止时间至确定中标人之时，为不可撤销之要约，如果投标人撤销其投标，则丧失其投标保证金。

3.4.4 工程建设投标担保

3.4.4.1 投标担保的概念

所谓投标担保，是为防止投标人不审慎进行投标活动而设定的一种担保形式。招标人不希望投标人在投标有效期内随意撤回标书或中标后不能提交履约保证金和签署合同。

3.4.4.2 投标担保的形式

投标担保是为了保护招标人免于投标人的不当行为而带来的损失，要求投标人在提交投标书时提交的一种资金担保或其他担保形式。《工程施工招投标管理办法》第二十六条规定："招标人可以在招标文件中要求投标人提交投标担保。投标担保可以采用投标保函或者投标保证金的方式。投标保证金可以使用支票、银行汇票等，一般不得超过投标总价的2%，最高不得超过50万元。投标人应当按照招标文件要求的方式和金额，将投标保函或者投标保证金随投标文件提交招标人。"

3.4.4.3 投标担保的有限期限

投标保证金有效期应当超出投标有效期30天。对未中标的投标保证金，招标人应在投标有效期满后规定的时间内退还。如属施工招标的，规章规定招标人与中标人签订合同后5个工作日内，应向未中标的投标人退还投标保证金。另外，中标通知书发出后中标单位拒签合同的，投标保证金不予退还，如果因中标人不签合同而给招标人带来的损失超过保证金数额的，还应予以赔偿。在提交投标文件截止时间后到招标文件规定的投标有效期终止之前，投标人不得补充、修改或撤回其投标文件，否则其投标保证金将被没收。

> **案例分析**
>
> 某招标文件规定了提交投标文件的截止时间及开标时间为 2019 年 4 月 13 日下午 2 点整。有 6 个投标人出席，共提交了 7 份投标文件，其中有一个出席者同时代表两个投标人。业主通知此人，他只能投一份投标文件，撤回一份投标文件。
>
> 另一名投标人晚 10 分钟送达投标文件，原因是门口警卫搞错了人，把他阻拦了。随后警卫向他表示了歉意，并出面证实了他迟到的原因。但业主拒绝接收他送达的投标文件。
>
> **问题**：业主的做法是否正确？
>
> **分析**：《招标投标法实施条例》第五十一条规定，同一投标人提交两个以上不同的投标文件或者投标报价，评标委员会应当否决其投标。所以，对于第一种情况，业主的做法是正确的。
>
> 在预定提交投标文件截止时间及开标时间已过的情况下，不论何种原因，业主可以拒绝提交的投标文件。理由是开标时间已到，部分投标文件的内容可能已宣读，迟交投标文件的投标人就有可能作有利于自己的修改。《招标投标法》第二十八条规定，在招标文件要求提交投标文件的截止时间后送达的投标文件，招标人应当拒收。所以，对于第二种情况，业主的做法也是正确的。

3.5 工程建设开标、评标与定标

3.5.1 开标

3.5.1.1 开标的概念

开标是投标截止之后，招标人按招标文件所规定的时间和地点，开启投标人提交的投标文件，公开宣布投标人的名称、投标价格及投标文件中的其他主要内容的活动。通常开标有两种形式：第一种是公开开标，即招标人事先在报纸等媒介上公布开标信息，通知投标人，并在有投标人参加的情况下当众进行；第二种是秘密开标，即主要由招标单位和有关专家秘密进行开标，不通知投标人参加开标仪式。招标人可根据需要邀请政府代表或有关人员参加。

3.5.1.2 开标的时间和地点

《招标投标法》第三十四条规定："开标应当在招标文件确定的提交投标文件截止时间的同一时间公开进行；开标地点应当为招标文件中预先确定的地点。"为了保证招标投标的公平、公正、公开，开标的时间和地点应遵守法律和招标文件中的规定。根据这一规定，招标文件的截止时间即是开标时间，这可避免在开标时间与投标截止时间之间有时间间隔，从而防止泄露投标内容等一些不端行为的发生。开标地点为招标文件预先确定的地点，应该说明的是，招标活动并不都是必须在有形建设市场内进行。开标主持人可以是招标人，也可以是招标人委托的招标代理机构。开标时，除邀请所有投保人参加外，还可以邀请招标监督部门、监察部门的有关人员参加，也可以委托公证部门参加。

3.5.1.3 开标程序

开标一般应按照下列程序进行。

（1）主持人宣布开标会议开始，介绍参加开标会议的单位、人员名单及工程项目的有关情况。《招标投标法》第三十五条规定："开标由招标人主持，邀请所有投标人参加。"招标人作为整个招标活动的发起者和组织者，应当负责开标会能依法按程序举行。开标应当按照规定的时间、地点公开进行，并且通知所有的投标人参加。招标人不得只通知一部分投标人参加开标。

（2）请投标单位代表确认投标文件的密封性。《招标投标法》第三十六条规定："开标时，由投标人或者其推选的代表检查投标文件的密封情况，也可以由招标人委托的公证机构检查并公证；经确认无误后，由工作人员当众拆封，宣读投标人名称、投标价格和投标文件的其他主要内容。招标人在招标文件要求提交投标文件的截止时间前收到的所有投标文件，开标时都应当当众予以拆封、宣读。开标过程应当记录，并存档备查。"

（3）宣布公证人员、唱标人员、记录人员名单和招标文件规定的评标原则、定标办法。

（4）宣读投标单位的名称、投标报价、工期、质量目标、主要材料用量、投标担保或保函以及投标文件的修改、撤回等情况，并当场记录。

宣读投标人名称、投标的价格和投标文件的其他主要内容时，招标主持人对公开开标所读的每一页，按照开标时间的先后顺序进行记录。开标机构应当事先准备好开标记录的登记表册，开标填写后作为正式记录，保存于开标机构。

开标记录的内容包括项目名称、投标号、刊登招标公告的日期、发售招标文件的日期、购买招标文件的单位名称、投标人的名称及报价、投标截止后收到投标文件的处理情况等。开标记录由主持人和其他工作人员签字确认后，存档备案。

（5）与会的投标单位法定代表人或者其代理人在记录上签字，确认开标结果。

（6）宣布开标会议结束，进入评标阶段。

3.5.1.4 开标时投标文件无效的几种情况

根据《工程施工招投标管理办法》第三十四条的规定，在开标时，投标文件出现下列情形之一的，应当作为无效投标文件，不得进入评标阶段：

（1）投标文件未按照招标文件的要求予以密封的；

（2）投标文件中的投标函未加盖投标人的企业及企业法人印章的，或者企业法定代表人委托代理人没有合法、有效的委托书（原件）及委托代理人印章的；

（3）投标文件的关键内容字迹模糊、无法辨认的；

（4）投标人未按照招标文件的要求提供投标保函或者投标保证金的；

（5）组成联合体投标的，投标文件未附联合体各方共同投标协议的。

《工程施工招投标管理办法》关于开标时应作为无效投标文件处理的几种情形的规定，是对《招标投标法》的必要补充。在工程实践中，当出现上述情形时，投标人应当根据该办法第三十四条的规定保护自己的合法权益。

3.5.2 评标

3.5.2.1 评标的概念

评标是开标之后的一项程序。它是依据招标文件的要求和规定,由评标委员会成员对投标人报送的有效投标文件进行审查、评审和比较的活动。

3.5.2.2 评标的保密性与独立性

《招标投标法》第三十八条规定:"招标人应当采取必要的措施,保证评标在严格保密的情况下进行。任何单位和个人不得非法干预、影响评标的过程和结果。"

根据《招标投标法》的有关规定,招标人应当采取必要措施,保证评标在严格保密的情况下进行。评标活动具有保密性和独立性。为保证评标的公正、保证评标委员会的成员免受外界压力或影响,评标工作应该在严格保密的情况下进行。

招标文件对评标的标准和方法进行了规定,列明了价格因素和价格因素之外的评标因素及其量化计算方法,并不是在这些标准和方法之外另搞一套标准和方法进行评审和比较,这个评审过程是招标人及其评标委员会的独立活动,他们有权对整个过程保密,以免投标人及其他有关人员知晓其中的某些意见、看法或决定而想方设法干扰评标活动的进行,也可以制止评标委员会成员对外泄露有关情况,造成评标不公。

评标应当以招标文件确定的评标标准和方法为依据,以"公正、科学、严谨"为原则,对所有的投标人一视同仁、公平对待,决不能偏袒一方、歧视另一方,这是评标工作成败的关键。对于投标文件,要采取科学的方法,综合比较各标的物的性能、质量、价格、交货期和投标方的资信情况等因素,客观地进行评议,使评议结果能准确反映投标方的实际情况,并对方案作公正的评价。保证评标的独立性,才能保证评标的公正性,也才能使定标结果达到招标人以最低价格获得高质量效益的目的,同时保障社会公共利益不受到损害。

3.5.2.3 评标机构

《招标投标法》第三十七条第一、二款规定:"评标由招标人依法组建的评标委员会负责。依法必须进行招标的项目,其评标委员会由招标人的代表和有关技术、经济等方面的专家组成,成员人数为五人以上单数,其中技术、经济等方面的专家不得少于成员总数的三分之二。"

评标必须由招标人依法组建的评标委员会负责,其他任何人都不得负责评标。评标委员会成员由招标人聘请的建设领域相关方面的专家组成,评标委员会是具有独立实施评标职能的组织。评标的专家必须是该行业技术、经济方面的权威。评标委员会作为独立实施评标职能的组织,其成员不得与招标项目或投标人有利害关系。为了避免在评标中,评标委员会的成员受投标人的贿买而替某投标人说话,评标委员会的成员名单在中标结果确定前应当保密。

(1) 评标委员会的组成。评标委员会的组成情况如下。

① 评标委员会由招标人依法组建,负责评标活动。

② 评标委员会由招标人或其委托的招标代理机构的代表,以及技术、经济等方面的专家组成,成员人数为 5 人以上单数,其中技术、经济等方面专家不得少于成员总数的 2/3。

③ 评标委员会设负责人的,可由招标人指定或由评标委员会成员推选。评标委员会负

责人与其他成员具有同等表决权。

（2）评标委员会的权利，具体包括：

① 独立评审权。评标委员会的独立活动不受外界的非法干预与影响。

② 澄清权。评标委员会可以要求投标人对投标文件中含义不明确的内容作必要的澄清或者说明，以确认其内容正确，但不得超出投标文件的范围或改变投标文件的实质内容。

③ 推荐权或确定权。评标委员会有推荐中标候选人的权利或根据招标人的授权直接确定中标人。

④ 否决权。评标委员会经评审，认为所有投标都不符合招标文件的要求，可以否决所有投标。

（3）评标委员会的义务，具体包括：

① 向招标人提出书面评标报告；

② 必须严格按照招标文件确定的评标标准和方法评标，不得有任何背离；

③ 评标委员会应当客观、公正地履行职务，遵守职业道德，对所有的评审意见承担个人责任；

④ 评标委员会成员不得私下接触投标人，不得收受投标人的财物或其他好处；

⑤ 不得透露对投标文件的评审和比较，中标候选人的推荐情况以及与评标有关的其他情况。

3.5.2.4 评标方法和原则

（1）评标方法。为保证评标的公正性和公平性，评标必须按照招标文件确定的评标标准、步骤和方法进行，不得采用招标文件中未列明的任何评标标准和方法，也不得改变招标确定的评标标准和方法。招标文件中规定的评标标准和方法应当合理，不得含有倾向或者排斥潜在投标人的内容，不得妨碍或者限制投标人之间的竞争。设有标底的，应当参考标底。评标委员会完成评标后，应当向招标人撰写书面评标报告，并推荐合格的中标候选人。招标人根据评标委员会作出的书面评标报告和推荐的中标候选人确定中标人。招标人也可授权评标委员会直接确定中标人。

（2）评标原则。评标时要掌握以下几条原则。

① 平等竞争，机会均等原则。制定评标定标办法要对各投标人一视同仁，在评标定标的实际操作和决策过程中，要用一个标准衡量，保证投标人能平等地参加竞争。对于投标人来说，在评标定标办法中不存在对某一方有利或不利的条款，在定标结果正式出来之前，大家中标的机会是均等的，不允许针对某一特定的投标人在某一方面的优势或弱势而在评标定标具体条款中带有倾向性。

② 客观公正，科学合理原则。对投标文件的评价、比较和分析，要客观公正，不以主观好恶为标准，不带成见，真正在投标文件的响应性、技术性、经济性等方面评出客观的结果。所采用的评标定标方法，对评审指标的设置和评分标准的具体划分，都要在充分考虑招标项目的具体特点和招标人的合理意愿的基础上，尽量避免和减少人为因素，做到科学合理。

③ 实事求是，择优定标原则。对投标文件的评审，要从实际出发，实事求是。评标定标活动既要全面，也要有重点，不能泛泛进行。任何一个招标项目都有自己的具体内容和特点，招标人作为合同的一方主体，对合同的签订和履行负有其他任何单位和个人都无法替代

的责任。所以，在其他条件同等的情况下，应该允许招标人选择更符合招标工程特点或有同类工程实施经验的投标人中标。

招标评标办法可根据具体情况，侧重于工期或价格、质量、信誉等，在全面评审的基础上作出合理取舍。这是招标人的一项重要权利，招标投标管理机构对此应予以尊重。但招标的根本目的在于择优，而择优决定了评标定标办法中的突出重点、照顾工程特点和招标人意图，只能是在同等的条件下，针对实际存在的客观因素而不是纯粹招标人主观上的需要才被允许。所以，在实践中，也要注意避免将招标人的主观好恶掺入评标定标办法中，防止影响和损害招标的择优宗旨。

（3）应作为废标处理的几种情况。

① 以虚假方式谋取中标。在评标过程中，评标委员会发现投标人以他人的名义投标、串通投标、以行贿手段谋取中标或者以其他弄虚作假方式投标的，该投标人的投标应作废标处理。

② 低于成本报价竞标。评标委员会发现投标人的报价明显低于其他投标报价，或者在设有标底时明显低于标底，甚至其投标报价可能低于其成本的，应当要求该投标人作出书面说明并提供相关证明材料；若投标人不能合理说明或者不能提供相关证明材料，由评标委员会认定该投标人以低于成本报价竞标，其投标应作废标处理。

③ 不符合资格条件或拒不对投标文件澄清、说明或补正。投标人的资格条件不符合国家有关规定和招标文件要求的，或者投标人拒不按照要求对投标文件进行澄清、说明或补正的，评标委员会可以否决其投标。

④ 未能在实质上响应的投标。评标委员会应当审查每一投标文件是否对招标文件提出的所有实质性要求和条件作出响应。未能在实质上响应的投标，应作废标处理。

3.5.2.5 投标偏差

（1）重大偏差。重大偏差有以下几种情况：

① 没有按照招标文件要求提供投标担保或者所提供的投标担保有瑕疵；

② 投标文件没有投标人授权代表签字和加盖公章；

③ 投标文件载明的招标项目完成期限超过招标文件规定的期限；

④ 明显不符合技术规格、技术标准的要求；

⑤ 投标文件载明的货物包装方式、检验标准和方法等不符合招标文件的要求；

⑥ 投标文件附有招标人不能接受的条件；

⑦ 不符合招标文件中规定的其他实质性要求。

投标文件有上述情形之一的，为未能对招标文件作出实质性响应，按规定作废标处理。

（2）细微偏差。细微偏差是指投标文件在实质上响应招标文件要求，但在个别地方存在漏项或者提供了不完整的技术信息和数据等情况，并且补正这些遗漏或不完整不会对其他投标人造成不公平的结果。细微偏差不影响投标文件的有效性。评标委员会应当书面要求存在细微偏差的投标人在评标结束前予以补正。拒不补正的，在详细评审时可以对细微偏差作不利于该投标人的量化，量化标准应当在招标文件中规定。

3.5.2.6 评标程序

（1）初步评审。评标委员会应当按照投标报价的高低或者招标文件规定的其他方法对投标文件排序。以多种货币报价的，应当按照中国银行在开标日公布的汇率换算成人民币。招标文件应当对汇率标准和汇率风险作出规定，招标文件未作规定的，汇率风险由投标人承担。

评标委员会可以书面方式要求投标人对投标文件中含义不明确、对同类问题表述不一致或者有明显文字和计算错误的内容作必要的澄清、说明或者补正。澄清、说明或者补正应以书面方式进行，并不得超出投标文件的范围或者改变投标文件的实质性内容。投标文件中的大写金额和小写金额不一致的，以大写金额为准；总价金额与单价金额不一致的，以单价金额为准，但单价金额小数点有明显错误的除外；对不同文字文本投标文件的解释发生异议的，以中文文本为准。

初步评审中，评标委员会应当根据招标文件，审查并逐项列出投标文件的全部投标偏差。

评标委员会根据规定否决不合格投标或者界定为废标后，因有效投标不足三个使得投标明显缺乏竞争性的，评标委员会可以否决全部投标。投标人少于三个或者所有投标被否决的，招标人应当依法重新招标。

（2）详细评审。经初步评审合格的投标文件，评标委员会应当根据招标文件确定的评标标准和方法，对其技术部分和商务部分作进一步评审、比较。评标方法包括经评审的最低投标价法、综合评估法或者法律、行政法规允许的其他评标方法。

经评审的最低投标价法一般适用于具有通用技术、性能标准或者招标人对其技术、性能没有特殊要求的招标项目。根据经评审的最低投标价法，能够满足招标文件的实质性要求，并且经评审的最低投标价的投标，应当推荐为中标候选人。采用经评审的最低投标价法的，评标委员会应当根据招标文件中规定的评标价格调整方法，对所有投标人的投标报价以及投标文件的商务部分作必要的价格调整；中标人的投标应当符合招标文件规定的技术要求和标准，但评标委员会无需对投标文件的技术部分进行价格折算。根据经评审的最低投标价法完成详细评审后，评标委员会应当拟定一份标价比较表，连同书面评标报告提交招标人。标价比较表应当载明投标人的投标报价、对商务偏差的价格调整和说明以及经评审的最终投标价。

不宜采用经评审的最低投标价法的招标项目，一般应当采取综合评估法进行评审。根据综合评估法，最大限度地满足招标文件规定的各项综合评价标准的投标，应当推荐为中标候选人。衡量投标文件是否最大限度地满足招标文件规定的各项评价标准，可以采取折算为货币的方法、打分的方法或者其他方法。需量化的因素及其加权应当在招标文件中明确规定。评标委员会对各个评审因素进行量化时，应当将量化指标建立在同一基础或者同一标准上，使各投标文件具有可比性。对技术部分和商务部分进行量化后，评标委员会应当对这两部分的量化结果进行加权，计算出每一投标的综合评估价或者综合评估分。根据综合评估法完成评标后，评标委员会应当拟定一份综合评估比较表，连同书面评标报告提交招标人。综合评估比较表应当载明投标人的投标报价、所作的任何修正、对商务偏差的调整、对技术偏差的调控、对各评审因素的评估以及对每一投标的最终评审结果。

根据招标文件的规定，允许投标人投备选标的，评标委员会可以对中标人所投的备选标进行评审，以决定是否采纳备选标。不符合中标条件的投标人的备选标不予考虑。对于划分有多个单项合同的招标项目，招标文件允许投标人为获得整个项目合同而提出优惠的，评标委员会可以对投标人提出的优惠进行审查，以决定是否将招标项目作为一个整体合同授予中标人。将招标项目作为一个整体合同授予的，整体合同中标人的投标应当最有利于招标人。

3.5.2.7 评标无效的情况

在评标过程中有下列情形之一的评标无效，应当依法重新进行评标，或者重新进行招标，有关行政监督部门可处 3 万元以下的罚款：

（1）使用招标文件没有确定的评标标准和方法的；

（2）评标标准和方法含有倾向或排斥投标人的内容，妨碍或者限制投标人之间竞争，且影响评标结果的；

（3）担任评标委员会委员的人应当回避却参与评标的；

（4）评标委员会的组建及组成不符合法定要求的；

（5）评标委员会及其成员在评标过程中有违法行为，且影响评标结果的。

3.5.3 定标

3.5.3.1 推荐中标候选人

评标委员会完成评标后，应当向招标人提出书面评标报告，并推荐合格的中标候选人。根据经评审的最低投标价法，能够满足招标文件的实质性要求，并且经评审的最低投标价的投标，应当推荐为中标候选人。根据综合评估法，最大限度地满足招标文件中规定的各项综合评价标准的投标，应当推荐为中标候选人。评标委员会推荐的中标候选人应当限定在 1～3 人，并按照得分高低标明排列顺序。招标人应当接受评标委员会推荐的中标候选人，不得在评标委员会推荐的中标候选人之外确定中标人。

3.5.3.2 确定中标人

在确定中标人之前，招标人不得与投标人就投标价格、投标方案等实质性内容进行谈判。

中标人的投标应当符合下列条件之一：

（1）能够最大限度地满足招标文件中规定的各项综合评价标准；

（2）能够满足招标文件的实质性要求，并且经评审的投标价格最低，但是投标价格低于成本的除外。

使用国有资金投资或者国家融资的项目，招标人应当确定排名第一的中标候选人为中标人。排名第一的中标候选人放弃中标，因不可抗力提出不能履行合同，或者招标文件规定应当提交履约保证金而在规定的期限内未能提交的，招标人可以确定排名第二的中标候选人为中标人。排名第二的中标候选人因前款规定的同样原因不能签订合同的，招标人可以确定排名第三的中标候选人为中标人。

招标人可以授权评标委员会直接确定中标人。

3.5.3.3 发放中标通知书

（1）中标通知书的概念和内容。《招标投标法》第四十五条第一款规定："中标人确定后，招标人应当向中标人发出中标通知书，并同时将中标结果通知所有未中标的投标人。"中标通知书是指招标人在确定中标人后向中标人发出的通知其中标的书面凭证。中标人确定后，招标人应尽快向中标人发出中标通知，并同时将中标结果通知所有未中标的投标人。中标通知书的内容应当简明扼要，一般只需告知进一步签订合同的时间和地点。

（2）中标通知书的法律效力。《招标投标法》第四十五条第二款规定："中标通知书对招标人和中标人具有法律效力。中标通知书发出后，招标人改变中标结果的，或者中标人放弃中标项目的，应当依法承担法律责任。"

中标通知书发出的另一个法律后果是招标人和中标人应当在法律规定的时间内订立书面合同。中标通知书产生法律效力后，中标人如果放弃中标项目，招标人将对其投标保证金予以没收。

3.5.3.4　招标人和中标人订立合同

《招标投标法》第四十六条规定："招标人和中标人应当自中标通知书发出之日起三十日内，按照招标文件和中标人的投标文件订立书面合同。招标人和中标人不得再行订立背离合同实质性内容的其他协议。招标文件要求中标人提交履约保证金的，中标人应当提交。"

提供履约担保是针对中标人而言的。要求中标人提供履约担保，是国际工程惯例。所谓履约担保，是指招标人在招标文件中规定的要求中标的投标人提交的保证履约合同义务的担保。履约担保除可以采用履约保证金这种形式外，还可以采用银行或担保施工单位出具履约保函，履约保函金额通常为工程建设合同金额的10%左右。招标文件中，招标人应当就提交履约担保的方式作出规定。中标人应当按照招标文件中的规定提交履约担保。中标人不按照招标文件的规定提交履约担保的，将失去订立合同的资格，其已提交的投标担保金不予退还。

《工程施工招投标管理办法》第四十七条规定："招标文件要求中标人提交履约担保的，中标人应当提交。招标人应当同时向中标人提供工程款支付担保。"提供付款担保是针对招标人而言的。要求招标人提供的付款担保，同样是国际工程惯例。建筑工程合同中设立付款担保条款，是为了保证招标人按合同约定向中标人支付工程款。依法必须进行招标的项目，招标人应当自确定中标人之日起15日内，向有关行政监督部门提交招标投标情况的书面报告。

3.5.3.5　中标无效的几种情况

（1）代理机构违反《招标投标法》的规定，泄露应当保密的与招标投标活动有关的情况和资料的，或与招标人、投标人串通损害国家利益、社会公共利益或者他人的合法权益，影响中标结果的，中标无效。

（2）必须进行招标的项目的招标人向他人透露已获取招标文件的潜在投标人的名称、数量或者可能影响公平竞争的有关招标投标的其他情况，或者泄露标底，影响中标结果的，中标无效。

（3）投标人相互串通投标或者与招标人串通投标的，投标人以向招标人或者评标委员会成员行贿的手段谋取中标的，中标无效。

（4）投标人以他人名义投标或者以其他方式弄虚作假骗取中标的，中标无效。

（5）必须进行招标的项目的招标人违反法律规定，与投标人就投标价格、投标方案等实质性内容进行谈判，影响中标结果的，中标无效。

（6）招标人在评标委员会依法推荐的中标候选人以外确定中标人的，或依法必须进行招标的项目的所有投标被评标委员会否决后自行确定中标人的，中标无效。

案例分析1

> 某省重点工程项目计划于 2009 年 12 月 28 日开工，由于工程复杂，技术难度高，一般施工队伍难以胜任，采取了邀请招标方式，于 2009 年 9 月 8 日向通过资格预审的 A、B、C、D、E 五家施工承包企业发出了投标邀请书。该五家企业均接受了邀请，并于规定时间 9 月 20~22 日购买了招标文件。招标文件规定，10 月 18 日下午 4 时是投标截止时间。评标标准为能够最大限度地满足招标文件规定的各项综合评价标准。在投标截止时间之前，A、B、D、E 四家企业提交了投标文件，但 C 企业于 10 月 18 日下午 5 时才送达投标文件，原因是中途堵车。10 月 21 日下午，由当地招标投标监督管理办公室主持进行了公开开标。评标委员会成员由 7 人组成，其中招标人代表 3 人（包括 E 施工单位总经理 1 人、D 施工单位副总经理 1 人、业主代表 1 人），技术、经济方面专家 4 人。评标委员会于 10 月 28 日提出了书面评标报告。B、A 分列综合得分第一、第二名。招标人考虑到 B 企业投标报价高于 A 企业，要求评标委员会按照投标价格标准将 A 企业排名第一、B 企业排名第二。11 月 10 日，招标人向 A 企业发出了中标通知书，并于 12 月 12 日签订了书面合同。
>
> **问题：**
> 1. C 企业投标文件是否有效？说明理由。
> 2. 请指出开标工作的不妥之处并说明理由。
> 3. 请指出评标委员会成员组成的不妥之处并说明理由。
> 4. 招标人要求按照价格标准评标是否违法？说明理由。
>
> **分析：**
> 1. 无效。根据《招标投标法》第二十八条的规定，在招标文件要求提交投标文件的截止时间后送达的投标文件，招标人应当拒收。本案中 C 企业的投标文件送达时间迟于投标截止时间，因此该投标文件应被拒收。
>
> 2. 根据《招标投标法》第三十四条的规定，开标应当在招标文件确定的提交投标文件截止时间的同一时间公开进行。本案招标文件规定的投标截止时间是 10 月 18 日下午 4 时，但迟至 10 月 21 日下午才开标，是不妥之处之一。根据《招标投标法》第三十五条的规定，开标应由招标人主持。本案开标由属于行政监督部门的当地招标投标监督管理办公室主持，是不妥之处之二。
>
> 3. 根据《招标投标法》第三十七条的规定，与投标人有利害关系的人不得进入评标委员会。本案由 E 施工单位总经理、D 施工单位副总经理担任评标委员会成员是不妥的。《招标投标法》还规定评标委员会在技术、经济等方面的专家不得少于成员总数的 2/3。本案技术、经济方面专家比例为 4/7，低于规定的比例要求。
>
> 4. 违法。根据《招标投标法》第四十条的规定，评标委员会应当按照招标文件确定的评标标准和方法，对投标文件进行评审和比较。本案招标文件规定的评标标准是能够最大限度地满足招标文件规定的各项综合评价标准。按照投标价格评标不符合招标文件的要求，属于违法行为。

案例分析2

某工程项目，建设单位通过招标选择了一家具有相应资质的监理单位承担施工招标代理和施工阶段监理工作，并在监理中标通知书发出后第45天，与该监理单位签订了委托监理合同。之后双方又另行签订了一份监理酬金比监理中标价降低10%的协议。

在施工公开招标中，有A、B、C、D、E、F、G、H等施工单位报名投标，经监理单位资格预审均符合要求，但建设单位以A施工单位是外地企业为由不同意其参加投标，而监理单位坚持认为A施工单位有资格参加投标。

评标委员会由5人组成，其中当地建设行政管理部门的招标投标管理办公室主任1人，建设单位代表1人，从政府提供的专家库中抽取的技术、经济专家3人。

评标时发现，B施工单位投标报价明显低于其他投标单位报价且未能合理说明理由；D施工单位投标报价大写金额小于小写金额；F施工单位投标文件提供的检验标准和方法不符合招标文件的要求；H施工单位投标文件中某分项工程的报价有个别漏项；其他施工单位的投标文件均符合招标文件要求。

建设单位最终确定G施工单位中标，并按照建设工程施工合同（示范文本）（GF-2017-0201）与该施工单位签订了施工合同。

问题：

1. 指出建设单位在监理招标和委托监理合同签订过程中的不妥之处并说明理由。
2. 在施工招标资格预审中，监理单位认为A施工单位有资格参加投标是否正确？说明理由。
3. 指出施工招标评标委员会组成的不妥之处，说明理由并写出正确做法。
4. 判别B、D、F、H四家施工单位的投标是否为有效标？说明理由。

分析：

1. 在监理中标通知书发出后第45天签订委托监理合同不妥，根据《招标投标法》的规定，应于30天内签订合同。在签订委托监理合同后双方又另行签订了一份监理酬金比监理中标价降低10%的协议不妥。根据《招标投标法》的规定，招标人与中标人不得再行订立背离合同实质性内容的其他协议。

2. 监理单位认为A施工单位有资格参加投标是正确的。以所处地区作为确定投标资格的依据是一种歧视性的依据，这是《招标投标法》明确禁止的。

3. 评标委员会组成不妥，不应包括当地建设行政管理部门的招标投标管理办公室主任。正确做法应为：评标委员会由招标人或其委托的招标代理机构熟悉相关业务的代表以及有关技术、经济等方面的专家组成，成员人数为5人以上单数，其中技术、经济等方面的专家不得少于成员总数的2/3。

4. B、F两家施工单位的投标不是有效标。B施工单位的情况可以认定为低于成本，F施工单位的情况可以认定为明显不符合技术规格和技术标准的要求，属重大偏差。D、H两家施工单位的投标是有效标，它们的情况不属于重大偏差。

本章小结

建筑工程招标和投标制度是建筑工程市场制度的重要组成部分，是通过竞争方式选择合作对象的特殊程序。它是发包人按照一定的要求通过招标的方式，将工程项目进行发包，由具有一定资质同时符合招标文件要求的承包人予以承接招标项目的交易方式。建筑工程招标和投标制度适用于建筑工程领域的大多数场合。本章阐述了招标投标的一般法律制度的主要内容，较为详细地分析了建筑工程招标投标各个阶段重要法律问题，如投标的撤回撤销、投标保证金、中标通知书的法律性质等；分析了招标、投标、评标、中标无效的情形和法律责任。了解和掌握本章内容，对于帮助建筑工程企业参与市场招标投标的竞争是大有裨益的。

复习思考题

1. 如何理解建筑工程招标投标活动的基本原则？
2. 《招标投标法》关于必须招标的建筑工程项目的规定有哪些？
3. 建筑工程招标主体需要具备什么样的条件？
4. 建筑工程投标准备阶段的工作有哪些？
5. 什么是联合体投标？联合体投标的资格要求有哪些？
6. 简述公开招标与邀请招标的区别。
7. 建筑工程招标的程序及内容是什么？
8. 简述建筑工程投标的有关规定。

4 工程建设合同法律制度

【知识目标】
1. 了解合同的概念和分类；
2. 掌握合同订立的概念和程序；
3. 掌握无效合同、可变更可撤销合同、效力待定合同的特点；
4. 熟悉缔约过失责任的概念和构成要件；
5. 掌握合同变更的概念和类型；
6. 熟悉合同索赔的原因及索赔程序。

4.1 合同与《民法典》之合同编概述

2020年5月28日，《民法典》由全国人民代表大会第三次会议通过，自2021年1月1日起正式实施。《民法典》包含了总则编、物权编、合同编、人格权编、婚姻家庭编、继承编、侵权责任编以及附则等内容。原来的一些法律如《中华人民共和国物权法》《中华人民共和国合同法》《中华人民共和国婚姻法》等也随着《民法典》的实施而废止。

4.1.1 合同的概念

合同是平等主体的自然人、法人、其他组织之间设立、变更、终止民事权利义务关系的协议。

民法中的合同有广义和狭义之分。广义的合同是指两个以上的民事主体之间设立、变更、终止民事权利义务关系的协议；狭义的合同是指债权合同，即两个以上的民事主体之间设立、变更、终止债权关系的协议。广义的合同除民法中债权合同之外，还包括物权合同、身份合同，以及行政法中的行政合同和劳动法中的劳动合同等。《民法典》所称的合同是指狭义上的合同，即债权合同。

4.1.2 合同的分类

对合同作出科学的分类，不仅有助于针对不同合同确定不同的规则，而且便于准确适用法律。一般来说，合同可作如下分类。

4.1.2.1 有名合同与无名合同

以法律是否规定一定名称并有专门规定为标准，合同可以分为有名合同与无名合同。有名合同又称典型合同，指法律确定了特定名称和规则的合同。《民法典》所列出的基本合同都属于有名合同，包括买卖合同、赠与合同、建设合同等。无名合同又称非典型合同，指法律没有确定专门的名称和具体规则的合同。

4.1.2.2 双务合同与单务合同

按照当事人是否相互负有义务，合同可以分为双务合同与单务合同。双务合同是指当事人之间互负义务的合同。《民法典》所列出的大多数合同（如买卖合同、建筑工程合同、运输合同等）均属此类合同。单务合同是指一方只享有权利而另一方只承担义务的合同，如赠与合同、借款合同。

4.1.2.3 有偿合同与无偿合同

按照当事人之间的权利义务关系是否存在对价关系，合同可以分为有偿合同与无偿合同。有偿合同是指当事人一方享有合同约定的权益，须向另一方付出相应代价的合同。有偿合同是商品交换最典型的法律形式。在实践中，绝大多数合同都是有偿的。有偿合同是常见的合同形式。无偿合同是指一方当事人享有合同约定的权益，但无须向另一方付出相应对价的合同。

4.1.2.4 诺成合同与实践合同

以合同的成立是否必须交付标的物为标准，合同可以分为诺成合同与实践合同。诺成合同是指当事人各方的意思表示一致即告成立的合同，如委托合同、勘察合同、设计合同等。实践合同又称要物合同，是指除双方当事人的意思表示一致外，尚须交付标的物才能成立的合同，如保管合同、定金合同等。

4.1.2.5 要式合同与不要式合同

以合同的成立是否必须采取一定形式为标准，合同可以分为要式合同与不要式合同。要式合同是指根据法律规定或当事人约定必须具备特定形式的合同。例如，建筑工程合同应当采用书面形式，就是要式合同。不要式合同是指法律或当事人不要求必须具备一定形式的合同。实践中，以不要式合同居多。

4.1.2.6 格式合同与非格式合同

按照条款是否预先拟定，合同可以分为格式合同与非格式合同。格式合同又称定式合同、附和合同或一般交易条件，它是当事人一方为与不特定的多数人进行交易而预先拟定的，且不允许相对人对其内容作任何变更的合同。反之，为非格式合同。

4.2 合同的订立

4.2.1 合同订立的概念

合同的订立是指合同当事人依法就合同的主要条款经过协商一致，达成协议的法律行为。

工程建设合同的订立是指工程建设合同当事人，依照法律规定就工程建设合同的主要内容条款进行协商，达成一致协议的法律行为。

4.2.2 合同订立的形式

合同订立的形式指订立合同的当事人达成一致意思表示的表现形式。许多人将合同理解为合同书，这是不妥当的。合同是当事人的民事权利义务关系，合同订立的形式是当事人权利义务关系的体现。根据《民法典》的规定，当事人订立合同，可以采用口头形式、书面形式或者其他形式。这也是合同自愿原则的应有之义。

4.2.2.1 口头形式

口头形式合同是当事人以言语而不以文字形式作出意思表示订立的合同。口头形式合同在现实生活中广泛应用，凡当事人无约定或法律未规定特定形式的合同，均可采取口头形式，如买卖合同、租赁合同等。

4.2.2.2 书面形式

《民法典》第四百六十九条第二、三款规定："书面形式是合同书、信件、电报、电传、传真等可以有形地表现所载内容的形式。以电子数据交换、电子邮件等方式能够有形地表现所载内容，并可以随时调取查用的数据电文，视为书面形式。"根据法律规定，建筑工程施工合同应当采用书面形式。一般而言，其书面形式包括合同协议书，中标通知书，投标书及其附件，合同专用条款，合同通用条款，洽商、变更等明确双方权利、义务的纪要、协议，工程报价单或工程预算书，图纸以及标准、规范和其他有关技术资料、技术要求等。当事人在合同履行过程中订有数份合同，当事人就同一建筑工程另行订立的建筑工程施工合同与经过备案的中标合同实质性内容不一致的，应当以备案的中标合同作为结算工程价款的根据。

《民法典》第四百九十条规定："当事人采用合同书形式订立合同的，自当事人均签名、盖章或按指印时合同成立。"

4.2.2.3 其他形式

除了口头形式和书面形式，合同还可以其他形式成立。法律没有列举具体的其他形式，但可以根据当事人的行为或者特定情形推定合同的成立。这种形式的合同可称为默示合同，指当事人未用语言明确表示成立，也未以书面形式签订，而是根据当事人的行为或在特定的情形下推定成立的合同。《民法典》第四百九十条还规定："在签名、盖章或者按指印之前，当事人一方已经履行主要义务，对方接受时，该合同成立。法律、行政法规规定或者当事人约定合同应当采用书面形式订立，当事人未采用书面形式但是一方已经履行主要义务，对方接受时，该合同成立。"

4.2.3 合同订立的程序

4.2.3.1 要约邀请

要约邀请也称"要约引诱"，是指行为人作出的邀请他人向自己发出要约的意思表示。

要约邀请虽然也是为订立合同作准备，但它是为了引发要约，其本身不是要约，如招标公告、拍卖公告、一般商业广告、寄送价目表、招股说明书等。但商业广告的内容符合要约规定的，视为要约。

4.2.3.2 要约

（1）要约的概念。要约在商业活动中又称发盘、发价、出盘、出价、报价。《民法典》第四百七十二条规定了要约的概念，即要约是希望和他人订立合同的意思表示。可见，要约是一方当事人以缔结合同为目的，向对方当事人所作的意思表示。发出要约的人称为要约人，接受要约的人称为受要约人。

（2）要约的构成需要符合一定条件。这是要约发生法律效力必须具备的条件。根据《民法典》第四百七十二条的规定，要约的构成应当符合下列条件。

① 内容具体确定。所谓"具体"，是指要约的内容必须能够包含使合同成立的必要条款，但不要求要约包括合同的所有内容。所谓"确定"，是指要约内容必须明确，不能含糊不清。

② 表明经受要约人承诺，要约人即受该意思表示约束。要约应当包含要约人愿意按照要约所提出的条件与对方订立合同的意思表示，要约一经受要约人同意，合同即告成立，要约人就要受到约束。

只有具备上述两个条件，才构成一个有效的要约，并使要约产生拘束力。

（3）要约的形式。要约的形式包括：

① 书面形式，如寄送订货单、信函、电报、传真、电子邮件等；

② 口头形式，可以是当面对话，也可以是以打电话的方式与对方达成；

③ 行为，要约当事人以实际行为表明。

除法律明确规定外，要约人可以视具体情况自主选择要约形式。

（4）要约的生效。要约的生效是指要约开始发生法律效力。自要约生效起，其一旦被有效承诺，合同即告成立。

《民法典》第一百三十七条规定："以对话方式作出的意思表示，相对人知道其内容时生效。以非对话方式作出的意思表示，到达相对人时生效。以非对话方式作出的采用数据电文形式的意思表示，相对人指定特定系统接收数据电文的，该数据电文进入该特定系统时生效；未指定特定系统的，相对人知道或者应当知道该数据电文进入其系统时生效。当事人对采用数据电文形式的意思表示的生效时间另有约定的，按照其约定。"

生效的情形具体可表现为：

① 口头形式的要约自受要约人了解要约内容时发生效力；

② 书面形式的要约自到达受要约人时发生效力；

③ 采用数据电文形式的要约，其生效根据《民法典》第一百三十七条的规定。

（5）要约的撤回。要约的撤回是指在要约发生法律效力之前，要约人使其不发生法律效力而取消要约的行为。

根据《民法典》第四百七十五条的规定，要约可以撤回。撤回要约的通知应当在要约到达受要约人之前或者与要约同时到达受要约人。

（6）要约的撤销。要约的撤销是指在要约发生法律效力之后，要约人使其丧失法律效力而取消要约的行为。

《民法典》第四百七十六条规定:"要约可以撤销,但是有下列情形之一的除外:(一)要约人以确定承诺期限或者其他形式明示要约不可撤销;(二)受要约人有理由认为要约是不可撤销的,并已经为履行合同做了合理准备工作。"

《民法典》第四百七十七条规定:"撤销要约的意思表示以对话方式作出的,该意思表示的内容应当在受要约人作出承诺之前为受要约人所知道;撤销要约的意思表示以非对话方式作出的,应当在受要约人作出承诺之前到达受要约人。"

(7) 要约的消灭。要约的消灭即要约的失效,是指要约生效后,因特定事由而使其丧失法律效力,要约人和受要约人均不受其约束。要约因如下原因而消灭。

① 要约人依法撤销要约。要约因要约人依法撤销而丧失效力。

② 拒绝要约的通知到达要约人。受要约人拒绝要约的方式通常有通知或保持沉默。要约因被拒绝而消灭,一般发生在受要约人为特定的情况下。对不特定人所作的要约(如内容确定的悬赏广告),并不因某特定人表示拒绝而丧失效力。

③ 承诺期限届满,受要约人未作出承诺。若要约人在要约中确定了承诺期间,则该期间届满要约丧失效力;若要约人未确定承诺期间,则在经过合理期间后要约丧失效力。

④ 受要约人对要约的内容作出实质性变更。受要约人在回复时,对要约的内容作实质性变更的,视为新要约,原要约失效。

4.2.3.3 承诺

(1) 承诺的概念。承诺是指受要约人同意要约的意思表示,即受要约人同意接受要约的条件以成立合同的意思表示。一般而言,要约一经承诺并送达于要约人,合同即告成立。

(2) 承诺的构成要件。承诺必须符合一定条件才能发生法律效力。

① 承诺必须由受要约人向要约人作出。受要约人或其授权代理人可以作出承诺,除此以外的第三人即使知道要约的内容并作出同意的意思表示,也不是承诺。承诺是对要约的同意,承诺只能由受要约人向要约人本人或其授权代理人作出,才能导致合同成立;如果向要约人以外的其他人作出同意的意思表示,不是承诺。

② 承诺应在要约规定的期限内作出。要约以信件或者电报方式作出的,承诺期限自信件载明的日期或者电报交发之日开始计算。信件未载明日期的,自投寄该信件的邮戳日期开始计算。要约以电话、传真等快速通信方式作出的,承诺期限自要约到达受要约人时开始计算。只有在规定的期限内到达的承诺才是有效的。超过期限到达的承诺,其有效与否要根据不同的情形具体分析。

③ 承诺的内容应当与要约的内容一致。承诺是完全同意要约的意思表示,但并不是说承诺的内容对要约内容不得作丝毫变更,这里的一致是指受要约人必须同意要约的实质性内容。所谓实质性变更,是指有关合同标的、质量、数量、价款或者报酬、履行期限、履行地点和方式、违约责任和争议解决办法等的变更。若受要约人对要约的上述内容作变更,则不是承诺,而是受要约人向要约人发出的新要约。承诺对要约的内容作出非实质性变更的,除要约人及时表示反对或者要约表明承诺不得对要约的内容作出任何变更的以外,该承诺有效,合同的内容以承诺的内容为准。

④ 承诺的方式必须符合要约要求。《民法典》第四百八十条规定:"承诺应当以通知的方式作出;但是,根据交易习惯或者要约表明可以通过行为作出承诺的除外。"

所谓以行为承诺,是指如果要约人对承诺方式没有特定要求,承诺可以明确表示,也可以由受要约人的行为来推断。所谓的行为，通常是指履行的行为，如预付价款、装运货物或在工地上开始工作等。缄默是不作任何表示，即不行为，与默示不同。默示不是明示但仍然是表示的一种方法，而缄默与不行为是没有任何表示，所以不构成承诺。但是，如果当事人约定或者按照当事人之间的习惯做法，承诺以缄默与不行为来表示，则缄默与不行为又成为一种表达承诺的方式。如果没有事先的约定，也没有习惯做法，而仅仅由要约人在要约中规定如果不答复就视为承诺是不行的。

（3）承诺生效。承诺应当在要约确定的期限内到达要约人。承诺不需要通知的，根据交易习惯或者要约的要求作出承诺的行为时生效。

采用数据电文形式订立合同的，收件人指定特定系统接收数据电文的，该数据电文进入该特定系统的时间，视为到达时间；未指定特定系统的，该数据电文进入收件人的任何系统的首次时间，视为到达时间。

要约没有确定承诺期限的，承诺应当依照下列规定：

① 要约以对话方式作出的，应当即时作出承诺，但当事人另有约定的除外；

② 要约以非对话方式作出的，承诺应当在合理期限内到达。

（4）承诺超期与承诺延误。承诺超期是指受要约人主观上超过承诺期限而发出承诺，导致承诺迟延到达要约人。受要约人超过承诺期限发出承诺的，除要约人及时通知受要约人该承诺有效的以外，为新要约。

承诺延误是指受要约人发出的承诺由于外界原因而延迟到达要约人。受要约人在承诺期限内发出承诺，按照通常情形能够及时到达要约人，但由于其他原因承诺到达要约人时超过承诺期限的，除要约人及时通知受要约人因承诺超过期限不接受该承诺的以外，该承诺有效。

（5）承诺的撤回。承诺的撤回是指承诺发出后，承诺人阻止承诺发生法律效力的意思表示。承诺可以撤回。撤回承诺的通知应当在承诺通知到达要约人之前或者与承诺通知同时到达要约人。

若撤回承诺的通知晚于承诺通知到达要约人，此时承诺已然发生法律效力，合同已经成立，则承诺人就不得撤回。需要注意的是，要约可以撤回，也可以撤销；但是承诺却只可以撤回，而不可以撤销。

4.2.4 缔约过失责任

4.2.4.1 缔约过失责任的概念

缔约过失责任是指合同缔结过程中当事人一方因违背诚实信用原则致使合同不成立、无效或被撤销，而对基于此项信赖的相对人产生了损害，并应承担损害赔偿的责任。

4.2.4.2 缔约过失责任的构成要件

构成缔约过失责任应具备以下条件：

（1）该责任发生在订立合同的过程中；

（2）当事人违反了诚实信用原则；

（3）受害方的信赖利益遭受损失。

4.2.4.3 缔约过失责任的适用情形

根据《民法典》的规定，当事人在订立合同过程中有下列情形之一，给对方造成损失的，应当承担损害赔偿责任：

（1）假借订立合同，恶意进行磋商；
（2）故意隐瞒与订立合同有关的重要事实或者提供虚假情况；
（3）有其他违背诚实信用原则的行为。

当事人在订立合同过程中知悉的商业秘密，无论合同是否成立，都不得泄露或者不正当地使用。泄露或者不正当地使用该商业秘密给对方造成损失的，应当承担损害赔偿责任。

4.3 合同的一般条款

《民法典》第四百七十条规定了合同的内容由当事人约定，一般条款如下。

4.3.1 当事人的姓名或者名称和住所

该条款主要反映合同当事人的基本情况。自然人的姓名是指经户籍登记管理机关核准登记的正式用名，自然人的户口所在地为其住所地，其经常居住地与户口所在地不一致的，以其经常居住地作为住所地。法人、其他组织的名称是指经主管机关核准登记的名称，如施工单位必须以营业执照上的名称为准。法人、其他组织的住所是指它们的主要办事机构所在地或以其主要营业地为住所地。

4.3.2 标的

标的是合同当事人权利义务指向的对象。法律禁止的行为或者禁止流通物不得作为合同标的。按照合同标的内容，标的可以分为财产、行为、工作成果。

财产包括有形财产和无形财产。有形财产是具有一定实物形态且具备价值及使用价值的客观实体，如货币、房产等。无形财产是不具有实物形态但具备价值及使用价值的财产，如电力、著作权、发明专利权等。物资采购合同、设备租赁合同、借款合同都是以财产为标的的合同。

行为指以人的活动为表现形式的劳动或服务等，如委托监理合同的标的就是行为。

工作成果是通过工作获得的满足特定要求的结果，建筑工程设计合同就是一种体现工作成果为标的的合同。

4.3.3 数量

数量是以数字和计量单位来衡量合同标的的尺度。以物为标的的合同，其数量主要表现为一定的长度、体积或者重量；以行为为标的的合同，其数量主要表现为一定的工作量；以智力成果为标的的合同，其数量主要表现为智力成果的价值。

4.3.4 质量

质量是标的外观质量和内在质量的综合。例如，建筑工程质量是指工程满足业主需要的，符合国家法律、法规、技术规范标准、设计文件及合同规定的特性综合。

4.3.5 价款和报酬

在以财产为标的的合同中，取得标的物或接受劳务的当事人所支付的对价称为价款，如买卖合同中的价金、租赁合同中的租金、借款合同中的利息等。在以劳务和工作成果为标的的合同中，取得标的物或接受劳务的当事人所支付的对价称为报酬，如建筑工程合同中的工程费、保管合同中的保管费、运输合同中的运费等。

4.3.6 履行期限、地点和方式

4.3.6.1 履行期限

合同的履行期限是指享有权利的一方要求义务相对方履行义务的时间范围。它是权利方要求义务方履行合同的依据，也是检验义务方是否按期履行或迟延履行的标准。

4.3.6.2 履行地点

合同履行地点是指合同当事人履行和接受履行合同义务的地点。例如，建筑工程施工合同的主要履行地为一般项目实施所在地。

4.3.6.3 履行方式

履行方式是指当事人采取什么样的形式来履行合同约定的义务。

4.3.7 其他条款

4.3.7.1 违约责任

违约责任是指违反合同义务应当承担的责任。违约责任条款设定的意义在于督促当事人自觉地履行合同，保护非违约方的合法权益。但是，违约责任的承担不一定通过合同约定。即使合同未约定违约条款，只要一方违约并造成他方损失且无合法免责事由，就应依法承担违约责任。

4.3.7.2 解决争议的方法

解决争议的方法是指一旦发生纠纷，将以何种方式解决纠纷。合同当事人可以在合同中约定争议解决方式。

约定争议解决方式，主要是在仲裁与法院诉讼之间作选择。和解与调解是一种比较理想的解决争议的方法，但并非争议解决的必经阶段。

4.4 合同的生效与履行

合同只有具备一定的条件才能生效，这些条件被称为合同生效的要件。如果不具备这些要件，则合同不能直接被认定为有效的合同。所以，掌握合同生效的条件是进行合同管理的基本要求。

合同不具备生效的条件，其原因是多方面的。重大误解、显失公平等都会使得合同欠缺生效的条件。这些不直接具有法律效力的合同可以分为无效的合同、可变更可撤销的合同、效力待定的合同。《民法典》对于这些合同都有具体的、特殊的规定，我们只有掌握了针对这些特殊合同的法律规定，才能根据不同的情况进行合同管理。

还有一些合同本身具备了生效的一般要件，但是由于当事人在合同中约定的生效或者终止的条件、期限而使得其效力受到一定的限制。我们对于这类附条件、附期限的合同也要很好掌握，以便利用这些限定的条件维护自身的权益。

4.4.1 合同的成立

合同成立是指当事人就合同内容协商一致并完成了合同的签订事项。合同成立不同于合同生效。合同生效是法律认可合同效力，强调合同内容的合法性。合同成立体现了当事人的意志，而合同生效体现国家意志。合同成立是合同生效的前提条件，如果合同不成立，是不可能生效的。但是，合同成立也并不意味着合同就生效了。

4.4.1.1 合同成立的一般要件

（1）存在订约当事人。合同成立首先应具备双方或者多方订约当事人，只有一方当事人不可能成立合同。例如，某人以某施工单位的名义与某建设单位订立合同，若该施工单位根本不存在，则可认为只有一方当事人，合同不能成立。

（2）订约当事人对主要条款达成一致。合同成立的根本标志是订约双方或者多方经协商，就合同主要条款达成一致意见。

（3）经历要约与承诺两个阶段。前文提到过《民法典》有关要约与承诺的有关规定，明确当事人订立合同需达成合意，一般应经过要约、承诺阶段。若只停留在要约阶段，合同则不能成立。

4.4.1.2 合同成立时间

合同成立时间关系到当事人何时受合同法律关系拘束，因此合同成立时间具有重要意义。确定合同成立时间，应遵守如下规则。

当事人采用合同书形式订立合同的，自双方当事人签字或者盖章时合同成立。各方当事人签字或者盖章的时间不在同一时间的，最后一方签字或者盖章时合同成立。当事人采用信件、数据电文等形式订立合同的，可以在合同成立之前要求签订确认书。签订确认书时合同成立。此时，确认书具有最终正式承诺的意义。

4.4.1.3 合同成立地点

合同成立地点可能成为确定法院管辖的依据。确定合同成立地点，应遵守如下规则。

承诺生效的地点为合同成立的地点。采用数据电文形式订立合同的，收件人的主营业地为合同成立的地点；没有主营业地的，其经常居住地为合同成立的地点。当事人另有约定的，按照其约定。

当事人采用合同书形式订立合同的，双方当事人签字或者盖章的地点为合同成立的地点。

4.4.2 合同的生效

4.4.2.1 合同生效的要件

合同生效是指已经成立的合同在当事人之间形成的法律约束力。已经成立的合同必须具备一定的生效要件，才能产生法律拘束力。合同生效要件是判断合同是否具有法律效力的标准。合同的生效要件包括：

（1）订立合同的当事人必须具有相应的民事权利能力和民事行为能力。民事权利能力自公民出生时就有，民事行为能力与公民的年龄和智力状况相关。民事权利能力是民事行为能力的前提，民事行为能力是民事权利能力实现的条件。权利能力体现的是公民的主体资格，行为能力表明了民事主体承担义务的能力。

（2）意思表示真实。这是表意人在订立合同时真实反映其内心所要表达的意思。意思表示真实是合同生效的重要构成要件。在意思表示不真实的情况下，合同可能无效，如在被欺诈、胁迫致使行为人表示于外的意思与其内心真实意愿不符，且涉及国家利益受损的情况下；合同也可能被撤销或者变更，如在被欺诈、胁迫致使行为人表示的意思与其内心真实意愿不符的情况下。

（3）不违反法律、行政法规的强制性规定，不损害社会公共利益。这里的法律是指狭义的法律，即全国人民代表大会及其常务委员会依法通过的规范性文件。这里的行政法规是指国务院依法制定的规范性文件。所谓强制性规定，是当事人必须遵守的不得通过协议加以改变的规定。

有效合同不仅不得违反法律、行政法规的强制性规定，而且不得损害社会公共利益。社会公共利益是一个抽象的概念，其内涵丰富、范围宽泛，包含了政治基础、社会秩序、社会公共道德要求，可以弥补法律、行政法规明文规定的不足。它对于那些表面上虽未违反现行法律条文强制性规定，但实质上违反社会规范的行为，具有否定作用。

（4）具备法律所要求的形式。这里的形式包括两层意思，即订立合同的程序与合同的表现形式。这两方面都必须符合法律的规定，否则不能发生法律效力。例如，《民法典》第五百零二条规定："依法成立的合同，自成立时生效，但是法律另有规定或者当事人另有约定的除外。依照法律、行政法规的规定，合同应当办理批准等手续的，依照其规定。未办理批准等手续影响合同生效的，不影响合同中履行报批等义务条款以及相关条款的效力。"

4.4.2.2 效力待定合同

（1）效力待定合同的概念。效力待定合同是指合同成立时是否发生效力还不能确定，有待于其他行为或者事实使之确定的合同。

（2）效力待定合同的类型及处理。

① 限制民事行为能力人依法不能独立签订的合同。若限制民事行为能力人未经其法定代理人事先同意，独立签订了其依法不能独立签订的合同，则构成效力待定合同，但是纯获利益的合同除外。

此类效力待定合同须经过限制民事行为能力人的法定代理人行使追认权，予以追认后才有效。相对人可以催告法定代理人在一个月内予以追认；法定代理人未作表示的，视为拒绝追认，合同没有效力。合同被追认之前，善意相对人有撤销的权利，撤销应当以通知的方式作出。

② 无权代理人以被代理人名义订立的合同。行为人没有代理权、超越代理权或代理权终止后仍以被代理人的名义与相对人订立合同，未经被代理人追认的，对被代理人不发生效力，由行为人承担责任。

相对人可以催告被代理人在一个月内予以追认；被代理人未作表示的，视为拒绝追认，合同没有效力。合同被追认之前，善意相对人有撤销的权利，撤销应当以通知的方式作出。《民法典》第五百零三条规定："无权代理人以被代理人的名义订立合同，被代理人已经开始履行合同义务或者接受相对人履行的，视为对合同的追认。"这就是表见代理在合同领域的具体规定。可见，表见代理无须被代理人追认，即产生代理效力，由被代理人对第三人承担授权责任。表见代理订立的合同，如果无其他导致合同无效的原因，则合同有效。

③ 越权订立的合同。法人或者其他组织的法定代表人、负责人超越权限订立的合同，除相对人知道或者应当知道其超越权限的以外，该代表行为有效。

超越权限订立的合同是否有效取决于相对人是否知道行为人超越权限。如果明知其超越权限还依然与之签订合同，则合同就是无效的；如果不知道其越权而与之签订合同，则合同就是有效的，该代理为表见代理。

④ 无处分权人订立的合同。所有权人或法律授权的人才能对其财产行使处分权，如财产的转让、赠与等。无处分权人只能对财产享有占有权、使用权。无处分权人处分他人财产与相对人订立的合同，经权利人追认，或者无处分权人订立合同后取得处分权的，该合同有效。无处分权人与相对人订立的合同，若未获追认或者无处分权人在订立合同后未获处分权，则该合同不生效。

4.4.2.3 无效合同

（1）无效合同的概念。无效合同是指已经成立，但因不符合法律要求的要件而不予承认和保护的合同。无效合同具有以下特征。

① 合同自始无效。无效合同自订立时起就不具有法律效力，而不是从合同无效原因发现之日或合同无效确认之日起，合同才失去效力。

② 合同绝对无效。合同自订立时起就无效，当事人不能通过同意或追认使其生效。

③ 合同当然无效。无论当事人是否知道或提出主张无效，法院或仲裁机构可以主动审查决定该合同无效。

合同无效可能是全部无效，也可能是部分无效。如果合同部分无效，不影响其他部分效力的，其他部分仍然有效。合同无效不影响合同中独立存在的有关解决争议方法的条款的效力。

（2）合同无效的原因。

① 一方以欺诈手段订立合同，损害国家利益。所谓欺诈，是指一方当事人故意告知对方虚假情况，或者故意隐瞒真实情况，诱使对方当事人作出错误意思表示的行为。其构成条件包括：其一，欺诈方具有欺诈的故意；其二，欺诈方实施了欺诈行为；其三，被欺诈方因欺诈行为陷入错误的认识。

② 一方以胁迫手段订立合同，损害国家利益。所谓胁迫，是指以给公民及其亲友的生命健康、荣誉、名誉、财产等造成损害或者以给法人的荣誉、名誉、财产等造成损害为要挟，迫使对方作出违背真实的意思表示的行为。其构成条件包括：胁迫人具有胁迫的故意；胁迫人实施了胁迫行为；胁迫行为是非法或不当的；受胁迫者因胁迫而订立合同以及胁迫行为损害了国家利益。

③ 恶意串通，损害国家、集体或第三人利益的合同。恶意串通的合同是指当事人同谋，共同订立某种合同，造成国家、集体或者第三人利益损害的合同。其构成要件包括：其一，主观因素。主观上行为人明知或者应知某种行为将造成对国家、集体或者第三人的损害而故意为之。当事人之间相互串通既可以表现为当事人事先达成的合谋，也可以表现为一方明确表示意思，另一方与其达成默契进行接受。其二，客观因素。客观上损害国家、集体或第三人利益。

④ 以合法形式掩盖非法目的。当事人实施的行为在形式上是合法的，但在内容上或者目的上是非法的。

应该注意的是，以合法形式掩盖非法目的的合同并不要求造成损害后果，即无论造成损害与否，只要符合上述特征，即可构成无效合同。

⑤ 损害社会公共利益。社会公共利益的内涵丰富、外延宽泛。相当一部分社会公共利益的保护，已经被纳入法律、行政法规的明文规定中。但是，仍有部分并未被法律、行政法规所规定，特别是涉及社会公共道德的部分。将损害社会公共利益的合同规定为无效合同，利用"社会公共利益"概念定义的弹性，有助于弥补现行法律、行政法规规定的缺失。

⑥ 违反法律、行政法规的强制性规定。合同无效，应当以全国人民代表大会及其常务委员会制定的法律和国务院制定的行政法规为依据。同时，必须是违反了法律、行政法规的强制性规范才导致合同无效。

（3）无效的免责条款。免责条款是当事人在合同中确立的排除或限制其未来责任的条款。合同中的下列免责条款无效。

① 造成对方人身伤害的。生命健康权是不可转让、不可放弃的权利，因此不允许当事人以免责条款的方式事先约定免除这种责任。

② 因故意或者重大过失而造成对方财产损失的。财产权是一种重要的民事权利，不允许当事人预先约定免除一方故意或重大过失而给对方造成损失，否则会给一方当事人提供滥用权力的机会。

（4）合同无效的法律后果。由于无效合同具有不得履行性，因此不发生当事人所期望的法律效果。但是，并非不产生任何法律效果，而是产生包括返还财产、赔偿损失以及其他法定效果。

① 返还财产。合同被确认无效后，因该合同而取得的财产，应当予以返还。

② 折价补偿。不能返还财产或者没有必要返还财产的，应当折价补偿。《民法典》第七百九十三条第一款规定："建设工程施工合同无效，但是建设工程经验收合格的，可以参

照合同关于工程价款的约定折价补偿承包人。"例如,建设工程施工合同无效但是工程已经竣工验收合格,如果采取返还财产、恢复原状的处理办法,就要将工程拆除使之恢复到缔约之前。这样既不利于当事人,也不利于社会。

③ 赔偿损失。赔偿损失以过错为要件,有过错的一方应当赔偿对方因此所受到的损失,双方都有过错的,应当各自承担相应的责任。

④ 收归国库所有。当事人恶意串通,损害国家、集体或者第三人利益的,应将取得的财产收归国家所有或者返还集体、第三人。

4.4.3 合同的履行

4.4.3.1 合同履行概述

合同的履行是合同管理中最具实质性的一步。所有的合同当事人都要重视合同的履行。由于不同种类的合同都有特定的权利义务主体,不同种类的合同的标的也不一样,履行方式自然也不尽相同。因此,《民法典》给出了合同履行的原则,明确违背这些原则的当事人将为此承担相应的法律责任。《民法典》对于在合同履行中出现的特殊情况也做了规定。这种特殊情况主要表现在合同条款空缺,也就是当事人在合同中对于质量、工期、报酬等关键性条款的约定存在瑕疵或者盲点,导致后面的合同履行无法进行。因此,我们需要对关于这些特殊情形的规定深入把握,以便针对不同的具体情况进行有效的处理。

《民法典》赋予了当事人在履行合同过程中享有的权利,主要包括抗辩权、代位权和撤销权。这些权利是必须掌握的内容,只有掌握了这些内容才可能利用法律武器来维护自身的合法权益。

4.4.3.2 合同履行的原则

(1) 实际履行原则。订立合同的目的是满足一定的经济利益,当事人应当按照合同约定交付标的或提供服务。根据实际履行原则,当事人应当按照合同规定的标的完成任务,不能用违约金或赔偿金来代替合同标的;任何一方违约都不能以支付违约金或赔偿损失的方式来代替合同的履行。

(2) 全面、适当履行原则。全面、适当履行原则是指合同当事人完全按照合同的标的、数量、质量、价款或者报酬以及履行地点、期限、方式等要求,全面地履行自己的义务。《民法典》第五百零九条第一款对此有规定。

(3) 诚实信用原则。诚实信用原则在合同的履行中是最突出和最重要的原则之一。对此,《民法典》第五百零九条第二款规定:"当事人应当遵循诚信原则,根据合同的性质、目的和交易习惯履行通知、协助、保密等义务。"

从我国法律规定的诚实信用原则来看,它要求民事主体在民事活动中维持双方的利益平衡,对另一方不进行任何欺诈,以诚实、善意的心态行使权利,履行义务,恪守信用。

诚实信用原则主要涉及两个方面的利益关系,即当事人之间的利益关系和当事人与社会之间的利益关系。在当事人之间的利益关系中,诚实信用原则要求合同一方尊重另一方的利益,自己在得到利益的同时,使对方也得到利益,不得损人利己;在当事人与社会之间的利益关系中,诚实信用原则要求当事人不得通过自己的民事活动损害第三人的利益和社会的公共利益。

（4）情势变更原则。所谓情势变更，是指合同依法订立后，由于不可归责于双方当事人的原因，履行合同的基础发生了变化，如果仍然维持合同的效力，将会产生显失公平的后果。在这种情况下，受不利影响的一方当事人有权请求法院或仲裁机构变更或解除合同。由于情势变更的理论与实践十分复杂，难以划清正常商业风险与客观情势变更的界限，《民法典》未确立情势变更制度，但司法实践是认可情势变更为履行合同的原则之一的。

4.4.3.3　合同履行的规则

（1）合同条款约定不明的履行规则。《民法典》第五百一十条规定："合同生效后，当事人就质量、价款或者报酬、履行地点等内容没有约定或者约定不明确的，可以协议补充；不能达成补充协议的，按照合同相关条款或者交易习惯确定。"

（2）执行政府定价或者政府指导价的合同的履行规则。执行政府定价或者政府指导价的，在合同约定的交付期限内政府价格调整时，按照交付时的价格计价。逾期交付标的物的，遇价格上涨时，按照原价格执行；遇价格下降时，按照新价格执行。逾期提取标的物或者逾期付款的，遇价格上涨时，按照新价格执行；遇价格下降时，按照原价格执行。

（3）涉及第三人的合同履行规则。

① 向第三人履行的合同。当事人约定由债务人向第三人履行债务的，债务人未向第三人履行债务或者履行债务不符合约定，应当向债权人承担违约责任。

② 由第三人履行的合同。当事人约定由第三人向债权人履行债务的，第三人不履行债务或者履行债务不符合约定，债务人应当向债权人承担违约责任。

4.4.3.4　合同履行的主体

合同履行的主体包括完成履行的一方（履行人）和接受履行的一方（履行受领人）。完成履行的一方首先是债务人，也包括债务人的代理人，但是法律规定、当事人约定或者性质上必须由债务人本人亲自履行者除外。另外，当事人约定的债务人之外的第三人也可以为履行人。但是，约定代为履行债务的第三人不履行责任要由原债务人承担。《民法典》第五百二十二条第一款规定："当事人约定由债务人向第三人履行债务，债务人未向第三人履行债务或者履行债务不符合约定的，应当向债权人承担违约责任。"

接受履行的一方首先是债权人，由债权人享有给付请求权及受领权。但是，在某些情况下，接受履行者也可以是债权人之外的第三人，如当事人约定由债务人向第三人履行债务。但是，债务人如果没有向约定受偿的第三人履行债务，就要向原合同的债权人承担违约责任。

4.4.3.5　合同履行的空缺

（1）合同条款空缺的概念。合同条款空缺是指所签订的合同中约定的条款存在缺陷或者空白点，使得当事人无法按照所签订的合同履约的法律事实。

当事人订立合同时，对合同条款的约定应当明确、具体，以便于合同履行。然而，由于某些当事人对合同法律知识的欠缺，对事物认识上的错误以及疏忽大意等，因而出现欠缺某些条款或者条款约定不明确的情况，致使合同难以履行。为了维护合同当事人的正当权益，法律规定当事人之间可以约定，采取措施，补救合同条款空缺的问题。

（2）解决合同条款空缺的原则。为了解决合同条款空缺的问题，《民法典》第五百一十条给出了原则性规定："合同生效后，当事人就质量、价款或者报酬、履行地点等内容没有约定或者约定不明确的，可以协议补充；不能达成补充协议的，按照合同相关条款或者交易习惯确定。"

（3）解决合同条款空缺的具体规定。

① 适用于普通商品的具体规定。《民法典》第五百一十一条规定："当事人就有关合同内容约定不明确，依据前条规定仍不能确定的，适用下列规定：（一）质量要求不明确的，按照强制性国家标准履行；没有强制性国家标准的，按照推荐性国家标准履行；没有推荐性国家标准的，按照行业标准履行；没有国家标准、行业标准的，按照通常标准或者符合合同目的的特定标准履行。（二）价款或者报酬不明确的，按照订立合同时履行地的市场价格履行；依法应当执行政府定价或者政府指导价的，按照规定履行。（三）履行地点不明确，给付货币的，在接受货币一方所在地履行；交付不动产的，在不动产所在地履行；其他标的，在履行义务一方所在地履行。（四）履行期限不明确的，债务人可以随时履行，债权人也可以随时请求履行，但是应当给对方必要的准备时间。（五）履行方式不明确的，按照有利于实现合同目的的方式履行。（六）履行费用的负担不明确的，由履行义务一方负担；因债权人原因增加的履行费用，由债权人负担。"

② 适用于政府定价或者政府指导价商品的具体规定。政府定价是指对于一些特殊的商品，政府不允许当事人根据供给和需求自行决定价格，而是由政府直接为该商品确定价格。政府指导价是指对于一些特殊的商品，政府不允许当事人根据供给和需求自行决定价格，而是由政府直接为该商品确定价格的浮动区间。

政府定价或者政府指导价的商品具有自身的特殊性。这些特殊性体现在执行政府定价或政府指导价的合同履行原则。

4.4.4 合同履行的抗辩权

合同一旦成立，当事人应当按照合同约定履行自己的义务。一方不履行合同或不适当履行合同，损害了对方利益，受损害方可寻求公力救济。但在双务合同履行中，如果一方或双方具有法律规定的事由，法律授权当事人可以拒绝履行自己的义务来保护自己的合法权益，而不承担违约责任。这就是双务合同履行中的抗辩权。依其具体情形可分为同时履行抗辩权、先履行抗辩权和不安抗辩权三种。

4.4.4.1 同时履行抗辩权

（1）同时履行抗辩权的概念。同时履行是指合同订立后，在合同有效期限内，当事人双方不分先后地履行各自的义务的行为。同时履行抗辩权是在没有规定履行顺序的双务合同中，当事人一方在另一方未为对方给付以前，有权拒绝先为给付的权利。

《民法典》第五百二十五条规定："当事人互负债务，没有先后履行顺序的，应当同时履行。一方在对方履行之前有权拒绝其履行请求。一方在对方履行债务不符合约定时，有权拒绝其相应的履行请求。"

（2）同时履行抗辩权的成立要件。

① 由同一双务合同产生互负的债务。双务合同是产生抗辩权的基础，单务合同中不存

在抗辩权的问题。同时，当事人只有通过不履行本合同中的义务来对抗对方在本合同中的不履行，而不能用一个合同中的权利去对抗另一个合同。

② 在合同中未约定履行顺序。这正是同时履行的本质，如果约定了履行顺序，其抗辩权就不是同时履行抗辩权了。

③ 当事人一方未履行义务。只有一方未履行其义务，另一方才具有行使抗辩权的基本条件。

④ 对方的对待给付是可能履行的义务。倘若对方所负债务已经没有履行的可能性，即同时履行的目的已不可能实现时，则不发生同时履行抗辩权问题，当事人可依照法律规定解除合同。

（3）同时履行抗辩权的行使与效力。同时履行抗辩权只能由当事人行使，法院不能依职权主动适用。同时履行抗辩权有阻止对方请求权的效力，没有消灭对方请求权的效力。即在对方没有履行或提出履行前，可以拒绝履行；当对方履行或提出履行时，应当恢复履行。

4.4.4.2　先履行抗辩权

（1）先履行抗辩权的概念。先履行抗辩权是指当事人互负债务，有先后履行顺序，先履行一方未履行的，后履行一方有权拒绝其履行请求，先履行一方履行债务不符合约定的，后履行一方有权拒绝其相应的履行请求。

（2）先履行抗辩权的成立应具备的要件。

① 双方基于同一双务合同且互负债务。先履行抗辩权存在于双务合同中，而非单务合同。先履行抗辩权的双方债务应基于同一合同。

② 履行债务有先后顺序。债务履行的顺序可能基于法律规定，也可能基于当事人的约定。如果债务没有先后履行顺序，就应适用同时履行抗辩权而非先履行抗辩权。

③ 有义务先履行债务的一方未履行或者履行不符合约定。如果先履行一方已经适当、全面地履行债务，则后履行一方就没有先履行抗辩权，而应当依据约定履行自身义务，否则可能承担违约责任。

（3）先履行抗辩权的行使与效力。当事人在行使先履行抗辩权时，可采取明示或默示。行使先履行抗辩权，在他方未先履行义务前，可拒绝自己履行义务，并不承担违约责任。行使先履行抗辩权没有消除合同的效力，在先履行方适当履行后，先履行抗辩权消灭。

4.4.4.3　不安抗辩权

（1）不安抗辩权的概念。不安抗辩权是指先履行合同的当事人一方因后履行合同的一方欠缺履行债务能力或信用，而拒绝履行合同的权利。

（2）不安抗辩权的成立要件。

① 双方当事人基于同一双务合同而互负债务。不安抗辩权存在于双务合同中。不安抗辩权的双方债务应基于同一合同。

② 债务履行有先后顺序，且由履行顺序在先的当事人行使。如果债务履行没有先后顺序，则只能适用同时履行抗辩权。在履行债务有先后顺序的情况下，先履行一方可能行使不安抗辩权。

③ 履行顺序在后的一方履行能力明显下降，有丧失或者可能丧失履行债务能力的情形。

不安抗辩权制度保护履行顺序在先的当事人，但不是无条件的，而是以该当事人的债权实现受到存在于对方当事人的现实危险威胁为条件。《民法典》第五百二十七条规定："应当先履行债务的当事人，有确切证据证明对方有下列情形之一的，可以中止履行：（一）经营状况严重恶化；（二）转移财产、抽逃资金，以逃避债务；（三）丧失商业信誉；（四）有丧失或者可能丧失履行债务能力的其他情形。当事人没有确切证据中止履行的，应当承担违约责任。"

④ 履行顺序在后的当事人未提供适当担保。履行顺序在后的当事人履行能力明显下降，可能严重危及履行顺序在先当事人的债权。但是，如果后履行方提供适当担保，则先履行方的债权不会受到损害，所以就不得行使不安抗辩权。

（3）不安抗辩权的行使与效力。中止履行的一方，即行使不安抗辩权的一方负有对相对人欠缺信用、欠缺履行能力的举证责任。

当事人依照《民法典》上述条款的规定中止履行的，应当及时通知对方。对方提供适当担保时，应当恢复履行。中止履行后，对方在合理期限内未恢复履行能力并且未提供适当担保的，中止履行的一方可以解除合同。

4.4.5 合同的保全

4.4.5.1 代位权

（1）代位权的概念和特征。

代位权是指债权人为了保障其债权不受损害，而以自己的名义代替债务人行使债权的权利。

《民法典》第五百三十五条第一、二款规定："因债务人怠于行使其债权或者与该债权有关的从权利，影响债权人的到期债权实现的，债权人可以向人民法院请求以自己的名义代位行使债务人对相对人的权利，但是该权利专属于债务人自身的除外。代位权的行使范围以债权人的到期债权为限。债权人行使代位权的必要费用，由债务人负担。"

代位权的特征如下：其一，代位权针对的是债务人的消极行为，即怠于行使对次债务人的债权的消极行为。其二，代位权是债权人以自身名义直接向次债务人提出请求，这不同于债权人向债务人提出请求，也不同于债务人向次债务人提出请求。其三，代位权的行使方式必须是在法院提起代位权诉讼，而不能通过诉讼外的其他方式来行使代位权。

（2）代位权的成立要件。根据最高人民法院相关解释和规定，债权人提起代位权诉讼，应当符合下列条件。

① 债权人对债务人的债权合法。债权人与债务人之间的债权债务关系必须合法存在，否则代位权就失去其存在的基础。因此，如果合同未成立、合同被宣告无效、合同被撤销，或者合同关系已经被解除，则不存在行使代位权的可能性。

② 债务人怠于行使其债权或者与该债权有关的从权利，影响了债权人的到期债权的实现。在这种情况下，债权人可以向人民法院请求以自己的名义代位行使债务人对相对人的权利，但是该权利专属于债务人自身的除外。

③ 债务人的债权已到期。债务人的债权已到期是债务人可以对次债务人行使债权的条件，而债权人的代位权是代位行使本属于债务人的债权，因此债务人债权已到期也是债权人行使代位权的条件。

④ 债务人的债权不是专属于债务人自身的债权。根据《民法典》的规定，债权人可以代位行使的权利必须是专属于债务人的权利。

(3) 代位权的行使。代位权的行使包括行使主体、行使方式和行使范围。

① 代位权行使的主体与方式。债权人行使代位权的，必须以自己的名义提起诉讼。因此，代位权诉讼的原告只能是债权人，代位权必须通过诉讼程序行使。

② 代位权的行使范围。代位权的行使范围以债权人的债权为限，其含义包括如下两个方面：其一，债权人行使代位权，只能以自身的债权为基础，而不应以债务人的其他债权人的债权为基础。其二，债权人代位行使的债权数额应当以其对债务人享有的债权数额为上限。即债务人所享有的债权超过了债权人所享有的债权，债权人不得就超过的部分行使代位权。

(4) 代位权行使的效力。在债务链中，如果原债务人的债务人向原债务人履行债务，原债务人拒绝受领时，则债权人有权代原债务人受领。但在接受之后，债权人应当将该财产交给原债务人，而不能直接独占财产。然后，再由原债务人向债权人履行其义务。若原债务人不主动履行债务，债权人可请求强制履行受偿。

4.4.5.2 撤销权

(1) 撤销权的概念。所谓撤销权，是指债务人实施了减少自身财产的行为，对债权人的债权造成损害，债权人可以请求法院撤销债务人该行为的权利。

《民法典》第五百三十六条规定："债权人的债权到期前，债务人的债权或者与该债权有关的从权利存在诉讼时效期间即将届满或者未及时申报破产债权等情形，影响债权人的债权实现的，债权人可以代位向债务人的相对人请求其向债务人履行、向破产管理人申报或者作出其他必要的行为。"

(2) 撤销权的成立要件。

① 债务人实施了处分财产的行为。可能导致债权人行使撤销权的债务人行为包括三种情形：其一，债务人放弃到期债权；其二，债务人无偿转让财产；其三，债务人以明显不合理的低价转让财产。

② 债务人处分财产的行为发生在债权人的债权成立之后。如果债务人处分财产的行为发生在债权人债权成立之前，债务人的行为不发生危及债权的可能性。

③ 债权人处分财产的行为已经发生效力。债权人的撤销权建立在债务人处分财产的行为已经生效的基础上。如果债务人的行为没有成立和生效，或者就是无效行为，就不必由债权人行使撤销权。

④ 债务人处分财产的行为侵害债权人的债权。只有当债务人处分财产的行为已经或者将要严重侵害债权人的债权时，债权人才能行使撤销权。一般认为，债务人实施处分财产后，其资产已经不足以向债权人清偿债务，就可以认定其行为有害于债权人的债权。

(3) 撤销权的行使。

① 撤销权行使的主体与方式。债权人行使撤销权的，撤销权诉讼的原告只能是债权人。债权人行使撤销权必须通过向法院起诉的方式进行，并由法院作出撤销判决才能发生撤销的效果。若撤销权实现，即撤销了债务人与第三人之间的民事行为。

② 撤销权行使的期间。《民法典》第五百四十一条规定："撤销权自债权人知道或者应当知道撤销事由之日起一年内行使。自债务人的行为发生之日起五年内没有行使撤销权的，

该撤销权消灭。"

③ 撤销权的行使范围。其含义包括两点：一是债权人行使撤销权，只能以自身的债权为基础，而不能以债务人的其他债权人的债权为保全对象；二是债权人在行使撤销权时，其请求撤销的数额应当与其债权数额相一致，但不要求完全相等（也不可能做到完全相等），而应当是大致相当。

4.4.6 合同履行的担保

担保是债权人与债务人或者第三人根据法律规定或合同约定而实施的，以保证债权得以实现为目的的民事法律行为。担保通常要由当事人双方订立合同，被担保合同是主合同，担保合同是被担保合同的从合同，主合同无效，从合同无效。担保合同另有约定的，从其约定。

在担保法律关系中，债权人称为担保权人，债务人称为被担保人，第三人称为担保人。

担保活动应当遵循平等、自愿、公平、诚实信用的原则。

第三人为债务人向债权人提供担保的，可以要求债务人提供反担保。反担保适用《民法典》和其他法律的规定。担保形式有五种，即保证、抵押、质押、留置和定金。《民法典》对这五种形式都有相应的规定。

4.4.6.1 保证

（1）保证和保证合同。保证是指保证人和债权人约定，当债务人不履行债务时，保证人按照约定履行债务或者承担责任的行为。保证合同是为了保障债权的实现，保证人和债权人约定，当债务人不履行到期债务或者发生当事人之间约定的其他情形时，保证人履行债务或者承担责任的合同。

保证的当事人包括债权人、债务人、保证人。保证的债权人和债务人之间订立的是主合同，债权人和保证人订立的保证合同是主债权债务合同的从合同。主合同无效的，保证合同无效。

保证人与债权人应当以书面形式订立保证合同。保证合同应当包括以下内容：被保证的主债权种类、数额；债务人履行债务的期限；保证的方式；保证担保的范围；保证的期间；双方认为需要约定的其他事项。

保证合同不完全具备前款规定内容的，可以补正。保证人与债权人可以就单个主合同分别订立保证合同，也可以协议在最高债权额限度内就一定期间连续发生的借款合同或者某项商品交易合同订立一个保证合同。保证担保的范围包括主债权及利息、违约金、损害赔偿金和实现债权的费用。保证合同另有约定的，从其约定。

当事人对保证担保的范围没有约定或者约定不明确的，保证人应当对全部债务承担责任。保证人承担保证责任后，有权向债务人追偿。

（2）不得担任保证人的主体范围。《民法典》第六百八十三条规定："机关法人不得为保证人，但是经国务院批准为使用外国政府或者国际经济组织贷款进行转贷的除外。以公益为目的的非营利法人、非法人组织不得为保证人。"

（3）保证方式。保证的方式包括一般保证和连带责任保证，当事人在保险合同中对保证方式没有约定或者约定不明确的，按照一般保证承担保证责任。

① 一般保证。一般保证是指债权人和保证人约定，首先由债务人清偿债务，当债务人不能清偿债务时，才由保证人代为清偿债务的保证方式。

《民法典》第六百八十七条第二款规定，一般保证的保证人在主合同纠纷未经审判或者仲裁，并就债务人财产依法强制执行仍不能履行债务前，对债权人有权拒绝承担保证责任，但是以下四种情形除外：一是债务人下落不明且无财产可供执行；二是人民法院已经受理债务人破产案件；三是债权人有证据证明债务人的财产不足以履行全部债务或者债务人丧失履行债务的能力；四是保证人以书面的形式明确表示放弃本款规定的权利。

② 连带责任保证。连带责任保证是指当事人在保证合同中约定保证人与债务人对债务承担连带责任的保证方式。

连带责任保证的债务人不履行到期债务或者发生当事人约定的情形时，债权人可以请求债务人履行债务，也可以请求保证人在其保证范围内承担保证责任。

（4）保证期间。《民法典》第六百九十二条规定："保证期间是确定保证人承担保证责任的期间，不发生中止、中断和延长。债权人与保证人可以约定保证期间，但是约定的保证期间早于主债务履行期限或者与主债务履行期限同时届满的，视为没有约定；没有约定或者约定不明确的，保证期间为主债务履行期限届满之日起六个月。债权人与债务人对主债务履行期限没有约定或者约定不明确的，保证期间自债权人请求债务人履行债务的宽限期届满之日起计算。"

（5）保证责任的免除。《民法典》规定了两种情况保证人不再承担保证责任：对于一般保证而言，债权人未在保证期间对债务人提起诉讼或者申请仲裁的，保证人不再承担保证责任；对于连带保证而言，连带责任保证的债权人在保证期限届满前请求保证人承担保证责任的，从债权人请求保证人承担保证责任之日起开始计算保证债务的诉讼时效。《民法典》第六百九十八条对一般保证人保证责任免除作了规定："一般保证的保证人在主债务履行期限届满后，向债权人提供债务人可供执行财产的真实情况，债权人放弃或者怠于行使权利致使该财产不能被执行的，保证人在其提供可供执行财产的价值范围内不再承担保证责任。"

（6）诉讼时效。《民法典》对诉讼时效计算规定，一般保证的债权人在保证期限届满前对债务人提起诉讼或者申请仲裁的，从保证人拒绝承担保证责任的权利消灭之日起开始计算保证债务的诉讼时效；连带责任保证的债权人在保证期限届满前请求保证人承担保证责任的，从债权人请求保证人承担保证责任之日起开始计算保证债务的诉讼时效。

4.4.6.2 抵押

（1）抵押与抵押合同。抵押是指为担保债务的履行，债务人或者第三人不转移财产的占有，将该财产抵押给债权人，债务人不履行到期债务或者发生当事人约定的实现抵押权的情形，债权人有权就该财产优先受偿。债务人或者第三人为抵押人，债权人为抵押权人，提供担保的财产为抵押财产。

设立抵押权，当事人应当采取书面形式订立抵押合同。抵押合同一般包括下列条款：被担保债权的种类和数额；债务人履行债务的期限；抵押财产的名称、数量、质量、状况、所在地、所有权归属或者使用权归属等；担保的范围。

（2）抵押财产及登记。

根据《民法典》第三百九十五条的规定，债务人或者第三人有权处分的下列财产可以抵押：①建筑物和其他土地附着物；②建设用地使用权；③海域使用权；④生产设备、原材料、半成品、产品；⑤正在建造的建筑物、船舶、航空器；⑥交通运输工具；⑦法律、行政法规未禁止抵押的其他财产。抵押人可以将前款所列财产一并抵押。

根据《民法典》第三百九十九条的规定，下列财产不得抵押：①土地所有权；②宅基地、自留地、自留山等集体所有的土地使用权，但法律规定可以抵押的除外；③学校、幼儿园、医疗机构等为公益目的成立的非营利法人的教育设施、医疗卫生设施和其他公益设施；④所有权、使用权不明或者有争议的财产；⑤依法被查封、扣押、监管的财产；⑥法律、行政法规规定不得抵押的其他财产。

以《民法典》第三百九十五条第一款第一项至第三项规定的财产或者第五项规定的正在建造的建筑物抵押的，应当办理抵押登记。抵押权自登记时设立。

以《民法典》第三百九十五条第一款第四项、第六项规定的财产或者第五项规定的正在建造的船舶、航空器抵押的，抵押权自抵押合同生效时设立；未经登记，不得对抗善意第三人。

（3）抵押权的实现。抵押权人在债务履行期届满前，不得与抵押人约定债务人不履行到期债务时抵押财产归债权人所有。

债务人不履行到期债务或者发生当事人约定的实现抵押权的情形，抵押权人可以与抵押人协议以抵押财产折价或者以拍卖、变卖该抵押财产所得的价款优先受偿。抵押财产折价或者拍卖、变卖后，其价款超过债权数额的部分归抵押人所有，不足部分由债务人清偿。同一财产向两个以上债权人抵押的，拍卖、变卖抵押财产所得的价款依照下列规定清偿：抵押权均已登记的，按照登记的先后顺序清偿；顺序相同的，按照债权比例清偿；抵押权已登记的先于未登记的受偿；抵押权均未登记的，按照债权比例清偿。

抵押权人应当在主债权诉讼时效期间行使抵押权；未行使的，人民法院不予保护。

4.4.6.3 质押

质押包括动产质押和权利质押。

动产质押指为担保债务的履行，债务人或者第三人将其动产出质给债权人占有，债务人不履行到期债务或者发生当事人约定的实现质权的情形，债权人有权就该动产优先受偿。债务人或者第三人为出质人，债权人为质权人，交付的动产为质押财产。

权利质押指债务人或第三人将其所拥有的合法财产权利移交债权人占有，将该财产权利作为债权的担保。在债务履行期限届满或履行期限内，债权人可以通过兑现权利的内容或行使权利实现自己所担保的债权。可以作为质押的权利包括：汇票、支票、本票、债券、存款单、仓单、提单；可以转让的基金份额、股权；可以转让的注册商标专用权、专利权、著作权等知识产权中的财产权；应收账款；法律、行政法规规定可以出质的其他财产权利。

设立质权，当事人应当采取书面形式订立质权合同。质权合同一般包括下列条款：被担保债权的种类和数额；债务人履行债务的期限；质押财产的名称、数量等情况；担保的范围；质押财产交付的时间、方式。质权人在债务履行期限届满前，与出质人约定债务人不履行到期债务时质押财产归债权人所有的，只能依法就质押财产优先受偿。质权自出质人交付质押财产时设立。

债务人履行债务或者出质人提前清偿所担保的债权的，质权人应当返还质押财产。债务人不履行到期债务或者发生当事人约定的实现质权的情形，质权人可以与出质人协议以质押财产折价，也可以就拍卖、变卖质押财产所得的价款优先受偿。质押财产折价或者拍卖、变卖后，其价款超过债权数额的部分归出质人所有，不足部分由债务人清偿。

4.4.6.4 留置

留置是指债权人按照合同约定占有债务人的财产，债务人不按照合同约定的期限履行债务，债权人有权依法留置该财产。以该财产折价或以拍卖、变卖该财产的价款优先受偿。债权人为留置权人，占有的动产为留置财产。债权人留置的动产，应当与债权属于同一法律关系，但企业之间留置的除外。

留置权人与债务人应当约定留置财产后的债务履行期间；没有约定或者约定不明确的，留置权人应当给债务人两个月以上履行债务的期间，但鲜活易腐等不易保管的动产除外。债务人逾期未履行的，留置权人可以与债务人协议以留置财产折价，也可以就拍卖、变卖留置财产所得的价款优先受偿。

4.4.6.5 定金

（1）定金的概念。定金是指合同当事人一方以保证债务履行为目的，于合同成立时或未履行前，预先给付对方一定数额金钱的担保方式。所以，定金既指一种债的担保方式，也指作为定金担保方式的那笔预先给付的金钱。《民法典》第五百八十六条规定："当事人可以约定一方向对方给付定金作为债权的担保。定金合同自实际交付定金时成立。定金的数额由当事人约定；但是，不得超过主合同标的额的百分之二十，超过部分不产生定金的效力。实际交付的定金数额多于或者少于约定数额的，视为变更约定的定金数额。"

（2）定金的性质。

① 证约性质。定金具有证明合同成立的证明力。定金一般是在合同订立时交付，这一事实足以证明当事人之间合同的成立。因此，定金是合同成立的证据。

② 预先给付的性质。定金只能在合同履行前交付，因而具有预先给付的性质。正因为定金具有预先给付的性质，所以定金的数额应在合同规定的应给付的数额之内，在主债务履行后定金可以抵作价款或返还。

③ 担保性质。定金具有担保效力。因为定金交付后，在当事人不履行债务时会发生丧失定金或者加倍返还定金的后果，因而它起到督促当事人履行合同、确保债权人利益的担保作用。

（3）定金与违约金、预付款的区别。

① 定金与违约金的区别及适用规则。定金和违约金都是一方应给付对方的一定款项，都有督促当事人履行合同的作用，但二者也有不同，其区别主要表现在以下几个方面：

其一，定金须于合同履行前交付，而违约金只能在发生违约行为以后交付；

其二，定金有证约和预先给付的作用，而违约金没有；

其三，定金主要起担保作用，而违约金主要是违反合同的民事责任形式；

其四，定金一般是约定的，而违约金可以是约定的，也可以是法定的。

② 定金与预付款的区别。定金与预付款都是在合同履行前一方当事人预先给付对方的一定数额的金钱，都具有预先给付的性质，在合同履行后，都可以抵作价款。但二者有着根本的区别，这表现在以下几个方面。

其一，定金是合同的担保方式，主要作用是担保合同履行；而预付款的主要作用是为对方履行合同提供资金上的帮助，属于履行的一部分。

其二，交付定金的协议是从合同，而交付预付款的协议一般为合同内容的一部分。

其三，定金只有在交付后才能成立，而交付预付款的协议只要双方意思表示一致即可成立。

其四，定金合同当事人不履行主合同时，适用定金罚则；而预付款交付后当事人不履行合同的，不发生丧失预付款或双倍返还预付款的效力。

（4）定金的生效条件。定金合同除具备合同成立的一般条件外，还须具备以下条件才能生效。

① 主合同有效。这是由定金合同的从属性决定的。

② 发生交付定金的行为。定金合同为实践性合同，如果只有双方当事人的意思表示一致，而没有一方向另一方交付定金的交付行为，定金合同不能生效。根据规定，当事人在定金合同中应当约定交付定金的期限，定金合同从实际交付定金之日起生效。

③ 定金的比例符合法律规定。定金的比例在《民法典》第五百八十六条中有明确规定。

4.5 合同的变更、撤销、转让与终止

4.5.1 合同的变更

4.5.1.1 合同变更的概念

合同的变更有广义与狭义之分。广义的合同变更包括合同内容的变更与合同主体的变更。合同内容的变更是指当事人不变，合同的权利义务发生改变的现象；合同主体的变更是指合同关系保持同一性，仅改换债权人或债务人。狭义的合同变更主要是当事人约定的合同内容（权利义务）发生的变化或更改。

工程中通常所说的合同的变更是指合同成立后，当事人双方根据客观情况的变化，经协商一致，依照法律规定的条件和程序，对原合同进行修改或者补充。

合同的变更是在合同的主体不改变的前提下，对合同内容或者标的的变更。当事人在变更合同时，应当本着协商一致的原则进行。合同变更后，其内容取代了原合同的内容，当事人应当按照变更后的内容履行合同。当事人对合同变更的内容约定不明确的，推定为未变更。

4.5.1.2 合同变更的类型

合同变更包括约定变更和法定变更。

（1）约定变更。当事人经过协商达成一致意见，可以变更合同。

《民法典》第五百四十三条规定："当事人协商一致，可以变更合同。"

（2）法定变更。法律也规定了在特定条件下，当事人可以不必经过协商而变更合同。《民法典》第八百二十九条规定："在承运人将货物交付收货人之前，托运人可以要求承运人中止运输、返还货物、变更到达地或者将货物交给其他收货人，但是应当赔偿承运人因此受到的损失。"

4.5.1.3 合同变更的条件与程序

（1）合同关系已经存在。合同变更是针对已经存在的合同，无合同关系就无从变更。合同无效、合同被撤销视为无合同关系，也不存在合同变更的可能。

（2）合同内容变更。合同内容变更可能涉及合同标的、数量、质量、价款或者报酬、履行期限、履行地点和方式等的变更。合同生效后，当事人不得因其主体名称的变更或者法定代表人、负责人、承办人的变动而主张和请求合同内容变更。

合同变更须经合同当事人协商一致，或者法院判决、仲裁庭裁决，或者援引法律直接规定。如果法律、行政法规对合同变更方式有要求，则应遵守这种要求。同时，《民法典》第五百四十三条规定："当事人协商一致，可以变更合同。"

4.5.1.4 合同变更的效力

合同的变更效力仅及于发生变更的部分，已经发生变更的部分以变更后的为准；已经履行的部分不因合同变更而失去法律依据；未变更部分继续原有的效力。同时，合同变更不影响当事人要求赔偿损失的权利。例如，合同因欺诈而被法院或者仲裁庭变更，在被欺诈人遭受损失的情况下，合同变更后继续履行，但不影响被欺诈人要求欺诈人赔偿的权利。

4.5.2 合同的可撤销

4.5.2.1 可撤销合同的概念及特征

可撤销合同是指因意思表示有瑕疵，有撤销权的当事人可以对其予以撤销的合同。

可撤销合同不同于无效合同。它具有以下特征：①在合同成立后、被撤销前是有效的，只有在撤销权人行使撤销权后，才因被撤销而溯及成立时起无效；②只有有撤销权的当事人有权主张合同无效或变更，其他任何人不能主张合同无效，法院或仲裁机构也不能依职权主动确认合同无效；③可依撤销权予以撤销也可予以变更。

4.5.2.2 可撤销合同的类型及其原因

（1）重大误解订立的合同。所谓重大误解，是指合同当事人因自己过错（如误认或者不知情等）对合同的内容产生错误认识而订立了合同并造成了重大损失的情形。重大误解的构成条件包括：

① 表意人因为误解而作出了意思表示。表意人对合同的相关内容产生了错误认识，并且基于这种错误认识进行了意思表示行为，即表意人的意思表示与其错误认识之间具有因果关系。

② 表意人的误解是重大的。一般的误解并不足以造成合同可撤销。对因误解而导致合同可撤销是对误解者的保护，但如果该误解是误解者自己的过错造成的则除外。因此，若不对误解的程度加以限定，将对相对人相当不公平。鉴于此，只有因"重大"误解而订立的合同才是可撤销的。行为人对行为的性质、对方当事人以及标的物的品种、质量、规格和数量等的错误认识，使行为的后果与自己的意思相悖，并造成较大损失的，可以认定为重大误解。

③ 误解是由表意人自己的过失造成的。通常情况下，误解是由表意人自己的过失造成的，而不是受他人欺诈或者其他不正当影响，如不注意、不谨慎等。

④ 误解不应是表意人故意发生的。法律不允许当事人在故意发生错误的情况下，借重大误解为由，规避对其不利的后果。如果表意人在缔约时故意发生错误（如保留其真实意思），则表明其追求其意思表示产生的效果，不存在意思表示不真实的情况，不应按重大误解处理。

（2）显失公平的合同。显失公平是指一方当事人利用优势或利用对方没有经验，致使双方的权利、义务明显不对等，使对方遭受重大损害，而自己获得不平衡的重大利益。其构成要件包括：

① 合同在订立时就显失公平。可撤销的显失公平合同要求这种明显失衡的利益安排在合同订立时就已形成，而不是在合同订立以后形成。如果在合同订立之后因为非当事人的原因而导致合同对一方当事人很不公平，不应当按照显失公平合同来处理。

② 合同的内容在客观上利益严重失衡。某当事人一方获得的利益超过法律允许的限度，而其他方获得的利益与其义务不相称时，在我国法律实践中，就可以作出显失公平的判断，绝大多数情况下，并未规定具体的数量标准，而留待法院裁量。

③ 受有过高利益的当事人在主观上具有利用对方的故意。一般认为，在显失公平的合同下，遭受不利后果的一方当事人存在轻率、无经验等不利因素，而受益一方故意利用了对方的这种轻率、无经验，或者利用了自身的交易优势。

（3）因欺诈、胁迫而订立的合同。前文已经述及，根据《民法典》的规定，因欺诈、胁迫而订立的合同应区分为两类：一类是以欺诈、胁迫的手段订立合同而损害国家利益的，应作为无效合同对待；另一类是以欺诈、胁迫的手段订立合同但未损害国家利益的，应作为可撤销合同处理，即被欺诈人、被胁迫人有权将合同撤销。

《民法典》未将欺诈、胁迫订立的合同一律作无效处理，充分体现了民法的意思自治原则，充分尊重被欺诈人、被胁迫人的意愿，并对维护交易安全具有重要意义。

（4）乘人之危而订立的合同（未损害国家利益）。乘人之危是指一方当事人乘对方处于危难之机，为谋取不正当利益，迫使对方作出不真实的意思表示，从而严重损害对方利益的行为。其构成要件包括：

① 不法行为人乘对方危难或者急迫之际逼迫对方。这里的危难是指受害人出现了财产、生命、健康、名誉等方面的危机状况。这里的急迫是指受害人出现生活、身体或者经济等方面的紧急需要。同时，行为人为订立不公平的合同而故意利用受害人的这种危难或者急迫。

② 受害人因为自身危难或者急迫而订立合同。受害人明知该合同将使自身利益受到重大损害，但因陷于危难或者急迫而订立该合同。

③ 不法行为人所获得的利益超出了法律允许的程度。不法行为人通过利用对方危难或者急迫，获取了在正常情况下不可能获得的重大利益，明显违背了合同公平原则。

4.5.2.3 可撤销合同的法律后果

（1）被撤销的合同自始没有法律约束力。

（2）合同被撤销或者终止的，不影响合同中独立存在的有关解决争议方法的条款效力。

（3）合同被撤销后，因该合同取得的财产，应当予以返还；不能返还或者没有必要返还的，应当折价补偿。有过错的一方应当赔偿对方因此所受到的损失。双方都有过错的，应当各自承担相应的责任。当事人恶意串通，损害国家、集体或者第三人利益的，因此所取得的财产收归国家所有或者返还集体、第三人。

4.5.3 合同的转让

4.5.3.1 合同转让的概念

合同转让是指合同当事人一方依法将合同权利、义务全部或者部分转让给他人。

4.5.3.2 合同转让的类型

合同的转让包括合同权利的转让、合同义务的转移和合同权利义务的概括转移。

（1）合同权利的转让。合同权利的转让又称债权转让，是指在不改变合同权利义务内容的基础上，享有合同权利的当事人将其权利转让给第三人享有。债权转让必须符合以下规定。

① 债权人可以将合同的权利全部或者部分转让给第三人，但有下列情形之一的除外：其一，根据债权性质不得转让；其二，按照当事人约定不得转让；其三，依照法律规定不得转让。

② 债权人转让债权的，应当通知债务人。未经通知，该转让对债务人不发生效力。

③ 债权人转让债权的通知不得撤销，但经受让人同意的除外。

④ 债权人转让债权的，受让人同时取得与债权有关的从权利，但该从权利专属于债权人自身的除外。

⑤ 债务人接到债权转让通知时，债务人对让与人享有债权，并且债务人的债权先于转让的债权到期或者同时到期，债务人可以向受让人主张抵销。

⑥ 债务人接到债权转让通知后，债务人对让与人的抗辩，可以向受让人主张。

（2）合同义务的转移。合同义务的转移又称债务转移，是指在不改变合同权利义务内容的基础上，承担合同义务的当事人将其义务转由第三人承担。

① 合同债务转移的有关规定。

其一，被转移的债务有效存在。

其二，被转移的债务应具有可转移性。如下合同债务不具有可转移性：一是合同债务与债务人的人身有密切联系，如以特别人身信任为基础的合同（如委托监理合同）；二是当事人特别约定合同债务不得转移；三是法律强制性规范规定不得转让债务。

其三，须经债权人同意。《民法典》第五百五十一条规定："债务人将债务的全部或者部分转移给第三人的，应当经债权人同意。债务人或者第三人可以催告债权人在合理期限内予以同意，债权人未作表示的，视为不同意。"

② 合同债务转移的效力。

其一，承担人成为合同新债务人。就合同债务全部转移而言，承担人取代债务人成为新的合同债务人。若承担人不履行债务，将由承担人直接向债权人承担违约责任，原债务人脱离合同关系。

其二，抗辩权随之转移。由于债务已经转移，原合同的债务人已经由第三人代替，因此债务人的抗辩权就只能由接受债务的第三人行使了。

《民法典》第五百五十三条规定："债务人转移债务的，新债务人可以主张原债务人对债权人的抗辩；原债务人对债权人享有债权的，新债务人不得向债权人主张抵销。"

其三，从债务随之转移。债务人转移债务的，新债务人应当承担与主债务有关的从债务，但该从债务专属于原债务人自身的除外。

③ 合同债务转移的法律特征。合同债务转移要具有以下法律特征：其一，债务是可以转移的，但必须由当事人亲自履行的债务不能转移；其二，约定债务转移的以债权人同意为必要条件；其三，产生了新的合同关系，债务转移前的合同关系消灭，债务转移后的合同关系产生；其四，合同主体已经变更，第三人成为合同当事人。

（3）合同权利义务的概括转移。

① 合同权利义务概括转移的概念。合同权利义务概括转移是指合同当事人一方将其合同权利义务一并转让给第三方，由该第三方继受这些权利义务。

合同权利义务概括转移包括了全部转移和部分转移。全部转移指合同当事人原来一方将其权利义务全部转移给第三人。部分转移指合同当事人原来一方将其权利义务的一部分转移给第三人。

② 债权债务概括转移的条件。

其一，转让人与承受人达成合同转让协议。这是债权债务的概括转移的关键。如果承受人不接受该债权债务，则无法发生债权债务的转移。

其二，原合同必须有效。原合同无效不能产生法律效力，更不能转让。

其三，原合同为双务合同。只有双务合同才可能将债权债务一并转移，否则只能为债权转让或者债务转移。

其四，符合法定的程序。《民法典》第五百五十五条规定："当事人一方经对方同意，可以将自己在合同中的权利和义务一并转让给第三人。"可见，经对方同意是概括转移的一个必要条件。因为概括转移包含了债务转移，而债务转移要征得债权人的同意。

③ 企业的合并与分立涉及权利义务概括转移。企业合并指两个或者两个以上企业合并为一个企业。企业分立则指一个企业分立为两个及两个以上企业。

企业合并或者分立，原企业的合同权利义务将全部转移给新企业，这属于法定的权利义务概括转移，因此不需要取得合同相对人的同意。

4.5.3.3 合同转让的特征

（1）合同转让只是合同主体（合同当事人）发生变化，不涉及合同权利义务内容变化。

（2）合同转让的核心在于处理好原合同当事人之间，以及原合同当事人中的转让人与原合同当事人之外的受让人之间，因合同转让而产生的权利义务关系。

4.5.3.4 导致合同权利义务转让的事由

（1）依法律规定而产生权利转让。诸如根据《民法典》涉及继承的规定，遗产包括被继承人的合同权利，该权利可以依法转让给继承人；继承遗产的继承人应当清偿被继承人的税款和债务。

（2）依法律行为而发生转让。很普遍的情况是合同原债权人、债务人与第三人（受让人）就合同权利转让或者义务承担达成一致。

4.5.4 合同的终止

4.5.4.1 合同终止的概念

合同终止是指依法生效的合同，因具备法定情形和当事人约定的情形，合同债权、债务归于消灭，债权人不再享有合同权利，债务人也不必再履行合同义务。合同终止的前提必须是依法生效合同；合同终止的原因可能是双方履行完各自义务并符合相对权利人的协议要求，也可能是社会事件、自然事件、人为事件导致合同无法继续履行；合同终止的结果是双方当事人不再有债权债务关系。

4.5.4.2 合同终止的类型

合同终止有自然终止和合同解除两种情形。

（1）自然终止。自然终止是合同协议中约定的债务，当事人双方已按照约定的标的、质量、数量、价款、时间、地点、履行方式等全面地履行完毕。

（2）合同解除。合同解除是指依法成立的合同，当具备法律规定的解除条件时，或因当事人一方或双方意思表示而使合同归于消灭的行为。合同解除以其有效成立为前提。在无效合同中，合同的订立自始至终无法律约束力，因此谈不上合同解除。合同解除有法定解除和约定解除两种情形。

① 法定解除。当符合法律规定的合同解除条件时，合同可以法定解除。《民法典》第五百六十三条规定："有下列情形之一的，当事人可以解除合同：（一）因不可抗力致使不能实现合同目的；（二）在履行期限届满之前，当事人一方明确表示或者以自己的行为表明不履行主要债务；（三）当事人一方迟延履行主要债务，经催告后在合理期限内仍未履行；（四）当事人一方迟延履行债务或者有其他违约行为致使不能实现合同目的；（五）法律规定的其他情形。以持续履行的债务为内容的不定期合同，当事人可以随时解除合同，但是应当在合理期限之前通知对方。"

② 约定解除。约定解除是指当事人可以在合同中约定一方行使解除权的条件，待条件成熟时单方解除合同。当事人也可以在协商一致的情况下解除合同。这两种情况虽然都是约定解除，但又有很大的不同。前一种情况是合同履行前约定的解除权，它不一定会真的导致合同的解除；后一种情况是合同履行过程中因条件的限制导致无法继续实施而进行的解除协商，这种解除是必然的结果。

《民法典》第五百六十四条规定了合同解除的程序：法律规定或者当事人约定解除权行使期限，期限届满当事人不行使的，该权利消灭。法律没有规定或者当事人没有约定解除权行使期限，自解除权人知道或者应当知道解除事由之日起一年内不行使，或者经对方催告后在合理期限内不行使的，该权利消灭。

当事人一方依照规定主张解除合同的，应当通知对方。合同自通知到达对方时解除。对方有异议的，可以请求人民法院或者仲裁机构确认解除合同的效力。解除人和相对人均有权请求法院或者仲裁机构确认解除合同的效力。法律、行政法规规定解除合同应当办理批准、登记等手续的，依照其规定。

③ 合同解除的法律后果。《民法典》第五百六十六条规定了合同解除有以下法律后果。

其一，尚未履行的债务，终止履行。合同解除后，发生合同效力消灭的效果，因此尚未履行的义务也随合同效力消灭而丧失履行的基础。

其二，已经履行的，根据履行情况和合同性质，当事人可以要求恢复原状、采取其他补救措施，并有权要求赔偿损失。

4.5.4.3　合同协议终止的程序

协议终止的程序是指当事人双方经过协商同意，将合同终止的程序。其特点是合同的终止取决于当事人双方意思表示一致，而不是基于当事人一方的意思表示。协议终止是否必须经过法院或仲裁机构的裁判，我国法律未作这样的要求，允许当事人选择：或者经过法院或仲裁机构的裁判，或者直接由双方当事人达成终止原合同的协议。

采取协议终止程序，在合同终止须经有关部门批准时，有关部门批准终止的日期即为合同终止的日期。在合同终止不需有关部门批准时，双方当事人协商一致之时就是合同终止生效之时，或者由双方当事人商定终止生效的日期。

4.5.4.4　合同债务的抵销

工程上所涉及的合同一般均是当事人双方互负债务的双务合同，如果双方各以债权来充当债务的清偿，使双方权利义务在等额范围内归于消灭，这就是合同终止中的债务抵销。合同的债务抵销有约定抵销和法定抵销两类。

（1）约定抵销。约定抵销是合同债务当事人经协商一致而产生的抵销。约定抵销对标的物的品质和种类没有过高的要求，只要在等额范围内就行。

（2）法定抵销。法定抵销的条件较为严格，要求合同债务双方必须是互负到期债务，且债务的品种相同。法定抵销要求不得附条件或附期限。

4.6　合同的违约责任

违约责任的承担方式主要有三种，即继续履行、采取补救措施和赔偿损失。但是，在承担违约责任的过程中也会存在各种特殊的情形，如当事人既约定了违约金又约定了定金、当事人的违约是由第三人的原因引起的情形等。对于这些特殊的情形，《民法典》都做了专门的规定。

违约责任在一定条件下可以被免除。这些条件可以是约定的，也可以是法定的。

4.6.1　违约责任与违约行为

4.6.1.1　违约责任

违约责任是指合同当事人不履行合同或者履行合同不符合约定而应承担的民事责任。违约责任的构成要件包括主观要件和客观要件。

（1）主观要件。主观要件是指作为合同当事人，在履行合同中不论其主观上是否有过错，即主观上有无故意或过失，只要造成违约的事实，均应承担违约的法律责任。

（2）客观要件。客观要件是指合同依法成立、生效后，合同当事人一方或者双方未按照法定或约定全面地履行应尽的义务，也即出现了客观的违约事实，即应承担违约的法律责任。

违约责任实行严格责任原则。严格责任原则是指有违约行为即构成违约责任，只有存在免责事由的时候才可以免除违约责任。

4.6.1.2　违约行为

违约责任源于违约行为。违约行为是指合同当事人不履行合同义务或者履行合同义务不符合约定条件的行为。违约责任是财产责任。这种财产责任表现为支付违约金、定金、赔偿损失、继续履行、采取补救措施等。尽管违约责任含有制裁性，但是违约责任的本质不完全在于对违约方的制裁，也在于对被违约方的补偿，即表现为补偿性。根据不同标准，可将违约行为作以下分类。

（1）单方违约与双方违约。单方违约是合同当事人一方未按合同约定履行义务的违约行为。双方违约是在合同履行的过程中，当事人双方均有未按合同约定履约的违约行为，如在工程施工过程中，建设单位未按合同约定时间支付工程款，施工单位没有按时开工或部分工程质量不符合规定的标准要求等。

（2）预期违约与实际违约。

① 预期违约又称先期违约，是指合同尚未到达履行期限，合同当事人一方明确表示其在履行期限到来后将不履行合同，或者以其行为表明其在履行期限到来后将不会履行合同。

预期违约可分为明示预期违约和默示预期违约。明示预期违约是指一方当事人无正当理由，明确地向对方表示将在履行期限届至时不履行合同。默示预期违约是指在履行期限到来之前，一方以自己的行为表明其将在履行期限届至后不履行合同。

② 实际违约是合同在履行过程中实际发生的违约行为。实际违约又分不履行、不适当履行和迟延履行三种情况。

不履行包括客观上的不能履行和主观上的拒绝履行。不能履行多是指债务人在客观上已经没有履行债务的能力。拒绝履行是在合同履行期限到来后，当事人一方有履行能力而故意不履行合同债务的情形。

不适当履行是指当事人尽管履行了债务，但其履行不符合数量、质量、给付时间、交付地点等合同约定的情形。

迟延履行是指合同债务已经到达履行期限，债务人尚未履行合同债务的行为。

（3）根本违约和非根本违约。根本违约是指合同一方当事人违反合同约定，致使该合同的目的不能实现。根本违约的法律效果是当一方当事人根本违约时，另一方当事人可以解除合同并要求对方承担违约责任。根本违约是当事人故意导致合同目的不能实现。非根本违约是指违约行为尚未达到解除合同的程度，受损方可以要求损害赔偿，不能宣告合同无效。非根本违约依然可以达成合同的主要目的。例如，当事人双方约定买卖建筑设备，卖方不交付设备是根本违约，不交付设备的说明书是非根本违约。

4.6.2　违约责任的承担形式

《民法典》第五百七十七条规定："当事人一方不履行合同义务或者履行合同义务不符合约定的，应当承担继续履行、采取补救措施或者赔偿损失等违约责任。"

4.6.2.1 继续履行

继续履行又称实际履行，是指在某合同当事人违反合同后，非违约方有权要求其依照合同约定继续履行合同，也称强制实际履行。《民法典》第五百七十九条规定："当事人一方未支付价款、报酬、租金、利息，或者不履行其他金钱债务的，对方可以请求其支付。"这就是关于实际履行的法律规定。继续履行必须建立在能够并应该实际履行的基础上。

《民法典》第五百八十条规定："当事人一方不履行非金钱债务或者履行非金钱债务不符合约定的，对方可以请求履行，但是有下列情形之一的除外：（一）法律上或者事实上不能履行；（二）债务的标的不适于强制履行或者履行费用过高；（三）债权人在合理期限内未请求履行。有前款规定的除外情形之一，致使不能实现合同目的的，人民法院或者仲裁机构可以根据当事人的请求终止合同权利义务关系，但是不影响违约责任的承担。"

4.6.2.2 采取补救措施

违约方采取补救措施可以减少非违约方所受的损失。根据《民法典》第五百八十二条的规定，履行不符合约定的，应当按照当事人的约定承担违约责任。对违约责任没有约定或者约定不明确，或不能确定的，受损害方根据标的的性质以及损失的大小，可以合理选择请求对方承担修理、重作、更换、退货、减少价款或者报酬等违约责任。

4.6.2.3 赔偿损失

根据规定，当事人一方不履行合同义务或者履行合同义务不符合约定的，在履行义务或者采取补救措施后，对方还有其他损失的，应当赔偿损失。

当事人一方不履行合同义务或者履行合同义务不符合约定，给对方造成损失的，损失赔偿额应当相当于因违约所造成的损失，包括合同履行后可以获得的利益，但不得超过违反合同一方订立合同时预见到或者应当预见到的因违反合同而可能造成的损失。

4.6.3 违约的免责事由

违约责任的免责事由包括不可抗力、违约责任免责和债权人过错等几种情形。

4.6.3.1 不可抗力

不可抗力是指不能预见、不能避免并不能克服的客观情况。不能预见是当事人无法知道事件是否发生、发生的时间、发生程度的轻重；不能避免是无论当事人采取什么措施，都不能避免事件的发生；不能克服是超出当事人自身能力之外的一旦发生就无法控制的客观力量。

不可抗力的范围包括如下情形：
（1）自然事件，如地震、洪水、火山爆发、海啸等；
（2）社会事件，如战争、暴乱、骚乱、特定的政府行为等。

根据《民法典》的有关规定，当事人一方因不可抗力不能履行合同的，应当及时通知对方，以减轻可能给对方造成的损失，并应当在合理期限内提供证明。

当事人一方违约后，对方应当采取适当措施防止损失的扩大；没有采取适当措施致使损失扩大的,不得就扩大的损失要求赔偿。

当事人因防止损失扩大而支出的合理费用,由违约方承担。

4.6.3.2 违约责任免责

所谓违约责任免责,是指在履行合同的过程中,出现法定的免责条件或者合同约定的免责事由导致合同不履行的,合同债务人将被免除合同履行义务。违约责任免责有约定免责和法定免责两种。

(1) 约定免责。合同中可以约定在一方违约的情况下免除其责任的条件,这个条款称为免责条款。免责条款并非全部有效,《民法典》规定了合同中免责条款无效的两种情况:一种情况是造成对方人身伤害,侵犯了对方的人身权;另一种情况是造成对方财产损失,侵犯了对方的财产权。这两种情况均属于违法行为,不在免责条款之列。

(2) 法定免责。法定免责是指出现了法律规定的特定情形,即使当事人违约也可以免除违约责任。《民法典》第五百九十条规定:"当事人一方因不可抗力不能履行合同的,根据不可抗力的影响,部分或者全部免除责任,但是法律另有规定的除外。因不可抗力不能履行合同的,应当及时通知对方,以减轻可能给对方造成的损失,并应当在合理期限内提供证明。当事人迟延履行后发生不可抗力的,不免除其违约责任。"

需要注意的是,免责条款必须在合同中明确提出,并且该条款是合同有效的前提之一。免责条款不得违背法律规定和社会公益,也就是不能违背公序良俗。免责条款既不能排除当事人应当履行的基本义务,也不能排除当事人因故意或重大过失而承担的责任。

4.6.3.3 债权人过错

债权人的过错致使债务人不能履行合同,债务人不承担违约责任。《民法典》中关于货运合同、保管合同都有此类规定。

4.6.4 工程施工中违约事件的责任承担

工程施工中出现违约事件,有发包人的原因,也有承包人的原因。其责任的承担应该根据具体的情况分别作出处理。

4.6.4.1 承包人违约的处理

《民法典》第八百零一条规定:"因施工人的原因致使建设工程质量不符合约定的,发包人有权请求施工人在合理期限内无偿修理或者返工、改建。经过修理或者返工、改建后,造成逾期交付的,施工人应当承担违约责任。"

某些情况下承包人施工质量不合格可能会触犯法律,如偷工减料、擅自修改图纸等。《建筑法》第七十四条规定:"建筑施工企业在施工中偷工减料的,使用不合格的建筑材料、建筑构配件和设备的,或者有其他不按照工程设计图纸或者施工技术标准施工的行为的,责令改正,处以罚款;情节严重的,责令停业整顿,降低资质等级或者吊销资质证书;造成建筑工程质量不符合规定的质量标准的,负责返工、修理,并赔偿因此造成的损失;构成犯罪的,依法追究刑事责任。"

4.6.4.2 发包人违约的处理

《建设工程质量管理条例》第九条规定:"建设单位必须向有关的勘察、设计、施工、工程监理等单位提供与建设工程有关的原始资料。原始资料必须真实、准确、齐全。"第十四条规定:"按照合同约定,由建设单位采购建筑材料、建筑构配件和设备的,建设单位应当保证建筑材料、建筑构配件和设备符合设计文件和合同要求。建设单位不得明示或者暗示施工单位使用不合格的建筑材料、建筑构配件和设备。"在实际工作中,经常出现建设单位违反上述规定的情形。这些情形有的是源于过失,有的则是建设单位出于为自身谋取利益。

4.6.4.3 发包人擅自使用工程后出现质量问题的处理

《建设工程质量管理条例》第十六条规定:"建设单位收到建设工程竣工报告后,应当组织设计、施工、工程监理等有关单位进行竣工验收。建设工程竣工验收应当具备下列条件:(一)完成建设工程设计和合同约定的各项内容;(二)有完整的技术档案和施工管理资料;(三)有工程使用的主要建筑材料、建筑构配件和设备的进场试验报告;(四)有勘察、设计、施工、工程监理等单位分别签署的质量合格文件;(五)有施工单位签署的工程保修书。建设工程经验收合格的,方可交付使用。"

在实际施工中有些建设单位为了能够提前获取效益,在工程尚不具备竣工条件的前提下就擅自使用。这就导致了其后的工程质量纠纷。

《最高人民法院关于审理建设工程施工合同纠纷案件适用法律问题的解释(一)》第十四条规定:"建设工程未经竣工验收,发包人擅自使用后,又以使用部分质量不符合约定为由主张权利的,人民法院不予支持;但是承包人应当在建设工程的合理使用寿命内对地基基础工程和主体结构质量承担民事责任。"该规定体现了对建设单位违反约定擅自使用工程行为的惩罚,却并没有全部免除承包商按设计施工确保质量安全的责任。

《建设工程质量管理条例》第四十条规定了对于基础设施工程、房屋建筑的地基基础工程和主体结构工程,最低保修期限为设计文件规定的该工程的合理使用年限。这并不因建设单位是否提前使用工程而免除施工单位的保修责任。《最高人民法院关于审理建设工程施工合同纠纷案件适用法律问题的解释(一)》强调发包人未经验收而提前使用工程违背了工程建设程序和法律规定及合同约定,不仅在工程质量上要承担更大的责任,同时还将由于这样的行为而接受法律的制裁。

《建设工程质量管理条例》第五十八条规定:"违反本条例规定,建设单位有下列行为之一的,责令改正,处工程合同价款2%以上4%以下的罚款;造成损失的,依法承担赔偿责任:(一)未组织竣工验收,擅自交付使用的;(二)验收不合格,擅自交付使用的;(三)对不合格的建设工程按照合格工程验收的。"

4.7 合同的索赔

4.7.1 索赔的概念和分类

4.7.1.1 索赔的概念

索赔是合同当事人在履行合同过程中,根据相关的法律、法规及合同文件,对于非己方责任造成的损失，向另一方当事人提出赔偿请求的行为。

建设工程合同索赔是指在履行建设工程合同的过程中，合同当事人一方因另一方当事人违约或不可抗力原因等造成的损失，按规定程序向对方提出的赔偿请求。

在建筑市场合同关系中，出现索赔是一个正常现象，它是受损失的守约方保护自己合法权益的重要手段。在工程建设过程中因建设周期长、建设过程复杂等因素的存在，出现索赔的概率一般相较于其他行业要高。

索赔请求的提出可以是发包方，也可以是承包方。在发包、承包双方的合同关系中，发包方始终处于主动和有利的地位，合同风险主要落在承包方一边，所以绝大多数的索赔事件是由承包方向发包方提出的。例如，某框架结构工程二层隐蔽工程结束，已进行下一道工序施工，这时监理工程师检查时感觉隐蔽工程有问题要求施工单位人员剥落混凝土检查，检查后发现不存在质量问题，这时施工方可就该部位剥离重修产生的费用、影响的工期向建设单位提出合理索赔。假如施工方按监理人员要求剥落混凝土后，经监理工程师检查发现确实存在质量问题，监理工程师有权要求施工人员对有问题部位采取措施加以处理，这种情况按规定延误的工期不予顺延，产生的费用由施工单位承担。在索赔事件中，如果施工单位在明知己方责任导致了工程延期或费用增加，其工作人员仍向监理单位提交索赔报告，被发现后将不予批准，这种因施工单位原因申请索赔被驳回的情况，工程上一般称之为"反索赔"。

4.7.1.2 索赔的分类

对索赔可以从不同的方法、不同的标准和角度加以分类。

（1）按索赔的目的分类，索赔可以分为工期索赔和费用索赔两类。工期索赔是承包人由于非己方原因导致的工程延期，向发包人提出延长合同工期的要求。费用索赔是由于非承包人责任造成的工程成本增加，承包人根据合同约定向发包人提出经济赔偿的请求。

（2）按索赔的原因分类，索赔可以分为业主违约索赔、工程变更索赔和不可抗力索赔。业主违约包括发包方没有按约定履行合同义务，如未按合同约定支付工程款；管理指令错误；提供的图纸或数据有问题等。工程变更索赔是在工程实施过程中针对工程标高、设计尺寸、材料的替换、工程赶工、工序的变化等引起的费用增加和工期延长的索赔请求。不可抗力索赔是在工程实施过程中发生了物价变化、政策调整、战争、罢工、恶劣的自然条件等事件，承包方向发包方提出相应索赔的请求。

（3）按索赔的主体分类，索赔可以分为承包方与发包方之间的索赔、承包方与分包人就分包工程部位的索赔、承包人或发包人与材料设备供应商的索赔等。

（4）按索赔的处理方式分类，索赔可以分为单项索赔和一揽子索赔两类。单项索赔是针对某一具体的干扰事件提出来的索赔。一揽子索赔是一种综合性的索赔，也叫总索赔，是在工程竣工前将施工过程中没有处理的单项索赔事项一并集中，提出一份总的索赔报告。

4.7.2 索赔的依据和索赔程序

4.7.2.1 索赔的依据

建设工程索赔的依据主要有以下几点：
（1）招标文件、中标人的投标文件、施工合同文本及附件，经监理工程师认可的工程实施计划、用于现场的各种工程图纸和技术规范等；

（2）双方的往来信件及各种会谈纪要、施工时监理工程师下达的各类指令；

（3）年度、季度、月度进度实施计划，项目现场的有关文件；

（4）工程当地气象资料、工程检查验收报告和各种技术鉴定报告；

（5）工程施工中停电、停水、道路开通和封闭的记录和通知证明；

（6）建筑材料、建筑设备及构配件的采购、运输、进场、检验试验方面的凭据；

（7）国家有关法律、法规、政策文件，官方的物价信息和各种财务核算资料。

4.7.2.2 索赔的程序

当出现索赔事件时，索赔方要有正当合理的索赔理由，并在规定的时间内按建设工程施工合同（示范文本）要求的程序提出索赔。工程索赔的程序如下。

（1）发出索赔意向通知书（如样表4-1）。索赔事件发生时，承包人应在28天内向监理工程师提交索赔意向通知书。

表4-1 索赔意向通知书

工程名称：_____　　　　　　　　　　　　　　　　编号：_____

致：（建设单位）

根据建设工程施工合同_____（条款）的约定，由于发生了事件，且该事件的发生非我方原因所致。为此我方向_____（单位）提出索赔要求。

索赔事件资料如下：

我公司中标的某改建工程道路第二合同段，2019年1月12日开工，2019年3月3日在挖土方施工时，发现某自来水公司的供水主管道位于挖土方范围内，导致路基一直停工长达50天。

以上事件是外部原因引起的，同时事件也造成我部以下损失：

1. 工期延误

2. 工程机械停滞费用

3. 有关施工人员和管理人员费用

以上发生的损失，是一个有经验的承包商也无法预计的，按照合同文件相关条款，业主应对我部上述发生的费用和耽误的工期给予补偿，以利于我部减少损失，更好地继续履行合同的责任和义务。

此致

××项目第二合同段项目经理部

××××年×月×日

（2）索赔意向通知书由承包人提交监理工程师签认，监理工程师审查索赔事件的真实性并予以签认。

（3）在索赔意向通知书发出后的28天内，承包人应向监理工程师提交索赔报告，报告中详细列明索赔的依据，并对需要索赔部位的费用和时间进行计算。

若索赔事件连续发生，承包人应按照监理工程师的要求陆续送交索赔项目相关资料。索赔事件结束后的28天内，承包人要送交最后索赔事件的详细资料。承包人提交的工程费用和工期索赔证据资料要确凿，索赔理由要充分合理。

（4）监理工程师收到承包人送交的最后申请后，应对承包人提交的索赔证据和计算情况进行审查核实，确定承包人应该得到的索赔款额和应延长的工期，并将审核结果报发包人批准。同时，监理工程师要在接到索赔申请的 28 天内给予承包人答复。

（5）发包人针对索赔事件的具体情况，依据合同约定与监理工程师和承包人协商，最终确定是否接受承包人的索赔请求。

4.7.3 索赔的时效

4.7.3.1 索赔时效的作用

（1）索赔时效有利于科学地解决索赔事件。索赔一旦出现难免会有分歧，承包人在索赔时效内及时提出索赔请求，有利于搜集索赔证据，掌握第一手索赔资料，也有利于索赔事件客观、公正、经济地得以解决。超过索赔时限的事件，会因人员变动、证据模糊等而使得索赔事件的真实情况无法复原，影响索赔事件的合理解决。

（2）促使合同当事人及时行使权利。索赔时效属于时效制度中的一种，在工程索赔中要求在索赔事件发生之日起的 28 天内，承包人要按规定程序向发包人提出索赔。这里的 28 天就是索赔的有效时限，也就是说，超过这个时限，合同当事人不主张自己的权利，则索赔权消灭。通过此种方法来督促合同当事人及时行使自己的权利，这也是索赔时效的功能。

（3）可以有效平衡合同当事人双方的合法权益。在施工合同索赔中，承包人多是索赔方，业主通常是作为被索赔方。在索赔时效制度下，凡索赔时效期限届满，即视为承包人不行使索赔权利或主动放弃索赔权利；同时，只有促使承包商及时地提出索赔要求行使索赔权利，才能督促业主充分履行合同义务，避免或减少索赔事件的出现。

4.7.3.2 索赔时效的规定

工程中的索赔事件一般都发生在建设工程施工合同履行阶段。建设工程施工索赔时效，指的是在施工合同履行过程中，合同索赔方当事人在事件发生后的约定时间内没有行使其索赔权利，而使该项索赔归于消灭的行为。

索赔时效有两个方面的效力：一是索赔时效期限届满合同当事人未在约定的索赔时效期限内提出索赔，使索赔权利消灭；二是索赔时效为另一方当事人的抗辩理由，即索赔时效期间届满，义务人取得了抗辩权，可拒绝权利人的索赔主张。

需要注意的是，索赔时效期限届满后的索赔请求权，因超过时效索赔权消灭。但权利人的索赔权利并不一定就此丧失。一方面，如果被索赔方主动放弃索赔时效的抗辩权，其仍可自愿履行该债务，给索赔权利人以补偿；另一方面，被索赔方当事人也可在索赔时效期限届满后，在提出索赔时效抗辩的同时，基于道义给予索赔方当事人适当补偿。

> **案例分析**
>
> 某市政府投资新建一所学校，工程内容包括办公楼、教学楼、实验室、体育馆等，招标文件的工程量清单表中，招标人给出了材料暂估价，承包、发包双方按照《建设工程工程量清单计价规范》（GB 50500—2013）以及《标准施工招标文件》签订了施工承包合同。合同约定，国内《标准施工招标文件》不包括的工程索赔内容，执行 FIDIC 合同条件的规定。

工程实施过程中,发生了如下事件。

事件1:截止日期前15天,该市工程造价管理部门发布了人工单价及规费调整的有关文件。

事件2:分部分项工程量清单中,天棚吊顶的项目特征描述中龙骨规格、中距与设计图纸要求不一致。

事件3:按实际施工图纸施工的基础土方工程量与招标人土方工程量清单表中挖基础土方工程量存在较大的偏差。

事件4:主体结构施工阶段遇到强台风、特大暴雨,造成施工现场部分脚手架倒塌,损坏了部分已完工程,施工现场承包、发包双方办公用房,施工设备和运到施工现场待安装的一台电梯。事后,承包方及时按照发包方要求清理现场,恢复施工,重建承包、发包双方现场办公用房,发包方还要求承包方采取措施,确保按原工期完成。

事件5:由于资金原因,发包方取消了原合同中体育馆工程内容,在工程竣工结算时,承包方就发包方取消合同中体育馆工程内容提出补偿管理费和利润的请求,但遭到发包方拒绝。

上述事件发生后,承包方及时对可索赔事件提出了索赔。

问题:

1. 投标人对设计材料暂估价的分部分项进行投标报价,以及该项目工程造价款的调整有哪些规定?

2. 根据《建设工程工程量清单计价规范》(GB 50500—2013)分别指出对事件1、事件2、事件3应如何处理,并说明理由。

3. 事件4中承包方可提出哪些损失和费用的索赔呢?

4. 事件5中发包方拒绝承包方补偿请求的做法是否合理?说明理由。

分析:

1. 暂估价的分部分项工程应按当时当地实际市场材料单价计算,而工程造价价款应按该市工程造价管理部门新发布的人工单价和规费调整文件调整。

2. **事件1**,按当地造价管理部门新发布的相关文件调整。

事件2,施工单位必须按照施工图施工,并不能索赔。因为施工图解释权优于招标书中的工程项目描述,并且在投标过程中,施工单位应能发现此问题。

事件3,施工单位不可索赔。因为施工单位在投标过程中以及实地勘查的时候能发现此问题,并提出问题,要求更改。

3. **事件4**,承包方可以提出工期索赔和费用索赔。首先,这是不可抗力导致的工程的延期;其次,对于施工方对主体的修复、双方现场办公用房的重建以及发包方提出的按原计划完工,施工方都可以提出费用索赔或赶工费补偿。

4. **事件5**,不合理。这属于工程重大变更,属于发包方责任。

本章小结

本章主要讲述了合同的基本知识、合同的订立、合同的一般条款、合同的生效与履行、合同的变更与撤销、合同的转让、合同的权利义务终止、违约责任、合同的索赔等内容。

　　合同的订立有书面形式、口头形式和其他形式。合同成立后合同的效力包括合同有效、合同效力待定、合同无效、合同可撤销。合同的订立包括要约和承诺。要约是一方当事人以缔结合同为目的，向对方当事人所作的意思表示。发出要约的人称为要约人，接受要约的人称为受要约人。承诺是指受要约人同意要约的意思表示，即受要约人同意接受要约的条件以成立合同的意思表示。

　　合同履行应遵循实际履行原则，全面、适当履行原则，诚实信用原则，情势变更原则。合同的担保形式有保证、抵押、质押、留置和定金五种。合同的主体或内容变更会发生合同的变更和转让。本章内容知识量大、专业性强，建议学生在学习时可参照《民法典》条款解读来理解。

复习思考题

1. 简述合同的概念和分类。
2. 何谓缔约过失责任？在什么情况下承担缔约过失责任？
3. 合同订立的形式有哪些？
4. 无效合同的特征是什么？
5. 简述效力待定合同的类型及处理。
6. 同时履行抗辩权、先履行抗辩权和不安抗辩权三者的区别是什么？

5 工程建设监理法律制度

【知识目标】
1. 了解工程建设监理的基本概念、基本理论、基本方法；
2. 熟悉工程建设监理的性质、作用；
3. 掌握工程建设监理的依据、监理内容；
4. 了解工程建设监理各层次监理人员的职责。

5.1 工程建设监理概述

我国的工程建设监理制度开始于 20 世纪 80 年代，是在计划经济向市场经济的过渡中随着市场经济的完善而逐步发展起来的。经过 30 余年的探索实践和总结，该制度已基本趋于成熟。我国于 1998 年施行《建筑法》以来，规范工程建设的一系列法律法规也相继出台。《建筑法》第三十至三十五条专门对建筑工程监理的法律地位、监理的执业要求、监理的法律责任等做了规定。例如，《建筑法》第三十条规定："国家推行建筑工程监理制度。国务院可以规定实行强制监理的建筑工程的范围。"这是从国家层面提出推行工程建设监理是一种确保市场秩序的强制性要求。其他条款对监理的性质和范围等也做了明确规定。之后国务院出台《建设工程质量管理条例》、原建设部出台《建设工程监理范围和规模标准规定》《工程监理企业资质管理规定》《监理工程师资格考试和注册试行办法》等一系列法规文件。这些文件在当时对规范建设行业行为、促进建筑业发展具有很强的指导意义。近年来，我国的经济发展日新月异，工程建设领域呈现突飞猛进的高速发展态势，面临的新问题也随之增多，原有的一部分工程建设法律、法规、标准、办法等不能再满足形势发展的要求，于是国家相关部委根据形势的需要陆续地对原来的法律、法规等进行了修正。

5.1.1 工程建设监理的概念

5.1.1.1 监理的概念

监理就是监控督导、检查梳理、监督管理的意思。具体地说，监理是指有关监理组织或监理执行者接受事主的委托，对某一行为依据一定的准则进行监控、协调和疏导，使其符合预计的要求，以促使作业人员的行为能更准确、更合理、更完整地达到预期的目标。

5.1.1.2 工程建设监理

工程建设监理是指具有相应资质的工程监理企业，按法律程序接受建设单位（项目业主）的委托，依据相关的法律、法规、合同及其他工程建设文件，在授权范围内承担工程建设管理工作，并代表建设单位对承建单位的建设行为进行监控的专业化服务活动。

建设单位也称业主、项目法人，是委托监理的一方。建设单位在工程建设中拥有确定建筑工程规模、标准、功能以及选择勘察、设计、施工、监理单位等重大问题的决定权。

5.1.1.3 工程监理企业及其资质分类

工程监理企业是指取得企业法人营业执照，具有监理资质证书的依法从事建设工程监理业务活动的经济组织。

《工程监理企业资质管理规定》第六条规定："工程监理企业资质分为综合资质、专业资质和事务所资质。其中，专业资质按照工程性质和技术特点划分为若干工程类别。综合资质、事务所资质不分级别。专业资质分为甲级、乙级；其中，房屋建筑、水利水电、公路和市政公用专业资质可设立丙级。"

（1）综合资质。可承担所有专业工程类别建筑工程项目的工程监理业务，以及建筑工程的项目管理、技术咨询等相关服务。

（2）专业甲级资质。可承担相应专业工程类别建筑工程项目的工程监理业务，以及相应类别建筑工程的项目管理、技术咨询等相关服务。

（3）专业乙级资质。可承担相应专业工程类别二级（含二级）以下建筑工程项目的工程监理业务，以及相应类别和级别建筑工程的项目管理、技术咨询等相关服务。

（4）事务所资质。可承担三级建筑工程项目的工程监理业务，以及相应类别和级别建筑工程项目管理、技术咨询等相关服务。但是，国家规定必须实行强制监理的建设工程监理业务除外。

最新修改的《建筑法》第三十条第一款规定："国家推行建筑工程监理制度。"

5.1.2 工程建设监理的性质

工程建设监理是市场经济的产物，是一种特殊的工程建设活动。工程监理单位是建筑市场的主体之一，工程建设监理是一种高智能的有偿专业技术服务。国际上把这类服务归为工程咨询服务。我国工程建设监理属于国际上业主项目管理的范畴。它具有以下性质。

5.1.2.1 服务性

工程建设监理具有服务性，是从它的业务性质方面定性的。工程建设监理的主要手段是规划、控制、协调，主要任务是控制建设工程的投资、进度和质量，最终应当达到的基本目的是协助建设单位在计划的目标内将建筑工程建成投入使用。在工程建设中，监理人员利用自己的知识、技能和经验、信息以及必要的试验、检测手段，为建设单位提供技术管理服务。工程监理企业不能完全取代建设单位的管理活动。它不具有工程建设重大问题的决策权，它只能在授权范围内代表建设单位进行管理。

5.1.2.2 独立性

独立性是工程建设监理的又一重要特征。《建筑法》明确指出，工程监理企业应当根据建设单位的委托，客观、公正地执行监理任务。《建设工程监理规范》（GB 50319—2019）要求工程监理企业按照"公正、独立、自主"原则开展监理工作。按照独立性要求，工程监理单位应当严格地按照有关法律、法规、规章、工程建设文件、工程建设技术标准、建筑工程委托监理合同、有关的建筑工程合同等的规定或约定实施监理；在委托监理的工程中，与承建单位不得有隶属关系和其他利害关系；在开展工程监理的过程中，必须建立自己的组织，按照自己的工作计划、程序、流程、方法、手段，根据自己的判断，独立地开展工作。监理委托合同一经确定，建设单位不得干涉监理工程师的正常工作。监理单位在实施监理的过程中，是处于工程承包合同签约双方即建设单位和承建单位之间的独立一方，它以自己的名义行使依法成立的监理委托合同所确认的职权，承担相应的职业道德责任和法律责任。

5.1.2.3 公正性

公正性是指监理单位和监理工程师在实施工程建设监理活动中，排除各种干扰，以公正的态度对待委托方和被监理方。以有关法律、法规和双方所签订的工程建设合同为准绳，站在第三方立场上公正地加以解决和处理，做到"公正地证明、决定或行使自己的处理权"。

公正性是监理单位和监理工程师顺利实施其职能的重要条件。监理成败的关键在很大程度上取决于能否与承包商以及业主进行良好的合作。而这一切都是以监理的公正性为基础。公正性也是对工程建设监理进行约束的条件。实施建设监理制的基本宗旨是建立适合社会主义市场经济的工程建设新秩序，为开展工程建设创造安定、协调的环境，为业主决策提供技术支持，同时做好对承包商的专业指导。建设监理制度的实施使监理单位和监理工程师在工程项目建设中具有重要的地位。所以，为了保证建设监理制的实施，就必须对监理单位和监理工程师制定约束条件。

公正性是监理制的必然要求，是社会公认的职业准则，也是监理单位和监理工程师的基本职业道德准则。公正性必须以独立性为前提。

5.1.2.4 科学性

科学性是监理单位区别于其他一般服务性组织的重要特征，也是其赖以生存的重要条件。监理单位必须具有发现和解决工程设计和承建单位所存在的技术与管理方面问题的能力，能够提供高水平的专业服务，所以它必须具有科学性。科学性必须以监理人员的高素质为前提。按照国际惯例，监理单位的监理工程师都必须具有相当的专业知识结构，并有长期从事工程建设工作的丰富实践经验，精通技术与管理，通晓经济与法律，经权威机构考核合格并经政府主管部门登记注册，发给证书，才能取得公认的合法资格。监理单位根据监理企业规模等级要求应具备一定数量的造价、经济、建造、监理管理人才，才能正常开展业务。没有一定数量的技术、经济、管理人员，就不能正常开展业务。监理单位的独立性和公正性也是科学性的基本保证。

5.1.3 工程建设监理的作用

5.1.3.1 有利于提高建筑工程投资决策科学化水平

工程监理企业参与或承担项目决策阶段的监理工作，有利于提高项目投资决策的科学化水平，避免项目投资决策失误，也为实现建筑工程投资综合效益最大化打下了良好的基础。

5.1.3.2 有利于规范工程建设参建各方的建设行为

对施工单位的建设活动进行监督管理；指导建设单位以合法的手段和途径完成其建设投资；最大限度地避免不当建设行为的发生。

5.1.3.3 有利于促使承建单位保证建筑工程质量和使用安全

工程监理企业对承建单位建设行为的监督管理，实际上是从产品需求者的角度对建筑工程生产过程的管理，对保证建筑工程质量和使用安全起着重要作用。

5.1.3.4 有利于实现建筑工程投资效益最大化

投资效益最大化有以下三种不同的表现形式：
（1）在满足建筑工程预定功能和质量标准的前提下，建设投资额最少；
（2）在满足建筑工程预定功能和质量标准的前提下，建筑工程全寿命周期费用最少；
（3）建筑工程本身的投资效益与环境、社会效益的综合效益最大化。

实行建设工程监理制之后，监理企业的目标是能够协助建设单位完成上述三种投资效益最大化。

5.1.4 工程建设监理的范围

《建筑法》第三十条第二款规定："国务院可以规定实行强制监理的建筑工程的范围。"《建设工程质量管理条例》也明确规定，属于下列范围的建设工程项目均必须实行监理。

5.1.4.1 国家重点建设工程

国家重点建设项目是指依据《国家重点建设项目管理办法》所确定的对国民经济和社会发展有重大影响的骨干项目。

5.1.4.2 大中型公用事业工程

大中型公用事业工程是指项目投资额在 3000 万元以上的下列工程项目：
（1）供水、供电、供气和供热等市政工程项目；
（2）科技、教育和文化等项目；
（3）体育、旅游和商业等项目；
（4）卫生和社会福利等项目；
（5）其他公用事业项目。

5.1.4.3 成片开发建设的住宅小区工程

建设面积在 5 万平方米以上的住宅建设工程必须实行监理；5 万平方米以下的住宅建设

工程，可以实行监理，具体范围和规模标准，由省、自治区和直辖市人民政府建设行政主管部门规定。

5.1.4.4 利用外国政府或者国际组织贷款、援助资金的工程

（1）使用世界银行和亚洲开发银行等国际组织贷款资金的项目；
（2）使用国外政府及其机构贷款资金的项目；
（3）使用国际组织或者国外政府援助资金的项目。

5.1.4.5 国家规定必须实行监理的其他工程

（1）建设项目总投资额在 3000 万元以上关系社会公共利益、公众安全的下列基础设施项目：
① 煤炭、石油、化工、天然气、电力和新能源等项目；
② 铁路、公路、管道、水运、民航及其他交通运输业等项目；
③ 邮政、电信枢纽、通信、信息网络等项目；
④ 防洪、灌溉、排涝、发电、引（供）水、滩涂治理、水资源保护和水土保持等水利建设项目；
⑤ 道路、桥梁、地铁和轻轨交通、污水排放及处理、垃圾处理、地下管道和公共停车场等城市基础设施项目；
⑥ 生态环境保护项目；
⑦ 其他基础设施项目。
（2）学校、影剧院和体育场馆项目。

5.2 工程建设监理制度

5.2.1 工程建设监理的理论基础

1988 年我国建立建设工程监理制之初就明确界定，我国的建设工程监理是专业化、社会化的建设单位项目管理，所依据的基本理论和方法来自建设项目管理学。建设项目管理学又称工程项目管理学，它是以组织论、控制论和管理学作为理论基础，结合建筑工程项目和建筑市场的特点而形成的一门新兴学科。其研究的对象是建筑工程项目管理总目标的有效控制，包括费用（投资）目标、时间（工期）目标和质量目标的控制。

从管理理论和方法的角度看，建设工程监理与国外通称的建设项目管理是一致的，这也是我国的建设工程监理很容易为国外同行所理解和接受的原因。需要说明的是，我国提出建设工程监理制构想时，还充分考虑了 FIDIC 合同条件。20 世纪 80 年代中期，在我国接受世界银行贷款的建筑工程上普遍采用了 FIDIC 土木工程施工合同条件，这些建筑工程的实施效果都很好，受到有关各方的重视。而 FIDIC 合同条件中对工程师作为独立、公正的第三方的要求及其对承建单位严格、细致的监督和检查被认为起到了重要的作用。因此，我国建设工程监理制吸收了对工程监理企业和监理工程师独立、公正的执业要求，保证在维护建设单位利益的同时，不损害承建单位的合法权益。同时，强调了对承建单位施工过程和施工工序的监督、检查和验收。

5.2.2 工程建设监理合同

5.2.2.1 工程建设监理合同的概念

工程建设监理合同是监理单位与建设单位之间为完成特定的建设工程监理任务,明确相互权利义务关系的协议。监理合同是委托合同的一种,所以又称委托监理合同。

工程建设监理合同的发包人可以是自然人、法人或者其他社会组织,监理人必须是依法成立的具有法人资格的监理企业,应持有建设行政主管部门核发的资质证书及工商行政管理部门核发的营业执照,监理企业承担的工程监理业务应与其资质等级和业务范围相符合。

5.2.2.2 工程建设监理合同示范文本的构成

住房和城乡建设部、国家市场监督管理总局联合制定的建设工程委托监理合同(示范文本)(GF-2020-0202)由三个部分组成。

第一部分"建设工程委托监理合同"。这是一个总协议,主要内容包括委托监理的工程概况,合同成立时间、生效时间,双方约定的各项义务的承诺以及合同文件的组成等。

第二部分"标准条件"。该部分包括合同的基本条款(监理合同的通用文件),适用于各类建筑工程的委托监理(签约双方都应该遵守的基本条件)。

第三部分"专用条款"。该部分根据具体的工程特点、专业特点及监理项目的具体要求,对标准条件中的某些条款加以补充和修正。所谓"补充",是指标准条件中的某些条款明确规定,在该条款确定的原则下,进一步明确专用条款中的具体内容。所谓"修正",指对于标准条款中程序方面的内容,如果双方认为不合适,可以协商修改。

5.2.2.3 工程建设监理合同包含的内容

(1)工程名称。工程名称即业主委托监理单位实施监理的工程的名称。

(2)工程地点。工程地点即所监理的工程的具体位置、地点。

(3)监理职责。监理职责即监理单位应对业主承担的义务。

(4)费用及其支付方式。监理合同中双方应明确约定监理单位监理酬金的计取方法,支付监理酬金的时间和数额,支付监理酬金所采用的货币币种、汇率等内容;另外,还包括其他与费用有关的事项,如第三人对监理单位的收费、有争议的发票的解决、独立的审计等。

5.2.3 工程建设监理的依据、内容和权限

5.2.3.1 工程建设监理的依据

根据《建设工程质量管理条例》《建设工程安全生产管理条例》的有关规定,工程监理的依据包括:

(1)法律、法规。工程监理单位执行监理任务,必须符合法律、法规的规定。施工单位的建设行为受到很多法律、法规制约。工程监理人员在监理过程中首先就要监督检查施工单位是否存在违法行为。因此,法律、法规是工程监理的依据之一。

(2)有关技术标准。技术标准的分类有多种。这里我们将其分为强制性标准和推荐性标准。强制性标准指各参建单位都必须执行的标准,对于该标准,建设单位应当与设计单位或

施工单位在合同中予以明确约定。约定内容对合同当事人同样具有法律约束力,设计或施工未达到该标准,将构成违约行为。推荐性标准又称非强制性标准或自愿性标准,是指在生产、交换、使用等方面,通过经济手段或市场调节而使施工单位在建设活动中自愿采用的一类标准。

(3)设计文件。设计文件不仅是施工的依据,也是监理的依据。工程监理人员如果发现施工不符合设计文件的要求,应当要求施工单位改正。这既是工程监理合同中建设单位委托授予的权利,同时也是监理单位依法应当履行的义务。监理过程中,工程监理人员如果发现工程设计的缺陷,依法有义务向建设单位报告要求设计单位改正。

(4)建设工程委托监理合同和有关的建设工程合同。建设单位和承包单位通过订立建设工程承包合同,明确双方的权利和义务;建设单位和监理单位通过订立建设工程委托监理合同,明确双方的权利和义务,确定工程监理的监理工作范围和内容。

5.2.3.2 工程监理的内容

根据《建筑法》的有关规定,工程监理的内容可以概括为工程监理单位对承包单位在质量、工期和资金使用等方面的监督,即实践中所谓的"三控制"。项目管理工作还包含合同管理、安全管理、信息管理和组织与协调工作等。建设单位与工程监理单位之间属于委托代理关系,因此工程监理单位的工作内容和权限还将取决于双方合同的约定,该约定应由建设单位向被监理的单位明确。《建筑法》第三十三条规定:"实施建筑工程监理前,建设单位应当将委托的工程监理单位、监理的内容及监理权限,书面通知被监理的建筑施工企业。"

5.2.3.3 工程监理人员的权限

《建筑法》第三十二条第二款和第三款分别规定了工程监理人员的监理权限和义务。

(1)工程监理人员认为工程施工不符合工程设计要求、施工技术标准和合同约定的,有权要求建筑施工企业改正。

(2)工程监理人员发现工程设计不符合建筑工程质量标准或者合同约定的质量要求的,应当报告建设单位要求设计单位改正。

5.2.4 项目监理机构及其设施

5.2.4.1 项目监理机构

监理单位履行施工阶段的委托监理合同时,必须在施工现场组建项目监理机构。项目监理机构在完成委托监理合同约定的监理工作后可撤离施工现场。项目监理机构的组织形式和规模,应根据委托监理合同约定的服务内容、服务期限、工程类别、规模、技术复杂程度、工程环境等因素确定。

监理人员应包括总监理工程师、专业监理工程师和监理员,必要时可配备总监理工程师代表。总监理工程师应由具有三年以上同类工程监理工作经验的人员担任;专业监理工程师应由具有一年以上同类工程监理工作经验的人员担任。项目监理机构的监理人员应专业配套且数量满足工程项目监理工作的需要。监理单位应于委托监理合同签订后10天内将项目监理机构的组织形式、人员构成及对总监理工程师的任命书面通知建设单位。当总监理工程师需要调整时,监理单位应征得建设单位同意并书面通知建设单位;当专业监理工程师需要调整时,总监理工程师应书面通知建设单位和承包单位。一名总监理工程师只宜担任一项委托监理合同的项目总监理工程师工作。当需要同时担任多项委托监理合同的项目总监理工程师工作时,须经建设单位同意,且最多不得超过三项。

5.2.4.2 各层次监理人员的职责

(1)总监理工程师应履行以下职责:

① 确定项目监理机构人员的分工和岗位职责;

② 主持编写项目监理规划、审批项目监理实施细则,并负责管理项目监理机构的日常工作,审查分包单位的资质并提出审查意见;

③ 检查和监督监理人员的工作,根据工程项目的进展情况可进行人员调配,对不称职的人员应调换其工作;

④ 主持监理工作会议,签发项目监理机构的文件和指令;

⑤ 审定承包单位提交的开工报告、施工组织设计、技术方案、进度计划;

⑥ 审核签署承包单位的申请、支付证书和竣工结算,审查和处理工程变更;

⑦ 主持或参与工程质量事故的调查,调解建设单位与承包单位的合同争议,处理索赔,审批工程延期;

⑧ 组织编写并签发监理月报、监理工作阶段报告、专题报告和项目监理工作总结;

⑨ 审核签认分部工程和单位工程的质量检验评定资料,审查承包单位的竣工申请,组织监理人员对待验收的工程项目进行质量检查,参与工程项目的竣工验收,主持整理工程项目的监理资料。

(2)总监理工程师代表应履行以下职责:

① 负责总监理工程师指定或交办的监理工作;

② 按总监理工程师的授权,行使总监理工程师的部分职责和权力。

(3)总监理工程师不得将下列工作委托给总监理工程师代表:

① 主持编写项目监理规划、审批项目监理实施细则;

② 签发工程开工/复工报审表、工程暂停令、工程款支付证书、工程竣工报验单,审核签认竣工结算;

③ 调解建设单位与承包单位的合同争议,处理索赔,审批工程延期;

④ 根据工程项目的进展情况进行监理人员的调配,调换不称职的监理人员。

(4)专业监理工程师的职责。专业监理工程师是指经全国监理工程师执业资格统一考试合格,取得监理工程师执业资格证书,并经注册从事建设工程监理活动的专业人员。其职责包括:

① 负责编制本专业的监理实施细则,负责本专业监理工作的具体实施;

② 组织、指导、检查和监督本专业监理员的工作,当人员需要调整时,向总监理工程师提出建议;

③ 审查承包单位提交的涉及本专业的计划、方案、申请、变更并向总监理工程师提出报告,负责本专业分项工程验收及隐蔽工程验收;

④ 定期向总监理工程师提交本专业监理工作实施情况报告,对重大问题及时向总监理工程师汇报和请示,根据本专业监理工作实施情况做好监理日记;

⑤ 负责本专业监理资料的收集、汇总及整理,参与编写监理月报;

⑥ 核查进场材料、设备、构配件的原始凭证、检测报告等质量证明文件及其质量情况，根据实际情况认为有必要时对进场材料、设备、构配件进行平行检验，合格时予以签认，负责本专业的工程计量工作，审核工程计量的数据和原始凭证。

（5）监理员应履行以下职责：

① 在专业监理工程师的指导下开展现场监理工作；

② 检查承包单位投入工程项目的人力、材料、主要设备及其使用、运行状况并做好检查记录，复核从施工现场直接获取工程计量的有关数据并签署原始凭证；

③ 按设计图纸及有关标准，对承包单位的工艺过程或施工工序进行检查和记录，对加工制作及工序施工质量检查结果进行记录；

④ 担任旁站工作，发现问题及时指出并向专业监理工程师报告，做好监理日记和有关的监理记录。

5.2.4.3 监理设施

建设单位应提供委托监理合同约定的满足监理工作需要的办公、交通、通信、生活设施。项目监理机构应妥善保管和使用建设单位提供的设施，并应在完成监理工作后移交建设单位。项目监理机构应根据工程项目类别、规模、技术复杂程度、工程项目所在地的环境条件，按照委托监理合同的约定，配备满足监理工作需要的常规检测设备和工具。

5.2.5 工程建设监理企业资质管理与年检制度

5.2.5.1 监理企业资质管理内容

建设工程监理企业应当向企业注册所在地的县级以上地方人民政府住房和城乡建设主管部门申请资质。我国工程监理企业的资质管理体制是"分级管理，统分结合"。

中央管理的企业直接向国务院住房和城乡建设主管部门申请资质，其所属的企业申请甲级资质的，由中央管理的企业向国务院住房和城乡建设主管部门申请，同时向注册所在地省、自治区、直辖市人民政府住房和城乡建设主管部门报告。

新设立的工程监理企业，其资质等级按最低等级核定，并设一年的暂定期。企业改制或者企业分立、合并后组建设立的工程监理企业，其资质等级根据实际达到的资质条件，按照《工程监理企业资质管理规定》的审批程序核定。

《工程监理企业资质管理规定》第十六条规定："工程监理企业不得有下列行为：（一）与建设单位串通投标或者与其他工程监理企业串通投标，以行贿手段谋取中标；（二）与建设单位或者施工单位串通弄虚作假、降低工程质量；（三）将不合格的建设工程、建筑材料、建筑构配件和设备按照合格签字；（四）超越本企业资质等级或以其他企业名义承揽监理业务；（五）允许其他单位或个人以本企业的名义承揽工程；（六）将承揽的监理业务转包；（七）在监理过程中实施商业贿赂；（八）涂改、伪造、出借、转让工程监理企业资质证书；（九）其他违反法律法规的行为。"

建设工程监理企业资质条件符合资质等级标准，且未发生过上述所列行为，住房和城乡建设主管部门颁发相应资质等级的工程监理企业资质证书。任何单位和个人不得涂改、伪造、出借、转让工程监理企业资质证书；不得非法扣压、没收工程监理企业资质证书。工监理企业因破产、倒闭、撤销、歇业的,应当将资质证书交回原发证机关予以注销。

5.2.5.2　监理企业年检制度

（1）监理企业资质年检程序。工程监理企业资质年检按下列程序进行:建设工程监理企业在规定时间内向住房和城乡建设主管部门提交工程监理企业资质年检表、工程监理企业资质证书、监理业务手册以及工程监理人员变化情况及其他有关资料,并交验企业法人营业执照。住房和城乡建设部门会同有关部门在收到工程监理企业年检资料后40日内,对工程监理企业资质年检作出结论,并记录在工程监理企业资质证书副本的年检记录栏内。

（2）年检内容。建设工程监理企业资质年检的内容是检查工程监理企业资质条件是否符合资质等级标准,是否存在质量、市场行为等方面的违法违规行为。工程监理企业年检结论分为合格、基本合格、不合格三种。

（3）资质变更。建设工程监理企业连续两年年检合格,方可申请晋升上一个资质等级。工程监理企业资质年检不合格或者连续两年基本合格的,住房和城乡建设主管部门应当重新核定其资质等级。新核定的资质等级应当低于原资质等级,达不到最低资质等级标准的,取消资质。

5.2.6　工程监理单位实施的禁止性行为

① 工程监理单位与被监理工程的承包单位及建筑材料、建筑构配件、设备供应单位及分包单位不得有隶属关系或者其他利害关系。工程监理单位与被监理工程的承包单位、供应单位之间是监理与被监理关系。工程监理单位应当根据建设单位的委托,客观、公正地执行监理任务。如果监理单位与承包单位或者供应单位之间有隶属关系或者其他利害关系,将可能影响工程监理单位的客观性和公正性,最终损害委托方建设单位的利益。

② 工程监理单位不得转让监理业务。建设单位之所以将监理工作委托给某个监理单位,往往是出于对该单位综合能力的信任,而并不是仅仅取决于其监理费报价的高低。因此,和其他委托代理合同一样,建设工程委托监理合同通常是建立在信赖关系的基础上。工程监理单位接受委托后,应当自行完成工程监理工作,不得转让监理业务。

③ 禁止工程监理单位不按照委托监理合同的约定履行监理义务。工程监理单位应当与建设单位签订建设工程委托监理合同,明确双方的权利义务。工程监理单位不按照约定或者法律规定履行监理义务行为,除应当对建设单位承担违约责任以外,还有可能面临罚款、降低资质等级等行政处罚;构成犯罪的,还要承担刑事责任。

④ 工程监理单位与承包单位串通,为承包单位谋取非法利益,给建设单位造成损失的,应与承包单位一起承担连带赔偿责任。

5.2.7　工程建设监理的特点和发展趋势

5.2.7.1　现阶段工程建设监理的特点

（1）工程建设监理的服务对象具有单一性。工程监理企业接受建设单位的委托为建设单位提供专业化服务,它不能再接受承建单位的委托为其提供管理服务。从这个意义上讲,我国的工程建设监理就是为建设单位提供服务的项目管理活动。

（2）工程建设监理制属于强制推行的制度。

（3）工程建设监理具有监督功能。我国监理工程师在质量控制方面的工作所达到的深度和细度，应当说远远超过国际上建设项目管理人员的工作深度和细度，这对保证工程质量起到了很好的作用。

（4）市场准入的双重控制。我国对工程建设监理的市场准入采取企业资质和人员资格的双重控制，要求专业监理工程师以上的监理人员要取得监理工程师资格证书，不同资质等级的工程监理企业至少要有一定数量的取得监理工程师资格证书并经注册的人员。

5.2.7.2　工程建设监理的发展趋势

（1）加强法制建设，走法制化的道路。

（2）以市场需求为导向，向全方位、全过程监理发展。

（3）适应市场需求，优化工程监理企业结构。通过市场机制和必要的行业政策引导，在工程监理行业逐步建立起综合性与专业性相结合、大中小型监理企业相结合的科学的企业结构模式。

（4）加强培训工作，不断提高从业人员素质。

（5）与国际惯例接轨，走向世界。我国的监理工程师和工程监理企业应当做好充分准备，不仅要迎接国外同行进入我国后的竞争挑战，而且要把握进入国际市场的机遇，敢于到国际市场与国外同行竞争。在这方面，大型、综合素质较高的工程监理企业应当率先采取行动。

5.3　工程建设监理的法律责任

案例分析

> 某建设工程项目，建设单位委托飞达监理公司负责施工阶段的监理，项目目前正在施工中。监理工程师在施工准备阶段组织了施工图纸的会审，施工过程中发现由于施工图的错误而造成承包商停工 2 天，业主代表认为监理工程师对图纸会审监理不力，提出要扣监理费 1000 元。
>
> **问题**：监理工程师有责任吗？
>
> **分析**：监理工程师只对监理合同委托范围内的工程质量负责。虽然施工图设计的问题在施工阶段被发现，但是图纸的问题在设计阶段就已存在，图纸的质量不是监理合同的监理范围，业主没有委托设计阶段监理，图纸有问题，监理没有责任。监理工程师在施工准备阶段组织的施工图纸会审，目的是发现设计问题，把问题消灭在审图阶段，以免给业主带来更大的损失。监理工程师对施工图纸的会审，不能免除设计院对图纸质量的责任。

具体而言，监理单位接触到的法律法规大体上可以分为两大类：一类是规范一般主体行为方面的，主要有《民法典》《招标投标法》《中华人民共和国劳动法》（全书以下简称《劳动法》）、最近几年颁布实施或修正的各项税法等；另一类是规范行业主体行为方面的，主要有《建筑法》、《建设工程质量管理条例》、《工程监理企业资质管理规定》（根据2018年12月22日中华人民共和国住房和城乡建设部令第45号第三次修正）以及《建设工程监理规范》（GB/T 50319—2019）等具有法律效力的国家标准、工程建设标准强制性条文等。

5.3.1 监理单位的行业法律责任

监理单位的法律责任主要是承担民事法律责任，除属于一般主体行为的单位犯罪外，在具体的监理业务中一般不会构成单位犯罪。监理单位的行业法律责任在《建筑法》第三十五条和第六十九条中有明确规定。

（1）工程监理单位不按照委托监理合同的约定履行监理义务，对应当监督检查的项目不检查或者不按照规定检查，给建设单位造成损失的，应当承担相应的赔偿责任。

（2）工程监理单位与承包单位串通，为承包单位谋取非法利益，给建设单位造成损失的，应当与承包单位承担连带赔偿责任。

（3）工程监理单位与建设、施工单位串通，弄虚作假、降低工程质量，造成损失的，应当承担连带赔偿责任。

5.3.2 监理单位的行业行政责任

监理单位的行业行政责任在《建设工程质量管理条例》第八章罚则中有明确规定。归纳起来，监理单位有下列行为时应受到处罚。

（1）超越本单位资质等级承揽工程的，责令停止违法行为，处监理费酬金1倍以上2倍以下的罚款，可以责令停业整顿，降低资质等级；情节严重的，吊销资质证书。

（2）允许其他单位或个人以本单位名义承揽工程的，责令改正，没收违法所得，处监理酬金1倍以上2倍以下的罚款；可以责令停业整顿，降低资质等级；情节严重的，吊销资质证书。

（3）转让监理业务的，责令改正，没收违法所得，处合同的监理酬金25%以上50%以下的罚款；并责令停业整顿，降低资质等级；情节严重的，吊销资质证书。

（4）与建设单位或者施工单位串通，弄虚作假、降低工程质量的，责令改正，处50万元以上100万元以下的罚款；降低资质等级或者吊销资质证书；有违法所得的，予以没收。

（5）将不合格的建设工程、建筑材料、建筑构配件和设备按照合格签字的，责令改正，处50万元以上100万元以下的罚款；降低资质等级或者吊销资质证书；有违法所得的，予以没收。

（6）与被监理工程的施工承包单位以及建筑材料、建筑构配件和设备供应单位有隶属或者其他利害关系承担该工程监理业务的，责令改正，处5万以上10万元以下的罚款；降低资质等级或吊销资质证书；有违法所得的，予以没收。

（7）未取得资质证书承揽工程的，予以取缔，处合同约定监理酬金1倍以上2倍以下的罚款；有违法所得的，予以没收。

（8）以欺骗手段取得资质证书承揽工程的，吊销资质证书，处合同约定监理酬金1倍以上 2 倍以下的罚款；有违法所得的，予以没收。

5.3.3　监理单位安全责任

5.3.3.1　审查施工方案的责任

（1）监理单位审查施工组织设计中的安全技术措施或者专项施工方案。
（2）审查的重点是上述安全技术措施或专项施工方案是否符合工程建设强制性标准。

工程实行总承包的，由总包单位负责编制施工组织设计或分阶段施工组织设计，由分包单位在总包单位的总体部署下，编制分包工程的施工组织设计。

5.3.3.2　安全隐患报告的责任

（1）发现存在安全事故隐患，要求施工单位整改；
（2）情节严重的，要求施工单位暂时停工，并报告建设单位；
（3）施工单位拒绝整改或者不停工的，向有关主管部门报告。

5.3.3.3　法律责任

（1）违反强制性标准的法律责任，具体如下：
① 注册执业人员责令停止执业 3 个月以上 1 年以下；
② 情节严重的，吊销执业资格证书，5 年内不予注册；
③ 造成重大安全事故的，终身不予注册；
④ 构成犯罪的，追究刑事责任。
（2）其他法律责任，具体如下：
① 过失情况的种类：其一，未审查施工组织设计中的安全技术措施或专项施工方案；其二，发现安全事故隐患未及时要求施工单位整改或暂停施工的；其三，施工单位拒不整改或不停工的，未及时向主管部门报告；其四，未依照法律、法规和强制性标准实施监理的。
② 过失情况的处罚：其一，责令限期改正；其二，逾期未改正的，责令停业整改；其三，并处 10 万～30 万元的罚款；其四，情节严重的，降低资质等级，直至吊销资质证书；其五，造成重大安全事故，构成犯罪的，对直接责任人追究刑事责任；其六，造成损失的，承担赔偿责任。

5.3.4　监理人员法律责任

监理单位个人行业法律责任既有民事的也有刑事的，主要包括：
① 违反《建设工程质量管理条例》的规定，监理工程师等注册执业人员因过错造成质量事故的，责令停止执业 1 年，造成重大质量事故的，吊销执业资格证书，5 年以内不予注册，情节特别恶劣的终身不予注册。
② 依照《建设工程质量管理条例》的规定，给予单位罚款处罚的，对单位直接负责的主管人员和其他直接责任人员处单位罚款数额 5% 以上 10% 以下的罚款。
③ 工程监理单位违反国家规定，降低工程质量标准，造成重大安全事故的，对直接责

任人员处5年以下有期徒刑或者拘役，并处罚金。后果特别严重的，处5年以上10年以下有期徒刑，并处罚金。

④ 假借监理工程师名义从事监理工作，出卖、出借、转让、涂改监理工程师岗位证书，在影响公正执行监理业务的单位兼职由建设行政主管总部门没收违法所得，收缴监理工程师岗位证书，并可处以罚款。

监理单位的行业法律责任与监理人员的行业法律责任是相互关联的，作为企业的负责人，不可避免要在利益驱动和遵章守法之间作出抉择。因此，不单是企业领导，还有监理人员，掌握法律责任要点，守住底线，这样就能规避法律责任的风险。

案例分析

> 某输气管道工程在施工过程中，施工单位未经监理工程师事先同意，订购了一批钢管，钢管运抵施工现场后监理工程师进行了检验，检验中监理人员发现钢管质量存在以下问题：
> 1. 施工单位未能提交产品合格证、质量合格证书和检测证明资料；
> 2. 实物外观粗糙，标识不清，且有锈斑。
>
> 问题：监理工程师应如何处理上述问题？
>
> 分析：
> 1. 由于该批材料由施工单位采购，监理工程师检验发现外观不良，标识不清，且无合格证等资料，监理工程师应书面通知施工单位不得将该批材料用于工程，并抄送业主备案。
> 2. 监理工程师应要求施工单位提交该批产品的产品合格证、质量保证书、材质化验单、技术指标报告和生产厂家生产许可证等资料，以便监理工程师对生产厂家和材质保证等进行书面资料的审查。
> 3. 如果施工单位提交了上述有关资料，经监理工程师审查符合要求，则施工单位应按技术规范要求对该产品进行有监理人员签证的取样送检。如果经检测后证明材料质量符合技术规范、设计文件和工程承包合同要求，则监理工程师可进行质检签证，并书面通知施工单位。
> 4. 如果施工单位不能提供第二条所述资料，或虽提供了上述资料，但经抽样检测后质量不符合技术规范及设计文件、承包合同要求，则监理工程师应书面通知施工单位不得将该批管材用于工程，并要求施工单位将该批管材运出施工现场（施工方与供货厂商之间的经济、法律问题，由他们双方协商解决）。
> 5. 监理工程师应将处理结果书面通知施工单位。工程材料的检测费用由施工单位承担。

本章小结

本章首先阐述工程建设监理制度的确立，介绍建设工程监理相关的基本概念，建设工程监理的性质和作用，实行强制监理的建设工程的范围，工程建设监理合同，工程建设监理的依据、内容和权限以及建设监理企业资质管理等内容，并展望了工程建设监理发展的趋势；其次阐述了监理单位和监理人员的法律责任，并简要叙述了相应的处罚条款；最后结合本章部分知识点，列举了个别典型案例。本章的重点是监理的主要内容；总监理工程师、专业监理工程师、监理员的岗位职责；监理单位的责任；监理人员的责任。

复习思考题

1. 工程建设监理的定义是什么？
2. 工程建设监理的作用是什么？
3. 什么是工程建设监理合同？其主要包含哪些内容？
4. 简述总监理工程师代表的职责。
5. 《建筑法》规定监理单位的行业法律责任有哪些？
6. 现阶段工程建设监理的特点是什么？
7. 哪些工程必须实行工程建设监理？

6 工程建设安全生产管理法律制度

【知识目标】
1. 了解安全生产管理的管理原则；
2. 掌握施工单位主要负责人的职责；
3. 掌握安全生产的相关保障措施；
4. 熟悉施工作业人员安全生产的权利和义务；
5. 掌握安全生产事故的应急救援和调查处理。

工程建设生产的特点是工程实施周期长，具体到施工阶段露天作业多、高空作业多、不可预见的因素多，很多事情稍不注意便会形成安全隐患，这些隐患如果不加以管理控制便会出现安全问题甚至是安全事故。特别是近些年我国建设规模越来越大，建设速度明显加快，施工难度不断加大，又引发了很多新的危险因素，使得建筑业每年事故起数和伤亡人数有增无减。从近些年发生的一些安全事故实例来看，人的因素（包括现场人员素质、现场工作人员的管理水平、有关单位对安全的重视程度等）是导致安全事故发生的主要因素。当然生产经营单位、监管部门的作用也不可忽视。2021年6月10日，第十三届全国人民代表大会常务委员会第二十九次会议通过了对《安全生产法》的第三次修正，2021年9月1日起开始实施。新颁布的《安全生产法》明确了安全生产工作应当以人为本，坚持安全第一、预防为主、综合治理的方针，强化落实生产经营单位的主体责任，建立生产经营单位负责、职工参与、政府监管、行业自律和社会监督的机制。

6.1 工程建设安全生产立法概述

6.1.1 建设安全生产管理的概念和管理原则

6.1.1.1 建设安全生产管理的概念

建设安全生产管理是指由建设行政主管部门、市场监管机构以及各参建单位针对生产过程中的安全工作，有计划、有组织地进行控制管理的一系列活动。

在市场经济条件下，生产经营主体追求自身利益的最大化是无可厚非的，但是决不能以牺牲从业人员甚至公众的生命财产为代价。现实中，一些企业为了追求利润，存在投机心理，施工时不重视安全生产，一旦发生事故，不但给他人的生命、财产造成损害，而且生产经营者的生产活动也不能正常进行，有的甚至因此而破产。

建设安全生产管理从短时间内看，工程建设中加大安全投入会增加生产成本、降低工效，甚至加大生产难度；从长时间看安全得到保证以后又会促进生产，增进效益。因此，生产与安全是既相互制约又相互促进的统一体。工程建设安全是质量和效益的前提，安全生产监督管理将直接影响到人民的生命和财产的安全，影响到建设活动的健康发展、社会的安定和谐，是建设活动的重要内容之一。

根据《安全生产法》第三条的规定，安全生产管理坚持"安全第一、预防为主、综合治理"的方针。安全第一是从保护和发展生产力的角度，表明在生产范围内安全与生产的关系，肯定安全在建设生产活动中的首要位置和重要性；预防为主是指在工程建设生产活动中，针对工程建设生产的特点，对生产要素采取管理措施，有效地控制不安全因素的发展与扩大，把可能发生的事故消灭在萌芽状态，以保证生产活动中人的安全与健康。综合治理是从遵循和适应安全生产的规律出发，综合运用法律、经济、行政等手段，安全管理与技术防范相结合，充分发挥人员、社会和舆论监督作用，从责任、制度、培训等多方面着力，形成标本兼治、齐抓共管的格局。

6.1.1.2 建设安全生产管理的原则

我国安全生产管理采取分级管理、分层负责的原则。

（1）国家应在重点行业、领域加强生产安全事故应急能力建设，建立应急救援队伍。生产经营单位和其他社会力量也应建立应急救援队伍，配备相应的应急救援装备和物资，以提高应急救援的专业化水平。

（2）国务院相关部门应牵头建立全国统一的生产安全事故应急救援信息系统，国务院下属各有关部门和县级以上地方人民政府建立健全各自领域的生产安全事故应急救援信息系统。

（3）县级以上地方各级人民政府也应当组织有关部门制定本行政区域内生产安全事故应急救援预案，并建立应急救援系统。

（4）生产经营单位应当制定本单位的安全生产事故应急救援预案，并与所在地县级以上地方人民政府组织制定的应急救援预案相衔接，并定期组织演练。

除分级管理外，建设企业应将安全寓于生产之中，要明确安全管理是生产经营的重要组成部分，只有生产过程安全稳定，企业才能平稳正常发展。

6.1.2 施工单位的安全生产保障

施工单位的企业资质和人员素质是进行安全生产的前提。为了确保施工单位的安全生产，施工单位应当具备《安全生产法》和有关法律、行政法规及国家标准或者行业标准规定的安全生产条件。对不具备安全生产条件的，不得从事生产经营活动。根据《安全生产法》第一六条的规定，"国家实行生产安全事故责任追究制度，依照本法和有关法律、法规的规定，追究生产安全事故责任单位和责任人员的法律责任"。

6.1.2.1 施工单位主要负责人的职责

施工单位主要负责人的职责包括以下几项：
（1）建立、健全本单位安全生产责任制；
（2）组织制定本单位安全生产规章制度和操作规程；
（3）保证本单位安全生产投入的有效实施；
（4）督促、检查本单位的安全生产工作，及时消除生产安全事故隐患；
（5）组织制定并实施本单位的生产安全事故应急救援预案；
（6）及时、如实报告生产安全事故。

6.1.2.2 施工单位安全生产的资金投入

施工单位应当具备安全生产条件所必需的资金投入，由施工单位的决策机构、主要负责人或者个人经营的投资人予以保证，并对由安全生产所必需的资金投入不足导致的后果承担责任。

施工单位新建、改建、扩建工程项目的安全设施，必须与主体工程同时设计、同时施工、同时投入生产使用。安全设施投资应当纳入建设项目概算。施工单位应当拿出一定数量的资金用于购买劳动防护用品，施工单位应准备好专项经费以进行单位人员的安全生产培训。

6.1.2.3 安全生产管理机构和安全生产管理人员的配备

建筑施工企业在生产过程中会有很多危险性较大的工作，时刻需要作业人员的注意，国家相关部门定期强制建筑施工企业的人员进行安全生产培训以减少安全事故的发生。按照安全生产管理人员的配备要求，建筑施工单位和危险物品的生产、经营、储存单位，应当配备安全生产管理机构或者专职安全生产管理人员。其他施工单位从业人员超过300人的，应当配备安全生产管理机构或者专职安全生产管理人员；从业人员在300人以下的，应当配备专职或者兼职的安全生产管理人员，或者委托具有国家规定的相关专业技术资格的工程技术人员提供安全生产管理服务。

6.1.2.4 安全生产工作人员的培训与考核

（1）施工单位的主要负责人和安全生产管理人员必须具备与本单位所从事的生产经营活动相应的安全生产知识和管理能力。

（2）危险物品的生产、经营、储存单位以及矿山、建筑施工单位的主要负责人和安全生产管理人员，应当由有关主管部门对其安全生产知识和管理能力考核合格后方可任职。

（3）施工单位应当对从业人员进行安全生产教育和培训，以保证从业人员具备必要的安全生产知识，熟悉有关的安全生产规章制度和安全操作规程，掌握本岗位的安全操作技能。未经安全生产教育和培训合格的从业人员不得上岗作业。

（4）施工单位采用新工艺、新技术、新材料或者使用新设备的，从业人员必须了解并掌握其安全技术特性，采取有效的安全防护措施，施工单位对从业人员进行专门的安全生产教育和培训。

（5）施工单位的特种作业人员必须按照国家的有关规定经专门的安全作业培训，取得特种作业操作资格证书，方可上岗作业。

（6）施工单位进行爆破、吊装等危险作业时，应当安排专业人员进行现场安全管理，确保操作规程的遵守和安全措施的落实。

（7）施工单位应当教育和督促从业人员严格执行本单位的安全生产规章制度和安全操作规程，并向从业人员如实告知作业场所和工作岗位存在的危险因素、防范措施以及事故应急措施。

6.1.2.5 设备维护与检测

建筑工程施工中，设备维护与检测要求包括：

（1）安全设备的设计、制造、安装、使用、检测、维修、改造和报废，应当符合国家标准或者行业标准。施工单位必须对安全设备进行经常性维护、保养，并定期检测，以保证安全设备的正常运转。维护、保养、检测应当做好记录，并由有关人员签字。

（2）施工单位使用的涉及生命安全、危险性较大的特种设备，必须按照国家的有关规定，由专业生产单位生产，并经取得专业资质的检测、检验机构检测、检验合格，取得安全使用证或者安全标志，方可投入使用。检测、检验机构对检测、检验结果负责。

6.1.2.6 危险物品的管理

危险物品的管理措施和相关要求包括：

（1）生产、经营、运输、储存、使用危险物品或者处置废弃危险物品的，由有关主管部门依照有关法律、法规的规定和国家标准或者行业标准审批，并实施监督管理。施工单位生产、经营、运输、储存、使用危险物品或者处置废弃危险物品必须执行有关法律、法规和国家行业相关标准，建立专门的法令管理制度，采取可靠的安全措施，接受有关主管部门依法实施的监督管理。

（2）生产、经营、储存、使用危险物品的车间、商店、仓库不得与员工宿舍在同一座建筑物内，并应当与员工宿舍保持安全距离。生产经营场所和员工宿舍应当设有符合紧急疏散要求、标志明显、保持畅通的出口。禁止封闭、堵塞生产经营场所或者员工宿舍的出口。

6.1.2.7 安全生产的相关保障措施

施工企业安全生产的保障措施和相关要求包括：

（1）施工单位应当在有较大危险因素的生产经营场所和有关设施、设备上，设置明显的安全警示标志。

（2）国家对严重危及生产安全的工艺、设备实行淘汰制度。施工单位不得使用国家明令淘汰、禁止使用的危及生产安全的工艺、设备。

（3）施工单位必须为从业人员提供符合国家标准或者行业标准的劳动防护用品，并监督、教育从业人员按照使用规则佩戴、使用。

（4）施工单位的安全生产管理人员应当根据本单位的生产经营特点，对安全生产状况进行经常性检查；对检查中发现的安全问题，应当立即处理；不能处理的，应当及时报告本单位有关负责人。检查及处理情况应当记录在案。

（5）施工单位必须依法参加工伤社会保险，为从业人员缴纳保险费。

6.1.2.8 施工单位的安全生产责任

（1）施工单位不得将生产经营项目、场所、设备发包或者出租给不具备安全生产条件或者相应资质的单位或者个人。生产经营项目、场所有多个承包单位、承租单位的施工单位应当与承包单位、承租单位签订专门的安全生产管理协议，或者在承包合同、租赁合同中约定各自的安全生产管理职责；施工单位对承包单位、承租单位的安全生产工作统一协调、统一管理。

（2）两个以上施工单位在同一作业区域内进行生产经营活动，可能危及对方生产安全的，应当签订安全生产管理协议。明确各自的安全生产管理职责和应当采取的安全措施，并指定专职安全生产管理人员进行安全检查与协调。

（3）施工单位发生重大生产安全事故时，施工单位的主要负责人应当立即组织抢救，并不得在事故调查处理期间擅离职守。

案例分析1

> 深圳某施工单位在一工地用吊篮架进行外部装修作业时，首层安全网已经拆除，工长指派一名抹灰工升降吊篮，在用倒链升降时，未挂保险钢丝绳，突然一个倒链急剧下滑70cm，吊篮随即倾斜，一名工人从吊篮上摔下死亡。
>
> 问题：试分析造成这一事故发生的不安全因素有哪些。
>
> 分析：该事故发生的不安全因素主要包括：①工长违章指挥，升降吊篮应由架子工担任，不应指派抹灰工进行操作；②违章操作，作业时未挂保险钢丝绳，工人未系安全带；③作业时没有对升降装置进行认真检查，设备带病运行；④违反高空作业规定，支设的水平安全网在高空作业未完成时被拆除。

6.1.3 从业人员安全生产的权利和义务

建筑行业多为露天高空作业，不安全因素较多，有些工作危险性比较大，从业人员的生命健康安全最容易受到威胁。有时候，施工单位从追求利润最大化的立场出发，往往忽略甚至故意减少对从业人员人身安全的保障。为使从业人员人身安全得到切实的保护，《安全生产法》第六条规定了施工单位的从业人员有依法获得安全生产保障的权利，以及应当依法履行安全生产方面的义务。也就是说，从业人员在享受保障权利的同时也要依法履行义务，这样才能保证安全生产的顺利进行。

6.1.3.1 从业人员安全生产的权利

施工企业从业人员安全生产的权利包括以下9个方面的权利。

（1）订立合法劳动合同权。施工单位与从业人员订立合法的劳动合同，合同应当载明保障从业人员劳动安全、防止职业危害的事项，以及依法为从业人员办理工伤社会保险的事项。施工单位不得以任何形式与从业人员订立违反《劳动法》的协议，非法协议不能免除或者减轻其对从业人员因生产安全事故伤亡依法应承担的责任。

（2）知情权。施工单位的从业人员有权了解其作业场所和工作岗位存在的危险因素、防范措施及事故应急措施。施工单位的从业人员对于劳动安全的知情权，是保护劳动者生命健康权的重要前提。从业人员的劳动安全知情权有些是通过与施工单位签订劳动合同来实现的，在劳动合同中应当载明有关保障从业人员劳动安全、防止职业危害的事项，以及为从业人员办理工伤社会保险的事项。

案例分析2

> 张某是某路桥施工单位新聘用的试验人员。2016年7月8日，张某检测土壤含水量时，不小心将使用的一瓶酒精碰翻，地上的酒精与土样中燃烧的酒精很快相连并燃烧起来。这次火灾将实验室的部分设备烧毁，张某本人也在救火的过程中被轻度烧伤。事后，路桥施工单位要求张某为此事故负全部责任，张某以路桥施工单位没有告知作业场所和工作岗位存在的危险为由，要求路桥施工单位承担部分责任。但是路桥施工单位认为张某在进入新岗位前并没有询问现场是否存在危险因素，已经放弃了知情权，自己就不需要为没有告知作业场所和工作岗位存在的危险因素而承担责任了。
>
> **问题：** 你认为路桥施工单位的观点正确吗？
>
> **分析：** 路桥施工单位的观点是错误的。询问现场是否存在安全隐患是从业人员的权利，这个权利可以放弃。但是告知作业场所和工作岗位存在的危险因素也同样是施工单位的义务，这个义务并不以从业人员是否已经询问为前提。即使从业人员没有询问，施工单位也必须告知存在的危险因素。本案例中，施工单位没有尽到告知的义务，需要对此事故承担部分责任。

（3）建议权。施工单位的从业人员有权对本单位的安全生产工作提出建议，从业人员有权利参与用人单位的民主管理。通过参与生产经营的民主管理，可以充分调动从业人员的积极性与主动性，充分发挥其聪明才智，为本单位献计献策，并对安全生产工作提出意见与建议，共同做好施工单位的安全生产工作。施工单位要重视和尊重从业人员的意见和建议，并对他们的意见和建议及时作出答复。合理的意见应当采纳；对不予采纳的意见应当给予说明和解释。

（4）批评、检举、控告权。从业人员有权对本单位安全生产工作中存在的问题提出批评、检举、控告。批评权是指从业人员对本单位安全生产工作中存在的问题提出批评的权利，这一权利有利于从业人员对施工单位进行群众监督。检举权、控告权是指从业人员对本单位及有关人员违反安全生产法律、法规的行为，有权向主管部门和司法机关进行检举和控告的权利。检举可以署名，也可以不署名；可以用书面形式，也可以用口头形式。检举和控告的情况必须真实。施工单位不得因从业人员对本单位安全生产工作提出批评、检举、控告而降低其工资、福利等待遇或者解除与其订立的劳动合同。

（5）拒绝权。从业人员有权拒绝违章指挥和强令冒险作业。违章指挥主要是指施工单位的负责人、生产管理人员和工程技术人员违反规章制度，不顾从业人员的生命安全和健康，指挥从业人员进行生产活动的行为。强令冒险作业是指施工单位的管理人员对于存在危及作业人员人身安全的危险因素不加重视，不顾从业人员的生命安全和健康，强迫命令从业人员进行作业。这些都对从业人员的生命安全和健康构成极大威胁，对于施工单位的这种行为，从业人员有权予以拒绝。施工单位不得因从业人员拒绝违章指挥、强令冒险作业而降低其工资、福利等待遇或者解除与其订立的劳动合同。

（6）紧急撤离权。从业人员发现直接危及人身安全的紧急情况时，有权停止作业或者在采取可能的应急措施后撤离作业场所。从业人员行使这种权利的前提条件是其发现直接危及人身安全的紧急情况，如果不撤离会对其生命安全和健康造成直接的危害。施工单位不得因从业人员在前款紧急情况下停止作业或者采取紧急撤离措施而降低其工资、福利等待遇或者解除与其订立的劳动合同。

（7）要求赔偿的权利。因生产安全事故受到损害的从业人员，除依法享有工伤社会保险外，依照有关民事法律尚有获得赔偿的权利的，有权向本单位提出赔偿要求。施工单位必须依法参加工伤社会保险，为从业人员缴纳保险费。实施工伤社会保险，在特定的情况下有可能难以完全补偿因生产安全事故所受到的损害。因生产安全事故而受到损害的从业人员有权依照有关民事法律的规定，要求施工单位进行赔偿。

（8）获得符合国家标准或者行业标准劳动防护用品的权利。施工单位为从业人员提供的劳动防护用品必须符合国家标准或者行业标准，提供不符合国家标准或者行业标准的劳动防护用品的，应当依法承担法律责任。

（9）获得安全生产教育和培训的权利。从业人员进行安全生产教育和培训，是控制和减少伤亡事故发生的有效方法。通过安全生产教育和培训可以提高从业人员的安全素质和自我保护能力，减少事故的发生，保证安全生产。从业人员具有获得施工单位进行安全生产教育和培训的权利。

6.1.3.2 从业人员安全生产的义务

《安全生产法》等在赋予从业人员相关权利的同时，对从业人员也规定了其在生产过程中应当履行的义务。

（1）正确佩戴和使用劳动防护用品，自觉遵守规章的义务。从业人员在作业过程中，应当严格遵守本单位的安全生产规章制度和操作规程，服从管理，正确佩戴和使用劳动防护用品。劳动防护用品是指从业人员在劳动过程中为免遭或减轻事故伤害所应配备的防护装备，是保护从业人员安全和健康所采取的必要的辅助措施。施工单位要按照有关规定发放充足，不得任意削减。从业人员要十分珍惜，正确佩戴和认真用好劳动防护用品。

施工单位的安全生产规章制度是企业规章制度的重要组成部分，包括安全生产责任制、安全生产教育、安全生产检查、伤亡事故报告以及安全生产奖惩办法等。安全操作规程是指在生产经营活动中，为消除能导致人身伤亡或造成设备、财产破坏，以及危害环境的因素而制定的技术要求和实施程序的统一规定。没有健全和严格执行的安全生产规章制度和操作规程，企业的安全生产就没有保障。

（2）自觉进行安全生产知识学习的义务。从业人员应当接受安全生产教育和培训，掌握本职工作所需的安全生产知识，提高安全生产技能，增强事故预防和应急处理能力。

从业人员接受安全知识教育是提高其安全技能的重要手段。安全知识教育的内容包括专业安全技术操作规程；安全防护基本知识和注意事项；有关预防施工单位发生事故的基本知识；个人防护用品的构造、性能和正确使用的有关常识培训等。安全技能教育是巩固从业人员安全知识的必要途径，接受安全生产教育培训的人员应当达到相应上岗要求。

（3）对安全隐患的报告义务。从业人员发现事故隐患或者其他不安全因素，应当立即向现场的安全生产管理人员或者本单位的负责人报告，接到报告的人员应当及时予以处理。生产安全事故虽然有意外性、偶然性和突发性的特点，但也有一定的规律，可以通过采取有效措施尽可能加以预防。从业人员处于安全生产的第一线，最有可能及时发现事故隐患或者其他不安全因素。

危险报告义务有两点要求：一是在发现上述情况后，应当立即报告，以免加大事故发生的可能性；二是接受报告的主体是现场安全生产管理人员或者本单位的负责人，以便于对事故隐患或者其他不安全因素及时作出处理，避免事故的发生。

案例分析3

2021年7月6日，某施工现场为了浇筑钻孔桩而钻了10处深20m、直径约1.5m的钻孔。为了避免有人掉入钻孔中，在钻孔旁设立了明显的警示标志。但是，当晚这些警示标志被当地居民盗走。工人王某看到钻孔旁没有了警示标志，感到缺少了警示标志容易出现安全事故，于是告知自己宿舍的工友，提醒他们路过这些钻孔时要小心一些。次日晚，有工人落入钻孔中，造成重伤。

问题：你认为王某对此是否应承担一定的责任？

分析：王某应为此承担一定的责任。根据《安全生产法》第五十九条的规定，从业人员发现事故隐患或者其他不安全因素，应当立即向现场的安全生产管理人员或者本单位的负责人报告，而不仅仅是告知本宿舍的工友。危险报告义务是从业人员必须要履行的，而王某并没有履行这个法定义务，与工人掉入钻孔中有间接关系，应为此承担一定的法律责任。

6.1.4 生产安全事故的应急救援和调查处理

工程中出现安全事故一般都会导致财产的损失，甚至威胁人员的生命安全，工程的复杂性使安全事故出现的概率明显高于其他行业。工程中一旦出现安全事故，现场人员采取措施控制事态发展，组织开展应急救援并依法向有关部门报告是很重要的环节。事故的调查处理也应当坚持实事求是的原则。2016年12月《中共中央 国务院关于推进安全生产领域改革发展的意见》第十二条指出，健全应急救援管理体制。按照政事分开原则，推进安全生产应急救援管理体制改革，强化行政管理职能，提高组织协调能力和现场救援时效。该意见第十九条指出，完善事故调查处理机制。坚持问责与整改并重，充分发挥事故查处对加强和改进安全生产工作的促进作用。完善生产安全事故调查组组长负责制。健全典型事故提级调查、跨地区协同调查和工作督导机制。建立事故调查分析技术支撑体系，对事故调查发现有漏洞、缺陷的有关法律法规和标准制度，及时启动制定修订工作。

6.1.4.1 生产安全事故应急救援的分级管理

《安全生产法》规定，国务院规定生产安全事故的划分标准。2007年4月9日，国务院颁布《生产安全事故报告和调查处理条例》。该条例第三条规定："根据生产安全事故（以下简称事故）造成的人员伤亡或者直接经济损失，事故一般分为以下等级：（一）特别重大事故，是指造成30人以上死亡，或者100人以上重伤（包括急性工业中毒，下同），或者1亿元以上直接经济损失的事故；（二）重大事故，是指造成10人以上30人以下死亡，或者50人以上100人以下重伤，或者5000万元以上1亿元以下直接经济损失的事故；（三）较大事故，是指造成3人以上10人以下死亡，或者10人以上50人以下重伤，或者1000万元以上5000万元以下直接经济损失的事故；（四）一般事故，是指造成3人以下死亡，或者10人以下重伤，或者1000万元以下直接经济损失的事故。"

上述等级划分中所称的"以上"包括本数，所称的"以下"不包括本数。

从安全事故的分级来看，事故的等级划分主要从人员伤亡、经济损失、社会影响三个方面体现。

6.1.4.2 施工单位对生产安全事故的应急救援

建筑施工单位发生事故时,建筑施工企业应当采取紧急措施减少人员伤亡和事故损失,主要包括以下环节。

(1)制订应急救援预案。施工单位应当根据工程建设施工的特点、范围,对施工现场易发生重大事故的部位、环节进行监控,制订施工现场生产安全事故应急救援预案。实行施工总承包的,由总承包单位统一组织编制工程建设生产安全事故应急救援预案,总承包单位和分包单位按照应急救援预案,各自建立应急救援组织或者配备应急救援人员,配备救援器材、设备,并定期组织演练。

(2)建立应急救援体系。施工单位应当制订本单位安全生产事故的应急预案,施工单位应建立应急救援组织或配备相应数量的应急救援人员,施工单位还应配备必要的应急救援设备和器材,并定期组织演练。

6.1.4.3 生产安全事故的调查处理

(1)生产安全事故的报告。

① 生产经营单位发生生产安全事故后,事故现场的有关人员应当立即报告本单位的负责人。单位负责人接到事故报告后,应当迅速采取有效措施,组织抢救,防止事故扩大,减少人员伤亡和财产损失,并按照国家的有关规定立即如实报告当地负有安全生产监督管理职责的部门,不得隐瞒不报、谎报或者拖延不报,不得故意破坏事故现场、毁灭有关证据。

② 负有安全生产监督管理职责的部门接到事故报告后,应当立即按照国家的有关规定上报事故情况。负有安全生产监督管理职责的部门和有关地方人民政府对事故情况不得隐瞒不报、谎报或者拖延不报。

③ 有关地方人民政府和负有安全生产监督管理职责部门的负责人接到重大生产安全事故报告后应当立即赶到事故现场,组织事故抢救。任何单位和个人都应当支持、配合事故抢救,并提供一切便利条件。

(2)事故的调查处理。事故调查处理应当按照实事求是、尊重科学的原则,及时、准确地查清事故的原因,查明事故的性质和责任,总结事故教训,提出整改措施,并对事故责任者提出处理意见。事故调查和处理的具体办法由国务院制定。生产经营单位发生生产安全事故,经调查确定为责任事故的,除应当查明事故单位的责任并依法予以追究外,还应当查明对安全生产的有关事项负有审查批准和监督职责的行政部门的责任。对有失职、渎职行为的,依法追究法律责任。负有安全生产监督管理职责部门的工作人员,有下列行为之一的,给予降级或者撤职的行政处分;构成犯罪的,依照刑法有关规定追究刑事责任:

① 对不符合法定安全生产条件的涉及安全生产的事项,予以批准或者验收通过的;

② 发现未依法取得批准、验收的单位擅自从事有关活动,或者接到举报后不予取缔或者不依法予以处理的;

③ 对已经依法取得批准的单位不履行监督管理职责,发现其不再具备安全生产条件而不撤销原批准,或者发现安全生产违法行为不予查处的。

任何单位和个人不得阻挠和干涉对安全事故的依法调查处理。

县级以上地方各级人民政府负责安全生产监督管理的部门,应当定期统计分析本行政区域内发生生产安全事故的情况,并定期向社会公布。

6.1.5 安全生产的监督管理

工程建设安全生产关系到人民群众的生命和财产安全，为了保护职工人身安全和国家财产安全，国家应当加强对工程建设安全生产的监督管理。这里所说的工程建设安全监督管理，主要是指各级人民政府建设行政主管部门及其授权的工程建设安全生产监督机构，对于工程建设安全生产所实施的行业监督管理。在现阶段，我国政府的监督管理形式应当和经济、社会发展需要相适应，运用经济和法律的手段，充分发挥市场主体的积极性和创造性，营造健康有序的市场环境。

工程建设安全生产监督管理，应当根据"管生产必须管安全"的原则，贯彻"预防为主"的方针，依靠科学管理和技术进步，推动工程建设安全生产工作的开展，控制人身伤亡事故的发生。《建设工程安全生产管理条例》对于行政主管部门的监督管理职责有如下明确规定。

6.1.5.1 工程建设安全生产监督管理体制

根据《安全生产法》的规定，国务院负责安全生产监督管理的部门对全国工程建设安全生产工作实施综合监督管理，县级以上地方人民政府负责安全生产监督管理的部门对本行政区域内工程建设安全生产工作实施综合监督管理。按照我国目前部门职能的划分，国务院负责安全生产监督管理的部门是应急管理部，地方上是各级应急管理部门。

工程建设安全生产监督管理体制，实行国务院建设行政主管部门对全国的工程建设安全生产实施监督管理。国务院铁路、交通、水利等有关部门按照国务院规定的职责分工，负责有关专业工程建设安全生产的监督管理。县级以上地方人民政府建设行政主管部门对本行政区域内的工程建设安全生产实施监督管理。县级以上地方人民政府交通、水利等有关部门在各自的职责范围内，负责本行政区域内的专业工程建设安全生产的监督管理。

6.1.5.2 建设行政主管部门的职责

（1）建设行政主管部门和其他有关部门应当将下述有关资料的主要内容抄送同级负责安全生产监督管理的部门：

① 申请领取施工许可证或开工报告时所报送的有关安全施工措施的资料；
② 拆除工程时保证安全施工的措施和拆除工程的有关资料。

（2）建设行政主管部门在审核发放施工许可证时，应当对建设工程是否有安全施工措施进行审查，对没有安全施工措施的，不得颁发施工许可证。建设行政主管部门或者其他有关部门对建设工程是否有安全施工措施进行审查时，不得收取费用。

（3）县级以上人民政府负有建设工程安全生产监督管理职责的部门在各自的职责范围内履行安全监督检查职责时，有权采取下列措施。

① 要求被检查单位提供有关建设工程安全生产的文件和资料。
② 进入被检查单位施工现场进行检查。
③ 纠正施工中违反安全生产要求的行为。
④ 对检查中发现的安全事故隐患，责令立即排除；重大安全事故隐患排除前或者排除过程中无法保证安全的，责令从危险区域内撤出作业人员或者暂时停止施工。

（4）建设行政主管部门或者其他有关部门可以将施工现场的监督检查委托给建设工程安全监督机构具体实施。

（5）国家对严重危及施工安全的工艺、设备、材料实行淘汰制度。

（6）县级以上人民政府建设行政主管部门和其他有关部门应当及时受理对建设工程生产安全事故及安全事故隐患的检举、控告和投诉。

6.1.5.3 各级建设行政主管部门的安全监督管理

（1）县级以上地方人民政府的监督管理。县级以上地方人民政府应根据本行政区域内的安全生产状况，组织有关部门按照职责分工，对本行政区域内容易发生重大安全事故的施工单位进行严格检查，发现事故隐患，应及时处理。检查可以是定期的，也可以是不定期的；可以是综合性的，也可以是专项的。

（2）各级负责安全生产监督管理部门的监督管理。目前负责安全生产监督管理的部门，在中央是应急管理部门，在地方是各级依法成立的负责安全生产监督的应急机构。安全生产监督管理部门的主要职责包括：依法对有关涉及安全生产的事项进行审批、验收；对施工单位执行有关安全生产的法律、法规、标准的情况进行监督检查；组织对重大事故的调查处理及对违反安全生产法律规定的行为进行行政处罚等。

（3）行业行政主管部门对本行业安全生产的监督管理。房屋建设工程、市政工程等工程建设的安全生产监督管理工作由住房和城乡建设部负责，其主要职责是按照保障安全生产的要求，依法及时制定或修订建筑业的国家标准或行业标准，并督促、检查标准的严格执行。这些标准包括生产场所的安全标准，生产作业、施工的工艺安全标准，安全设备、设施、器材和安全防护用品的产品安全标准，以及有关建设生产安全的基础性和通用性标准等。

（4）施工单位对安全生产的监督管理。施工单位在日常的生产经营活动中，必须加强对安全生产的监督管理，对于存在较大危险因素的场地、设备及施工作业，更应依法进行重点检查和管理，以防生产安全事故的发生。检查要发动群众，要有领导干部、技术人员和工人参加，边检查边整改。对查出的隐患不能立即整改的，要建立登记、整改、检查、销项制度。要制订整改计划，定人、定措施、定经费、定期完成。在隐患没有消除前，必须采取可靠的防护措施。如有危及人身安全的紧急险情，应立即停止作业。

6.1.5.4 社会对安全生产的监督管理

安全生产涉及全社会利益，是全社会共同关注的问题，因此必须动员全社会的力量来对安全生产进行监督管理。

根据《安全生产法》第 60 条的规定，工会有权对建设项目的安全设施与主体工程同时设计、同时施工、同时投入生产和使用进行监督，并提出意见。工会对施工单位违反安全生产法律、法规，侵犯从业人员合法权益的行为，有权要求纠正；发现施工单位违章、强令冒险作业或者发现事故隐患时，有权提出解决的建议，施工单位应当及时研究答复；发现危及从业人员生命安全的情况时，有权向施工单位建议组织从业人员撤离危险场所，施工单位必须立即作出处理。工会有权依法参加事故调查，向有关部门提出处理意见，并要求追究有关人员的责任。

任何单位和个人对于事故隐患和安全违法行为，均有向安全生产监督管理部门报告或举报的权利。安全生产监督管理部门应建立举报制度，公开举报电话、信箱或电子邮件地址。承担安全评价、认证、检测、检验的中介机构，通过其服务行为对相关安全生产事项实施监督管理。

6.1.5.5 安全生产监督管理部门的法律责任

（1）负有安全生产监督管理职责的部门，要求被审查、验收的单位购买其指定的安全设备、器材或者其他产品的，在对安全生产事项的审查、验收中收取费用的，由其上级机关或者监察机关责令改正，责令退还收取的费用；情节严重的，对直接负责的主管人员和其他直接责任人员依法给予行政处分。

（2）负有安全生产监督管理职责部门的工作人员，有下列行为之一的，给予降级或者撤职的行政处分；构成犯罪的，依照刑法有关规定追究刑事责任：

① 对不符合法定安全生产条件的、涉及安全生产的事项予以批准或者验收通过的；

② 发现未依法取得批准、验收的单位擅自从事有关活动，或者接到举报后不予取缔或者不依法予以处理的；

③ 对已经依法取得批准的单位不履行监督管理职责，发现其不再具备安全生产条件而不撤销原批准，或者发现安全生产违法行为不予查处的。

案例分析4

> M建筑施工单位承接了J市某建设工地的高层建设，该施工单位使用Z市某起重机厂生产的塔式起重机，起重机厂雇用李某带领八人对该厂生产的塔式起重机进行首次安装。在按顺序安装塔身、塔顶、平衡臂后，着手安装起重臂。起重臂是典型的细长构件，吊装时对吊点位置、吊索的拴系方式、重心所处位置均有严格的技术要求。按照规定应该设置三个吊点，六根吊索。而李某等人仅设了两个吊点，四根吊索，并且在吊索未拴牢固的情况下，将起重臂吊起。起重臂根部铰点销轴安装完毕后，五名工人爬上起重臂，安装两根连接起重臂与塔顶的拉杆。这时一处吊点的钢丝绳将起重臂两根侧向斜腹杆拉断，起重臂向塔身方向水平移动约400多毫米，起重臂瞬间下沉，起吊钢丝绳断裂。起重臂以臂根铰点为轴心旋转滑落，起重臂上的五名工人随之坠地，四人死亡，一人重伤。
>
> **问题：** 你认为本案例中安装过程中存在哪些不当之处？
>
> **分析：** Z市某起重机厂应负主要责任。李某非法承揽塔式起重机的安装工程，私招乱雇民工，在安装过程中不采取任何安全措施，冒险蛮干，违章指挥，应负直接责任。M建筑施工单位对塔式起重机生产单位的资质、产品出厂资料及安装单位资质未进行审查，对施工现场监管不力，应负管理责任。J市有关部门对Z市某起重机厂审查把关不严，在该厂生产许可证过期后推荐其塔式起重机产品进入J市市场，客观上纵容了该厂家的非法生产，负有重要的管理责任。

6.2 建设工程安全生产管理基本制度

6.2.1 建设工程安全管理制度

6.2.1.1 建设工程安全生产责任制度

安全生产责任制度是建设工程生产中最基本的安全管理制度，是所有安全规章制度的核心。安全生产责任制度是将各种不同的安全责任落实到负责安全管理的人员和具体岗位人员身上的一种制度，也是"安全第一、预防为主"方针的具体体现。《建设工程安全生产管理条例》第四条规定："建设单位、勘察单位、设计单位、施工单位、工程监理单位及其他与建设工程安全生产有关的单位，必须遵守安全生产法律、法规的规定，保证建设工程安全生产，依法承担建设工程安全生产责任。"

（1）各级领导责任制度。建设单位要加强安全生产的领导，建立安全责任制度。

企业经理（厂长）和主管生产的副经理（副厂长）对本企业的劳动保护和安全生产负总责。需要认真贯彻执行劳动保护和安全生产政策、法令和规章制度；定期向企业职代会报告企业安全生产情况和措施；制定企业各级干部的安全责任制；定期研究解决安全生产中的问题；组织审批安全技术措施计划并贯彻实施；定期组织安全检查和开展安全竞赛等活动；对职工进行安全和遵章守纪教育；督促各级领导干部和各职能单位的职工做好本职范围内的安全工作；总结与推广安全生产先进经验；主持重大伤亡事故的调查分析，提出处理意见和改进措施，并督促实施。

企业总工程师（技术负责人）对本企业劳动保护和安全生产的技术工作负总责。

工区（工程处）主任、施工队长、车间主任应对本单位劳动和安全生产工作负具体领导责任。

工长、施工员对所管工程的安全生产负直接责任。

企业中的各职能机构都应在各自业务范围内对实现安全生产的要求负责。

（2）专职人员责任制度。安全生产管理机构的专职安全生产管理人员的主要职责包括：

① 贯彻执行有关安全技术劳动保护法规；

② 做好安全生产的宣传教育和管理工作，总结交流推广先进经验；

③ 经常深入基层，指导下级安全技术人员的工作，掌握安全生产情况，调查研究生产中的不安全问题，提出改进意见和措施；

④ 组织安全活动和定期安全检查；

⑤ 参加审查施工组织设计（施工方案）和编制安全技术措施计划，并对贯彻执行情况进行督促检查；

⑥ 与有关部门共同做好新工人、特殊工种工人的安全技术训练、考核、发证工作；

⑦ 进行工伤事故统计、分析和报告，参加工伤事故的调查和处理；

⑧ 禁止违章指挥和违章作业，遇有严重险情有权暂停生产，并报告领导处理。

6.2.1.2 建设工程生产安全认证制度

为了加强建筑生产安全监督管理，建设行政主管部门及其授权的建设工程安全监督机构对建筑生产实行安全认证制度。其内容主要有以下五个方面：

（1）建筑业企业的安全资格认证。建筑业企业进行的安全资格认证主要是审查企业是否建立健全安全生产责任制和安全组织保证体系，安全技术规范、标准在施工现场的贯彻落实情况和伤亡事故率等。它是建筑企业资质审查的组成部门，也是对企业资质实行动态管理的重要依据。

（2）特殊专业队伍的安全认证。特殊专业队伍的安全认证主要是指对人工挖孔桩、地基基础、护壁支撑、塔吊装拆、井字架（龙门架）、特种脚手架搭设等施工队伍进行资格审查，经审查合格领取专业施工安全许可证后方可从事专业施工。

（3）工程项目的安全认证。工程项目的安全认证主要是指开工前对安全条件的审查。其主要内容包括：施工组织设计中有无针对性的安全技术措施和专项作业安全技术方案；安全员的配备情况；项目经理的安全资格条件；进入现场的机械、机具以及设施是否符合安全规定等。

（4）"四防"用品、安全设施、机械设备等的安全认证。对"四防"用品、安全设施、机械设备等进行安全认证，主要是指对进入施工现场使用的各类防护用品、电气产品、安全设施、架设机具以及机械设备等进行检验、检测，凡技术指标和安全性能不合格的，不得在施工现场中使用。

（5）专职安全人员资格认证。对专职安全人员实行资格认证，主要是审查其工程安全专业的知识和能力。不具备条件的不能从事专职安全工作。根据《安全生产法》第二十七条的规定，施工单位的主要负责人和安全生产管理人员，必须具备与本单位所从事的生产经营活动相应的安全生产知识和管理能力。

6.2.1.3　建设工程安全生产教育培训制度

安全生产教育培训工作是建筑施工企业实现安全生产的一项基础性工作。安全生产教育培训制度是安全管理的一项重要内容，是保证安全生产的重要手段。通过安全生产教育培训，不仅能提高各级领导和广大职工对"安全第一、预防为主"管理方针的认识，提高安全责任感，提高自觉遵守安全生产各项规章制度的自觉性，而且能使建筑企业的各级管理人员和工人掌握安全生产的科学知识、操作技能，为确保安全生产创造条件。

安全生产教育培训的对象有施工单位的主要负责人、项目负责人、专职安全生产管理人员和其他企业职工。培训的主要内容包括安全生产的法律、法规知识和安全科学技术知识。

（1）安全生产教育培训。建筑企业通过对职工进行有关安全生产方面的法律、法规和政策的教育，使职工能够正确理解和掌握有关安全生产方面的法律、法规和政策，并在建筑生产活动中严格遵守执行。在这一方面，尤其要加强对企业的各级领导和安全管理人员的教育，使他们增强安全生产法律意识，熟悉安全生产方面的法律、法规和本行业的安全规章、规程，自觉依法做好安全生产管理工作。危险物品的生产、经营、储存单位以及矿山、建筑施工单位的主要负责人和安全生产管理人员，应当由有关主管部门对其安全生产知识和管理能力考核合格后方可任职。

（2）安全科学技术知识的教育培训。近年来，我国的建筑业发展较快，从事建设施工的人员中有相当一批没有经过建设工程安全生产科学技术知识的教育培训，不熟悉安全操作规程，不懂得如何防止建设工程安全事故，这是造成安全事故时常发生的原因之一。为了保证安全生产，必须加强对建筑企业职工安全科学技术知识的教育培训，教育培训的内容主要包括以下几个方面：

① 新职工岗前教育培训。培训内容主要包括安全技术知识、设备性能、操作规程、安全制度和严禁事项。新职工经教育培训并考试合格后，方可进入操作岗位。

② 特种作业人员安全培训。垂直运输机械作业人员、安装拆卸工、爆破作业人员、起重信号工、登高架设作业人员等特种作业人员，必须按照国家有关规定经过专门的安全作业培训，并取得特种作业操作资格证书后，方可上岗作业。

特种作业人员是指其作业的场所、操作的设备、操作的内容具有较大的危险性，容易发生伤亡事故，或者容易对操作者本人、他人以及周围设施的安全造成重大危害。从事垂直运输机械作业人员、安装拆卸工、爆破作业人员、起重信号工、登高架设作业人员等属于特种作业人员的范畴。

③ 变换工种和工地的培训。《建设工程安全生产管理条例》第三十七条第一款规定:"作业人员进入新的岗位或者新的施工现场前,应当接受安全生产教育培训。未经教育培训或者教育培训考核不合格的人员,不得上岗作业。"

④ 采用新工艺、新技术、新材料、新设备的培训。在采用新工艺、新技术、新材料、新设备时,若对其原理、操作规程、存在的危险因素、防范措施及正确处理方法没有清楚的了解,极易发生安全生产事故,且一旦事故发生也不能有效控制,从而导致损失扩大。因此,必须进行事先培训,使相关人员了解和掌握安全技术特性,以便采取有效的安全防护措施,防止和减少安全生产事故的发生。

⑤ 年度安全教育培训。施工单位应当对管理人员和作业人员每年至少进行一次安全生产教育培训,其教育培训情况记入个人工作档案。安全生产教育培训考核不合格的人员,不得上岗。

6.2.1.4 建设工程安全生产意外伤害保险制度

我国从20世纪50年代开始实施的企业职工工伤保险制度,主要是为因工作意外事故和职业病而遭受伤害的职工及家属提供生活保障、经济补偿、医疗服务等物质帮助。这项制度的实施在一定时期内起到了很好的作用。但是,随着各项体制改革的深化,该项制度已暴露出很多问题。例如,保险的覆盖面不广,仅局限于全民企业;工伤保险没有建立起基金和实行社会化管理;没有较科学的工伤评残标准和健全的劳动鉴定制;由企业包办保险,缺乏强制性等。目前,建筑业的意外伤害保险是我国保险业的一个特别险种,主要是保护建筑业从业人员合法权益、转移企业事故风险、增强企业预防和控制事故能力、促进企业安全生产的重要手段。根据《建筑法》第四十八条的规定,建筑施工企业应当依法为职工参加工伤保险缴纳工伤保险费。鼓励企业为从事危险作业的职工办理意外伤害保险,支付保险费。该规定包含了以下四层含义。

① 此种保险的性质为强制性保险。不论施工单位经营状况如何、保险额多少,均必须为施工现场从事危险作业的人员(被保险人)办理意外伤害保险。

② 意外伤害保险的投保人是施工单位。

③ 意外伤害保险的被保险人或受益人是从事危险作业的职工。不论是作业人员还是管理人员,施工单位都必须为其办理意外伤害保险。实行施工总承包的,由总承包单位支付意外伤害保险费。

④ 意外伤害保险期限自建设工程开工之日起至竣工验收合格止,涵盖了工程项目的全过程,提前竣工的,保险责任自行终止;延长工期的,应当办理保险顺延手续。

原建设部《关于加强建筑意外伤害保险工作的指导意见》从以下几个方面对加强和规范建筑意外伤害保险工作提出了较详尽的指导意见,为意外伤害保险的建立提供了法律依据。其主要内容如下。

① 建筑意外伤害保险的范围。建筑施工企业应当为施工现场从事施工作业和管理的人员,在施工活动过程中发生的人身意外伤亡事故提供保障,办理建筑意外伤害保险、支付保险费。范围应当覆盖工程项目,已在企业所在地参加工伤保险的人员,从事现场施工时仍可参加建筑意外伤害保险。

② 建筑意外伤害保险的保险期限。保险期限应涵盖工程项目开工之日到工程竣工验收

合格之日。提前竣工的，保险责任自行终止。因延长工期的，应当办理保险顺延手续。

③ 建筑意外伤害保险的保险金额。各地建设行政主管部门结合本地区实际情况，确定合理的最低保险金额。最低保险金额要能够保障施工伤亡人员得到有效的经济补偿。施工企业办理建筑意外伤害保险时，投保的保险金额不得低于此标准。

④ 建筑意外伤害保险的保险费。保险费应当列入建筑安装工程费用。保险费由施工企业支付，施工企业不得向职工摊派。

施工企业和保险公司双方应本着平等协商的原则，根据各类风险因素商定建筑意外伤害保险费率，提倡差别费率和浮动费率。差别费率可与工程规模、类型、工程项目风险程度和施工现场环境等因素挂钩。浮动费率可与施工企业安全生产业绩、安全生产管理状况等因素挂钩。对重视安全生产管理、安全业绩好的企业可采用下浮费率；对安全生产业绩差、安全管理不善的企业可采用上浮费率。通过浮动费率机制，激励投保企业安全生产的积极性。

⑤ 建筑意外伤害保险的投保。施工企业应在工程项目开工前，办理完投保手续。鉴于建设工程项目施工工艺流程中各工种调动频繁、用工流动性大，投保应实行不记名和不计人数的方式。工程项目中有分包单位的由总承包企业统一办理，分包单位合理承担投保费用。业主直接发包的工程项目由承包企业直接办理。

各级建设行政主管部门要强化监督管理，把在建工程项目开工前是否投保建筑意外伤害保险情况作为审查企业安全生产条件的重要内容之一；未投保的工程项目，不予发放施工许可证。

投保人办理投保手续后，应将投保有关信息以布告形式张贴于施工现场，告知被保险人。

⑥ 建筑意外伤害保险的索赔。建筑意外伤害保险应规范和简化索赔程序，搞好索赔服务。各地建设行政主管部门要积极创造条件，引导投保企业在发生意外事故后即向保险公司提出索赔，使施工伤亡人员能够得到及时、足额的赔付。各级建设行政主管部门应设置专门电话接受举报，凡被保险人发生意外伤害事故，企业和工程项目负责人隐瞒不报、不索赔的，要严肃查处。

⑦ 建筑意外伤害保险的安全服务。施工企业应当选择能提供建筑安全生产风险管理、事故防范等安全服务和有保险能力的施工单位，以保证事故后能及时补偿与事故前能主动防范。当前还不能提供安全风险管理和事故预防的保险公司，应通过建筑安全服务中介组织向施工企业提供与建筑意外伤害保险相关的安全服务。建筑安全服务中介组织必须拥有一定数量、专业配套、具备建筑安全知识和管理经验的专业技术人员。

6.2.1.5 建设工程劳动保护制度

在工程建设中，通过劳动保护制度可切实保障职工在生产过程中的安全与健康，促进生产的发展。企业应努力改善劳动条件，注意劳逸结合，制订以防止工伤事故、职工中毒和职业病为内容的安全技术措施长远规划和年度计划，并组织实施。建设工程劳动保护制度主要包括两个方面的内容。

（1）特殊时期的劳动保护。加强季节性劳动保护工作。夏季要防暑降温；冬季要防寒防冻，防止煤气中毒；雨季和台风来临前，应对临时设施和电气设备进行检修，沿河流域的工地要做好防洪抢险准备；雨雪过后要采取防滑措施。

（2）女职工和未成年工的特殊保护。基于女职工的不同生理特点和未成年工的身体发育情况，有必要对其进行特殊保护。《劳动法》中关于女职工和未成年工特殊保护的制度规定如下。

① 国家对女职工和未成年工实行特殊劳动保护。未成年工是指年满16周岁未满18周岁的劳动者。

② 禁止安排女职工从事矿山井下、国家规定的第四级体力劳动强度的劳动和其他禁忌从事的劳动。

③ 不得安排女职工在经期从事高空、低温、冷水作业和国家规定的第三级体力劳动强度的劳动。

④ 不得安排女职工在怀孕期间从事国家规定的第三级体力劳动强度的劳动和孕期禁忌从事的活动。对怀孕7个月以上的女职工，不得安排其延长工作时间和夜班劳动。

⑤ 女职工生育享受不少于90天的产假。

⑥ 不得安排女职工在哺乳未满一周岁的婴儿期间从事国家规定的第三级体力劳动强度的劳动和哺乳期禁忌从事的其他劳动，不得安排其延长工作时间和夜班劳动。

⑦ 不得安排未成年工从事矿山井下、有毒有害、国家规定的第四级体力劳动强度的劳动和其他禁忌从事的劳动。

⑧ 用人单位应当对未成年工定期进行健康检查。

6.2.2　建设单位安全责任

《建设工程安全生产管理条例》对工程建设中建设、勘察、设计、施工、工程监理等单位的安全生产责任和义务都做了明确规定，其中的许多内容都是关于工程建设中保证人民群众生命和财产安全、环境保护和公共利益的，参与建设活动的各方主体都应该严格遵守，建设单位更应该严格把关。

在建设工程活动中，建设单位作为工程项目的投资主体，居于主导地位，在市场经济的大潮中，许多事故是由建设单位市场行为不规范造成的，这样会诱发很多施工安全事故和工程结构隐患，不仅损害了承包单位的利益，也损害了建设单位的根本利益。实践经验表明，为了保障建设生产的安全，建设单位应当承担相应的安全生产责任。

6.2.2.1　向施工单位提供资料的准确性

建设施工活动在进行地基基础工程建设时，易造成地下管线的破坏，因此《建筑法》设专条（第四十条）对地下管线进行保护，规定建设单位应当向建筑施工企业提供与施工现场相关的地下管线资料，建筑施工企业应当采取措施加以保护。建设单位应当向施工单位提供施工现场及毗邻区域内供水、排水、供电、供气、供热、通信、广播电视等地下管线资料，气象和水文观测资料，相邻建筑物和构筑物、地下工程的有关资料，并保证资料的真实、准确和完整。

6.2.2.2　建设单位的限制行为

（1）建设单位不得以任何理由，要求建设设计单位或者建筑施工企业在工程设计或者施工作业中，违反法律、行政法规和建设工程质量、安全标准，降低工程质量。建设设计单位和建筑施工企业对建设单位违反规定提出的降低工程质量的要求，应当予以拒绝。

（2）建设单位不得对勘察、设计、施工、工程监理等单位提出不符合建设工程安全生产法律、法规和强制性标准规定的要求，不得压缩合同约定的工期。

（3）建设单位不得明示或者暗示施工单位购买、租赁、使用不符合安全施工要求的安全防护用具、机械设备、施工机具及配件、消防设施和器材。

（4）涉及建设主体和承重结构变动的装修工程，建设单位应当在施工前委托原设计单位或者具有相应资质条件的设计单位提出设计方案；没有设计方案的，不得施工。

6.2.2.3 安全生产方面的要求

（1）建设单位在编制工程概算时，应当确定建设工程安全作业环境及安全施工措施所需费用。施工单位应当具备的安全生产条件、所必需的资金投入，由施工单位的决策机构、主要负责人或者个人经营的投资人予以保证，并对由于安全生产所必需的资金投入不足而导致的后果承担责任。

（2）建设单位在申请领取施工许可证时，应当提供建设工程有关安全施工措施的资料。依法批准开工报告的建设工程，建设单位应当自开工报告批准之日起15日内，将保证安全施工的措施报送建设工程所在地的县级以上地方人民政府建设行政主管部门或者其他有关部门备案。

（3）建设单位应当将拆除工程发包给具有相应资质等级的施工单位。建设单位应当在拆除工程施工15日前，将下列资料报送建设工程所在地的县级以上地方人民政府建设行政主管部门或者其他有关部门备案：

① 施工单位资质等级证明；
② 拟拆除建筑物、构筑物及可能危及毗邻建筑物的说明；
③ 拆除施工组织方案；
④ 堆放、清除废弃物的措施；
⑤ 实施爆破作业的，应当遵守国家有关民用爆炸物品管理的规定。

6.2.2.4 特殊作业办理申请批准手续

对于公共场地的占用，公共设施的保护，水、电、交通的畅通，爆破作业等，涉及物质生产和人民生活的正常进行以及国家财产和公民生命财产安全的行为，国家制定了相关的法律、法规和规章，对此进行严加保护和严格规范，不得随意占用、损坏、中断或擅自进行作业。在施工现场确实需要进行这些特殊作业时，应由建设单位按照国家有关规定办理申请批准手续。

有下列情形之一的，建设单位应当按照国家有关规定办理申请批准手续：

（1）需要临时占用规划批准范围以外场地的；
（2）可能损坏道路、管线、电力、邮电通信等公共设施的；
（3）需要临时停水、停电、中断道路交通的；
（4）需要进行爆破作业的；
（5）法律、法规规定需要办理报批手续的其他情形。

6.2.2.5 建设单位的法律责任

（1）建设单位违反《建筑法》的规定，要求建设设计单位或者建筑施工企业违反建设工程质量、安全标准，降低工程质量的，责令改正，可以处以罚款；构成犯罪的，依法追究刑事责任。

（2）违反《建设工程安全生产管理条例》的规定，建设单位未提供建设工程安全生产作业环境及安全施工措施所需费用的，责令限期改正；逾期未改正的，责令该建设工程停止施工。

（3）建设单位未将保证安全施工的措施或者拆除工程的有关资料报送有关部门备案的，责令限期改正，给予警告。

（4）建设单位违反《建设工程安全生产管理条例》的规定，有下列行为之一的，责令限期改正，处20万元以上50万元以下的罚款；造成重大安全事故，构成犯罪的，对直接责任人员，依照《刑法》有关规定追究刑事责任；造成损失的，依法承担赔偿责任：

① 对勘察、设计、施工、工程监理等单位提出不符合安全生产法律、法规和强制性标准规定的要求的；

② 要求施工单位压缩合同约定的工期的；

③ 将拆除工程发包给不具有相应资质等级的施工单位的。

6.2.3 工程监理单位的安全责任

工程监理单位是工程建设的责任主体之一，工程监理单位接受建设单位的委托，代表建设单位对承包单位进行监督。安全生产贯穿于工程施工的全过程，涉及每个环节、每个部位，监理的职责就是对施工的各个环节起到把关的作用。工程监理单位的安全责任主要包括以下内容。

6.2.3.1 专项施工方案审查

工程监理单位应当审查施工组织设计中的安全技术措施或者专项施工方案是否符合工程建设强制性标准。

审查施工组织设计中的安全技术措施或者专项施工方案，是建设单位委托监理单位进行监理业务的主要内容之一。监理工程师应当先熟悉设计文件和图纸，对图纸中存在的有关问题提出书面意见和建议。并且按照《建设工程监理规范》（GB 50319—2019）的要求，在工程项目开工前，由总监理工程师组织专业监理工程师审查施工单位报送的施工组织设计（方案），提出审查意见，并经总监理工程师审核、签字后报送建设单位。

监理工程师对专项施工方案的审核一般包括以下内容：

（1）安全管理、质量管理和安全保证体系的组织机构，项目经理、工长、安全管理人员、特种作业人员配备的人员数量及安全资格培训持证上岗情况；

（2）施工安全生产责任制、安全管理规章制度、安全操作规程的制定情况；

（3）起重机械设备、施工机具和电器设备等设置是否符合规范要求；

（4）基坑支护、模板、脚手架工程、起重机械设备和整体提升脚手架拆装等专项方案是否符合规范要求；

（5）事故应急救援预案的制订情况；

（6）冬季、雨季等季节性施工方案的制订情况；

（7）施工总平面图是否合理，办公区、宿舍、食堂等临时设施的设置以及施工现场场地、道路、排污、排水、防火措施是否符合有关安全技术标准规范和文明施工的要求。

6.2.3.2 安全事故隐患报告

工程监理单位在实施监理过程中，发现存在安全事故隐患的，应当要求施工单位整改；情况严重的，应当要求施工单位暂时停止施工，并及时报告建设单位。施工单位拒不整改或者不停止施工的，工程监理单位应当及时向有关主管部门报告。

监理工程师在实施监理工作时，应当按照《建设工程监理规范》（GB 50319—2019）的规定，对建筑材料、建筑构配件和设备以及施工工序进行检验、检查。根据检验、检查的结果，决定是否允许建筑材料、建筑构配件和设备在施工中使用以及决定能否进行下一道工序的施工。对不能保证建筑物结构安全的建筑材料、建筑构配件和设备，有权要求施工单位停止使用；对不符合安全技术规范和标准的工序、分部分项工程，以及违反强制性标准，形成危及作业人员人身安全的事故隐患，应以下达整改指令书的形式通知施工单位立即整改；发现重大安全事故隐患的，监理工程师应当要求施工单位暂时停止施工，并及时报告建设单位。重大安全事故隐患消除后，经监理工程师确认达到安全施工要求，监理机构下达复工令，施工单位方可继续施工。

监理单位下达停工指令书后，施工单位仍对重大安全事故隐患拒不整改或者不停止施工的，监理单位应当立即向建设行政主管部门或其他有关主管部门报告，建设行政主管部门或其他有关主管部门应依法作出处理，以保证施工安全。

6.2.3.3 监理责任

工程监理单位和监理工程师应当按照法律、法规和工程建设强制性标准实施监理，并对工程建设安全生产承担监理责任。按照《建设工程监理规范》（GB 50319—2019）的规定，工程监理实行总监理工程师负责制。总监理工程师享有合同赋予监理单位的全部权利，全面负责受委托的监理工作。

总监理工程师应当对工程项目的安全监理负总责。工程项目的监理人员按照职责分工，确定安全监理的范围及重点，履行监督检查的职责，并对各自承担的安全监理工作负责。

6.2.3.4 工程监理单位的法律责任

根据《建筑法》第六十九条的规定，工程监理单位与建设单位或者建筑施工企业串通，弄虚作假、降低工程质量的，责令改正，处以罚款，降低资质等级或者吊销资质证书；有违法所得的，予以没收；造成损失的，承担连带赔偿责任；构成犯罪的，依法追究刑事责任。

工程监理单位转让监理业务的，责令改正，没收违法所得，可以责令停业整顿，降低资质等级；情节严重的，吊销资质证书。

6.2.4 施工单位的安全责任

建筑施工企业是建设活动中的主体，在施工安全生产中处于核心地位。由于建设工程生产具有产品固定、人员流动性大、多为露天高空作业、施工环境和作业条件差、不安全因素随着工程的进度变化而变化、事故隐患较多等特点，通过对近些年工程建设中发生的安全事故的分析表明，施工单位是绝大多数安全事故的直接责任方。其原因是多方面的：一是施工单位的市场行为不规范；二是施工单位的安全生产观念淡薄；三是必要的安全生产资金投入不足，致使其不具备基本的安全生产条件；四是安全生产责任制不健全，安全管理不到位；

五是作业人员未经培训或培训不合格上岗、违章指挥、违章作业、违章操作等。为遏止安全事故的发生，确保工程建设安全生产，法律法规对施工单位的市场准入、施工单位的安全生产行为规范和安全生产条件，以及施工单位的主要负责人、项目负责人、安全管理人员、作业人员的安全责任等方面做出了明确的规定。

6.2.4.1 施工单位应具备安全生产条件

施工单位从事建设工程的新建、扩建、改建和拆除等活动，应当具备国家规定的注册资本、专业技术人员、技术装备和安全生产等条件，依法取得相应等级的资质证书，并在其资质等级许可的范围内承揽工程。

安全生产条件是指施工单位能够满足保障生产经营安全的需要，在正常情况下不会导致人员伤亡和财产损失所必需的各种系统、设施和设备以及与施工相适应的管理组织、制度和技术措施等。其具体包括：①具备安全生产的管理制度；②设置有负责安全生产的机构和配备安全生产管理人员；③对施工单位的管理人员和其他作业人员进行安全培训的制度；④对已经发生的安全事故的处理情况及整改情况。

对于不具备安全生产条件的施工单位，不得颁发资质证书，从根本上防止安全事故的发生。

6.2.4.2 施工单位的安全生产责任制度

（1）施工单位主要负责人依法对本单位的安全生产工作全面负责。施工单位应当建立健全安全生产责任制度和安全生产教育培训制度，制定安全生产规章制度和操作规程，保证本单位安全生产条件所需资金的投入，对所承担的建设工程进行定期和专项安全检查，并做好安全检查记录。施工负责人的安全生产职责包括以下内容：

① 建立健全本单位安全生产责任制；
② 组织制定本单位安全生产规章制度和操作规程；
③ 保证本单位安全生产投入的有效实施；
④ 督促、检查本单位的安全生产工作，及时消除生产安全事故隐患；
⑤ 组织制订并实施本单位的生产安全事故应急救援预案；
⑥ 及时、如实报告生产安全事故。

（2）施工单位的项目负责人应当由取得相应执业资格的人员担任，对建设工程项目的安全施工负责，落实安全生产责任制度、安全生产规章制度和操作规程，确保安全生产费用的有效使用，并根据工程的特点组织制订安全施工措施，消除安全事故隐患，及时、如实报告生产安全事故。

（3）施工单位应当设立安全生产管理机构，配备专职安全生产管理人员。专职安全生产管理人员负责对安全生产进行现场监督检查。发现安全事故隐患，应当及时向项目负责人和安全生产管理机构报告；对违章指挥、违章操作的，应当立即制止。专职安全生产管理人员的配备办法依据国务院建设行政主管部门和国务院其他有关部门的规定。

（4）施工单位的主要负责人、项目负责人、专职安全生产管理人员应当经建设行政主管部门或者其他有关部门考核合格后方可任职。

施工单位应当对管理人员和作业人员每年至少进行一次安全生产教育培训，教育培训情况记入个人工作档案。安全生产教育培训考核不合格的人员，不得上岗。

6.2.4.3 施工单位的安全生产费用

（1）施工单位应当具备的安全生产条件、所必需的资金投入，由施工单位的决策机构、主要负责人或者个人经营的投资人予以保证，并对由于安全生产所必需的资金投入不足而导致的后果承担责任。施工单位新建、改建、扩建工程项目的安全设施，必须与主体工程同时设计、同时施工、同时投入生产和使用。安全设施投资应当纳入建设工程概算。

（2）施工单位对列入建设工程概算的安全作业环境及安全施工措施所需费用，应当用于施工安全防护用具及设施的采购和更新、安全施工措施的落实、安全生产条件的改善，不得挪作他用。

6.2.4.4 总分包单位的安全生产责任

工程建设实行施工总承包的，由总承包单位对施工现场的安全生产负总责。总承包单位应当自行完成建设工程主体结构的施工。总承包单位依法将建设工程分包给其他单位的，分包合同中应当明确各自的安全生产方面的权利和义务。总承包单位和分包单位对分包工程的安全生产承担连带责任。分包单位应当服从总承包单位的安全生产管理，分包单位不服从管理导致生产安全事故的，由分包单位承担主要责任。

6.2.4.5 施工单位的安全保障措施

（1）施工单位应当在施工组织设计中编制安全技术措施和施工现场临时用电方案，对下列达到一定规模的危险性较大的分部分项工程编制专项施工方案，并附具安全验算结果，经施工单位技术负责人、总监理工程师签字后实施，由专职安全生产管理人员进行现场监督：

① 基坑支护与降水工程；
② 土方开挖工程；
③ 模板工程；
④ 起重吊装工程；
⑤ 脚手架工程；
⑥ 拆除、爆破工程；
⑦ 国务院建设行政主管部门或者其他有关部门规定的其他危险性较大的工程。

以上工程中涉及深基坑、地下暗挖工程、高大模板工程的专项施工方案，施工单位还应当组织专家进行论证、审查。其中，基坑支护与降水工程达到一定规模的危险性较大工程的标准，由国务院建设行政主管部门会同国务院其他有关部门制定。

（2）工程建设施工前，施工单位负责项目管理的技术人员应当对有关安全施工的技术要求向施工作业班组、作业人员作出详细说明，并由双方签字确认。

（3）作业人员进入新的岗位或者新的施工现场前，应当接受安全生产教育培训。未经教育培训或者教育培训考核不合格的人员，不得上岗作业。

（4）施工单位在采用新技术、新工艺、新设备、新材料时，应当对作业人员进行相应的安全生产教育培训。

6.2.4.6 施工现场的安全防护

（1）施工单位应当在施工现场入口处、施工起重机械、临时用电设施、脚手架、出入通道口、楼梯口、电梯井口、孔洞口、桥梁口、隧道口、基坑边沿、爆破物及有害危险气体和液体存放处等危险部位,设置明显的安全警示标志。安全警示标志必须符合国家标准。

(2) 施工单位应当根据不同施工阶段和周围环境及季节、气候的变化,在施工现场采取相应的安全施工措施。

(3) 施工现场暂时停止施工的,施工单位应当做好现场防护,所需费用由责任方承担,或者按照合同约定执行。

(4) 施工单位对因建设工程施工可能造成损害的毗邻建筑物、构筑物和地下管线等,应当采取专项防护措施。

(5) 施工单位应当遵守有关环境保护法律、法规的规定,在施工现场采取措施,防止或者减少粉尘、废气、废水、固体废物、噪声、振动和施工照明对人和环境的危害和污染。在城市市区内的建设工程,施工单位应当对施工现场实行封闭围挡。

建筑施工企业采取一些方法控制和处理施工现场的各种粉尘、废气、废水、固体废弃物以及噪声、振动对环境的污染和危害,主要措施包括:

① 妥善处理泥浆水及其废水,未经处理不得直接排入城市排水设施和河流;

② 除设有符合规定的装置外,不得在施工现场熔融沥青或者焚烧油毡、油漆以及其他会产生有毒、有害烟尘和恶臭气体的物质;

③ 使用密封式的圈筒或者采取其他措施处理高空废弃物;

④ 采取有效措施控制施工过程中的扬尘;

⑤ 禁止将有毒有害废弃物用作土方回填;

⑥ 对产生噪声、振动的施工机械,应采取有效控制措施,减轻噪声扰民。

6.2.4.7 施工单位的劳动保护

(1) 施工单位应当将施工现场的办公区、生活区与作业区分开设置,并保持安全距离,办公区、生活区的选址应当符合安全性要求。职工的膳食、饮水、休息场所等应当符合卫生标准。施工单位不得在尚未竣工的建筑物内设置员工集体宿舍。

(2) 施工现场临时搭建的建筑物应当符合安全使用要求。施工现场使用的装配式活动房屋应当具有产品合格证。

(3) 施工单位应当向作业人员提供安全防护用具和安全防护服装,并书面告知危险岗位的操作规程和违章操作的危害。

(4) 作业人员有权对施工现场的作业条件、作业程序和作业方式中存在的安全问题提出批评、检举和控告,有权拒绝违章指挥和强令冒险作业。

(5) 在施工中发生危及人身安全的紧急情况时,作业人员有权立即停止作业或者在采取必要的应急措施后撤离危险区域。

(6) 作业人员应当遵守安全施工的强制性标准、规章制度和操作规程,正确使用安全防护用具和机械设备等。

(7) 施工单位采购、租赁的安全防护用具、机械设备、施工机具及配件,应当具有生产(制造)许可证、产品合格证,并在进入施工现场前进行查验。

(8) 施工现场的安全防护用具、机械设备、施工机具及配件必须由专人管理,定期进行检查、维修和保养,建立相应的资料档案,并按照国家的有关规定及时报废。

(9) 施工单位应当为施工现场从事危险作业的人员办理意外伤害保险。

6.2.4.8 施工现场消防保护

消防安全是工程建设安全生产管理的重要组成部分,是施工现场安全生产管理的工作重点之一。根据《建设工程安全生产管理条例》的规定,施工单位应当在施工现场建立消防安全责任制度,确定消防安全责任人,制定用火、用电、使用易燃易爆材料等各项消防安全管理制度和操作规程,设置消防通道、消防水源,配备消防设施和灭火器材,并在施工现场入口处设置明显标志。

6.2.4.9 施工现场特殊作业要求

(1)垂直运输机械作业人员、安装拆卸工、爆破作业人员、起重信号工、登高架设作业人员等特种作业人员,必须按照国家有关规定经过专门的安全作业培训,并取得特种作业操作资格证书后,方可上岗作业。

(2)施工单位在使用施工起重机械和整体提升脚手架、模板等自升式架设设施前,应当组织有关单位进行验收,也可以委托具有相应资质的检验、检测机构进行验收;使用承租的机械设备和施工机具及配件的,由施工总承包单位、分包单位、出租单位和安装单位共同进行验收。验收合格的方可使用。

6.2.4.10 施工单位的法律责任

(1)施工单位的主要负责人、个人经营的投资人不依照规定保证安全生产所必需的资金投入,致使施工单位不具备安全生产条件的,责令限期改正,提供必需的资金;逾期未改正的,责令施工单位停产停业整顿。导致发生生产安全事故,构成犯罪的,依照《刑法》有关规定追究刑事责任;尚不够刑事处罚的,对施工单位的主要负责人给予撤职处分,对个人经营的投资人处2万元以上20万元以下的罚款。

(2)施工单位的主要负责人未履行规定的安全生产管理职责的,责令限期改正;逾期未改正的,责令施工单位停产停业整顿。导致发生生产安全事故,构成犯罪的,依照《刑法》有关规定追究刑事责任;尚不够刑事处罚的,给予撤职处分或者处2万元以上20万元以下的罚款。施工单位的主要负责人受刑事处罚或者撤职处分的,自刑罚执行完毕或者受处分之日起,5年内不得担任任何施工单位的主要负责人。

(3)施工单位有下列行为之一的,责令限期改正;逾期未改正的,责令停产停业整顿,可以并处2万元以下的罚款:
① 未按照规定设立安全生产管理机构或者配备安全生产管理人员的;
② 主要负责人和安全生产管理人员未按照规定经考核合格的;
③ 未对从业人员进行安全生产教育和培训,或者未如实告知与从业人员有关的安全生产事项的;
④ 特种作业人员未按照规定经专门的安全作业培训并取得特种作业操作资格证书,上岗作业的。

(4)施工单位未在施工现场的危险部位设置明显的安全警示标志,未在施工现场设置消防通道、消防水源、配备消防设施和灭火器材的。

(5)未对安全设备进行经常性维护、保养和定期检测的。

(6)未为从业人员提供符合国家标准或者行业标准的劳动防护用品的。

(7)使用国家明令淘汰、禁止使用的危及生产安全的工艺、设备的。

（8）施工单位将工程发包给不具备安全生产条件或者相应资质的单位或者个人的，责令限期改正，没收违法所得；违法所得5万元以上的，并处违法所得1倍以上5倍以下的罚款；没有违法所得或者违法所得不足5万元的，单处或者并处1万元以上5万元以下的罚款；导致发生生产安全事故给他人造成损害的，与承包方、承租方承担连带赔偿责任。

（9）施工单位未与承包单位签订专门的安全生产管理协议或者未在承包合同中明确各自的安全生产管理职责，或者未对承包单位的安全生产统一协调、管理的，责令限期改正；逾期未改正的，责令停产停业整顿。

（10）施工单位与从业人员订立协议，免除或者减轻其对从业人员因生产安全事故伤亡依法应承担的责任的，该协议无效；对施工单位的主要负责人、个人经营的投资人处2万元以上10万元以下的罚款。

（11）施工单位不具备《安全生产法》和其他有关法律、行政法规和国家标准或者行业标准规定的安全生产条件，经停产停业整顿仍不具备安全生产条件的，予以关闭；有关部门应当依法吊销其有关证照。

（12）施工单位发生生产安全事故造成人员伤亡、他人财产损失的，应当依法承担赔偿责任；拒不承担或者其负责人逃匿的，由人民法院依法强制执行。生产安全事故的责任人未依法承担赔偿责任，经人民法院依法采取执行措施后，仍不能对受害人给予足额赔偿的，应当继续履行赔偿义务；受害人发现责任人有其他财产的，可以随时请求人民法院执行。

6.2.5 勘察、设计单位的安全责任

6.2.5.1 勘察单位的安全责任

勘察活动由于专业性很强，不同于一般的经济活动，涉及公共利益和公众安全。为保护建设单位的利益和人民群众的生命财产安全，勘察单位应当按照其拥有的注册资本、专业技术人员、技术装备和业绩，依法取得相应的等级资质证书后，方可在其资质许可的范围内从事勘察活动。

勘察工作在工程建设各个环节中居于先行地位，勘察成果文件是设计和施工的基础资料，是建设项目选址、设计和施工必不可少的依据，对设计和施工的安全性有直接的影响。因此，勘察单位在勘查活动中应当履行以下安全责任：

（1）勘察单位应当按照法律、法规和工程建设强制性标准进行勘察，提供的勘察文件应当真实、准确，满足建设工程安全生产的需要；

（2）勘察单位在勘察作业时，应当严格执行操作规程，采取措施保证各类管线、设施和周边建筑物、构筑物的安全。

6.2.5.2 设计单位的安全责任

建设工程设计应当符合按照国家规定制定的建设工程安全规程和技术规范，保证工程的安全性。保证工程的安全性，设计是前提。工程建设的安全性包括两层含义：一是在建造过程中的安全，这主要是指建造者即施工作业人员的安全；二是建成后的安全，这主要是指建筑物的安全。因此，建设工程设计应当符合按照国家规定制定的建设工程安全规程和技术规范。这些规程和规范是建设工程的安全性能、建设职工的安全健康的可靠保障，在工程设

时，必须遵循以下几方面的要求：

（1）设计单位应当按照法律、法规和工程建设强制性标准进行设计，防止因设计不合理而导致生产安全事故的发生。

（2）设计单位应当考虑施工安全操作和防护的需要，对涉及施工安全的重点部位和环节在设计文件中注明，并对防范生产安全事故提出指导性意见。

下列涉及施工安全的重点部位和环节应当在设计文件中注明，施工单位作业前，设计单位应当就设计意图、设计文件向施工单位作出说明和技术交底，并对防范生产安全事故提出指导性意见。

① 地下管线的防护。地下管线的种类和具体位置、地下管线的安全保护措施。

② 外线电路防护。施工现场临时用电中外线电路与建筑物的距离，外线电路电压应采用的防护措施，设置防护设施施工时应注意的安全作业事项、安全注意事项等。

③ 深基坑工程。基坑侧壁选用的安全系数、基坑支护结构选型，地下水控制方法及验算，承载能力极限状态和正常使用极限状态的设计计算和验算，支护结构计算和验算等。对于特殊结构的混凝土模板支护，设计单位应当提供模板支撑系统结构图及计算书。

④ 采用新结构、新材料、新工艺的建设工程和特殊结构的建设工程，设计单位应当在设计中提出保障施工作业人员安全和预防生产安全事故的措施建议。

⑤ 设计单位和注册建造师等注册执业人员应当对其设计负责。由于设计单位设计责任而造成事故的，设计单位除承担行政责任外，还要对造成的损失进行赔偿；注册执业人员应当在设计文件上签字，对设计文件负责。

6.2.5.3 勘察设计单位的法律责任

勘察设计单位有下列行为之一的，责令限期改正，处 10 万元以上 30 万元以下的罚款；情节严重的，责令停业整顿，降低资质等级，直至吊销资质证书；造成重大安全事故，构成犯罪的，对直接责任人员追究刑事责任；造成损失的，依法承担赔偿责任：

（1）未按照法律法规和工程建设强制性标准进行勘察、设计的；

（2）采用新结构、新材料、新工艺的建设工程和特殊结构的建设工程，设计单位未在设计中提出保障施工作业人员安全和预防生产安全事故的措施建议的。

6.2.6 其他单位的安全责任

6.2.6.1 提供机械设备和配件的单位的安全责任

为工程建设提供机械设备和配件的单位，应当按照安全施工的要求配备齐全有效的保险、限位等安全设施和装置。为工程建设提供机械设备和配件的单位，未按照安全施工的要求配备齐全有效的保险、限位等安全设施和装置的，责令限期改正，处合同价款 1 倍以上 3 倍以下的罚款；造成损失的，依法承担赔偿责任。

6.2.6.2 出租机械设备和施工机具及配件的单位的安全责任

出租的机械设备和施工机具及配件，应当具有生产（制造）许可证、产品合格证。出租单位应当对出租的机械设备和施工机具及配件的安全性能进行检测，在签订租赁协议时，应当出具检测合格证明。

出租单位出租未经安全性能检测或者经检测不合格的机械设备和施工机具及配件的，责令停业整顿，并处5万元以上10万元以下的罚款；造成损失的，依法承担赔偿责任。

6.2.6.3 起重机械和自升式架设设施的安装、拆卸以及检测单位的安全责任

施工起重机械和自升式架设设施等的安装、拆卸以及检测属于特殊专业，具有高度危险性，容易造成重大伤亡事故，与施工安全具有密切关系，因此有必要将其纳入资质管理。

在施工现场安装、拆卸施工起重机械和整体提升脚手架、模板等自升式架设设施，必须由具有相应资质的单位承担。安装、拆卸施工起重机械和整体提升脚手架、模板等自升式架设设施，应当编制拆装方案、制订安全施工措施，并由专业技术人员现场监督。施工起重机械和整体提升脚手架、模板等自升式架设设施安装完毕后，安装单位应当自检，出具自检合格证明，并向施工单位进行安全使用说明，办理验收手续并签字。

按照2015年修改后实施的《建筑业企业资质等级标准》的规定，起重设备安装工程专业承包资质分为一级、二级、三级三个等级标准。一级企业可承担塔式起重机、各类施工升降机和门式起重机的安装与拆卸；二级企业可承担3150kN·m及以下塔式起重机、各类施工升降机和门式起重机的安装与拆卸；三级企业可承担800kN·m及以下塔式起重机和门式起重机的安装与拆卸。整体提升脚手架专业承包资质分为一级、二级两个等级标准。一级企业可承担各类整体提升脚手架的设计、制作、安装和施工；二级企业可承担80m及以下整体提升脚手架的设计、制作、安装和施工。

施工起重机械和整体提升脚手架、模板等自升式架设设施的使用达到国家规定的检验检测期限的，必须经具有专业资质的检验、检测机构检测。经检测不合格的，不得继续使用。检验、检测机构对于检测合格的施工起重机械和整体提升脚手架、模板等自升式架设设施，应当出具安全合格证明文件，并对检测结果负责。

施工起重机械和整体提升脚手架、模板等自升式架设设施安装、拆卸单位有下列行为之一的，责令限期改正，处5万元以上10万元以下的罚款；情节严重的，责令停业整顿，降低资质等级，直至吊销资质证书；造成损失的，依法承担赔偿责任：

（1）未编制拆装方案、制定安全施工措施的；
（2）未由专业技术人员现场监督的；
（3）未出具自检合格证明或者出具虚假证明的；
（4）未向施工单位进行安全使用说明，办理移交手续的。

施工起重机械和整体提升脚手架、模板等自升式架设设施安装、拆卸单位有上述第（1）（3）项行为的，经有关部门或者单位职工提出后，对事故隐患仍不采取措施，因而发生重大伤亡事故或者造成其他严重后果，构成犯罪的，对直接责任人员，依法追究刑事责任。

6.3 工程建设安全生产许可证制度

为了严格规范建筑施工企业安全生产条件，进一步加强安全生产监督管理，防止和减少生产安全事故，国务院制定了《安全生产许可证条例》（2014年7月修改后发布）。《安全生产许可证条例》对建筑施工企业安全生产许可证管理进行了详细的规定，其中条款明确了"国家对矿山企业、建筑施工企业和危险化学品、烟花爆竹、民用爆炸物品生产企业（以下

统称企业）实行安全生产许可制度"。该条例还明确："企业未取得安全生产许可证的，不得从事生产活动。" 2015 年 1 月修改后发布的《建筑施工企业安全生产许可证管理规定》对建筑施工企业的业务范围给予了界定。该规定中所称的建筑施工企业是指从事土木工程、建筑工程、线路管道和设备安装工程及装修工程的新建、扩建、改建和拆除等有关活动的企业。

6.3.1 安全生产许可证的取得条件

国家对建筑施工企业实行安全生产许可制度。建筑施工企业未取得安全生产许可证的，不得从事建设施工活动。

6.3.1.1 建筑施工企业取得安全生产许可证应当具备的安全生产条件

（1）建立健全安全生产责任制，制定完备的安全生产规章制度和操作规程。
（2）保证本单位安全生产条件所需资金的投入。
（3）设置安全生产管理机构，按照国家有关规定配备专职安全生产管理人员。
（4）主要负责人、项目负责人、专职安全生产管理人员经建设行政主管部门或者其他有关部门考核合格。
（5）特种作业人员经有关业务主管部门考核合格，取得特种作业操作资格证书。
（6）管理人员和作业人员每年至少进行一次安全生产教育培训并考核合格。
（7）依法参加工伤保险，依法为施工现场从事危险作业的人员办理意外伤害保险，为从业人员缴纳保险费。
（8）施工现场的办公区、生活区及作业场所和安全防护用具、机械设备、施工机具及配件符合有关安全生产法律、法规、标准和规程的要求。
（9）有职业危害防治措施，并为作业人员配备符合国家标准或者行业标准的安全防护用具和安全防护服装。
（10）有对危险性较大的分部分项工程及施工现场易发生重大事故的部位、环节的预防、监控措施和应急预案。
（11）有生产安全事故应急救援预案、应急救援组织或者应急救援人员，配备必要的应急救援器材、设备。
（12）法律、法规规定的其他条件。

6.3.1.2 安全生产许可证的申请与颁发

建筑施工企业从事建设施工活动前，应当依照规定向省级以上建设行政主管部门申请领取安全生产许可证。中央管理的建筑施工企业（集团施工单位、总施工单位）应当向国务院建设行政主管部门申请领取安全生产许可证，其他的建筑施工企业，包括中央管理的建筑施工企业（集团施工单位、总施工单位）下属的建筑施工企业，应当向企业注册所在地省、自治区、直辖市人民政府建设行政主管部门申请领取安全生产许可证。

建筑施工企业申请安全生产许可证时，应当向建设行政主管部门提供下列材料：①建筑施工企业安全生产许可证申请表；②企业法人营业执照；③其他相关文件、材料。

建筑施工企业申请安全生产许可证，应当对申请材料实质内容的真实性负责，不得隐瞒有关情况或者提供虚假材料。建设行政主管部门应当自受理建筑施工企业的申请之日起 45

日内审查完毕；经审查符合安全生产条件的，颁发安全生产许可证；不符合安全生产条件的，不予颁发安全生产许可证，书面通知企业并说明理由。企业自接到通知之日起应当进行整改，整改合格后方可再次提出申请。建设行政主管部门审查建筑施工企业安全生产许可证申请，涉及铁路、交通、水利等有关专业工程时，可以征求铁路、交通、水利等有关部门的意见。

6.3.1.3 安全生产许可证的有效期

安全生产许可证的有效期为3年。安全生产许可证有效期满需要延期的，企业应当于期满前3个月向原安全生产许可证颁发管理机关申请办理延期手续。企业在安全生产许可证有效期内，严格遵守有关安全生产的法律法规，未发生死亡事故的，安全生产许可证有效期届满时，经原安全生产许可证颁发管理机关同意，不再审查，安全生产许可证有效期延期3年。

6.3.1.4 安全生产许可证的变更、注销及补办

建筑施工企业变更名称、地址、法定代表人等，应当在变更后10日内，到原安全生产许可证颁发管理机关办理安全生产许可证变更手续。

建筑施工企业破产、倒闭、撤销的，应当将安全生产许可证交回原安全生产许可证颁发管理机关予以注销。

建筑施工企业遗失安全生产许可证，应当立即向原安全生产许可证颁发管理机关报告，并在公众媒体上声明作废后，方可申请补办。

安全生产许可证申请表采用住房和城乡建设部规定的统一式样；安全生产许可证采用国务院安全生产监督管理部门规定的统一式样。安全生产许可证分正本和副本，正、副本具有同等法律效力。

6.3.2 安全生产许可证的管理规定

县级以上人民政府建设行政主管部门应当加强对建筑施工企业安全生产许可证的监督管理。建设行政主管部门在审核发放施工许可证时，应当对已经确定的建筑施工企业是否有安全生产许可证进行审查，对没有取得安全生产许可证的，不得颁发施工许可证。跨省从事建设施工活动的建筑施工企业有违反本规定行为的，由工程所在地的省级人民政府建设行政主管部门将建筑施工企业在本地区的违法事实、处理结果和处理建议抄告原安全生产许可证颁发管理机关。

建筑施工企业取得安全生产许可证后，不得降低安全生产条件，并应当加强日常安全生产管理，接受建设行政主管部门的监督检查。安全生产许可证颁发管理机关发现企业不再具备安全生产条件的，应当暂扣或者吊销安全生产许可证。

安全生产许可证颁发管理机关或者其上级行政机关发现有下列情形之一的，可以撤销已经颁发的安全生产许可证：

（1）安全生产许可证颁发管理机关工作人员滥用职权、玩忽职守颁发安全生产许可证的；

（2）超越法定职权颁发安全生产许可证的；

(3) 违反法定程序颁发安全生产许可证的;
(4) 对不具备安全生产条件的建筑施工企业颁发安全生产许可证的;
(5) 依法可以撤销已经颁发的安全生产许可证的其他情形。

依照以上规定撤销安全生产许可证,建筑施工企业的合法权益受到损害的,建设行政主管部门应当依法给予赔偿。

安全生产许可证颁发管理机关应当建立健全安全生产许可证档案管理制度,定期向社会公布企业取得安全生产许可证的情况,每年向同级安全生产监督管理部门通报建筑施工企业安全生产许可证的颁发和管理情况。建筑施工企业不得转让、冒用安全生产许可证或者使用伪造的安全生产许可证。建设行政主管部门工作人员在安全生产许可证颁发、管理和监督检查工作中,不得索取或者接受建筑施工企业的财物,不得谋取其他利益。

任何单位或者个人对违反本规定的行为,有权向安全生产许可证颁发管理机关或者监察机关等有关部门举报。

案例分析5

> 2017年12月1日中午11时30分左右,某市某水泥构件施工单位起重操作工陈某与吴某两人在进行行车吊装水泥沟管作业。陈某用无线遥控操作行车运行,挂钩工吴某负责水泥沟管吊装。当行车吊装水泥沟管离地约20厘米时,沟管出现摆动,碰撞到陈某小腿,致使陈某后仰倒下,头部撞到身后堆放的水泥沟管内,员工当即用厂车将其送往县第一人民医院,经抢救无效死亡。
>
> **问题**:试分析导致这次事故的原因。
>
> **分析**:直接原因是该施工单位职工陈某上岗作业,未经行车操作培训,未取得有效特种作业操作证件;并在作业过程中,未佩戴劳动保护用品安全帽等,注意力不集中,当起吊物出现摆动时,对周围状况估计不足,采取措施不当,致使沟管碰撞本人小腿后仰倒地,头部撞到身后堆放的水泥沟管内,救治无效死亡。
>
> 间接原因是该施工单位对安全生产工作领导不力,没有严格督促、检查本单位的安全生产工作,没有落实安全生产责任制。雇用无特种作业操作证人员操作特种设备,导致事故发生。

本章小结

本章主要讲述了建设工程安全管理的概念和原则;建设、施工、勘察、设计、监理等单位的安全责任;各单位相关人员的职责;安全生产的保障措施;安全生产事故的应急救援管理和事故调查处理;安全生产的监督管理;工程安全生产的管理制度;安全生产许可证的获取和管理等内容。

建设安全生产管理是指由建设行政主管部门、市场监管机构以及各参建单位针对生产过程中的安全工作,有计划、有组织地进行控制管理的一系列活动。我国安全生产管理采取分级管理、分层负责的原则。在安全事故的调查处理方面强调完善事故调查处理机制。坚持问责与整改并重,充分发挥事故查处对加强和改进安全生产工作的促进作用。完善生产安全事故调查组组长负责制。健全典型事故提级调查、跨地区协同调查和工作督导机制。建立事故调查分析技术支撑体系，对事故调查发现有漏洞、缺陷的有关法律法规和标准制度，及时启动制定、修订工作。

在安全生产许可方面明确规定国家对建筑施工企业实行安全生产许可制度。建筑施工企业未取得安全生产许可证的，不得从事建设施工活动。

通过学习本章的内容，树立起安全生产的意识，认识到只有建立健全安全生产管理制度，才能保障生产安全。

复习思考题

1. 简述安全生产的概念和原则。
2. 简述施工单位安全生产的保障措施。
3. 简述建设单位、监理单位、施工单位的安全责任。
4. 简述生产安全事故的应急救援措施。
5. 什么是工程建设重大事故？工程建设重大事故分为哪几个等级？
6. 简述建设安全生产监督管理体制。
7. 建设工程安全生产责任制度主要包括哪几项？
8. 简述建设工程安全生产许可证的管理规定。

7 工程建设质量管理法律制度

【知识目标】
1. 掌握工程质量法规体系包含的内容；
2. 了解工程质量检测机构的任务与权限；
3. 熟悉我国工程质量的验评与奖励制度；
4. 熟悉工程建设质量的强制性标准和推荐性标准；
5. 掌握建筑工程保修制度；
6. 了解产品质量认证制度。

7.1 工程建设质量管理概述

工程质量是决定工程建设成败的关键，质量的优劣，直接影响工程建成后的使用。工程建设质量的好坏也影响相关单位的信誉、效益。控制好工程建设质量是参建各方工作的重点，也是参建各方共同的职责。为了保证建筑工程质量监督的有效进行，建设法规在工程建设质量管理方面确立了工程建设质量监督管理制度、工程建设质量检测制度、工程建设质量验评及奖励制度、工程竣工验收备案制度、工程建设质量事故报告制度、工程建设质量认证制度。

我国的建筑业是国民经济的支柱产业，在国民经济建设中发挥着重要的作用。建筑工程是一项量大面广的社会系统工程，其质量的优劣直接影响到国家经济建设的发展。应坚持依法建设，改善企业内部管理，提高工程质量意识，加强施工管理力度，促进建筑行业的健康发展。近几年来，建筑市场竞争激烈，问题迭出。其主要表现在：①设计不合理；②施工质量差；③建筑材料功能不过关；④农民施工队伍大量涌入等导致质量安全事故频繁发生。

建筑业长期以来存在的渗、漏、堵、空、裂等工程质量问题，严重侵犯了消费者的合法权益，这些在社会上都造成了不良的影响。百年大计，质量第一。要进行工程质量控制，我们就要了解建筑工程质量的内涵、特点、影响因素，工程质量控制的原则以及工程质量的责任体系。

7.1.1 工程建设质量的含义

工程建设质量有狭义与广义之分。

狭义的工程建设质量是指工程满足业主需要的，符合国家法律、法规、技术规范标准、设计文件及合同规定或约定的特性综合。这一概念强调的是工程的实体质量，如基础是否坚固、主体结构是否安全，以及通风、采光是否合理等。

广义的工程建设质量不仅包括工程的实体质量，还包括形成实体质量的工作质量。工作质量是指参与工程的建设者，为了保证工程实体质量所从事工作的水平和完善程度，不仅包括社会工作质量，如社会调查、市场预测、质量回访和保修服务等，还包括生产过程工作质量，如管理工作质量、技术工作质量和后勤工作质量等。工作质量直接决定了实体质量，工程实体质量的好坏是项目决策、建筑工程勘察、设计、施工等单位各方面、各环节工作质量的综合反映，是多因一果的问题。因此，需从广义上理解工程质量的概念，而不能仅仅把认识停留在工程的实体质量上。

7.1.2 工程质量的特点

工程作为一种特殊的产品，除具有一般商品共有的质量特性，如性能、寿命、可靠性、安全性、经济性等满足社会需要的使用价值及其属性外，还具有特定的内涵。建筑工程质量的特点是由建筑工程本身的特性和建设生产特点决定的。建筑工程及其生产的特点概括起来有以下几点：一是产品的固定性，生产的流动性；二是产品的多样性，生产的单件性；三是产品形体庞大、高投入、生产周期长、具有风险性；四是产品的社会性、生产的外部约束性。

基于以上分析，建筑工程质量具有以下特点。

7.1.2.1 影响因素多

建筑工程质量受设计水平、材料好坏、施工方法先进与否、技术措施是否到位、人员素质的高低、工期等的影响。影响建筑工程质量的主要因素是人、材料、机械、方法和环境。

（1）操作人员的理论、技术水平，生理缺陷，粗心大意，违纪违章等。施工时首先要考虑到对人的因素的控制，因为人是施工过程的主体，工程质量的形成受到所有参加工程项目施工的工程技术干部、操作人员、服务人员的共同作用，他们是形成工程质量的主要因素。

（2）工程材料（包括原材料、成品、半成品、构配件）是工程施工的物质条件，材料质量是工程质量的基础，材料质量不符合要求，工程质量也就不可能符合标准。所以，加强材料的质量控制是提高工程质量的重要保证。

（3）合理选择机械的类型、数量、参数，合理使用机械设备，正确操作。这也是不可忽视的质量控制环节。

（4）施工方法的影响。施工过程中，由于施工方案考虑不周而拖延进度、影响质量、增加投资的情况并不鲜见。因此，制订和审核施工方案时，必须结合工程实际，从技术、管理、工艺、组织、操作、经济等方面进行全面分析、综合考虑，以保证方案有利于提高质量、加快进度、降低成本。

（5）工程施工环境的影响。环境因素对工程质量的影响具有复杂而多变的特点，如气象条件就变化万千，温度、湿度、大风、暴雨、酷暑、严寒都直接影响工程质量，应重视施工的环境因素。

7.1.2.2 质量波动大

由于影响工程质量的偶然性因素和系统性因素比较多，其中任一因素发生变动，都会使工程质量产生波动，因此要严防出现系统性因素的质量变异，要把质量波动控制在偶然性因素范围内。

7.1.2.3 质量隐蔽性

建筑工程在施工过程中，分项工程交接多、中间产品多、隐蔽工程多，因此质量存在隐蔽性。若在施工中不及时进行质量检查，事后只能从表面上检查，就很难发现内在的质量问题，这样就容易产生判断错误，即第一类判断错误（将合格品判为不合格品）和第二类判断错误（将不合格品误认为合格品）。

7.1.2.4 终检的局限性

工程项目建成以后不能像一般工业产品那样，依靠终检来判断产品的质量和控制产品的质量；也不可能像工业产品那样将其拆卸或解体以检查内在质量，或更换不合格的零部件。所以，工程项目的终检（竣工验收）存在一定的局限性。工程项目的施工质量控制应强调过程控制，边施工边检查边整改，及时做好检查、认证记录。质量终检存在一定的局限性，意味着通过终检很难对工程项目的质量作出全面、完整的评价和判断，为此应重视事前和实施过程中对质量的控制，坚持控制程序化、标准化和科学化作业，达到精品工程，使业主、客户满意，参建单位也从中受益。

7.1.2.5 评价方法的特殊性

工程质量的检查评定及验收是按检验批、分项工程、分部工程、单位工程进行的。检验批的质量是分项工程乃至整个工程质量检验的基础。工程质量是在施工单位按合格质量标准自行检查评定的基础上，由监理工程师（或建设单位项目负责人）组织有关单位、人员进行检验确认验收。这种评价方法体现了"验评分离、强化验收、完善手段、过程控制"的指导思想。

7.1.3 影响工程质量形成的五个阶段

在整个建设过程中，不同的建设阶段对工程的质量形成也有着不同的作用和影响。

7.1.3.1 项目可行性研究阶段

项目可行性研究是指对各种可能的拟建方案和建成后工程的经济效益、社会效益和环境效益进行分析论证，在论证可行的情况下，通过多方案比较从中选择出最优的建设方案作为项目决策和设计的依据。项目的可行性研究直接影响了项目的决策质量和设计质量。

7.1.3.2 项目决策阶段

这是对项目的建设方案作出决策的重要阶段。该阶段是在项目评估的基础上，力求做到质量、进度、投资协调一致。该阶段的任务是确定工程项目应达到的质量目标和水平。

7.1.3.3 工程勘察设计阶段

工程勘察是对拟建工程所在区域的地质、水文、地形、地貌等进行勘测，为设计人员提供地质资料依据。设计人员根据勘察部门提供的地质勘察报告形成设计图纸和说明文件。工程的设计采用什么样的平面布置、结构形式、空间布局，以及使用什么样的建筑材料、建筑构配件，用什么样的机械设备进行施工关系到主体结构的安全。工程设计的质量是决定工程质量的关键环节。

7.1.3.4 工程施工阶段

工程施工阶段是将设计人员的设计意图转化为建筑产品的阶段，建筑施工活动直接关系到所建项目的经济性、适用性、安全性等性能，建筑施工活动决定了设计意图能否实现。施工阶段是整个项目建设用时最长的阶段，在整个建设项目实施过程中，绝大部分时间是在施工阶段进行的工作，这一阶段所涉及的技术、环境、变更、管理以及内部和外部关系协调问题，在施工阶段产生争议的事项也多。

7.1.3.5 工程竣工验收阶段

工程竣工验收是建设单位组织的由监理、设计、施工以及政府主管部门参加的，对施工单位所建项目进行检查评定和试车运转，认定其是否满足工程质量标准要求的活动。工程的质量是否达到设计要求，是否符合事先确定的工程质量目标和水平，都是通过工程竣工验收来认定的。

7.1.4 工程质量法规体系

为加强对建筑工程质量的管理，保证建筑工程的质量，保护人民的生命和财产安全，国家制定了相关的工程质量法规体系。工程质量法规体系包括以《建设工程质量管理条例》为核心的一系列法规、部门规章。

7.1.4.1 《建设工程质量管理条例》

《建设工程质量管理条例》经 2000 年 1 月 10 日国务院第 25 次常务会议通过，自 2000 年 1 月 30 日起施行，根据 2019 年 4 月 23 日《国务院关于修改部分行政法规的决定》进行第二次修订。经修订后的《建设工程质量管理条例》共 82 条，条款中分别对建设单位、勘察设计单位、施工单位、工程监理单位的质量责任和义务作出了规定。

《建设工程质量管理条例》第二条规定："凡在中华人民共和国境内从事建设工程的新建、扩建、改建等有关活动及实施对建设工程质量监督管理的，必须遵守本条例。本条例所称建设工程，是指土木工程、建筑工程、线路管道和设备安装工程及装修工程。"《建设工程质量管理条例》也指出了从事建设工程活动，必须严格执行基本建设程序，坚持先勘察、后设计、再施工的原则。

7.1.4.2 《房屋建筑工程质量保修办法》

目前仍在执行的原建设部于 2000 年 6 月 30 日发布的《房屋建筑工程质量保修办法》因其条款的通用性，仍适用于在中华人民共和国境内新建、扩建、改建各类房屋建筑工程（包括装修工程）的质量保修活动。《房屋建筑工程质量保修办法》所称房屋建筑工程质量保修，是指对房屋建筑工程竣工验收后在保修期限内出现的质量缺陷，应予以修复。工程中所涉及的质量缺陷是指房屋建筑工程的质量不符合工程建设强制性标准以及合同的约定。

在该办法中施工单位是保修的主体，应当在规定的保修范围和保修时间内履行保修义务。保修行为的监督管理主体是国务院建设行政主管部门和县级以上人民政府建设行政主管部门。对于保修责任，《房屋建筑工程质量保修办法》第六条规定："建设单位和施工单位应当在工程质量保修书中约定保修范围、保修期限和保修责任等，双方约定的保修范围、保修期限必须符合国家有关规定。"

7.1.4.3 《建设工程质量保证金管理办法》

在房地产开发市场和建筑市场迅猛发展的过程中，由于缺乏对发包人、承包人的规范和管理，房地产开发企业和建筑业企业往往随意规定保证金数额，造成工程建设领域保证金缴纳的种类繁多、方式杂乱、标准不一，因此导致的争议和纠纷也层出不穷，扰乱了正常的工程建设市场秩序。

为清理和规范工程建设领域保证金，保障工程建设当事主体权益，2017年6月修订发布《建设工程质量保证金管理办法》，该办法是由住房和城乡建设部、财政部联合发布的部门规章，对工程建设领域的质量保证金问题作了较为详细的规定。

《建设工程质量保证金管理办法》出台以后，建筑业企业需缴纳的保证金，除法律、法规及相关文件明确规定的投标保证金、履约保证金、工程质量保证金、农民工工资保证金外，其他一律取消。

关于保证金的预留额度，《建设工程质量保证金管理暂行办法》第七条明确规定："发包人应按照合同约定方式预留保证金，保证金总预留比例不得高于工程价款结算总额的3%。合同约定由承包人以银行保函替代预留保证金的，保函金额不得高于工程价款结算总额的3%。"

除上述几种工程建设法规、部门规章之外，还有大量的技术性法规、地方性法规，其所形成的法规体系，对工程质量进行严格的、综合的控制。

7.2 工程建设质量管理基本制度

工程质量是工程建设活动的头等大事，工程质量是决定建设项目成败的关键。因此，加强建设工程质量的管理，是一个十分重要的问题。根据有关法律规定，我国建立起了对建设工程质量进行管理的质量体系。

7.2.1 工程建设质量监督管理制度

工程建设主体主要是指工程建设的实施者和参与者。它包括建设单位，施工单位，勘察、设计单位，工程监理单位和构配件生产单位及其相关人员。

在工程实施阶段，特别是工程施工阶段，要确保工程建设质量，需要从纵、横两个向度加以管理。

7.2.1.1 纵向管理

纵向管理即指国家对建设工程质量进行的监督管理。它具体由建设行政主管部门及其授权机构实施，这种管理贯穿在工程建设的全过程和各个环节之中。它既对工程建设从计划、规划、土地管理、环保消防等方面进行监督管理，又对工程建设的主体从资质认定和审查、成果质量检测、验证和奖惩等方面进行监督管理，还对工程建设中各种活动如工程招投标、工程施工、验收、维修等进行监督管理。在我国，建设工程质量必须实行政府监督管理。政府对工程质量的监督管理主要是以保证工程使用安全和环境质量为主要目的，以法律、法规和强制性标准为依据，以地基基础、主体结构、环境质量和与此有关的工程建设各方主体的质量行为为主要内容，以施工许可制度和竣工验收备案制度为主要手段。

政府对建设工程主体的监督管理主要体现在：

（1）对建设单位的能力进行审查，审查其是否具备与发包工程项目相适应的技术、经济管理能力，编制招标文件及组织开标、评标、定标的能力；

（2）对勘察、设计、施工、监理、构配件生产，房地产开发单位实行资格等级认证、生产许可证和业务范围的监督管理，建设行政主管部门将严格监督各单位在其资格等级允许的业务范围内从事活动；

（3）我国法律规定凡从事建筑设计、结构设计、工程造价、工程监理等专业的工程技术人员，需经过考试取得资格证书并经注册后方能获得相应从业资格，建设行政主管部门负责考试、注册及从业活动的监督管理。

7.2.1.2 横向管理

横向管理包括两个方面：一是工程承包单位，如勘察单位、设计单位、施工单位自己对所承担工作的质量管理，它们要按要求建立专门质检机构，配备相应的质检人员，建立相应的质量保证制度，如审核校对制、培训上岗制、质量抽检制、各级质量责任制和部门领导质量责任制等；二是建设单位对所建工程的管理，它可成立相应的机构和人员，对所建工程的质量进行监督管理，也可委托社会监理单位对工程建设的质量进行监理。

7.2.1.3 工程建设质量纵向管理与横向管理的区别

工程建设质量纵向管理与横向管理的区别主要表现为：工程建设质量纵向管理主要是从行政的角度自上而下进行的管理，是政府对工程建设参与者的管理，地方的建设工程质量监督站是代表地方政府进行工程质量监督管理的主要部门。工程建设质量横向管理是监理单位对工程建设主体间的协调与管理，是接受建设单位（业主）的委托，依据委托的内容对工程建设活动进行监督管理，服务性是工程建设监理的主要特征。

7.2.2 工程建设质量监督及检测机构

7.2.2.1 建设工程质量监督机构

建设工程质量监督工作的主管部门是住房和城乡建设部，在地方则为各级人民政府的建设行政主管部门。国务院工业、交通主管部门负责大中型建设工程项目的质量监督工作。市、县建设工程质监站和国务院各工业、交通部门所设的专业建设工程质监站是建设工程质量监督的实施机构。

（1）质监站的主要职责。其职责主要有以下几点：

① 检查受监工程的勘察、设计、施工单位和建筑构件厂的资质等级和营业范围；

② 监督勘察、设计、施工单位和建筑构件厂严格执行技术标准，检查其工程（产品）质量，检验工程的质量等级和构件质量；

③ 参与评定本地区、本部门的优质工程；

④ 参与重大工程质量事故的处理；

⑤ 总结质量监督工作经验；

⑥ 掌握工程质量状况，定期向主管部门汇报。

（2）建设工程质量监督的程序。程序也是质量监督人员在工作中应引起注意的工作内容，具体包括以下几点：

① 建设单位在开工前一个月，到质监站办理监督手续，提交勘察、设计资料等有关文件，质监站在接到文件、资料后两周内，应确定该工程的监督员并通知建设、勘察、设计、施工单位，同时应提出监督计划；

② 工程开工前，监督员应对受监工程的勘察、设计、施工和设计单位资质等级及营业范围进行审核，凡不符合规定要求的不许开工；

③ 监督员要对施工图中的结构、安全、防火、卫生等方面进行审查，使之符合相应标准的要求；

④ 其他工程的监督重点视工程性质确定；

⑤ 工程完工后，质监站在施工单位验收的基础上对工程质量等级进行核验；

⑥ 建筑构件质量的监督，重点是核查生产单位的生产许可证、检测手段和构件质量。

（3）质监站的权限与责任。质监站的权限与责任包括以下几点：

① 对不按技术标准和有关文件要求设计和施工的单位，可给予警告或通报批评；

② 对发生严重工程质量问题的单位可令其及时妥善处理，对情节严重的，可按有关规定进行罚款，如果为在建工程，则应令其停工整顿；

③ 对核验不合格的工程，可作出返修加固的决定，直至达到合格方核准交付使用；

④ 对造成重大质量事故的单位，可参加有关部门组成的调查组，提出调查处理意见；

⑤ 对工程质量优良的单位，可提请当地建设行政主管部门给予奖励。

因监督人员失误、失职、渎职而使建设工程出现重大质量事故或在核验中弄虚作假的，主管部门将视情节轻重，对其给予批评、警告、记过直至撤职的处分，触及刑律的将由司法机关追究刑事责任。

7.2.2.2 建设工程质量的检测制度

（1）建设工程质量检测机构的性质。建设工程质量检测工作是对建设工程质量进行监督管理的重要手段之一。建设工程质量检测机构需经省以上人民政府建设行政主管部门，国务院工业、交通行政主管部门或其授权的机构考核合格后，方可承担建设工程质量的检测任务。它是对建设工程、建筑构件和制品及建筑材料和设备的质量进行检测的法定单位。它所出具的检测报告具有法定效力。国家检测机构出具的检测报告，在国内为最终裁定，在国外具有代表国家的性质。

（2）建设工程质量检测机构的任务。建设工程质量检测机构分为国家、省、市、县四级。建设工程质量国家检测中心是国家建设工程质量检测机构。其主要任务包括：承担重大建设工程质量的检测和试验任务；负责建设工程所用的构件、制品及有关材料、设备的质量认证和仲裁检测工作；负责对结构安全、建筑功能的检定，参加重大工程质量事故的处理和仲裁检测工作等。各级建设工程质量检测站承担本地区建设工程和建筑构件、制品以及建设现场所用材料质量的检测工作，并参加本地区工程质量事故的处理和仲裁检测工作。此外，还可参与本地区建设新结构、新技术、新产品的科技成果鉴定等工作。

（3）建设工程质量检测机构的权限。国家检测机构受国务院建设行政主管部门的委托，有权对指定的国家重点工程进行检测复核，并向国务院建设行政主管部门提出检测复核报告和建议。各地检测机构有权对本地区正在施工的建设工程所用的建筑材料进行抽样检测，并向本地质监部门提出抽检报告和建议；受国家建设行政主管部门和国家标准部门委托，国家检测机构有权对建筑构件、制品及有关的材料、设备等产品进行抽样检测；省、市、县级检测机构，受同级建设行政主管部门和标准部门委托，有权对本区域内建筑构件、制品进行抽样检测；对违反技术标准、失去质量控制的产品，检测单位有权提出请主管部门责令停止生产；不合格产品不准出厂，已出厂的不得使用。

7.2.3 建设工程质量的验评及奖励制度

建设工程质量应按现行的国家标准、行业标准进行验评。现行的建设工程质量分为优良、合格、不合格三级，先由施工单位自行检验评定等级，再由质监站进行核验。

为了鼓励建筑企业加强管理，搞好工程质量，争创国际先进水平，促进全行业工程质量的提高，我国还实行优质工程奖励制度，分别设立了国家优质工程奖、优秀工程设计奖、优秀工程勘察奖、建设工程鲁班奖、中国詹天佑土木工程大奖、中国建筑设计国家奖——"梁思成建筑奖"等。另外，相关机构还定期进行工程设计计算机优秀软件、工程建设优秀标准设计的评选。

7.2.3.1 国家优质工程奖

国家优质工程每年评审一次，由国家优质工程审定委员会组织进行，日常工作则由其下设的办公室（设在住房和城乡建设部）负责。国家优质工程奖是国家级工程质量奖，每年数目控制在50项左右。凡在中华人民共和国国土地上建设具有独立的生产和使用功能的下列工程项目，都可申报参评：

（1）新建的大中型工业、交通、农林水利、民用和国防军工等建设项目；
（2）10万平方米以上设施配套的住宅小区项目；
（3）投资在2000万元以上的城市道路、桥梁、给排水、煤气、供气等工程；
（4）具有显著经济效益和社会效益的大中型改建、扩建和技术改造工程；
（5）对发展国民经济具有重大意义的其他工程。

参加评选的工程项目，必须满足下述条件：必须按规定通过了竣工验收，并经过一年的考验期；但自竣工验收至申报评选的期限，大型建设项目不得超过五年，中型建设项目不得超过三年，其他工程项目不得超过两年；必须是已获得省、自治区、直辖市或国务院的有关部门认定的优质工程；未按建设程序或在建设过程中发生过三级及三级以上重大工程建设事故的工程，不得参与评选。

7.2.3.2 优秀工程设计奖

全国优秀工程设计奖设金质奖、银质奖、铜质奖三种，每两年评选一次。如遇特殊情况可提前或推后进行。凡已竣工投产、验收并经一年以上实践检验的完整的工业与民用工程建设项目或单项工程的设计，均可申报参加评选，单位构筑物、设备、技术、规程、规范、计算机应用程序等，不参加评选；申报评选的项目，原则上是近两年内竣工投产的工程建设项目，有特殊原因的，可放宽至五年。优秀工程设计奖按地区、部门评选和全国评选两步进行，所有参评项目都必须先参加省、部级优秀工程设计奖的评选，再由各省、部从获奖项目中选出名列前茅者排好名次后，向住房和城乡建设部推荐参加全国评选。全国优秀工程设计奖的评选，由住房和城乡建设部邀请有关专家组成的评审委员会负责，有关具体事务，委托中国勘察设计协会办理。

7.2.3.3 建设工程鲁班奖

建设工程鲁班奖每年评选一次，每年奖励的数额不超过30个。凡已列入国家或省、自治区、直辖市、计划单列市及国务院各部门建设计划，达到一定规模，并已形成生产能力和使用功能的新建的大型公共建设和市政工程，大中型工业、交通建设项目中的主要建筑工程或设备安装工程，均可申请参加评选，个别工程规模较小，达不到规模要求，但建设风格独特、工程质量特别优良且具有代表性、各界反映都好的工程也可申报参评，但应从严掌握。

参评工作应按建筑企业的隶属关系向各地建筑业协会申报，没有成立建筑业协会的向建设行政主管部门申报，经初审合格后上报中国建筑业协会，中国建筑业协会要组织复查小组并会同有关地区或部门的相关人员共同进行复查，然后交评审委员会进行审议，并以无记名投票方式确定获奖工程。建设工程鲁班奖是我国建筑行业在工程质量方面的最高荣誉鼓励，获奖工程质量应达到国内一流水平。

7.2.3.4 中国詹天佑土木工程大奖

该奖项1998年开始每两年评选一次，每次评选综合大奖若干项。为了推动科技进步，提高工程建设水平，把当今优秀科技成果应用于工程实践中，创造出先进的土木建筑工程，特设立中国詹天佑土木工程大奖，原名为中国土木工程（詹天佑）大奖。本项大奖旨在奖励和表彰我国在科技创新和科技应用方面成绩显著的优秀土木工程建设项目。该奖评选充分体现"创新性"（获奖工程在设计、施工技术方面应有显著的创造性和较高的科技含量）、"标志性"（反映当今我国同类工程中的最高水平）、"权威性"（学会与政府主管部门之间协同推荐与遴选）。

该项大奖是我国土木工程界工程技术方面的荣誉奖，由中国土木工程学会和詹天佑土木工程科学技术发展基金委员会颁发，在住房和城乡建设部及交通运输部建设行政主管部门支持与指导下进行。

7.2.3.5 中国建筑设计国家奖——"梁思成建筑奖"

经国务院批准，以梁思成先生命名的中国建筑设计国家奖——"梁思成建筑奖"已经设立。自2000年起，"梁思成建筑奖"每年颁发一次，这是我国目前唯一的建筑设计国家奖。为激励我国建筑师的创新精神，繁荣建筑设计创作，提高我国建筑设计水平，经国务院批准，原建设部决定利用国际建筑师协会第20届大会的经费结余建立梁思成建筑奖专项奖励基金。该基金以我国近代著名的建筑家和教育家梁思成先生命名,以表彰、奖励在建筑设计创作中有重大成绩和贡献的杰出建筑师。

7.2.4 工程竣工验收备案制度

修订后的《建设工程质量管理条例》确立了建筑工程竣工验收备案制度,该项制度是加强政府监督管理,防止不合格工程流向社会的一个重要手段。结合《建设工程质量管理条例》和2009年10月修正的《房屋建筑和市政基础设施工程竣工验收备案管理办法》第二条"在中华人民共和国境内新建、扩建、改建各类房屋建筑和市政基础设施工程的竣工验收备案,适用本办法"的规定,竣工验收备案管理工作的主体为国务院住房和城乡建设主管部门和县级以上地方人民政府住房和城乡建设主管部门。

7.2.4.1 竣工验收的条件

《建筑法》第六十一条第一款规定:"交付竣工验收的建筑工程,必须符合规定的建筑工程质量标准,有完整的工程技术经济资料和经签署的工程保修书,并具备国家规定的其他竣工条件。"

(1)必须符合规定的建筑工程质量标准。由于建筑工程项目类别很多,要求各异,因此必须有相应的竣工验收标准。一般有土建工程、安装工程、人防工程、管道工程、桥梁工程、电气工程及铁路建设安装工程等的验收标准。

土建工程验收标准为:凡生产性工程、辅助公用设施及生活设施要按照设计图纸、技术说明书、验收规范进行验收,工程质量符合各项要求。在工程内容上按规定全部施工完毕,即对生产性工程要求室内全部做完,内外粉刷完毕;建筑物、构筑物周围场地平整、障碍物清除,道路及下水道畅通;对生活设施和职工住宅除上述要求外,还要求"三通一平"——水通、电通、道路通、平整土地。

安装工程验收标准为:按照设计要求的施工项目内容、技术质量要求及验收规范的规定,各道工序全部保质保量施工完毕。更新改造项目和大修项目,可以参照国家标准或有关标准,根据工程性质,结合当地的实际情况,由业主与承包商共同商定提出适用的竣工验收具体标准。

(2)有完整的工程技术经济资料和已经签署的工程保修书。工程技术经济资料是工程项目竣工验收和质量保证的重要依据之一,施工单位应按合同要求提供全套竣工验收所必需的工程资料,经监理工程师审核,确认无误后,方能同意竣工验收。

一般情况下,工程项目竣工验收的技术经济资料主要包括:工程项目竣工报告;分项、分部工程和单位工程技术人员名单;图纸会审和设计交底记录;设计变更通知单,技术变更核实单;工程质量事故发生后调查和处理资料;材料、设备、构配件的质量合格说明资料;试验、检验报告;隐蔽验收记录及施工日志;竣工图;质量检验评定资料。

施工企业提供的上述竣工验收资料经监理工程师审查后,认为符合工程施工合同及国家有关规定,并且准确、完整、真实,才可签署同意竣工验收的意见。此外,施工单位同建设单位签署工程质量保修书也是交付竣工验收的条件之一,未签署工程质量保修书的,工程不得竣工验收。

7.2.4.2 竣工验收的类型

在工程实践中，竣工验收一般有两种类型，即单项工程竣工验收和全部工程竣工验收。单项工程竣工验收是指在一个总体建设项目中，一个单项工程或一个车间已按设计要求建设完成，能满足生产要求或具备使用条件，且施工单位已初验，监理工程师已预验通过，在此条件下进行的正式验收。由几个施工单位负责施工的单项工程，当其中一个单位所负责的部分已按设计完成，也可组织正式验收，办理交工手续，交工时应请总包单位参加。全部工程竣工验收是指整个建设项目已按设计要求全部建设完成，并已符合竣工验收标准，施工单位自验完成，监理工程师预验通过，由建设单位组织，设计、施工、监理等单位参加的正式验收。在整个项目进行全部验收时，对已验收过的单项工程，可以不再进行正式验收和办理验收手续，但应将单项工程验收单作为全部工程验收的附件而加以说明。

《建筑法》第六十一条第二款规定："建筑工程竣工经验收合格后，方可交付使用；未经验收或者验收不合格的，不得交付使用。"因此，无论是单项工程提前交付使用，还是全部工程交付使用，都必须经过竣工验收这一环节，而且必须验收合格。否则，不能交付使用。

7.2.4.3 竣工验收的范围和标准

根据国家现行规定，所有建设项目按照上级批准的设计文件规定的内容和施工图纸要求全部建成，工业项目经负荷试运转和试生产考核能够生产合格产品，非工业项目符合设计要求，能够正常使用，都要及时组织验收。

建设项目竣工验收、交付生产和使用，应达到下列标准：生产性工程和辅助公用设施已按设计要求建完，能满足生产要求；主要工艺设备已安装配套，经联动负荷试车合格，形成生产能力并能生产出设计文件中规定的产品；职工宿舍和其他必要的生产福利设施，能适应投产初期的需要；生产准备工作能适应投产初期的需要。

有的基本建设项目（工程）基本符合竣工验收标准，只是零星土建工程和少数非主要设备未按设计的内容全部建成，但不影响正常生产，亦应办理竣工验收手续；对剩余工程，应按设计留足投资，限期完成；有的项目投资初期一时未能达到设计能力所规定的产量，不应因此拖延办理验收和移交固定资产手续。国家规定，已具备竣工验收条件的项目（工程），三个月内不办理验收投产和移交固定资产手续的，取消企业和主管部门（或地方）的基建试车收入分成，由银行监督全部上缴财政。如三个月内办理竣工验收确有困难，经验收主管部门批准，可以适当延长期限。

7.2.4.4 申报竣工验收的准备工作

建设单位应认真做好竣工验收的准备工作：整理技术资料；各有关单位（包括设计、施工单位）应将技术资料进行系统整理；由建设单位分类立卷，交由生产单位或使用单位统一保管。

技术资料主要包括土建卷、安装卷及各种有关的文件、合同和试生产的情况报告等，以及竣工图纸和竣工决算。与其他技术资料一样，竣工图纸是建设单位移交生产单位的重要资料，是生产单位必须长期保存的技术档案，也是国家的重要技术档案，竣工图纸必须准确、完整、符合归档要求，方能交工验收。建设单位必须及时清理所有财产、物资和未花完或应收回的资金，编制工程竣工决算，分析预（概）算执行情况，考核投资效益，报主管部门审查。编制竣工决算是基本建设管理工作的重要组成部分，竣工决算是反映建设项目实际造价和投资效益的文件,是办理交付使用新增固定资产的依据,是竣工验收报告的重要组成部分。

7.2.4.5 竣工验收的程序和组织

按国家现行规定,建设项目的验收阶段根据项目规模的大小和复杂程度可分为初步验收和竣工验收两个阶段。规模较大、较复杂的建设项目应先进行初验,然后进行全部建设项目的竣工验收。规模较小、较简单的项目,可以一次进行全部项目竣工验收。

建设项目全部完成,经过各单项工程的验收,符合设计要求,并具备竣工图表、竣工决算、工程总结等必要文件资料,由项目主管部门或建设单位向负责验收的单位提出竣工验收申请报告。

大中型和限额以上项目由国家发展和改革委员会或由国家发展和改革委员会委托项目主管部门、地方政府组织验收,小型和限额以下项目,由项目主管部门或地方政府部门组织验收,竣工验收要根据工程规模大小和复杂程度组成验收委员会或验收小组。验收委员会或验收小组由银行、物资、环保、劳动、统计及其他有关部门组成。建设单位、施工单位、勘察单位、设计单位、监理单位参加验收工作。

验收委员会或验收小组负责审查工程建设的各个环节,听取各有关单位的工作报告,审阅工程档案并实地查验建筑工程和设备安装,并对工程设计、施工和设备质量等方面作出评价。

不合格的工程不予验收;对遗留问题提出具体解决意见,限期落实完成。验收时,除听取各有关单位工作报告外,还要审阅工程档案资料并实地查验建筑工程和设备安装情况,并对工程设计、施工和设备质量等作出全面的评价。建设行政主管部门或其他有关部门收到建设单位的竣工验收备案文件后,依据质量监督机构的监督报告,发现建设单位在竣工验收过程中有违反国家有关建设工程质量管理规定行为的,责令停止使用,重新组织竣工验收后,再办理竣工验收备案。建设单位有下列违法行为的,要按照有关规定予以行政处罚:在工程竣工验收合格之日起 15 天内未办理工程竣工验收备案;在重新组织竣工验收前擅自使用工程;采用虚假证明文件办理竣工验收备案。

7.2.4.6 竣工日期和投产日期

投产日期是指经验收合格,达到竣工验收标准,正式移交生产(或使用)的时间。在正常情况下,建设项目的全部投产日期应当同竣工日期是一致的,但实际上有些项目的竣工日期往往晚于全部投产日期。这是因为当建设项目设计规定的生产性工程的全部生产作用线建成,经试运转,验收鉴定合格,移交生产部门时,便可算为全部投产;而竣工则要求该项目的生产性、非生产性工程全部建成,投产项目遗留的收尾工程全部完工。

7.2.4.7 竣工验收备案管理制度

住房和城乡建设部于 2009 年 10 月 19 日修改发布的《房屋建筑和市政基础设施工程竣工验收备案管理办法》,对房屋建筑和市政基础设施工程的竣工验收备案管理做了具体规定。

国务院住房和城乡建设主管部门负责全国房屋建筑和市政基础设施工程(以下统称工程)的竣工验收备案管理工作。县级以上地方人民政府建设主管部门负责本行政区域内工程的竣工验收备案管理工作。

（1）备案时间。建设单位应当自工程竣工验收合格之日起 15 日内，按照规定向工程所在地的县级以上地方人民政府建设主管部门（全书以下简称备案机关）备案。

（2）备案文件。《房屋建筑和市政基础设施工程竣工验收备案管理办法》第五条规定："建设单位办理工程竣工验收备案应当提交下列文件：（一）工程竣工验收备案表；（二）工程竣工验收报告。竣工验收报告应当包括工程报建日期，施工许可证号，施工图设计文件审查意见，勘察、设计、施工、工程监理等单位分别签署的质量合格文件及验收人员签署的竣工验收原始文件，市政基础设施的有关质量检测和功能性试验资料以及备案机关认为需要提供的有关资料；（三）法律、行政法规规定应当由规划、环保等部门出具的认可文件或者准许使用文件；（四）法律规定应当由公安消防部门出具的对大型的人员密集场所和其他特殊建设工程验收合格的证明文件；（五）施工单位签署的工程质量保修书；（六）法规、规章规定必须提供的其他文件。住宅工程还应当提交《住宅质量保证书》和《住宅使用说明书》。"

备案机关收到建设单位报送的竣工验收备案文件，验证文件齐全后，应当在工程竣工验收备案表上签署文件收讫。工程竣工验收备案表一式两份，一份由建设单位保存，一份留备案机关存档。

7.2.5 工程质量事故报告制度

建筑工程发生质量事故后，有关单位应当在 24 小时内向当地住房和城乡建设行政主管部门和其他有关部门报告。对重大质量事故，事故发生地的建设行政主管部门和其他有关部门应当按照事故类别和等级，向当地人民政府和上级建设行政主管部门和其他有关部门报告。

7.2.5.1 工程质量事故相关概念

（1）质量不合格和质量缺陷。根据我国 GB/T 19000 质量管理体系标准的规定，凡工程产品没有满足某个规定的要求，就称之为质量不合格；而没有满足某个预期使用要求或合理的期望（包括安全性方面）要求，称为质量缺陷。

（2）质量问题。工程质量不合格，必须进行返修、加固或报废处理，由此造成直接经济损失低于 5000 元的称为质量问题。

（3）质量事故。由于工程质量不合格，必须进行返修、加固或报废处理，由此造成直接经济在 5000 元（含 5000 元）以上的称为质量事故。

7.2.5.2 工程质量事故的分类

由于工程质量事故具有复杂性、严重性、可变性和多发性的特点，因此建筑工程质量事故的分类有多种方法，但一般可按以下条件进行分类。

（1）按事故造成损失严重程度分类。

① 一般事故，指造成 3 人以下死亡，或者 10 人以下重伤，或者 1000 万元以下直接经济损失的事故。

② 较大事故，指造成 3 人以上 10 人以下死亡，或者 10 人以上 50 人以下重伤，或者 1000 万元以上 5000 万元以下直接经济损失的事故。

③ 重大事故，指造成 10 人以上 30 人以下死亡，或者 50 人以上 100 人以下重伤，或者

5000万元以上1亿元以下直接经济损失的事故。

④ 特别重大事故，指造成30人以上死亡，或者100人以上重伤，或直接经济损失达1亿元以上的事故。

（2）按事故责任分类。

① 指导责任事故，指在工程实施中由于指导或领导失误而造成的质量事故。例如，由于工程负责人片面追求施工进度、放松或不按质量标准进行控制和检验、降低施工质量标准等。

② 操作责任事故，指在施工过程中，由于实施操作者不按规程和标准实施操作而造成的质量事故。例如，浇筑混凝土时随意加水、混凝土拌和物产生离析现象仍浇筑入模等。

（3）按质量事故产生的原因分类。

① 技术原因引发的质量事故，指在工程项目实施中，由于设计、施工等技术上的失误而造成的质量事故。例如，结构设计计算错误、地质情况估计错误、采用了不适宜的施工方法或施工工艺等。

② 管理原因引发的质量事故，指管理上的不完善或失误引发的质量事故。例如，施工单位或监理单位的质量体系不完善、检验制度不严密、质量控制不严格、质量管理措施落实不力、检测仪器设备管理不善而失准、进料检验不严等原因引起的质量问题。

③ 社会、经济原因引发的质量事故，指由于经济因素及社会不正之风引起建设中的错误行为而导致出现的质量事故。例如，某些施工企业盲目追求利润而不顾工程质量，在投标报价中随意压低标价，中标后则依靠偷工减料等违法手段追加工程利润。

7.2.5.3 工程质量事故职责划分

记录事故由承包单位记录、处理，并抄报监理单位、建设单位。一般质量事故发生后，施工单位除向本单位所属上级单位报告外，还应在两天内报告监理单位和建设单位，承包单位及其质监部门应积极主持事故的调查分析会，并在5日内写出质量事故报告送交建设单位和监理单位。重大质量事故发生后，施工单位除向有关主管部门上报外，还应在5小时内向监理单位、建设单位报告。在监理单位的组织与参与下，尽快进行质量事故的调查，24小时内写出调查报告上报省级质量监督中心。监理工程师应当组织设计、施工、建设单位等各方参加事故原因分析，在事故发生10日内完成事故调查分析报告，由建设单位上报省级质量监督中心站及有关上级机关。质量事故发生后，施工单位应采取临时补救措施，防止事故扩大。

质量事故调查分析应做到"四不放过"：事故原因没查清不放过；事故责任者没受到教育不放过；防范措施没落实不放过；事故责任者没处理不放过。对违反规程不听劝阻，不遵守质量纪律，不负责任造成质量事故者及隐瞒事故不报告者应严肃处理，除给予行政处分外，对情节严重者应给予经济制裁甚至法律制裁。

7.2.5.4 处理工程质量事故的程序

（1）当发现工程出现质量事故后，监理工程师首先应以监理通知单的形式通知施工单位，并要求停止有质量缺陷部位或与其有关部位及下道工序施工，需要时还应要求停工单位采取防护措施，并要及时上报主管部门。

（2）施工单位接到监理通知单后，在监理工程师的组织与参与下，尽快进行质量事故的调查，调查应力求全面、准确、客观，并填写工程质量事故调查报告，报告中要明确事故的范围、缺陷程度、性质、影响和原因，为事故的分析处理提供依据。

（3）在事故调查的基础上进行事故原因分析，正确判断事故原因，质监部门根据需要可委托质量检测单位进行必要的检测和试验，提供事故分析及处理方案的技术条件和所需数据，在事故原因分析的基础上，研究制订事故处理方案。

记录事故由施工单位负责，但处理技术措施应经质监部门会签，并将处理技术措施报建设单位和监理单位备案。质量事故处理前，事故责任单位应如实填写质量事故处理方案报审表。

一般质量事故，由事故责任单位提出质量缺陷处理方案，承包单位核签后由监理单位、建设单位、设计代表审核后组织实施。

重大事故处理方案的审批应由建设单位、监理单位、设计单位、质监部门、事故发生单位共同商定并签证后实施。对经济损失50万元以上，重要建（构）筑物主体结构倒塌或严重影响主要设备及其相应系统的使用功能的质量事故，省质量监督中心还应及时报告住房和城乡建设部质量监督中心，请求质量监督中心参与事故的分析处理工作。

确定处理方案后，由监理工程师指令施工单位按既定的处理方案实施处理。质量事故处理完毕后，监理工程师应组织有关人员对处理结果进行严格的检查、鉴定和验收，写出质量事故处理报告。

7.2.5.5 工程质量检举、控告、投诉制度

《建筑法》与《建设工程质量管理条例》均明确，任何单位和个人对建筑工程的质量事故、质量缺陷都有权检举、控告、投诉。工程质量检举、控告、投诉制度是为了更好地发挥群众监督和社会舆论监督的作用，是保证建筑工程质量的一项有效措施。

（1）检举。检举是公民对与自己无利害关系的建筑工程质量事故和缺陷向有关机关和部门进行举报，提请有关部门进行查处的活动。

对工程质量事故和缺陷进行检举的人，可以是建设活动主体的职工、干部，也可以是与建设活动无关的第三人。举报处理部门可以是建设行政主管部门，也可以是市场监督管理部门、司法机关，其他如新闻机构、消费者协会等。检举建筑工程质量问题，可以口头进行，也可以书面报告。

（2）控告。机关、团体、企业、事业单位和公民发现建筑工程质量缺陷或质量事故或其他违法行为的，有权依法向公安机关、人民检察院、人民法院、建设行政主管部门和市场监督管理部门等提出控告。与检举不同的是，控告人必须是质量事故、质量缺陷的受害者，即控告人必须与质量案件有利害关系，才能进行控告。受理机关应当接受控告，认真审查，并积极处理。

（3）投诉。投诉是用户或消费者对不合格的产品向有关部门反映，并请求处理以维护自己合法权益的活动。为确保建筑工程质量，做好工程质量投诉的处理工作，1997年4月2日原建设部发布了《建设工程质量投诉处理暂行规定》。凡是新建、改建、扩建的各类建设安装、市政、公用、装饰装修等建筑工程，在保修期间和建设过程中发生的工程质量问题，均属投诉范围。

7.3　工程建设质量体系认证制度

《建筑法》第五十三条规定:"国家对从事建筑活动的单位推行质量体系认证制度。从事建筑活动的单位根据自愿原则可以向国务院产品质量监督管理部门或者国务院产品质量监督管理部门授权的部门认可的认证机构申请质量体系认证。经认证合格的,由认证机构颁发质量体系认证证书。"

7.3.1　质量体系认证概述

7.3.1.1　质量体系认证的概念

所谓质量体系,是指企业为保证其产品质量所采取的管理、技术等各项措施所构成的有机整体,即企业的质量保证体系。企业的质量保证体系不仅包括企业质量管理的组织机构、规章制度等管理软件,还包括资源(含人才资源)、专业技能、设计技术、设备以及计算机系统等硬件。

质量体系认证是指依据国际通用的质量管理和质量保证系列标准,经过国家认可的质量体系认证机构对企业的质量体系进行审核,对于符合规定条件和要求的,通过颁发企业质量体系认证证书的形式,证明企业的质量保证能力符合相应要求的活动。《中华人民共和国产品质量法》把质量体系认证制度分为两类:一类是企业质量体系认证制度;另一类是产品质量认证制度。我国对从事建设活动的单位推行企业质量体系认证制度。

产品质量认证是指依据产品标准和相应的技术要求,经认证机构确认并通过颁发认证证书和认证标志,来证明某一产品符合相应标准和相应技术要求的活动。产品质量认证制度实质上是一种提高商品信誉的标志,通过认证标志向社会和购买者提供产品的明示担保,证明经过产品质量认证的产品质量可以信赖。

质量体系认证的对象是企业。认证的过程是对质量体系的整体水平进行科学的评价,以证明企业的质量保证能力是否符合相应标准的要求。质量体系认证的依据是国际通用的质量管理标准,我国已经对该国际标准等同采用并转化为我国的国家标准。因此,质量体系认证的依据也就是《质量管理和质量保证》系列标准。企业质量体系认证的目的是使企业向用户提供可靠的质量信誉和质量担保。在合同环境下,企业质量体系认证是为了满足需方质量保证要求;在非合同环境下,质量体系认证是为了增强企业的市场竞争能力,提高质量管理素质,落实质量方针,实现质量目标。

推行企业质量体系认证制度的意义主要在于通过开展质量体系认证工作,有利于促进企业在管理和技术等方面采取有效措施,在企业内部建立起可靠的质量保证体系,以保证产品质量。而对企业自身来讲,通过质量体系认证机构的认证,即意味着企业的质量保证能力获得了有关权威机构的认可,从而可以提高企业的质量信誉,扩大企业的知名度,增强企业竞争优势。

建筑产品是一种特殊的产品,对从事建设活动的单位推行质量体系认证制度,对提高建筑产品的质量也是很有益处的。在实行社会主义市场经济的条件下,从事建设活动的单位要想在激烈的市场竞争中立于不败之地,一个重要方面就是必须加强企业的质量管理,提高质量保证能力。近年来,企业质量体系认证活动在建筑业逐步展开,但由于我国这方面的工作起步较晚,这项对社会和企业都有利的活动还没有被普遍认识。因此,国家还有必要在从事建设活动的单位中大力推行质量体系认证制度。

7.3.1.2 质量体系认证的选择

从事建设活动的单位根据自愿原则,可以向国务院产品质量监督管理部门或者其授权的部门认可的认证机构申请质量体系认证。这项规定包含以下几个方面的含义。

(1) 申请质量体系认证的主体,是从事建设活动的单位。

(2) 质量体系认证由从事建设活动的单位自愿申请。按照此规定,质量体系认证必须坚持自愿申请的原则。也就是说,从事建设活动的单位是否申请认证,由从事建设活动的单位自主决定。对企业来说,只要企业认识到了质量体系认证的必要性及其作用,并具备规定条件,通常会积极地申请质量体系认证。认证的自愿申请原则是法律赋予企业的自主权和选择权,任何部门和组织不得违反法律规定的自愿原则强制企业申请认证。

(3) 申请质量体系认证,应当向国务院产品质量监督管理部门或者国务院产品质量监督管理部门授权的部门认可的认证机构申请。国务院产品质量监督管理部门即国家市场监督管理总局,对全国的企业质量体系认证工作实行统一管理。承担质量体系认证具体工作的认证机构,必须经过国家市场监督管理总局的认可,或者经过国家市场监督管理总局授权的部门认可,方具有开展质量体系认证工作的资格。

(4) 从事建设活动的单位向上述规定的认证机构申请质量体系认证,有关认证机构接到申请后,应当认真、及时地进行审核,对申请单位的质量体系状况予以评价。对其质量保证能力作出是否符合标准要求的结论。

(5) 经过对申请认证的单位按照规定的认证程序审查后,认为合格的,由认证机构向该单位颁发质量体系认证证书,以证明企业的质量体系符合相应的标准和技术规范的要求。

7.3.1.3 质量保证体系认证的标准

1987年3月国际标准化组织(ISO)正式发布ISO 9000《质量管理和质量保证》系列标准后,我国于1992年发布了等同采用国际标准的GB/T 19000—ISO 9000《质量管理和质量保证》系列标准。该标准由五类标准组成。其中,ISO 9004标准为企业质量体系的基础性标准。该标准从市场经济出发,提出并阐述了企业质量体系的原理、原则和质量要素是企业质量管理和质量体系的通用参考模式。

ISO 9000系列标准在总结各国质量管理经验的基础上,提出了一整套关于将质量管理工程系统化的实施方案。质量体系是站在系统的高度对质量管理的优化和规范化,因而使质量管理有了"质"的飞跃。在今天,建立和实施质量体系已成为现代化质量管理的一个重要标志。实施ISO 9000标准有利于打破国际贸易的非关税壁垒,促进企业管理与国际惯例接轨,提高企业管理水平,并有利于企业开拓市场。ISO 9000标准与全面质量管理一起构成了当代质量管理科学的主要内容。

近年来,在国家质量技术监督局的统一指导下,住房和城乡建设部积极引导建筑业企业贯彻实施ISO 9000标准,并组织进行了贯标试点工作。实践证明,贯标工作有利于加强建筑企业的基础管理工作,使其步入规范化、法制化的轨道,还有利于企业加强工程项目的质量管理,提高员工素质,加强施工过程的控制,提高工程质量。为此,住房和城乡建设部要求各建筑业企业从建立现代企业制度和促进企业发展的高度做好贯彻这一系列标准的工作,积极申请质量体系认证,并将贯标工作纳入企业质量目标管理考核指标之内,使企业的质量体系逐步进入国际标准化的轨道。《建筑法》对此项制度的确定,在法律上对从事建筑活动的企业建立质量保证体系提供了保障。

7.3.2 质量管理和质量保证系列标准

7.3.2.1 国际标准化组织（ISO）

国际标准化组织（ISO）于1987年3月正式发布的ISO 9000《质量管理和质量保证》系列标准,受到世界各国欢迎,已为各国所广泛采用。ISO 9000的定义是:"由ISO/TC 176技术委员会制定的所有国际标准。"ISO 9000由术语标准、质量管理和质量保证标准选用或实施指南、质量保证标准、质量管理标准以及支持性技术标准等五类标准构成。核心标准是质量保证标准及质量管理标准。

国际标准化组织（ISO）的宗旨是:在世界范围内促进标准化工作及其有关活动的开展,以利于国际间的物资交流和相互服务,并发展知识界、科学界、技术界和经济活动方面的合作。

ISO 9000组织标准——国际标准化组织汇集西方发达国家质量管理专家,在总结发达国家质量管理科学经验的基础上起草并正式颁布的一套质量管理的国际标准,并以此作为质量体系认证的依据。

ISO 9000的基本思想:八项质量管理原则（一是以顾客为关注焦点;二是领导作用;三是全员参与;四是过程方法;五是管理的系统方法;六是持续改进;七是基于事实的决策方法;八是与供方互利的关系）;四大质量管理过程（管理职责、资源管理、过程的监视和测量、产品的监视和测量）;四步循环——PDCA（计划 Plan、实施 Do、检查 Check 和处理 Action）循环,也称戴明环,是由美国著名质量管理专家戴明（W. E. Deming）首先提出的;六个程序（文件控制、记录控制、内部审核、不合格品控制、纠正措施、预防措施）。

1992年,我国发布的等同采用国际标准的GB/T 19000—ISO 9000《质量管理和质量保证》系列标准,既可作为生产企业质量保证工作的依据,也是企业申请质量体系认证的标准。如双方同意,它也可作为供需双方对产品质量的认证标准。

7.3.2.2 我国的GB/T 19000 ISO 9000系列标准

我国等同采用ISO 9000系列标准制定的GB/T 19000系列标准由五个标准组成:
（1）GB/T 19000—ISO 9000《质量管理和质量保证——选择和使用指南》;
（2）GB/T 19001—ISO 9001《质量体系——设计/开发、生产、安装和服务的质量保证模式》;
（3）GB/T 19002—ISO 9002《质量体系——生产和安装的质量保证模式》;
（4）GB/T 19003—ISO 9003《质量体系——最终检验和试验的质量保证模式》;
（5）GB/T 19004—ISO 9004《质量管理和质量体系要素——指南》。

GB/T 19000 ISO 9000《质量管理和质量保证》系列标准在总结国际成功经验的基础上,从质量管理的共性出发,阐述了质量管理工作的基本原则、基本规律和质量体系要素的基本构成。它适用于不同体制、不同行业的生产、服务企业开展质量管理工作,同样也适用于建筑业企事业单位的质量管理工作。GB/T 19000 系列标准只是一套推荐性标准，编号中"T"就是"推荐"一词的汉语拼音首写字母，但其一旦被法规或合同确定采用后就具有强制性。如果供需双方或第三方选择某一质量保证模式作为产品认证标准，那么该质量保证模式在合同约定范围内就具有法律效力。

7.3.3 质量保证体系系列标准内容

7.3.3.1 GB/T 19000—ISO 9000《质量管理和质量保证——选择和使用指南》

此标准阐明了质量方针、质量管理、质量体系、质量控制和质量保证五个重要质量术语的含义及其相互关系；阐述了企业应力求达到的质量目标及质量体系环境特点和质量体系标准的类型；规定了标准的应用范围、应用程序；规定了正式文件应包括的内容以及供需双方签订合同前应做的准备。

7.3.3.2 GB/T 19001 至 GB/T 19003 质量保证模式

质量保证模式是为了满足供需双方考虑产品特性、保证能力等多种因素的需求后，选择的用以签订合同的质量保证要求。这些要求不是企业质量体系的全部要素和内容，只是针对某项产品生产过程质量管理的要求，通过实施这些工作，用户（需方）相信生产企业可以持续稳定地生产质量满足合同规定的产品。

质量保证模式有不同水平的三个标准可供选择。

（1）GB/T 19003—ISO 9003《质量体系——最终检验和试验的质量保证模式》。该标准适用于相对简单或比较成熟的产品。它明确了产品形成过程检验工作、成品检验和实验的质量体系要求，强调检验工作与有效的检验系统对检验人员、检验程序和设备都要进行严格的控制。该标准明确规定此范围的 12 项质量体系要素构成其主要内容，是三个模式标准中质量体系要素内容和数量相对较少的模式标准。

（2）GB/T 19002—ISO 9002《质量体系——生产和安装的质量保证模式》。该标准适用于设计已定型、生产过程复杂或产品价值昂贵的生产条件，阐述了从原材料采购至产品交付使用全过程的质量体系要求，是三个模式中应用率较高的模式标准。它要求生产企业质量体系提供能严格控制生产过程质量的证据，保证生产和安装阶段各环节符合规定的要求，及时解决生产过程中发现的问题。防止、避免不合格情况的发生和重复出现。该标准强调预防控制与检验相结合，并以此范围规定了 18 项质量体系要素的内容和工作程序。

（3）GB/T 19001—ISO 9001《质量体系——设计/开发、生产、安装和服务的质量保证模式》。该标准是三个质量保证模式中质量水平最高、覆盖环节（过程）最多，而且质量体系要素最多的质量保证标准，阐述了从产品设计、产品生产到售后服务全过程的质量体系要素的要求。遵照标准，企业产品质量体系提供对合同评审、设计、生产和安装过程（服务）各个阶段、各个环节的严格控制，防止发生不合格的情况，该标准较其他两个标准增加了对设计质量控制条款和售后服务条款的质量体系要素。

7.3.3.3 GB/T 19004—ISO 9004《质量管理和质量体系要素——指南》

企业从自身发展与提高出发，需要建立一个比较完整的、用以控制企业内部各项工作或环节的质量体系，使企业质量管理最佳化，也可以使各项产品质量控制能力达到或接近产品质量要求。GB/T 19004—ISO 9004 标准是指导企业建立质量体系的指导标准。该标准在总结了不同行业、不同企业的基本要求后，提出了企业建立质量体系一般应包括的基本要素。该标准对基本质量要素的含义、目标、要素间的关系以及各项工作的内容、要求、方法、人员和文件记录都有明确的要求。该标准从建立质量体系的组织结构、责任、程序、过程和资源五个方面对人、技术、管理诸要素提出要求，明确了企业质量体系的基本出发点，即应设计出有效的质量体系，以满足顾客的需要和期望，并保护施工单位的利益。完善的质量体系应在考虑风险、成本和利益的基础上使质量最佳化，并具有对质量加以控制的重要管理手段。

7.3.4 质量保证体系标准的选择

不同生产企业质量工作的规律、原理、原则基本相同。但市场条件、产品状况、企业素质、管理机制、消费者需要等各方面条件却千变万化。企业要针对环境特点和主观因素影响，对照标准开展质量工作，对标准规定的要素及采用要素的程度进行研究，确定企业自身质量体系的构成，建立和完善质量体系。企业可以通过选择要素，组合出既符合质量管理原理，又适用于本企业条件的最佳状态的质量体系。

我国建筑业所涉及的设计、科研、房地产开发、市政、施工、试验、质量监督、建设监理单位等企事业单位，在建立企业内部质量管理体系时，毫无疑问应该选择 GB/T 19004—ISO 9004 标准，这是一致的。各企事业单位在按照 GB/T 19004—ISO 9004 标准建立质量体系的基础上，可以根据用户的要求和企业产品的特点，选择 GB/T 19001—ISO 9001 或 GB/T 19002—ISO 9002 或 GB/T 19003—ISO 9003 标准。GB/T 19001—ISO 9001 标准中包括了设计，因此对设计院、研究院和房产施工单位等单位适用；GB/T 19002—ISO 9002 标准中只包括生产和安装，因此只对施工企业适用；GB/T 19003—ISO 9003 标准涉及试验和检验，所以适用于实验室、质检站和监理施工单位等单位。当然，这些单位对标准的选用也可灵活掌握，前文所述只是一般情况。因为 GB/T 19001—ISO 9001 标准中包括了设计，而 GB/T 19002—ISO 9002 标准中只包括生产和安装，GB/T 19003—ISO 9003 标准涉及实验和检验，对有些下设实验室的施工企业，可以选择 GB/T 19002—ISO 9002 和 GB/T 19003—ISO 9003 这两种标准的组合。

7.4 工程建设标准化管理

7.4.1 工程建设标准概述

标准是指对重复性事物和概念所做的统一规定。所谓工程建设标准，是指为各类工程的勘察、规划、设计、施工、安装、验收和安全保护的统一的技术要求及有关工程建设的技术术语、符号、代号、制图方法的一般原则等需要协调的事项所制定的标准。它由政府或立法机关颁布，是对新建建筑物的最低技术要求，亦是建设法规体系的组成部分。

工程建设标准化是指特定的主管机构，依据国家标准化法规及有关工程建设的法律、行政法规，制定、发布和实施建筑工程有关的标准，以获得最佳秩序和社会效益的行为。

工程建设标准化工作，一直受到党和政府的重视，2017年11月经修改后公布的《中华人民共和国标准化法》（全书以下简称《标准化法》）规定，标准包括国家标准、行业标准、地方标准和团体标准、企业标准。国家标准又分为强制性标准、推荐性标准，国家标准是各行各业必须遵守的标准，行业标准和地方标准的要求一般要高于国家标准。在我国，一般鼓励企业采用推荐性标准。

7.4.1.1 标准的构成及其主要内容

标准一般由前引部分、正文部分和补充部分组成，每一部分又都由若干内容构成。同时，每一项标准均同时有其相对应的条文说明。前引部分由封面、扉页、发布通知、前言、目次组成。正文部分由总则、术语和符号、技术内容组成。补充部分由附录、用词和用语说明组成。条文说明一般独立成册或与标准正文合订出版。

工程建设标准的主要内容一般指：勘察、规划、设计、施工及验收等的质量要求；有关安全、卫生、环境保护的技术要求；有关术语、符号、代号、量与单位、建设模数和制图方法；试验、检验和评定等方法；工程建设的信息技术要求。按这五个方面的技术要求制定的标准，一般习惯简称为：质量标准；安全、卫生、环境保护标准；基础标准；试验、质量评定标准和信息技术标准。

7.4.1.2 工程建设标准的特点

（1）综合性强。工程建设标准的内容所涉及的面广，制定标准考虑的因素多。工程建设综合性强的特点主要反映在两个方面：一是工程建设标准的内容多数是综合性的，工程建设标准绝大部分都需要应用各领域的科技成果，经过综合分析，才能制定出来；二是制定工程建设标准需要考虑的因素是综合的，这些因素不仅包括了技术条件，而且包括经济条件和管理水平。

（2）政策性。工程建设标准具有政策性的主要原因有以下几个方面：工程建设的投资量大，我国每年用于基本建设的投资约占国家财政总支出的30%，其中大部分用于工程建设，因此各项技术标准的制定应十分谨慎，需要适应相应阶段国家的经济条件；工程建设要消耗大量的资源（包括各种原材料和能源、土地等），这直接影响到环境保护、生态平衡和国民经济的可持续发展，因而标准的水平需要适度控制，不允许任意不恰当地提高标准；工程建设直接关系到人民生命、财产的安全，关系到人体健康和公共利益。安全、健康和公共利益与经济之间要统筹兼顾；工程建设标准化的效益，不能单纯着眼于经济效益，还必须考虑社会效益。例如，有关抗震、防火、防爆、环境保护、改善人们生活和劳动条件等方面的各种技术标准，首先是为了获得社会效益，工程建设要考虑百年大计。这是因为一项工程使用的年限绝不只是三五年，而是少则几十年，多则百年以上。因此，工程建设技术标准在工程的质量、设计的基准等方面，需要考虑这一因素，并提出相应的措施或技术要求。

（3）受自然环境影响大。标准是科学技术和实践经验的综合成果，必须结合国情来制定，符合具体的自然环境条件和现阶段的经济实力、科学技术水平。我国现行的工程建设标准都考虑了我国幅员辽阔的国情。在技术的分级上设置了地方标准这一级，针对特殊的自然条件，专门制定了相应的技术标准，如黄土、冻土地区以及膨胀土地区的建设技术规范等。

7.4.1.3 工程建设标准的作用

（1）确保工程的安全性、经济性和适用性。工程建设标准是为在工程建设领域内获得最佳秩序，对建筑工程的勘察、规划、设计、施工、安装、验收、运营维护及管理等活动和结果需要协调统一的事项所制定的共同的、重复使用的技术依据和准则，对促进技术进步，保证工程的安全和质量、环境和公众利益，实现最佳社会效益、经济效益、环境效益和最佳效率等，具有直接作用和重要意义。

（2）保证和提高工程质量。工程建设标准在保障建筑工程质量安全、人民群众的生命财产与人身健康安全以及其他社会公共利益方面一直发挥着重要作用。具体地讲就是通过行之有效的标准规范，特别是工程建设强制性标准，为建筑工程实施安全防范措施、消除安全隐患提供统一的技术要求，以确保在现有的技术、管理条件下尽可能地保障建筑工程安全，从而最大限度地保障建筑工程的建造者、使用者和所有者的生命财产安全以及人身健康安全。

（3）合理利用资源，节约原材料。首先，国家可以运用标准规范的法制地位，按照现行经济和技术政策制度约束性的条款，限制短缺物资、资源的开发使用，鼓励和指导采用代替材料；其次，根据科学技术发展情况，以每一时期的最佳工艺和设计、施工方法指导采用新材料和充分挖掘材料功能潜力；最后，以先进可靠的设计理论和择优方法，统一材料设计指标和结构功能参数，在保证使用和安全的条件下，降低材料和能源消耗。

（4）促进科研成果转化和新技术的推广。科研成果和新技术一旦为标准规范所肯定和采纳，必然在相应范围内产生巨大的影响，促进科研成果和新技术得到普遍的推广和广泛应用，尤其是在我国社会主义市场经济体制的条件下，科学技术成果一旦纳入标准，都具有相应的法定地位，除强制要求执行以外，只要没有更好的技术措施，都应当自动得到应用。

（5）保证工程建设发挥社会效益。工程建设标准还与人们工作、生活健康的方方面面息息相关。无论是供人们居住的住宅建设，还是商场、写字楼、医院、影剧院、体育场、博物馆、车站、机场等大型公共建设，或是供水、燃气、垃圾污水处理、城市轨道交通等基础设施，在其建设结构、地基基础、抗震设防、工程质量、施工安全、室内环境、防火措施、供水水质、燃气管线、防灾减灾、运行管理等方面都有相关的标准条文规定，都有统一的安全技术要求和管理要求。严格执行这些标准的规定，必将会进一步提高我国建筑工程的安全水平，增强建筑工程抵御自然灾害的能力，减少和防止建筑工程安全事故的发生，使人们更加放心地工作、生活在一个安全的环境当中。

7.4.2 工程建设标准的种类

工程建设标准可以从不同的角度划分，具体如下。

7.4.2.1 根据标准的约束性划分

《标准化法》将标准按其性质分为强制性标准（代号为 GB）和推荐性标准（代号为 GB/T）。强制性标准必须执行，推荐性标准国家鼓励企业自愿采用。凡保障人体健康、人身财产安全的标准和法律、行政法规规定的强制执行的标准是强制性标准，其他标准是推荐性标准。工程建设的质量关系到国家、集体、个人的财产安全，关系到建设者、所有者和使用者的人体健康安全，所以有关人体健康、人身财产安全的工程建设标准是工程建设中的基础标准。《标准化法》对强制性标准的规定，充分体现了工程建设的这一显著特点。

（1）强制性标准。下列标准属于强制性标准：工程建设勘察、规划、设计、施工（包括安装）及验收等通用的综合标准和重要的通用的质量标准；工程建设通用的有关安全、卫生和环境保护的标准；工程建设重要的通用的术语、符号、代号、计量与单位、建设模数和制图方法标准；工程建设重要的通用的试验、检验和评定等标准；工程建设重要的通用的信息技术标准；国家需要控制的其他工程建设通用的标准。

（2）推荐性标准。推荐性标准是自愿采用的标准，需要由工程建设单位与工程承包单位在签订工程承包合同中予以确认，作为在工程实施中共同遵守的技术依据，并受《民法典》约束。

（3）强制性标准和推荐性标准的区别。①强制性标准具有法属性的特点，属于技术法规，而这种法的属性并非强制性标准的自然属性，是人们根据标准的重要性、经济发展等情况和需要，通过立法形式所赋予的，同时也赋予了强制性标准的法制功能，即制定法律、执行法律、遵守法律这三个方面的功能；而推荐性标准不具有法属性的特点，属于技术文件，不具有强制执行的功能。②强制性标准在技术内容方面，一般都规定得比较具体、明确、详细、呆板，其特点是缺乏市场的适应性；推荐性标准的技术内容，一般规定得不够具体，而比较简单扼要，比较笼统、灵活，其特点是强调用户普遍关心的产品使用性能，对一些细节要求一般不予规定，有较强的市场适应性。③强制性标准中强制性检验项目多，而推荐性标准中强制性检验项目少，供用户选择或由供需双方协议的项目多。产品标准中规定的检验项目，主要是根据产品的主要用途和制定标准的目的来确定的。例如，对于高温下使用的材料，应检验并保证其高温性能，而对于在常温下使用的材料，则只需检验和保证其常温性能就可以了。④通用程度不同。强制性标准通用性较差，覆盖面小，这主要是因为强制性标准内容规定得比较详细和呆板；推荐性标准通用性较强，覆盖面大，这主要是因为该标准的内容规定得比较灵活、宽泛。

7.4.2.2 根据内容划分

（1）设计标准。设计标准是指从事工程设计所依据的技术文件，指国家和行业、地方对于工程建筑构配件与制品、建筑物、构筑物、工程设施和装置等编制的通用设计文件，为新产品、新技术、新工艺和新材料推广使用所编制的应用设计文件。设计标准一般可分为：建筑设计标准、结构设计标准和防火设计标准。建筑设计标准包括建筑设计、建筑物理、建设暖通与空调等方面的技术标准与规程；结构设计标准包括建设结构、工程抗震、勘察及地基与基础等方面的技术标准和规程；防火设计标准包括建筑物的耐火性能、建设防火防爆措施、消防、给水与排水、通风与采暖、疏散通道等技术标准和规程。

（2）施工及验收标准。施工标准是指施工操作程序及其技术要求的标准。验收标准是指检验、接收竣工工程项目的规程、办法与标准。施工标准一般分为建筑工程施工标准和安装工程施工标准两大类。验收标准是指检验、接受竣工工程项目的规程、办法与标准。所涉及的工程项目主要包括：①地基与基础工程，包括井点降低地下水位、岩土、重锤夯实、预压、强夯、振冲和旋喷地基，以及桩基础、地下连续墙、沉井等。②钢筋混凝土工程，包括模板工程、钢筋工程、混凝土工程、装配式结构和预应力混凝土等。③砖石工程，包括砂浆、砖砌、砌石和冬季施工等。

同时，施工及验收标准对上述主要项目规定了质量指标。考虑到工程特点，有的质量指标规定了正负允许偏差，如轴线、标高、厚度、间距和截面尺寸等；有的仅规定了正允许偏差，如地脚螺栓孔深度等；也有的仅规定了负偏差，如混凝土柱和牛腿上的表面标高；还有的规定了允许偏差，不规定正负，如位置、垂直度、平整度等。

（3）建设工程定额。定额是人们根据各种不同的需要，对某一事物规定的数量标准，是规定的数量额度。建设工程定额是指在正常的施工条件和合理劳动组织、合理使用材料及机械的条件下，完成单位合格产品所必须消耗资源的数量标准。其中的资源主要包括在建设生产过程中所投入的人工、机械、材料和资金等生产要素。

建设工程定额有多种分类方法：①按生产要素分类，建设工程定额可分为劳动消耗量定额、材料消耗量定额和机械台班消耗量定额；②按编制程序和用途分类，建设工程定额可分为企业定额、消耗量定额和概算定额；③按适用专业性质分类，建设工程定额可分为建筑工程消耗量定额、设备安装工程消耗量定额、装饰装修工程消耗量定额、市政工程消耗量定额、公路工程消耗量定额、仿古建设及园林工程消耗量定额和铁路消耗量定额；④按定额的制定单位分类，建设工程定额可分为全国统一定额、行业统一定额、地区统一定额、企业定额和普通定额。

建设工程定额反映了工程建设投入与产出的关系。它一般规定了数量标准，此外还规定了具体的工作内容、质量标准和安全要求等。

7.4.2.3 根据属性分类

（1）技术标准。技术标准是指重复性的技术事项在一定范围内的统一规定。标准能成为自主创新的技术基础，源于标准制定者拥有标准中的技术要素、指标及其衍生的知识产权。它以原创性专利技术为主，通常由一个专利群来支撑，通过对核心技术的控制，很快形成排他性的技术垄断，尤其在市场准入方面，它可采取许可方式排斥竞争对手的进入，达到市场垄断的目的。

技术标准包括基础技术标准、产品标准、工艺标准、检测试验方法标准以及安全、卫生、环保标准等。技术标准有以下特点：各个企业通过向标准组织提供各自的技术和专利，形成一个个产品的技术标准；企业产品的生产按照这样的标准来进行，所有的产品通过统一的标准，设备之间可以互联互通，这样可以帮助企业更好地销售产品；标准组织内的企业可以以一定的方式共享彼此的专利技术。

一般来说，技术标准是指标准化对象的技术特征加以规定的标准，它是从事生产建设及商品流通的一种共同遵守的技术依据，是企业在进行建设中必须满足的工程技术要求。

（2）管理标准。管理标准是指对标准化领域中需要协调统一的管理事项所制定的标准。管理标准可以分为两类：①生产组织标准，它是为合理组织生产过程和安排生产计划而制定的，包括生产能力标准、资源消耗标准，以及对生产过程进行计划、组织、控制的方法、程序和规程等；②管理业务标准，如计划供应、销售、财务等，依据管理目标和相关管理环节的要求，对其业务内容、职责范围、工作程序、工作方法和必须达到的工作质量、考核奖惩办法所规定的准则。制定管理标准的目的是合理组织、利用和发展生产力，正确处理生产、交换、分配和消费中的相互关系及科学地行使计划、监督、指挥、调整、控制等行政与管理机构的职能。管理标准是保证建设按要求顺利进行的需要。

（3）工作标准。工作标准是指对标准化领域中需要协调统一的工作事项所制定的标准。这类标准主要是管人的，与人员岗位职责、人员技能、工作内容、工作程序、工作质量及完成期限等有关。

工作标准的作用体现在：①作为一种激励手段，用工作标准可以确定一天的标准工作量，如果想鼓励员工多完成工作，可根据工作标准确定"超额"完成的工作量，并给予相应的奖励；②用于成本和价格计算，以工作标准为基础，可以建立产品的成本标准，这一标准又可以用来制定预算，决定产品价格，以及决定自制还是分包这样的生产运作战略；③评价员工的工作绩效，比较一个员工在一段时间内的工作成绩和工作标准，从而判断其工作绩效的好坏。

7.4.3 我国质量标准的分级

7.4.3.1 国家标准

国家标准是指由国家的官方标准化机构或国家政府授权的有关机构批准、发布，在全国范围内统一和适用的标准。它是对全国经济、技术发展有重大意义，且在全国范围内统一的标准。国家标准是在全国范围内统一的技术要求，由国务院标准化行政主管部门编制计划，协调项目分工，组织制定（含修订），统一审批、编号、发布。法律对国家标准的制定另有规定的，依照法律的规定执行。国家标准的年限一般为5年，过了年限后，国家标准就要被修订或重新制定。此外，随着社会的发展，国家需要制定新的标准来满足人们生产、生活的需要。因此，标准是种动态信息。

我国国家标准的代号，用"国标"两个字汉语拼音的第一个字母"G"和"B"表示。强制性国家标准的代号为"GB"，推荐性国家标准的代号为"GB/T"。国家标准的编号由国家标准的代号、国家标准发布的顺序号和国家标准发布的年号三部分构成。

7.4.3.2 行业标准

行业标准是指全国性的各行业范围内统一的标准。根据《标准化法》的规定，由我国各主管部、委（局）批准发布，在该部门范围内统一使用的标准，称为行业标准。例如，机械、电子、建设、化工、冶金、轻工、纺织、交通、能源、农业、林业、水利等都制定有行业标准。

行业标准由行业标准归口部门统一管理。行业标准的归口部门及其所管理的行业标准范围，由国务院有关行政主管部门提出申请报告。国务院标准化行政主管部门审查确定，并公布该行业的行业标准代号。国务院标准化行政主管部门目前已批准了58个行业标准代号。行业标准的编号由行业标准的代号、标准顺序号和年号组成。行业标准是对国家标准的补充，行业标准在相应国家标准实施后，自行废止。

行业标准由国务院有关行政主管部门编制计划，组织草拟，统一审批、编号、发布，并报国务院标准化行政主管部门备案。在没有国家标准，而又需要在全国某个行业范围内统一技术要求时，制定行业标准。

7.4.3.3 地方标准

地方标准又称区域标准，对没有国家标准和行业标准而又需要在省、自治区、直辖市范围内统一的工业产品的安全、卫生要求，可以制定地方标准。地方标准由省、自治区、直辖市标准化行政主管部门制定，并报国务院标准化行政主管部门和国务院有关行政主管部门备案，在公布国家标准或者行业标准之后，该地方标准即应废止。地方标准属于我国的四级标准。

7.4.3.4 企业标准

企业标准是指企业所制定的产品标准和在企业内需要协调、统一的技术要求和管理、工作要求所制定的标准。企业标准由企业制定，由企业法人代表或法人代表授权的主管领导批准、发布，一般以"Q"作为企业标准的开头。

《标准化法》第十九条规定："企业可以根据需要自行制定企业标准，或者与其他企业联合制定企业标准。"企业标准属于推荐性标准，企业标准的技术要求不得低于强制性国家标准的相关技术要求。在我国重要的行业、战略性产业以及关键技术领域，国家提倡利用自主创新技术制定团体标准、企业标准。

7.4.4 工程建设标准的制定

7.4.4.1 工程建设标准的计划

（1）工程建设国家标准的计划。工程建设国家标准的计划分为五年计划和年度计划。

五年计划由计划编制纲要和计划项目两部分组成。其内容要求包括：①计划编制纲要，包括计划编制的依据、指导思想、预期目标、工作重点和实施计划的主要措施等；②计划项目的内容，包括标准名称、制定或修订、适用范围及其主要技术内容、主编部门、主编单位和起始年限等。五年计划的编制工作应当由国务院工程建设行政主管部门根据国家编制国民经济和社会发展五年规划的原则和要求，统一部署编制国家标准五年计划的任务；国务院建设行政主管部门和省、自治区、直辖市建设行政主管部门，根据国务院建设行政主管部门统一部署的要求，提出五年计划建议草案，报国务院建设行政主管部门，国务院建设行政主管部门对五年计划建议草案进行汇总，在与各有关方面充分协商的基础上进行综合平衡，并提出五年计划草案，报国家发展和改革委员会批准下达。

年度计划由计划编制的简要说明和计划项目两部分组成。计划项目的内容包括标准名称、制定或修订、适用范围及其主要技术内容、主编部门和主编单位、参加单位、起止年限、进度要求等。年度计划应当在五年计划的基础上进行编制。列入年度计划的国家标准项目，应当具备的条件包括：①年度计划的前期工作报告；②生产和建设的实践经验；③相应的科研成果经过鉴定和验证，具备推广应用的条件；④不与相关的国家标准重复或矛盾；⑤参编单位已落实。年度计划的编制工作应当由国务院有关行政主管部门和省、自治区、直辖市建设行政主管部门，根据五年计划的要求，分期、分批地安排各国家标准项目的主编单位进行年度计划的前期工作。由主编单位提出的前期工作报告和年度计划项目表，报主管部门审查；国务院有关行政主管部门和省、自治区、直辖市建设行政主管部门，根据国务院建设行政主管部门当年的统一部署，做好所承担年度计划项目的落实工作，并在规定期限前报国务院建设行政主管部门；国务院建设行政主管部门根据各主管部门提出的计划项目，经综合平衡后，编制工程建设国家标准的年度计划草案，在规定期限前报国家发展和改革委员会批准下达。

（2）工程建设行业标准的计划。工程建设行业标准的计划根据国务院建设行政主管部门的统一部署，由国务院有关行政主管部门组织编制和下达，并报国务院建设行政主管部门备案。与两个以上国务院行政主管部门有关的行业标准,其主编部门由相关的行政主管部门协商确定或由国务院建设行政主管部门协调确定,其计划由被确定的主管部门下达。

7.4.4.2 工程建设标准的制定原则

(1) 工程建设标准的制定必须贯彻执行国家的有关法律、法规和方针、政策,密切结合自然条件,合理利用资源,充分考虑使用和维修的要求,做到安全适用、技术先进、经济合理。

(2) 制定工程建设标准,对需要进行科学试验或测试验证的项目,应当纳入主管部门的科研计划,认真组织实施,写出成果报告,经过行政主管部门或受委托单位鉴定,技术上成熟、经济上合理的项目应当纳入标准。

(3) 制定工程建设标准应当积极采用新技术、新工艺、新设备、新材料,纳入标准的新技术、新工艺、新设备、新材料,应当经有关主管部门或受委托单位鉴定,有完整的技术文件,且经实践检验行之有效。

(4) 制定工程建设标准要积极采用国际标准和国外先进标准,凡经过认真分析论证或测试验证,并且符合我国国情的,应当纳入标准。

(5) 制定工程建设标准,其条文规定应当严谨明确,文句简练,不得模棱两可,其内容深度、术语、符号、计量单位等应当前后一致,不得矛盾。

(6) 制定工程建设标准必须做好与现行有关标准之间的协调工作,对需要与现行工程建设标准协调的,应当遵守现行工程建设标准的规定,确有充分根据对其内容进行更改的,必须经过审批,方可另行规定;凡属于产品标准的内容,不得在工程建设标准中加以规定。

(7) 制定工程建设标准必须充分发扬民主,对标准中有关政策性问题,应当认真研究、充分讨论、统一认识;对有争论的技术性问题,应当在调查研究、试验验证或专题讨论的基础上,经过充分协商,恰如其分地作出结论。

7.4.4.3 工程建设标准的制定程序

制定工程建设国家标准的工作程序可分为以下几个阶段。

(1) 准备阶段。主管单位根据年度计划的要求,进行编制国家标准的筹备工作。落实国家标准编制组成员,草拟制定国家标准的工作大纲。

(2) 征求意见阶段。编制组根据制定国家标准的工作大纲开展调查研究工作,做好测试验证工作,对国家标准中的重大问题或有分歧的问题,应根据需要召开专题会议。编制组在做好上述各项工作的基础上,编写标准征求意见稿及其条文说明,主管部门对主管单位提出的征求意见稿及其条文说明根据制定标准的原则进行审核。征求意见稿及其条文说明应由主管单位印发,国务院有关行政主管部门,各有关省、自治区、直辖市建设行政主管部门和各单位征求意见。

(3) 送审阶段。编制组将征求意见阶段收集到的意见,逐条归纳整理,在分析研究的基础上提出处理意见,形成国家标准送审稿及其条文说明。当国家标准需要进行全面的综合技术经济指标比较时,编制组要按国家标准送审稿组织试设计或施工试用。国家标准送审的文件一般应当包括:国家标准送审稿及其条文说明、送审报告、主要问题的专题报告、试设计或施工试用报告等。国家标准送审稿的审查,一般采取召开审查会议形式,也可以采取函审和小型审定会议的形式。审查会议应当形成会议纪要。

（4）报批阶段。编制组根据审查会议或函审和小型审定会议的审查意见，修改标准送审稿及其条文说明，形成标准报批稿及其条文说明。标准的报批文件经主编单位审查后报主编部门。主编部门应当对标准报批文件进行全面审查，并会同国务院建设行政主管部门共同对标准报批稿进行审核。主编部门将共同确认的标准报批文件报国务院建设行政主管部门审批。

（5）工程建设标准的审批、发布阶段。工程建设国家标准由国务院建设行政主管部门审查批准，由国务院标准化行政主管部门统一编号，由国务院标准化行政主管部门和国务院建设行政主管部门联合发布。

工程建设行业标准由国务院有关行政主管部门审批、编号和发布。其中，两个以上部门共同制定的行业标准，由有关的行政主管部门联合审批、发布，并由其主编部门负责编号。

行业标准发布后，应当报国务院建设行政主管部门备案。

工程建设地方标准的制定方法，由省、自治区、直辖市人民政府规定。工程建设地方标准发布后应当报国务院建设行政主管部门和国务院标准化行政主管部门备案。

工程建设企业标准由企业组织制定，并按国务院有关行政主管部门或省、自治区、直辖市人民政府的规定备案。

7.4.4.4　工程建设标准的复审与修订

（1）工程建设标准的复审。工程建设标准实施后，制定标准的部门应当根据科学技术的发展和工程建设的需要适时进行复审。复审一般在工程建设标准实施后五年进行一次。标准复审的具体工作由工程建设标准管理单位负责。复审可以采取函审或会议审查，一般由参加过该标准编制或审查的单位或个人参加。

工程建设标准复审后，标准管理单位应当提出其继续有效或者予以修订、废止的意见，报标准的审批部门批准。对确认继续有效或予以废止的工程建设标准，应当在指定的报刊上公布。

（2）工程建设标准的修订。工程建设标准实施后，凡属下列情况之一，应当及时进行局部修订：标准的部分规定已制约了科学技术新成果的推广应用；标准的部分规定经修订后可取得明显的经济效益、社会效益；标准的部分规定有明显缺陷或与相关的标准相抵触；根据工程建设的需要而又可能对现行的标准作局部补充规定。

① 工程建设标准修订的计划。标准的局部修订计划，应当由标准的管理单位，根据标准的实施情况和修订条件，提出标准局部修订的工作报告和修订内容的建议方案，上报工程建设有关主管部门。其中，国家标准的局部修订工作计划由有关主管部门审查，报国务院建设行政主管部门下达；行业标准的局部修订工作计划由行业主管部门审查并下达。

② 工程建设标准修订的原则与程序。工程建设标准的修订必须贯彻执行有关的国家法律、法规和方针、政策，做到安全适用、技术先进、经济合理。工程建设标准的修订工作程序应适当简化。标准管理单位要根据主管部门下达的标准局部修订计划开展工作，必要时可吸收原参编人员和邀请有关专家参加局部修订工作。标准的局部修订稿要在吸取各方面意见的基础上，充分发扬民主，提出送审稿并报有关主编部门。标准的局部修订送审稿的审查，可采取召开审查会议的形式；经主管部门同意后，也可采取函审和小型审定会的形式。审查会议（或小型审定会）由主编部门或主编单位主持召开，并应形成会议纪要，作为标准局部修订的报批依据。

③ 工程建设标准修订的批准与公告。局部修订后的国家标准由国务院建设行政主管部

门批准并公告，局部修订后的行业标准由行业主管部门批准并公告。

7.4.5 工程建设标准的实施与监督

7.4.5.1 工程建设标准的管理

工程建设国家标准发布后，由其管理单位组建国家标准管理组，负责国家标准的日常管理工作。国家标准管理组设专职或兼职若干人。其人员组成，经国家标准管理单位报该国家标准管理部门审定后报国务院建设行政主管部门备案。国家标准管理人员在该国家标准管理部门和管理单位的领导下工作。管理单位应当对其加强领导，进行经常性的督促检查，定期研究和解决国家标准日常管理工作中的问题。

7.4.5.2 工程建设标准的实施

工程建设标准只有在生产建设中得到贯彻执行，才能实现工程建设标准的作用和效果，推广应用先进经验，消化吸收国内外最新科技成果，促进技术进步，保证工程质量，提高经济效益、社会效益和环境效益，保障国家和人民的利益。因此，工程建设标准的实施是工程建设标准化工作的重要任务之一。

从事工程建设活动的部门、单位和个人，必须执行强制性标准。对于不符合强制性标准的工程勘察成果报告和规划、设计文件，不得批准和使用；不按标准施工，质量达不到合格标准的工程，不得验收。各级行政主管部门制定有关工程建设的规定时，不得擅自更改强制性国家标准和强制性行业标准。

新的强制性标准实施后，工程建设行政主管部门应对工程建设标准设计进行相应的修改，并规定新、旧标准设计交替的使用期限。

工程建设强制性标准必须严格执行是由工程建设的特点决定的。一项工程建设的好坏，不仅关系到建设工程的经济效益、社会效益和环境效益，而且直接关系到建设者、所有者和使用者的人身安全以及国家、集体、公民的财产安全。工程建设标准中凡与人体健康，生命、财产安全有关的标准和重要的基础标准即为强制性标准，因此，根据国家"标准化"的要求，必须严格执行。国家鼓励自愿采用工程建设推荐性标准，所采用的推荐性标准在工程合同中予以确认。勘察、规划、设计和施工单位必须加强工程建设标准化管理，并对工程建设标准的实施进行经常性的检查。

7.4.5.3 工程建设标准实施的监督

工程建设标准实施的监督是指对工程建设标准的实施情况进行监督检查。工程建设标准只有通过实施并及时检查实施情况，才能保证标准的贯彻实施，才能发现问题并及时作出必要的修改或补充，从而不断提高工程建设标准的质量和水平。

各级行政主管部门应当对勘察、规划、设计、施工单位及建设单位实施强制性标准的情况进行监督检查。工程质量监督机构和安全监督机构，应当根据现行的强制性标准，对工程建设的质量和安全进行监督。当监督机构与被监督单位对执行工程建设强制性标准发生争议时，应当由标准的批准部门进行裁决。国家机关、社会团体、企业、事业单位及全体公民均有权检举、揭发违反强制性标准的行为。各级行政主管部门在进行工程建设重大事故调查时，应当有工程建设行政主管部门指派的从事标准化工作的人员参加。

7.4.6 工程建设强制性标准

7.4.6.1 《工程建设标准强制性条文（房屋建筑部分）》实施的意义

2013年6月，住房和城乡建设部对现行工程建设国家标准、行业标准中的强制性条文（房屋建筑部分）进行了清理。为便于有关监督机构和工程技术人员对强制性条文的贯彻实施，住房和城乡建设部强制性条文协调委员会对清理后的强制性条文进行了汇编。

汇编后的强制性条文在工程建设活动中的实施意义表现在以下几个方面：

（1）工程建设标准化是国家、行业和地方政府从技术控制的角度，为建设市场提供运行规则的一项基础性工作。《工程建设标准强制性条文（房屋建筑部分）》是贯彻实施我国现行工程建设标准、完善工程建设领域标准化管理制度的一项重大举措。

（2）《工程建设标准强制性条文（房屋建筑部分）》在2009年版的基础上，纳入了2013年5月31日前新发布的房屋建筑标准，在保护人民生命财产安全、保证人身健康、推动绿色节能、保护生态环境等涉及公共利益、公众安全的项目建设方面具有重要的促进意义。

（3）工程建设强制性标准是技术法规性文件，是工程质量管理的技术依据。《工程建设标准强制性条文（房屋建筑部分）》的实施对于保证工程建设质量、规范工程建设市场从业人员的执业行为具有重要的指导作用。

（4）《工程建设标准强制性条文（房屋建筑部分）》是我国新时期工程建设市场与国际建筑市场接轨的重要举措之一。在我国，技术法规既是强制性文件，也是参与国内外工程建设项目竞争的重要手段之一。遵守执行强制性条文是一切从事建设活动的单位或个人必须履行的义务。

7.4.6.2 工程建设强制性标准的检查

工程建设标准批准部门应当对项目执行强制性标准情况进行监督检查，监督检查可以采取重点检查、抽查、专项检查的方式。强制性标准监督检查的内容包括：有关工程技术人员是否熟悉、掌握强制性标准；工程项目的规划、勘察、设计、施工、验收等是否符合强制性标准的规定；工程项目采用的材料、设备是否符合强制性标准的规定；工程项目的安全、质量是否符合强制性标准的规定；工程中采用的导则、指南、手册、计算机软件的内容是否符合强制性标准的规定。工程技术人员应当参加有关工程建设强制性标准的培训，并可以计入继续教育学时。任何单位和个人对违反工程建设强制性标准的行为有权向建设行政主管部门检举、控告、投诉。

7.4.6.3 违反工程建设强制性标准的法律责任

工程建设强制性标准是工程建设的参与者都必须严格执行的部门规章。工程实施中参与单位有建设单位、施工单位、勘察单位、设计单位、工程监理单位等，无论哪个单位都应按照要求严格实施，对于没有按强制性标准履行义务的，将承担如下罚责。

（1）建设单位法律责任。建设单位有下列行为之一的，责令改正，并处以20万元以上50万元以下的罚款：明示或者暗示施工单位使用不合格的建筑材料、建筑构配件和设备的；明示或者暗示设计单位或者施工单位违反工程建设强制性标准，降低工程质量的。

（2）勘察、设计单位法律责任。勘察、设计单位违反工程建设强制性标准进行勘察、设计的，责令改正，并处以10万元以上30万元以下的罚款。

有上述行为，造成工程质量事故的，责令停业整顿，降低资质等级；情节严重的，吊销资质证书；造成损失的，依法承担赔偿责任。

（3）施工单位法律责任。施工单位违反工程建设强制性标准的，责令改正，处工程合同价款 2%以上 4%以下的罚款；造成建筑工程质量不符合规定的质量标准的，负责返工、修理，并赔偿因此造成的损失；情节严重的，责令停业整顿，降低资质等级或者吊销资质证书。

（4）工程监理单位法律责任。工程监理单位违反强制性标准规定，将不合格的建筑工程以及建筑材料、建筑构配件和设备按照合格签字的，责令改正，处 50 万元以上 100 万元以下的罚款，降低资质等级或者吊销资质证书；有违法所得的，予以没收；造成损失的，承担连带赔偿责任。

（5）主管部门法律责任。建设行政主管部门和有关行政主管部门工作人员玩忽职守、滥用职权、营私舞弊的，给予行政处分；构成犯罪的，依法追究刑事责任。

（6）处罚规定。违反工程建设强制性标准造成工程质量、安全隐患或者工程事故的，按照《建设工程质量管理条例》有关规定，对事故责任单位和责任人进行处罚。有关责令停业整顿、降低资质等级和吊销资质证书的行政处罚，由颁发资质证书的机关决定；其他行政处罚，由建设行政主管部门或者有关部门依照法定职权决定。

7.5 建设工程质量保修制度

建筑工程质量保修制度是《建筑法》所确定的重要法律制度。健全、完善的建筑工程质量保修制度对于促进承包方加强质量管理，保护用户及消费者的合法权益有着重要的意义。

7.5.1 建设工程质量保修制度的概念

建设工程质量保修是指建筑工程在办理竣工验收手续后，在规定的保修期限内，因勘察、设计、施工、材料等原因而造成的质量缺陷，应当由施工承包单位负责维修、返工或更换，由责任单位负责赔偿损失。对在保修期限内和保修范围内发生的质量问题，一般应先由建设单位组织勘察、设计、施工等单位分析出现质量问题的原因，确定维修方案，由施工单位负责维修。当问题较严重复杂时，不管是什么原因造成的，只要是在保修范围内，均先由施工单位履行保修义务，再明确责任，不得推诿扯皮。对于保修费用，则由质量缺陷的责任方承担。建筑工程实行质量保修制度是落实建筑工程质量责任的重要措施。

建筑工程的质量保修制度是指对建筑工程在交付使用后的一定期限内发现的工程质量缺陷，由施工企业承担修复责任的制度。建筑工程作为一种特殊的耐用消费品，一旦建成后将长期使用。建筑工程在建设中存在的质量问题，在工程竣工验收时被发现的，必须经修复完好后，才能作为合格工程交付使用；有些质量问题在竣工验收时未被发现，而在使用后的一定期限内逐渐暴露出来，施工企业则应当负责无偿修复，以维护用户的权益。目前，不少房屋建设质量较差，留有较多质量隐患。一些房屋在竣工验收时合格，而在住了或长或短的一段时间后，许多潜在的质量问题才显露出来。例如，屋面漏水，墙壁裂缝或墙皮脱落，室内地面空鼓、开裂、起砂，上下水管道、暖气管道漏水、堵塞，暖气不热，电气故障，门窗开关不灵或缝隙超过规定等，这些问题相当普遍和严重，群众反映强烈。为了明确施工企业对其施工的建筑工程应负的质量责任,维护用户的合法权益,《建筑法》明确规定了对建筑工程实行质量保修制度。

7.5.2 建设工程质量的保修范围及保修期限

7.5.2.1 质量保修书

《建设工程质量管理条例》对质量保修的相关问题做了规定:"建设工程承包单位在向建设单位提交工程竣工验收报告时,应当向建设单位出具质量保修书。质量保修书中应当明确建设工程的保修范围、保修期限和保修责任等。"

施工单位签署的工程质量保修书,是工程竣工验收应具备的条件之一,工程质量保修书也是一种合同,是发包、承包双方就保修范围、保修期限和保修责任等设立权利义务的协议,集中体现了承包单位对发包单位的工程质量的保修承诺。

7.5.2.2 保修范围

(1) 地基基础工程和主体结构工程。建筑物的地基基础工程和主体结构工程质量问题直接关系到建筑物的安危,这两项工程是不允许存在质量隐患的,而一旦发现建筑物的地基基础和主体结构存在质量问题,也很难通过修复办法解决。对地基基础工程和主体结构工程实行保修制度,实际上是要求施工企业必须确保地基基础和主体结构的质量。对使用中发现的地基基础或主体结构的质量问题,如果能够通过加固等确保建筑物安全的技术措施予以修复,施工企业应当负责修复;不能修复造成建筑物无法继续使用的,有关责任者应当依法承担赔偿责任。

(2) 屋面防水工程。鉴于目前房屋建筑工程中的屋面漏水问题突出,此处将屋面防水工程的保修问题单独列出。对屋顶、墙壁出现漏水现象的,施工企业应当负责保修。

(3) 其他土建工程。其他土建工程指除屋面防水工程以外的土建工程,包括地面与楼面工程、门窗工程等。例如,在正常使用中发现的室内地坪空鼓、开裂、起砂、墙皮、面砖、油漆等饰面脱落,厕所、厨房、盥洗室地面泛水、积水,阳台积水、漏水等土建工程中的质量问题,应属建筑工程的质量保修范围,由施工企业负责修复。

(4) 电气管线、上下水管线的安装工程。该工程包括电气线路、开关、电表的安装,电气照明器具的安装,给水管道、排水管道的安装等。建筑物在正常使用过程中如出现电器、电线漏电,照明灯具坠落,上下水管道漏水、堵塞等属于电气管线、上下水管线的安装工程的质量问题的,施工企业应当承担保修责任。

(5) 供热、供冷系统工程。该工程包括暖气设备、中央空调设备等的安装工程等,施工企业也应对其质量承担保修责任。

(6) 其他应当保修的项目范围。凡属国务院规定和合同约定应由施工企业承担保修责任的项目,施工企业都应当负责保修。

7.5.2.3 保修期限

根据《建设工程质量管理条例》的规定,在正常使用条件下,建设工程的最低保修期限为:①基础设施工程、房屋建设的地基基础工程和主体结构工程,为设计文件规定的该工程的合理使用年限;②屋面防水工程、有防水要求的卫生间、房间和外墙面的防渗漏,为5

年；③供热与供冷系统，为两个采暖期、供冷期；④电气管线、给排水管道、设备安装和装修工程，为2年。其他项目的保修期限由发包方与承包方约定。建设工程的保修期，自竣工验收合格之日起计算。不管是保修范围还是保修期限都存在法定和约定两种情形。

7.5.2.4 保修期计算起点

工程保修期的起始日是竣工验收合格之日。竣工验收合格之日是在建设单位收到建设工程竣工报告后，组织设计、施工、工程监理等有关单位进行竣工验收，验收合格并由各方签收竣工验收之文本的日期。《建设工程质量管理条例》第四十九条第二款规定："建设行政主管部门或者其他有关部门发现建设单位在竣工验收过程中有违反国家有关建设工程质量管理规定行为的，责令停止使用，重新组织竣工验收。"因此，前文提到的保修期起始日为各方都认可的重新组织竣工验收的日期。但是，住宅工程售房单位对用户的保修期要从房屋出售之日起计算。

7.5.3 建设工程保修责任

建筑工程在保修范围内和保修期限内发生质量问题，由施工单位履行保修义务，但要区别保修责任的承担问题。依法由施工单位负责进行维修的并不意味着都是由施工单位承担维修责任，对维修的经济责任的确定，应当根据具体情况分清责任，由责任方承担。

施工单位未按国家有关规范、标准和设计要求施工，造成的质量缺陷，由施工单位负责返修并承担经济责任；建筑工程自办理交工验收手续后，在规定的期限内，因勘察设计、施工、材料等原因而造成的质量缺陷，应当由施工单位负责维修。

由设计方面的原因造成的质量缺陷，由设计单位承担经济责任。由施工单位负责维修，其费用按有关规定通过建设单位向设计单位索赔；不足部分由建设单位负责。因建筑材料、构配件和设备质量不合格所引起的质量缺陷，属于施工单位采购的或经其验收同意的，由施工单位承担经济责任；属于建设单位采购的，由建设单位承担经济责任。因使用单位使用不当而造成的质量缺陷，由使用单位自行负责。因地震、洪水、台风等不可抗力而造成的质量问题，施工单位、设计单位不承担经济责任。建筑工程在超过合理使用年限后需要继续使用的，产权所有人应当委托具有相应资质等级的勘察、设计单位鉴定，并根据鉴定结果采取加固、维修等措施，重新界定使用期。

7.5.4 建设工程保修的程序

建筑工程在保修期限内出现质量缺陷，建设单位应当向施工单位发出保修通知。施工单位接到保修通知后，应当到现场核查情况，在保修书约定的时间内予以保修。发生涉及结构安全或者严重影响使用功能的紧急抢修事故，施工单位接到保修通知后，应当立即到达现场抢修。施工单位不按工程质量保修书约定保修的，建设单位可以另行委托其他单位保修，由原施工单位承担相应责任，保修费用由造成质量缺陷的责任方承担。如果质量缺陷是施工单位未按照工程建设强制性标准和合同要求施工造成的，则施工单位不仅要负责保修，还要承担保修费用。但是，如果质量缺陷是设计单位、勘察单位或建设单位、监理单位的原因造成的，施工单位仅负责保修，其有权对由此发生的保修费用向建设单位索赔。建设单位向施工单位承担赔偿责任后，有权向造成质量缺陷的责任方追偿。

7.5.5 建设工程质量缺陷的损害赔偿

《中华人民共和国消费者权益保护法》规定，使用商品者及接受服务者受到人身、财产损害的，享有依法获得赔偿的权利。

因建筑工程质量缺陷而造成受害人人身损害的，根据《民法典》相关条款规定，侵害人应当赔偿医疗费、护理费、因误工减少的收入等；造成残疾的，还应当赔偿辅助器具费和残疾赔偿金；造成死亡的，还应支付丧葬费、抚恤金、死者生前抚养的人所必要的生活费用等。因建筑工程质量缺陷而造成受害人财产损失的，侵害人除承担返修责任外，对其他财产损失，应予赔偿。

建筑工程质量存在缺陷造成损害，要求赔偿的诉讼时效期限为一年，自当事人知道或应当知道其权益受到损害时起计算。

7.5.6 建设工程质量保证金

2016年12月27日，住房和城乡建设部、财政部联合发布了《建设工程质量保证金管理办法》，该办法的发布和实施有助于进一步规范质量保修制度的经济保障措施。

7.5.6.1 质量保证金的含义

《建设工程质量保证金管理办法》第二条规定："本办法所称建设工程质量保证金（保修金）（以下简称保证金）是指发包人与承包人在建设工程承包合同中约定，从应付的工程款中预留，用以保证承包人在缺陷责任期内对建设工程出现的缺陷进行维修的资金。缺陷是指建设工程质量不符合工程建设强制性标准、设计文件，以及承包合同的约定。"

7.5.6.2 缺陷责任期

缺陷责任期从工程通过竣（交）工验收之日起计算。由于承包人的原因而导致工程无法按规定期限进行竣（交）工验收的，缺陷责任期从实际通过竣（交）工验收之日起计算。由于发包人的原因而导致工程无法按规定期限进行竣（交）工验收的，在承包人提交竣（交）工验收报告90天后，工程自动进入缺陷责任期。

缺陷责任期一般为6个月、12个月或24个月，具体可由发包、承包双方在合同中约定。缺陷责任期内，由承包人造成的缺陷，承包人应负责维修，并承担鉴定及维修费用。若承包人不维修也不承担费用，发包人可按合同约定扣除保证金，并由承包人承担违约责任。承包人维修并承担相应费用后，不免除对工程的一般损失赔偿责任。由他人造成的缺陷，发包人负责组织维修，承包人不承担费用，且发包人不得从保证金中扣除费用。

7.5.6.3 质量保证金的数额

发包人应当在招标文件中明确保证金预留、返还等内容，并与承包人在合同条款中对涉及保证金的下列事项进行约定：保证金预留、返还方式；保证金预留比例、期限；保证金是否计付利息，如计付利息，利息的计算方式；缺陷责任期的期限及计算方式；保证金预留、返还及工程维修质量、费用等争议的处理程序；缺陷责任期内出现缺陷的索赔方式；逾期返还保证金的违约金支付办法及违约责任。

建筑工程竣工结算后，发包人应按照合同约定及时向承包人支付工程结算价款并预留保证金。全部或者部分使用政府投资的建设项目，按工程价款结算总额5%左右的比例预留保证金。社会投资项目采用预留保证金方式的，预留保证金的比例可参照执行。采用工程质量保证担保、工程质量保险等其他保证方式的，发包人不得再预留保证金。

7.5.6.4 质量保证金的返还

缺陷责任期内，承包人认真履行合同约定的责任，到期后，承包人向发包人申请返还保证金。发包人在接到承包人返还保证金申请后，应于14日内会同承包人按照合同约定的内容进行核实。如无异议，发包人应当在核实后14日内将保证金返还给承包人，逾期支付的，从逾期之日起，按照同期银行贷款利率计付利息，并承担违约责任。发包人在接到承包人返还保证金申请后14日内不予答复，经催告后14日内仍不予答复，视同认可承包人的返还保证金申请。

【案例分析1】

> 2019年7月，某工厂拟建设一栋职工宿舍楼，结构形式为砖混结构，经过招标、投标后与某建筑施工企业签订了一份建设工程施工合同。合同形式采用固定总价合同，主体工程和内外承重墙一律使用国家标准砌块，每层加水泥圈梁；建设单位可预付工程款（合同价款的10%）；工程的全部费用用于验收合格后一次付清；交付使用后，如果在6个月内发生严重质量问题，由承包人负责修复等。一年后，职工宿舍楼如期完工，在进行竣工验收时，发现该楼3~5层的内承重墙体裂缝较多，建设单位要求承建单位修复后再验收，承建单位以不影响使用而拒绝修复。在争议尚未达成解决意向的情况下，该厂接收了宿舍楼。在使用了8个月之后，宿舍楼第5层某住户室内的顶棚抹灰层脱落导致悬挂的灯具掉下，致使1人重伤。受害者起诉至法院，要求某建筑施工企业赔偿损失，并修复好天棚。承建单位以用户使用不当且已过保修期为由拒绝赔偿。无奈之下，受害者将某建筑施工企业诉至法院。
>
> **问题**：分析造成这次事故的原因。
>
> **分析**：《建设工程质量管理条例》第四十条规定了在正常使用条件下建设工程的最低保修期限，同时规定，"建设工程的保修期，自竣工验收合格之日起计算"。
>
> 根据上述法律规定，建设工程的保修期限不能低于国家规定的最低保修期限，其中，对地基基础工程、主体结构工程实际规定为终身保修。本案例中，某工厂与某建筑施工企业虽然在合同中双方约定保修期限为6个月，但这一期限远远低于国家规定的最低期限，尤其是承重墙属主体结构，其最低保修期限依法应终身保修。双方约定的质量期限条款违反了国家强制性法律规定，因此是无效的。建筑施工企业应当向受害者承担损害赔偿责任。承建单位损害赔偿责任的内容应当包括医疗费、护理费、因误工减少的收入等。如果造成受害人残疾的，还应赔偿辅助器具费和残疾赔偿金。如果造成受害人死亡的，还应支付丧葬费、抚恤金、死者生前抚养的人必要的生活费用等。

案例分析2

某厂新建一车间，分别与市设计院和市某建筑施工单位签订设计合同和施工合同。工程竣工后厂房北侧墙壁发生裂缝。为此，某厂向法院起诉市某建筑施工单位。经勘验，裂缝是由地基不均匀沉降引起的。结论是结构设计图纸所依据的地质资料不准，于是某厂又将市设计院诉至法院。市设计院答辩，设计院是根据某厂提供的地质资料设计的，不应承担事故责任。经法院查证：某厂提供的地质资料不是新建车间的地质资料，而是与该车间相邻的某厂的地质资料，事故前设计院也不知该情况。

问题：
1. 事故的责任者是谁？
2. 某厂所发生的诉讼费应由谁承担？

分析：

1. 本案例中，设计合同的主体是某厂和市设计院，施工合同的主体是某厂和市某建筑施工单位。根据案情，设计图纸所依据的资料不准造成地基不均匀沉降，最终导致墙壁裂缝事故。所以，事故所涉及的是设计合同中的责权关系，而与施工合同无关，即市某建筑施工单位没有责任。在设计合同中，提供准确的资料是委托方的义务之一，而且要对资料的可靠性负责（根据《建设工程质量管理条例》第九条）。所以，委托方提供假地质资料是事故的根源，委托方是事故的责任者之一。市设计院按对方提供的资料设计，似乎没有过错，但是直到事故发生前设计院仍不知道资料虚假，说明在整个设计过程中，设计院并未对地质资料进行认真的审查，使假资料滥竽充数，导致事故，否则，有可能防患于未然。所以，设计院也是责任者之一。由此可知，在此事故中，委托方（某厂）为直接责任者、主要责任者，承接方（设计院）为间接责任者、次要责任者。

2. 根据上述结论，某厂发生的诉讼费，主要应由某厂负担，市设计院也应承担一小部分。

本章小结

建设工程质量是关系到社会公共利益、人身财产安全的大事。加强对建设工程质量的管理，保证建设工程质量，就是保护人民生命和财产安全。《建设工程质量管理条例》《建设工程施工质量验收统一标准》等法规规范了建设市场的主体，约束了主体的行为，强化了工程实施过程中一系列活动的质量。

复习思考题

1. 广义的建设工程质量的概念与狭义的建设工程质量的概念有何区别？
2. 我国现行的建设工程质量管理体系是如何规定的？
3. 我国现行的《质量管理和质量保证》系列标准有哪些？
4. 建筑业企业应如何选择适用的质量保证体系标准？
5. 建设工程质量监督检查站是什么机构？它的权限与责任是什么？
6. 为提高建设工程质量，我国设立了哪些优秀工程奖项？
7. 建设工程的保修期限从何时算起？我国现行规定的保修期限是多长？
8. 施工单位拒绝保修时，建设单位应如何处理？

8 工程建设纠纷处理法律制度

【知识目标】
1. 了解工程建设中常见纠纷的成因与防范措施；
2. 了解工程纠纷的基本处理方式及工程纠纷处理的法律依据；
3. 熟悉工程纠纷证据的种类和应用；
4. 掌握工程纠纷处理的程序；
5. 掌握行政复议和行政诉讼的程序。

8.1 工程建设纠纷的成因及防范措施

8.1.1 工程建设纠纷的概念

近年来，随着经济的快速发展，我国的建筑业也一直呈现出良好的发展势头。但是，在建筑业快速发展的同时，也出现了一些较为突出的矛盾。例如，工程建设中的管理人员素质问题，建筑市场不规范问题，建设单位、施工单位负责人员法律意识淡薄问题等。这些问题往往会导致对权利、义务和责任的争议。

工程建设纠纷是指合同当事人对合同约定的权利和义务发生争议而形成的纠纷。在合同履行中，发包人和承包人为维护各自不同的利益，对建筑工程技术要求和有关合同文件的理解不可能始终一致、完全相同，出现分歧和矛盾是正常的，这种分歧和矛盾往往会形成纠纷。尽管建筑工程合同中对双方的义务和责任通常会有明文规定，但对这些规定的理解会有不同。另外，合同规定的某些疏漏与含义不清也会造成建筑工程合同纠纷。

在发包、承包交易中的合同签订、预付调整、索赔、现场签证和结算与支付环节中经常会出现双方当事人对权利及义务的调整发生分歧，从而导致在建筑工程活动中各种纠纷的产生。工程建设中常见的纠纷有施工合同纠纷、建筑工程物资采购合同纠纷、建筑工程勘察、设计、监理合同纠纷及建筑工程其他纠纷。

8.1.2 工程建设中常见纠纷的成因与防范措施

8.1.2.1 施工合同纠纷的成因与防范措施

施工合同纠纷包括施工合同主体纠纷、施工合同工程款纠纷、施工合同质量纠纷、施工合同分包与转包纠纷、施工合同变更和解除纠纷、施工合同竣工验收纠纷、施工合同审计纠纷。

（1）施工合同主体纠纷的成因与防范措施。

① 纠纷成因：因承包商资质不够而导致的纠纷；因无权代理与表见代理而导致的纠纷；因联合体承包而导致的纠纷；因"挂靠"问题而产生的纠纷。

② 防范措施：加强对建筑市场承包商资质的监管；加强对承包商资质的审查，避免与不具备相应资质的承包商订立合同；施工合同各方应当加强对授权委托书的管理，避免无权代理和表见代理的产生；避免与无权代理人签订合同；联合体承包应当规范、自愿；避免"挂靠"。

（2）施工合同工程款纠纷的成因与防范措施。

① 纠纷成因：承包商竞争过分激烈；"三边工程"引起的工程造价失控；从业人员法律意识薄弱；施工合同调价与索赔条款的重合；合同缺陷；双方理解分歧；工程款拖欠。

② 防范措施：签订书面合同；避免合同总价与分项工程单价之和不符；避免约定不明与理解分歧；避免合同缺项；协调合同内容冲突；预防风险；根据工程特点选择好签订哪种形式的合同；认真进行合同审查；明确合同中责任条款。

（3）施工合同质量纠纷的成因与防范措施。

① 纠纷成因：建设单位不顾实际地降低造价，缩短工期；不按建设程序运作；在设计或施工中提出违反法律、行政法规和建筑工程质量、安全标准的要求；将工程发包给没有资质的单位或者将工程任意直接进行发包；建设单位未将施工图设计文件报县级以上人民政府建设行政主管部门或者其他有关部门审查；建设单位采购的建筑材料、建筑构配件和设备不合格，或给施工单位指定厂家明示、暗示使用不合格的材料、构配件和设备；施工单位脱离设计图纸、违反技术规范以及在施工过程中偷工减料；施工单位未履行属于自己的施工前产品检验的强化责任；施工单位对于在质量保修期内出现的质量缺陷不履行质量保修责任；监理制度不严格。

② 防范措施：应当严格按照建设程序进行工程建设；对造价和工期的要求应当符合客观规律；应当按照法律、行政法规和建筑工程质量、安全标准的要求进行设计和施工；标段的划分应当合理，不能随意肢解工程；施工图设计文件应当按照规定进行审查；加强建筑材料、建筑构配件和设备采购的管理；应当按照设计图纸、技术规范进行施工；严格施工前产品检验的强化责任；完善质量保修制度；严格监理制度，加强质量监督管理。

（4）施工合同分包与转包纠纷的成因与防范措施。

① 纠纷成因：因资质问题而产生的纠纷；因履约范围不清而产生的纠纷；因转包而产生的纠纷；因配合与协调问题而产生的纠纷；因违约和罚款问题而产生的纠纷；因各方对分包管理不严而产生的纠纷。

② 防范措施：加强对分包商资质的管理；在分包合同中明确各自的履约范围；严格禁止转包；加强有关各方的配合与协调；避免违约和罚款；加强对分包的管理。

（5）施工合同变更和解除纠纷的成因与防范措施。

① 纠纷成因：工程本身具有的不可预见性；设计与施工以及不同专业设计之间的脱节；"三边工程"导致大量变更产生；大量的口头变更导致事后责任无法分清；单方解除合同。

② 防范措施：做好工程的计划性；避免设计与施工以及不同专业设计之间的脱节；避免"三边工程"；规范口头变更；规范单方解除合同。

（6）施工合同竣工验收纠纷的成因与防范措施。

① 纠纷成因：隐蔽工程竣工验收产生的纠纷；未经竣工验收提前使用产生的纠纷。

② 防范措施：严格按照规范和合同约定进行隐蔽工程竣工验收；避免未经竣工验收提前使用。

（7）施工合同审计纠纷的成因与防范措施。

① 纠纷成因：有关各方对审计监督权的认识偏差；审计机关的独立性得不到保证；工程造价的技术性问题也是导致纠纷的原因。

② 防范措施：正确认识审计监督权；确保审计机关的独立性；规范审计工作。

8.1.2.2 建筑工程物资采购合同纠纷的成因与防范措施

建筑工程物资采购合同纠纷包括质量纠纷，数量纠纷，履行期限、地点纠纷，价款纠纷。

（1）质量纠纷的成因与防范措施。

① 纠纷成因：合同约定不明确；检查验收不严格、不及时。

② 防范措施：合同约定明确；严格检查验收制度，到货后及时验收。

（2）数量纠纷的成因与防范措施。

① 纠纷成因：合同约定不明确；检查验收不严格、不及时。

② 防范措施：合同约定明确；严格检查验收制度，到货后及时验收。

（3）履行期限、地点纠纷的成因与防范措施。

① 纠纷成因：合同约定不明确；不按合同约定履行。

② 防范措施：合同约定明确；严格按照合同约定履行。

（4）价款纠纷的成因与防范措施。

① 纠纷成因：合同约定不明确；履行期间价格变动。

② 防范措施：合同约定应当明确；按照《民法典》的规定处理履行期间价格的变动。

8.1.2.3 建筑工程勘察、设计、监理合同纠纷的成因与防范措施

建筑工程勘察、设计、监理在工程实施的过程中也常会因当事人的利益出发点不一致而出现纠纷。

（1）建筑工程勘察、设计合同纠纷的成因与防范措施。

① 纠纷成因：建筑工程勘察、设计质量纠纷；建筑工程勘察、设计期限纠纷；建筑工程勘察、设计变更纠纷。

② 防范措施：严格建筑工程勘察、设计的质量、期限管理；避免和减少建筑工程勘察、设计变更。

（2）建筑工程监理合同纠纷的成因与防范措施。

① 纠纷成因：监理工作内容的纠纷；监理工作缺陷纠纷。

② 防范措施：明确约定合同；严格按照合同约定完成各自的职责；出现监理工作缺陷，应当按照规定补救和承担相应的责任。

8.1.2.4　工程建设其他领域纠纷的成因与防范措施

建筑工程其他纠纷包括相邻关系纠纷，环境保护纠纷，施工中的安全措施不当产生的损害赔偿纠纷，施工中搁置物、悬挂物造成损害赔偿纠纷。

（1）相邻关系纠纷的成因与防范措施。
① 纠纷成因：没有正确处理截水、排水、通行、通风、采光等方面的相邻关系。
② 防范措施：做好规划，严格按照有利于生产、方便生活、团结互助、公平合理的原则进行建设。

（2）环境保护纠纷的成因与防范措施。
① 纠纷成因：一是对自然环境造成了破坏；二是施工产生的粉尘、噪声、振动等对周围生活居住区的污染和危害。
② 防范措施：施工单位应当严格按照国家规定的标准、规范和合同的约定进行施工。

（3）施工中的安全措施不当产生的损害赔偿纠纷的成因与防范措施。
① 纠纷成因：在工程施工过程中，没有按照需要设置明显标志、采取安全措施。
② 防范措施：在工程施工过程中，按照需要设置明显标志、采取安全措施，避免给他人造成损害。

（4）施工中搁置物、悬挂物造成损害赔偿纠纷的成因与防范措施。
① 纠纷成因：施工中搁置物、悬挂物管理不当，给他人造成人身和财产损害。
② 防范措施：严格管理搁置物、悬挂物。

8.2　工程建设纠纷的处理程序

工程建设活动中发生的纠纷包括民事纠纷和行政纠纷两种类型，对于不同类型的纠纷分别有不同的处理方式。民事纠纷的处理方式包括和解、调解、仲裁、诉讼；纠纷的处理方式主要是行政复议和行政诉讼。

8.2.1　民事纠纷处理程序

8.2.1.1　仲裁

仲裁亦称"公断"，是双方当事人在合同争议发生前或争议发生后达成协议，自愿将争议交给仲裁机构作出裁决，并负有自觉履行义务的一种解决争议的方式。

（1）仲裁的基本原则。仲裁过程中除了必须遵守以事实为依据、以法律为准绳、当事人适用法律一律平等原则，以及回避、公正、及时等解决经济纠纷的共同原则，还必须遵守以下原则。

① 当事人自愿原则。当事人自愿原则也称当事人意思自治原则。《中华人民共和国仲裁法》（全书以下简称《仲裁法》）第四条规定，当事人采取仲裁方式解决纠纷，应当双方自愿，达成仲裁协议，一方申请仲裁的，仲裁委员会不予受理。当事人将争议提交给哪一个仲

裁委员会仲裁，以及仲裁庭由哪些仲裁员组成等，都由双方当事人自愿协商决定。由于仲裁是当事人选择的结果，仲裁裁决更容易被当事人接受，仲裁裁决主要依靠当事人自觉执行。

② 一裁终局制原则。一裁终局制原则是仲裁制度准司法性的体现。与诉讼实行的两审终审制度不同，仲裁裁决一旦作出，当事人不得就同一争议向仲裁机构申请再次仲裁。仲裁裁决作出以后，当事人也不得就同一纠纷向人民法院提起诉讼。即当事人选择仲裁，就意味着放弃了就该纠纷进行诉讼的权利，也称或裁或审原则。当事人一方不履行仲裁裁决的，另一方可向人民法院申请强制执行。

③ 独立仲裁原则。仲裁依法独立进行，不受行政机构、社会团体和个人的干涉。为保证这一原则的实施，《仲裁法》第十四条规定，仲裁委员会独立于行政机关，与行政机关没有隶属关系，仲裁委员会之间也没有隶属关系。

④ 人民法院监督原则。人民法院和仲裁机构之间是相互独立的，没有隶属关系。但仲裁机构毕竟是民间组织，涉及强制措施，必须向人民法院申请执行。仲裁裁决生效后，人民法院经当事人申请，可对不符合法律规定的仲裁裁决裁定撤销。

⑤ 先行调解原则。仲裁庭在作出裁决前，可以先行调解。调解应在查明事实、分清是非的基础上，按照自愿、合法原则进行。调解不成的，应及时裁决。调解书和裁决书具有同等法律效力。

（2）仲裁机构。仲裁委员会是常设性仲裁机构。

① 仲裁委员会。仲裁委员会是依法设立的，有权根据仲裁协议受理一定范围的经济纠纷案件，依法行使仲裁权的机构。

根据《仲裁法》的规定，仲裁委员会可以在直辖市和省、自治区人民政府所在地的市设立，也可以根据需要在其他设区的市设立，不按行政区划层层设立。仲裁委员会的设立，应进行登记。登记机关是省、自治区、直辖市的司法行政部门。仲裁委员会独立于行政机关，与行政机关无隶属关系，仲裁委员会之间也没有隶属关系。

根据《仲裁法》第十一条的规定，仲裁委员会应当具备的条件是：有自己的名称、住所和章程；有必要的财产；有该委员会的组成人员；有聘任的仲裁员。仲裁委员会由主任1人、副主任2~4人、委员7~11人组成。仲裁委员会成员由法律、经济贸易专家和有实际工作经验的人员担任，其中法律、经济贸易专家不得少于2/3。

仲裁委员会从具备仲裁员资格的人员中聘任仲裁员，设立仲裁员名册。聘任的仲裁员应符合下列条件之一：通过国家统一法律职业资格考试取得法律职业资格，从事仲裁工作满8年的；从事律师工作满8年的，曾任法官满8年的；从事法律研究、教学工作并具有高级职称的；具有法律知识、从事经济贸易等专业工作并具有高级职称或者具有同等专业水平的。

② 仲裁协会。我国仲裁协会是仲裁委员会的自律性组织，其会员是仲裁委员会。仲裁协会是社会团体法人，其职责是建立自我约束、自我发展的自律性运行机制，根据章程对仲裁委员会及其组成人员、仲裁员的违纪行为进行监督。

（3）仲裁协议。仲裁协议是指双方当事人自愿把他们之间已经发生或者将要发生的合同纠纷或其他财产纠纷提交仲裁机构解决的协议。仲裁协议对双方当事人均有约束力，是争议当事人将其争议提交仲裁的依据，也是仲裁机构受理案件的依据，排除了人民法院的管辖权。《仲裁法》规定，当事人达成仲裁协议，一方向人民法院起诉的，人民法院不予受理，但仲裁协议无效的除外。当事人达成仲裁协议，一方向人民法院起诉，未声明有仲裁协议，人民法院受理后，另一方在首次开庭前提交仲裁协议的，人民法院应当驳回起诉，但仲裁协议无效的除外。

① 仲裁协议的形式。仲裁协议包括合同中订立的仲裁条款和以其他书面方式在纠纷发生前或者纠纷发生后达成的请求仲裁的协议。建设工程合同的主要条款中包括争议解决方式条款，双方当事人可以在签订合同时订立将该合同争议提交仲裁的条款。此外，建设工程合同的当事人也可以在纠纷发生前或纠纷发生后达成请求仲裁的书面协议，该协议不依附于某个合同，是一项独立契约。一旦发生纠纷，当事人可以据此向仲裁机构提出仲裁申请。

② 仲裁协议的内容。根据《仲裁法》第十六条的规定，仲裁协议应当具有下列内容：a.请求仲裁的意思表示，即双方当事人在发生纠纷时要提请仲裁的表示，该意思表示应当基于双方自愿。例如，在合同中的争议解决方式条款中规定，"本合同所发生或者与本合同有关的一切争议，双方自愿提交仲裁机构解决"。b.仲裁事项，即提请仲裁的纠纷范围。约定的仲裁事项不能超出法律规定的仲裁范围。《仲裁法》的适用范围是平等主体的公民、法人和其他组织之间发生的合同纠纷和其他财产权益纠纷。c.选定的仲裁委员会。仲裁委员会没有级别管辖和地域管辖的规定，根据当事人双方的自愿，可以选择任意一个仲裁委员会，为已经发生或者将来可能发生的争议进行仲裁。

仲裁协议对仲裁事项或仲裁委员会没有约定或约定不明确的，当事人可以补充协议，不能达成补充协议的，仲裁协议无效。

③ 仲裁协议的效力。合同订立后履行的过程中，出于合同当事人一方或者双方的主客观原因，已经订立的合同可能会发生变更、解除、终止或确认无效。合同变更后，当事人应按照变更后的合同履行，因合同发生的争议仍有可能发生。合同解除、终止或者确认无效后，可能因此而发生损害赔偿争议。对于上述争议，当事人仍可以通过仲裁方式解决，仲裁规范必然要与之相适应。《仲裁法》第十九条规定，仲裁协议独立存在，合同的变更、解除、终止或者无效，不影响仲裁协议的效力。《民法典》也规定，合同无效，被撤销或者终止的，不影响合同中独立存在的有关解决争议方法条款的效力。

当事人对仲裁协议的效力有异议的，可以请求仲裁委员会作出决定，或者请求人民法院作出裁定。一方请求仲裁委员会作出决定，另一方请求人民法院作出裁定的，由人民法院裁定。当事人对仲裁协议的效力有异议的，应当在仲裁庭首次开庭前提出。

④ 无效仲裁协议。根据《仲裁法》第十七条和第十八条的规定，仲裁协议无效的原因包括：约定的仲裁事项超出法律规定的仲裁范围；无民事行为能力人或者限制民事行为能力人订立的仲裁协议；一方采取胁迫手段迫使对方订立仲裁协议；仲裁协议对仲裁事项或者仲裁委员会没有约定或者约定不明确，达不成补充协议。

（4）仲裁程序。仲裁程序是仲裁委员会仲裁经济纠纷案件所适用的程序。仲裁委员会应当按照《仲裁法》规定的程序进行仲裁活动。

① 申请和受理。申请是指一方当事人根据仲裁协议，依法向仲裁委员会请求对所发生的纠纷进行仲裁的行为。当事人申请仲裁必须符合下列条件：有仲裁协议；有具体的仲裁请求和事实、理由；属于仲裁委员会的受理范围。

受理是仲裁程序的开始。当事人向仲裁委员会提交仲裁协议、仲裁申请书和副本。仲裁委员会收到仲裁申请书之日起5日内，认为符合受理条件的，予以受理，通知当事人；认为不符合受理条件的，书面通知当事人不予受理，并说明理由。仲裁委员会受理申请后，应当在仲裁规则规定的期限内将仲裁规则、仲裁员名册送达申请人，并将仲裁规则、仲裁员名册、申请书副本送达被申请人。被申请人收到申请书副本后，提交答辩书。被申请人未提交答辩书的，不影响仲裁程序进行。

② 仲裁庭组成。仲裁庭是指仲裁委员会根据需要对争议案件进行审理时，由仲裁员组成的临时仲裁组织。仲裁庭的组成方式可以是独任仲裁，即由一名仲裁员组成仲裁庭；也可以是合议仲裁，即由三名仲裁员组成并设首席仲裁员的仲裁庭。

仲裁庭的组成方式由当事人约定。当事人约定由三名仲裁员组成仲裁庭的，应当各自选定或各自委托仲裁委员会主任指定一名仲裁员，首席仲裁员由双方当事人共同选定或者共同委托仲裁委员会主任指定。当事人约定由一名仲裁员组成仲裁庭的，由双方当事人共同选定或者共同委托仲裁委员会主任指定。当事人没有在仲裁规则规定的期限内约定仲裁庭的组成方式或选定仲裁员的，由仲裁委员会主任指定。

仲裁委员会将仲裁庭组成情况书面通知当事人，当事人有权申请仲裁员回避。根据《仲裁法》第三十四条的规定，仲裁员由下列情况之一的，必须回避，当事人也有权提出回避申请：是本案当事人或者当事人、代理人的近亲属；与本案有利害关系；与本案当事人、代理人有其他关系，可能影响公正仲裁的；私自会见当事人、代理人，或者接受当事人、代理人的请客送礼的。

当事人提出回避申请，应当说明理由，在首次开庭前提出。如果回避事由在首次开庭后知道的，可在最后一次开庭终结前提出。仲裁员是否回避，由仲裁委员会主任决定；仲裁委员会主任担任仲裁员时，由仲裁委员会集体决定。仲裁员回避的，由当事人重新选定或者指定仲裁员。

③ 开庭和裁决。开庭是指在仲裁庭的主持下，组织申请人、被申请人、委托代理人及其他参加人对发生纠纷的事实进行调查，对争议的问题和责任的承担进行辩论的活动。开庭是为了通过当事人对事实的陈述和对有争议的问题进行辩论，弄清事实，分清责任，作出调解或裁决。《仲裁法》第三十九条规定，仲裁应当开庭进行。当事人协议不开庭的，仲裁庭可以根据仲裁申请书、答辩书及其他材料作出裁决。

仲裁不公开进行。当事人协议公开的，可以公开进行，但涉及国家秘密的除外。仲裁委员会在审理纠纷时，为了维护当事人的信誉，保护其商业秘密，有利于纠纷的解决，采取不公开仲裁的原则。除当事人、代理人及有关证人、鉴定人员参加仲裁活动之外，不允许其他任何人员以参观、旁听、采访等理由参与开庭等仲裁活动。

仲裁委员会应当在仲裁规则规定的期限内将开庭日期通知双方当事人。当事人有正当理由的，可以请求延期或者提前开庭。双方当事人必须到庭，申请人经书面通知，无正当理由不到庭或者未经仲裁庭许可中途退庭的，可以视为撤回仲裁申请。被申请人经书面通知，无正当理由不到庭或者未经仲裁庭许可中途退庭的，可以缺席裁决。

开庭时，首席仲裁员或独任仲裁员宣布开庭，核对当事人身份及代理人权限，宣布案由，仲裁庭组成人员、书记员名单，告知当事人权利义务，询问当事人是否申请回避。开庭调查，询问申请人、被申请人纠纷事实，对当事人提供的证据进行质证。开庭过程中的辩论，按照申请人及其代理人、被申请人及其代理人顺序发言，之后相互辩论。辩论终结，由首席仲裁员或独任仲裁员征询当事人的最后意见。

当事人申请仲裁后，可以自行和解。达成和解协议的，可以请求仲裁庭根据和解协议作出裁决书，和解协议的内容不得损害国家利益、社会公共利益和第三人的利益。当事人自愿达成和解协议的，也可以向仲裁庭提出撤回仲裁申请。

仲裁庭作出裁决前，可以先行调解。在仲裁员的主持下，双方当事人协商解决纠纷。调解达成协议的，仲裁庭制作调解书或者根据协议的结果制作裁决书。调解书与裁决书具有同等法律效力。调解书自双方当事人签收以后生效，当事人签收前可以反悔。裁决书自作出之日生效，当事人不能反悔。

裁决是仲裁庭对当事人纠纷中的权利、义务的实体问题，审理后经仲裁庭评议作出的书面决定。仲裁裁决按照多数仲裁员的意见作出，不能形成多数意见时，裁决应当按照首席仲裁员或独任仲裁员的意见作出。仲裁裁决书从作出之日起发生法律效力，当事人应当认真遵照执行。

④ 申请撤销裁决。仲裁实行一裁终局的制度，仲裁裁决为终局裁决。但这并不意味着所有的仲裁裁决都是有效的或者不可撤销的。如果仲裁违反法定程序、规则，或者有对裁决产生影响的重大事项，当事人可以申请撤销裁决。根据《仲裁法》第五十八条和第五十九条的规定，当事人自收到裁决书之日起 6 个月内，提出证据证明裁决有下列情形之一的，可以向仲裁委员会所在地的中级人民法院申请撤销裁决：

其一，没有仲裁协议的；

其二，裁决的事项不属于仲裁协议的范围或者仲裁委员会无权仲裁的；

其三，仲裁庭的组成或者仲裁的程序违反法定程序的；

其四，裁决所根据的证据是伪造的；

其五，对方当事人隐瞒了足以影响公正裁决的证据的；

其六，仲裁员在仲裁该案时有索贿受贿、徇私舞弊、枉法裁决行为的。

人民法院经组成合议庭审查核实裁决有前款规定情形之一的，应当裁定撤销。人民法院认定该裁决违背社会公共利益的，应当裁定撤销。

人民法院受理撤销裁决的申请后，认为可以由仲裁庭重新仲裁的，通知仲裁庭在一定期限内重新仲裁，并裁定中止撤销程序。仲裁庭拒绝重新仲裁的，人民法院应当裁定恢复撤销程序。

⑤ 执行。仲裁裁决书具有强制执行的效力，当事人应当履行裁决。一方当事人不履行的，另一方当事人可以依法向人民法院申请执行，受申请的人民法院应当执行。被申请人有证据证明有上述应当撤销裁决情形之一的，人民法院裁定不予执行。仲裁裁决被人民法院裁定不予执行的，当事人可以根据双方达成的书面仲裁协议重新申请仲裁，也可以向人民法院起诉。

一方当事人申请执行裁决，另一方当事人申请撤销裁决的，人民法院应当裁定中止执行。人民法院裁定撤销裁决的，应当裁定终结执行。撤销裁决的申请被裁定驳回的，人民法院应当裁定恢复执行。

8.2.1.2 诉讼

诉讼是指国家司法机关在当事人及其他诉讼参与人的参加下，依据法定的程序和方式，解决争议的活动。建筑民事纠纷通过诉讼方式解决，主要是依照 2017 年 6 月修正的《中华人民共和国民事诉讼法》（全书以下简称《民事诉讼法》）的有关规定来解决经济权利、经济义务的争议。在解决建筑民事纠纷的各种方式中，诉讼是最正规、最权威和最有效的方式。

（1）诉讼管辖。建筑民事纠纷的审判机构是各级人民法院的经济审判庭。管辖是指各级人民法院之间和同级人民法院之间受理第一审案件的分工和权限。对于提起诉讼的争议双方当事人来说，它就是应当向哪一级、哪一个人民法院起诉的问题。为有利于公正审理案件，保护当事人的合法权益，便于当事人依法行使诉讼权利，便于人民法院依法审理和执行，我国《民事诉讼法》规定了民事纠纷的案件管辖。

① 级别管辖。级别管辖是指上下级人民法院之间受理第一审案件的分工和权限。划分各级人民法院的管辖权限，根据案件的性质、影响的大小及繁简的程度来确定级别管辖。各级法院都管辖第一审民事案件。

基层人民法院管辖第一审民事案件，法律另有规定的除外。

中级人民法院管辖下列第一审民事案件：重大涉外案件；在本辖区有重大影响的案件；最高人民法院确定由中级人民法院管辖的案件。

高级人民法院管辖在本辖区有重大影响的第一审民事案件。

最高人民法院管辖下列第一审民事案件：在全国有重大影响的案件；认为应当由本院审理的案件。

② 地域管辖。地域管辖是指同级人民法院之间受理第一审案件的分工和权限，包括一般地域管辖和特殊地域管辖。

针对一般地域管辖，通常实行"原告就被告"原则，这是地域管辖制度的传统原则，即被告起诉必须到被告所在地人民法院，由被告所在地人民法院受理。

特殊地域管辖是以当事人住所地、诉讼标的或标的物及法律事实所在地为标准来确定案件管辖法院的一种管辖制度。它一般适用于种类复杂的民事诉讼案件。

③ 专属管辖。专属管辖是特殊地域管辖的一种，为了便于人民法院调查取证、及时处理纠纷，以诉讼标的所在地确定管辖法院，如因不动产提起诉讼，由不动产所在地人民法院管辖等。专属管辖也可以成为独占管辖、排他管辖，指某些案件仅限于一定地区的法院管辖。其他法院没有管辖权，也不允许当事人以协议的方式加以改变。专属管辖的效力优于一般地域管辖和特殊地域管辖。

④ 协议管辖。合同的双方当事人可以在书面合同中协议选择被告住所地、合同履行地、合同签订地、原告住所地、标的物所在地人民法院管辖。协议管辖不得违反级别管辖和专属管辖的规定。

两个以上人民法院都有管辖权的诉讼，原告可以向其中一个人民法院起诉；原告向两个以上有管辖权的人民法院起诉的，由最先立案的人民法院管辖。

⑤ 移送管辖。人民法院发现受理的案件不属于本院管辖的，应当移送有管辖权的人民法院，受移送的人民法院应当受理。受移送的人民法院认为受移送的案件依照规定不属于本院管辖的，应当报请上级人民法院指定管辖，不得再自行移送。

⑥ 指定管辖。有管辖权的人民法院出于特殊原因，不能行使管辖权的，由上级人民法院指定管辖。人民法院之间因管辖权发生争议，由争议双方协商解决；不能协商解决的，报请共同的上级人民法院指定管辖。

（2）诉讼参与人。诉讼参与人一般有以下几种。

① 当事人。诉讼当事人以自己的名义进行诉讼，与案件有直接的利害关系，受人民法院裁判约束。诉讼当事人在第一审程序中是指原告人、被告人；在第二审程序中是指上诉人和被上诉人；在执行程序中是指申请人和被申请人。在建筑民事纠纷中，建设工程勘察、设计、施工、物资采购等合同中的当事人，因合同权利义务关系所引起的争议，可以作为诉讼当事人提起诉讼。诉讼当事人享有提起诉讼、委托诉讼代理人、申请回避、收集和提供证

据、进行辩论、请求调解、自行和解、提起上诉、申请执行等权利。

② 诉讼代理人。诉讼代理人是指以当事人一方的名义，在法律规定或者当事人委托的权限范围内进行诉讼活动的人。诉讼代理人参加诉讼的目的在于维护被代理人的权利，其在代理权限范围内所实施的行为，由被代理人承担法律后果。诉讼代理人分为法定代理人和委托代理人。

（3）诉讼中的证据。证据是指支持诉讼请求的证明文件和资料。证据在诉讼中有重要的意义，它既是人民法院认定案件事实的依据，也是人民法院作出裁判的基础。建筑民事纠纷中当事人对自己提出的主张，负有提供证据证明其真实的责任，即举证责任。民事诉讼中的举证责任分担一般原则是"谁主张，谁举证"，即当事人对自己提出的诉讼请求所依据的事实或者反驳对方诉讼请求所依据的事实有责任提供证据加以证明；没有证据或者证据不足以证明当事人的事实主张的，由负有举证责任的当事人承担不利后果。但在特殊情况下，实行举证责任倒置原则，即当事人对自己的主张不负提供证据的责任，而由对方当事人举证证明自己无责任。例如，建筑物或者其他设施及建筑物上的搁置物、悬挂物发生倒塌、脱落、坠落致人损害的侵权诉讼，实行举证责任倒置。

证据的种类有以下几种。

① 当事人的陈述。当事人的陈述是指当事人在诉讼中就本案的事实向法院所作的说明。人民法院对当事人的陈述，应当结合本案的其他证据，审查确定能否作为认定事实的根据。只有本人陈述而不能提出其他相关证据的，主张不予支持，但对方当事人认可的除外。

② 书证。一般表现为各种书面形式文件或纸面文字材料（非纸质的物质也可作为载体），如合同文本、财务账册、欠据、收据、往来信函以及确定有关权利的判决书、法律文件等。书证以其表达的思想内容来证明案件事实，而不是以其外形、质量来证明事实；书证能直接证明案件的主要事实；书证真实性较强，不易伪造，其所反映的内容对待证事实能起到证明作用。

③ 物证。物证是指以其存在、存放的地点和外部特征及物质特性来证明案件事实真相的证据，如买卖过程封存的样品，被损坏的机械、设备，有质量问题的产品等。物证具有较强的稳定性和可靠性。

④ 视听资料。视听资料是指利用录音、录像等技术手段反映的声音、图像以及电子计算机储存的数据证明案件事实的证据，如录像带、录音带、胶卷、电脑数据等。但视听资料易于通过技术手段被篡改，所以存有疑点的视听资料不能单独作为认定案件的论据。而对于未经对方当事人同意私自录制的资料，只要不以侵害他人合法权益或违反法律禁止性规定的方法取得，可以作为认定案件的依据。

⑤ 电子数据。电子数据是指存储于电子介质中的信息。它是基于电子技术生成的，以数字化形式存在于磁盘等载体的内容，既可以与载体分离又能多次复制到其他载体的信息资料。电子数据是电子证据的派生物，其形成需要借助于电子技术或者电子设备。例如，将手机、电脑格式化后的硬盘通过恢复获得的信息；打印机输出的电子数据生成的打印文件或图片；声像设备输出的影像、声音；当事人的电子签名等。

⑥ 证人证言。证人是指了解案件事实情况并向法院或当事人提供证词的人。证言是指证人将其了解的案件事实向法院所作的陈述或证词。证人分为单位证人和自然证人。其中，单位证人可由法定代表人、负责人或授权的人代表。若证人不出庭可提交书面证言或视听资料，与一方有利害关系的证人的证言，其证明能力小于其他证人的证言。当有以下情况时，

不可以作为证人；不能正确表达意志的人；诉讼代理人；审判员、陪审员、书记员；鉴定人员；参与民事诉讼的检察人员。

⑦ 鉴定意见。鉴定意见是指专业人员运用其专门知识，对案件证据材料进行分析鉴别，对专业性或专门性问题作出书面意见，以作为法官判断相关证据真伪的参考依据。从性质上来讲，鉴定意见与其他证据类型有很重要的区别，其区别在于鉴定意见依靠的是鉴定人的主观判断，鉴定意见本身是构建在其他证据材料基础上的。在其他证据类型中力求证据材料契合案情，证据侧重于客观事实并尽量与表述人的主观看法相分离。但在实际的案情鉴定中，最有价值的反而是鉴定人通过主观知识鉴别的证据材料。

⑧ 勘验笔录。勘验笔录是指人民法院审判员或者行政机关工作人员对能够证明案件事实的现场或者对不能、不便拿到人民法院的物证，就地进行分析、检验、测量、勘查后所作的记录。其包括文字记录、绘图、照相、录像、模型等材料。勘验笔录存在客观性较强等特点，主要作用在于固定证据及其所表现的各种特征，供进一步研究分析使用，必须经过审核后才能作为定案的依据。

（4）证据的保全和应用。

① 证据保全的概念和形式。证据保全是指在证据可能灭失或以后难以取得的情况下，法院对证据加以固定和保护的制度。申请证据保全形式有两种：一是在诉讼中申请，当事人可以依据《民事诉讼法》的规定向人民法院申请保全证据，但不得迟于举证期限届满前7日；二是在仲裁中申请，根据《仲裁法》的规定，在证据可能灭失或者以后难以取得的情况下，当事人可以申请证据保全。当事人申请证据保全的，仲裁委员会应当将当事人的申请提交证据所在地的基层人民法院。

② 证据保全的作用。民事诉讼或仲裁均是以证据为基础展开的，依据各种相关证据，当事人和法院、仲裁机构才能够了解或查明案件真相，厘清争议的原因，从而正确地判断和处理纠纷。但是，从纠纷开始直至案件开庭审理一般都会有一段时间的间隔。这段时间内，有些证据出于自然原因或人为原因有可能会灭失或难以取得。为了防止这种情况给当事人的举证以及法院、仲裁机构的审理带来困难，《民事诉讼法》第八十一条规定，在证据可能灭失或者以后难以取得的情况下，当事人或利害关系人可以向人民法院申请保全证据，人民法院也可以主动采取保全措施。

③ 证据的举证时限。举证时限是指法律规定或法院指定的当事人能够有效举证的期限。举证期限可以由当事人协商一致，并经人民法院认可；由人民法院指定举证期限的，指定的期限不得少于30日。当事人应当在举证期限内向人民法院提交证据材料，当事人在举证期限内不提交的，视为放弃举证权利。对于当事人逾期提交的证据材料，人民法院审理时不组织质证，但对方当事人同意质证的除外。当事人增加、变更诉讼请求或者提起反诉的，应当在举证期限届满前提出。

④ 当事人无须提供证据的情形。在我国法律上有些事实是不需要加以证明法院也认可的。例如，《最高人民法院关于民事诉讼证据的若干规定》（2019年修正，2020年5月1日起实施）第十条第一款规定："下列事实，当事人无须举证证明：（一）自然规律以及定理、定律；（二）众所周知的事实；（三）根据法律规定推定的事实；（四）根据已知的事实和日常生活经验法则推定出的另一事实；（五）已为仲裁机构的生效裁决所确认的事实；（六）已为人民法院发生法律效力的裁判所确认的基本事实；（七）已为有效公证文书所证明的事实。"

（5）审判程序。

① 第一审程序。第一审程序包括普通程序和简易程序。

a. 普通程序。它是人民法院审理第一审案件通常适用的程序，包括起诉和受理、审理前的准备、开庭审理三个阶段。

其一，起诉和受理。起诉是指原告向人民法院提起诉讼请求，请求司法保护的诉讼行为。一般来说，民事诉讼采取不告不理原则。起诉必须具备以下条件：原告是与本案有直接利害关系的公民、法人和其他组织；有明确的被告；有具体的诉讼请求和事实、理由；属于人民法院受理民事诉讼的范围和诉讼人民法院管辖。

起诉应当向人民法院递交起诉状，并按照被告人数提出副本。起诉状是原告向人民法院提起诉讼时，用书面形式反映自己的诉讼请求、事实、理由等，引起诉讼程序发生的文书。起诉状应当说明的事项包括当事人的姓名、性别、年龄、民族、职业、工作单位和住址，法人或者其他组织的名称、住所和法定代表人或者主要负责人的姓名职务；诉讼请求和所根据的事实与理由；证据和证据来源，证人的姓名和住所。书写起诉状确有困难的，可以口头起诉，由人民法院记入笔录，并告知对方当事人。

人民法院收到起诉状或者口头起诉，经审查，认为符合条件的，应当在 7 日内立案，并通知当事人，认为不符合条件的，应当在 7 日内裁定不予受理；原告对裁定不服的，可以提起上诉。

其二，审理前的准备。人民法院受理案件后、开庭审理之前，为使审判人员能够全面熟悉和掌握案件情况，提高办案的效力，使案件得到正确及时的处理，要作必要的准备。审理前准备工作的内容包括通知当事人受理案件和应诉，将起诉状副本发送被告并要求被告在规定期限内提出答辩状。人民法院应当在立案之日起 5 日内将起诉状副本发送被告，被告在收到之日起 15 日内提出答辩状。被告提出答辩状的，人民法院应当在收到之日起 5 日内将答辩状副本发送原告。被告不提出答辩状，不影响人民法院审理。人民法院审阅诉讼材料，调查研究，收集证据。组成合议庭，并在 3 日内通知当事人。在合法、自愿的基础上进行调解，调解未达成协议或调解书送达时一方当事人拒收的，应当及时判决。

其三，开庭审理。开庭审理是指人民法院在当事人和其他诉讼参与人的参加下，对案件进行审理的过程。除涉及国家秘密、个人隐私或者法律另有规定的以外，一律公开审理。

开庭 3 日前，通知当事人和其他诉讼参与人，公开审理的，应当公告。开庭审理前，书记员应当查明当事人和其他诉讼参与人是否到庭，宣布法庭纪律；开庭审理时，由审判长核对当事人，宣布案由，宣布审判人员、书记员名单，告知当事人诉讼权利、义务，询问当事人是否申请回避。

法庭调查阶段应按照下列顺序进行：当事人陈述；告知证人的权利、义务，证人作证，宣读未到庭的证人证言；出示书证、物证、视听资料和电子数据；宣读鉴定意见；宣读勘验笔录。当事人可以在法庭上提出新的证据，可以要求重新进行调查、鉴定或者勘验。

法庭调查完毕，按照顺序依次由原告及其诉讼代理人、被告及其诉讼代理人、第三人及其诉讼代理人发言，阐述自己的观点和意见，进行互相辩论。辩论终结，由审判长征询各方最后意见。

法庭辩论结束后，可在审判长主持下进行调解。调解达成协议的，人民法院应裁定诉讼程序终结；调解未达成协议的，由审判庭进行评议，作出判决。

人民法院适用普通程序审理的第一审案件，应当在立案之日起 6 个月内审结。有特殊情况需要延长的，由受理法院院长批准，可以延长 6 个月；还需要延长的，应报请上级人民法院批准。

b. 简易程序。基层人民法院及其派出法庭，对于事实清楚、权利义务关系明确、争议不大的案件，可以适用简易程序。简易程序是在普通程序的基础上对某些方面的简化，只适用于第一审程序。

② 第二审程序。第二审程序是指当事人不服第一审人民法院的判决、裁定。在法定的期限内提起上诉，由上一级人民法院进行审理的程序。我国实行两审终审的审级制度，即一审判决和某些裁定作出之后，并不立即生效，当事人可以在法定期间内提起上诉，请求上级人民法院进行审理，由二审法院作出最终裁判。

当事人不服第一审判决的，有权在判决书送达之日起 15 日内向上一级人民法院提起上诉；不服第一审裁定的，上诉期限为 10 日。逾期不上诉的，一审判决和裁定发生法律效力，案件即告终结。

上诉状应通过原审法院提出，当事人直接向二审法院提出上诉的，二审法院应当在 5 日内将上诉状移交原审法院审查。原审法院收到上诉状，应当在 5 日内将上诉状副本送达对方当事人，并限期在收到之日起 15 日内提交答辩状。逾期不答辩的，不影响案件的审理。原审法院收到上诉状、答辩状，应当在 5 日内连同全部案卷和证据，报送二审法院。

第二审人民法院应当组成合议庭进行审理，不能采用独任制。审理方式主要为开庭审理，但合议庭认为可以不开庭的，也可以不开庭审理。第二审法院可以进行调解，调解书送达之后生效，原审法院判决视为撤销。第二审人民法院经过审理，根据案件的具体情况，分别作出以下处理：

其一，原判决认定事实清楚，适用法律正确的，判决驳回上诉，维持原判；

其二，原判决适用法律错误的，依法改判；

其三，原判决认定事实错误，或者原判决认定事实不清、证据不足的，裁定撤销原判决，发回原审人民法院重审或者查清事实后改判；

其四，判决违反法定程序，可能影响案件正确判决的，裁定撤销原判决，发回原审人民法院重审。

当事人对重审的判决、裁定仍可以上诉。二审判决、裁定一经作出即生效，当事人不得再上诉，只能通过审判监督程序申请再审。

对判决的上诉案件，应当在第二审立案之日起 3 个月内审结，有特殊情况需要延长的，由受理法院院长批准。对裁定的上诉案件，应当在第二审立案之日起 30 日内审结。

③ 审判监督程序。审判监督程序是指人民法院发现已经发生法律效力的判决、裁定、调解书确有错误，对案件进行再次审理的程序。审判监督程序不是诉讼的必经阶段，而是特殊的纠错程序，目的是保证人民法院正确行使审判权，保护当事人的合法权益。

提起再审程序的途径和方式包括：

其一，由有审判监督权的机关和公职人员提起再审。

其二，当事人申诉。当事人对已经发生效力的判决、裁定认为有错误，可以向原审人民法院或者上一级人民法院申请再审。当事人直接向法院申诉的，是否再审由人民法院决定。当事人申请再审，应当在判决、裁定发生法律效力 2 年内提出。

④ 执行程序。执行程序是指人民法院将生效的法律文书依法予以强制执行的程序。执行程序由享有权利的当事人向有管辖权的人民法院提起。申请执行的期限，从法律文书规定

履行期限的最后一日起计算。双方或者一方是公民的为1年；双方是法人或者其他组织的为6个月。

人民法院收到申请执行书后，应当向被执行人发出执行通知，责令其在指定期限履行，逾期不履行的，强制履行。在执行过程中，申请执行人和被执行人自愿协商、达成和解协议的，经人民法院审查批准后，结束执行程序。

8.2.1.3 和解

和解即纠纷的当事人在自愿友好的基础上，互谅互让、平等协商，从而解决纠纷的方式。和解的方式简便易行，大多数纠纷都可以通过和解解决。但和解达成的协议不具有强制执行的效力，和解协议的执行依靠当事人的自觉履行。

8.2.1.4 调解

调解即由当事人以外的第三人对当事人之间发生的纠纷从中调停，在明辨是非、分清责任的基础上，促使当事人自愿就争议事项达成协议的方式。这里所说的调解方式不包括仲裁裁决前和法院判决前的调解。调解达成的协议同样不具有强制执行的效力。

8.2.2 行政纠纷处理程序

在建筑法律关系中的一项重要内容是建设行政主管部门和有关部门对建筑活动的监督管理，包括对建筑活动从业者资质的审查，对建筑市场运行的监督，维护平等的市场竞争秩序，监督建筑工程质量和安全，对违法行为实施行政处罚等。当事人对建设行政主管部门和有关部门在建筑活动监督管理过程中作出的具体行政行为有异议，可能发生行政纠纷。其处理方式是行政复议和行政诉讼。

8.2.2.1 行政复议

行政复议是指作出具体行政行为的行政机关的上一级行政机关依照法律、法规的规定，解决当事人因不服具体行政行为所引起的行政纠纷的活动。以行政复议的方式解决行政纠纷，程序简便，争议可以得到及时解决，有利于保障和监督行政机关依法行使职权，保护公民、法人和其他组织的合法权益。

（1）行政复议申请。公民、法人或者其他组织认为具体行政行为侵犯其合法权益的，可以自知道该具体行政行为之日起60日内提出行政复议申请，作出具体行政行为的行政机关是被申请人。对县级以上地方各级人民政府工作部门的具体行政行为不服的，由申请人选择，可以向该部门的本级人民政府申请行政复议，也可以向上一级主管部门申请行政复议。申请人申请行政复议，可以书面申请，也可以口头申请。

（2）行政复议受理。行政复议机关收到行政复议申请后，应当在15日内进行审查，对不符合规定的行政复议申请，决定不予受理，并书面告知申请人；对符合规定，但是不属于本机关受理的行政复议申请，应当告知申请人向有关行政复议机关提出。行政复议申请自行政机关负责法制工作的机构收到之日起即为受理。行政复议期间具体行政行为不停止执行。

（3）行政复议决定。行政复议机关负责法制工作的机构应当对被申请人作出的具体行政行为进行审查，提出意见，经行政复议机关的负责人同意或者集体讨论通过后，按照下列规定作出行政复议决定。

① 具体行政行为认定事实清楚，证据确凿，适用依据正确，程序合法，内容适当的，决定维持。

② 被申请人不履行法定职责的，决定其在一定期限内履行。

③ 具体行政行为有下列情形之一的，决定撤销、变更或者确认该具体行政行为违法；决定撤销或者确认该具体行政行为违法的，可以责令被申请人在一定期限内重新作出具体行政行为：其一，主要事实不清、证据不足的；其二，适用依据错误的；其三，违反法定程序的；其四，超越或者滥用职权的；其五，具体行政行为明显不当的。

④ 被申请人不按照法律规定提出书面答复、提交当初作出具体行政行为的证据、依据和其他有关材料的，视为该具体行政行为没有证据、依据，决定撤销该具体行政行为。

申请人在申请行政复议时可以一并提出行政赔偿请求，行政复议机关对符合国家赔偿法的有关规定应当给予赔偿的，在决定撤销、变更具体行政行为或者确认具体行政行为违法时，应当同时决定被申请人依法给予赔偿。

行政复议机关一般应当自受理申请之日起 60 日内作出行政复议决定。行政复议决定书一经送达，即发生法律效力。

8.2.2.2 行政诉讼

行政诉讼是指公民、法人或者其他组织认为行政机关和行政机关工作人员的具体行政行为侵犯其合法权益，向人民法院提起的诉讼。行政诉讼是解决行政纠纷的一项重要的法律制度。

建筑行政纠纷当事人提起行政诉讼的情况主要包括当事人对建设行政主管部门和有关部门作出的行政处罚决定不服；当事人认为符合法定条件，申请建设行政主管部门或者有关部门颁发许可证、执照，行政机关拒绝颁发或者不予答复；当事人申请行政复议后，对复议机关作出的行政复议决定不服，向人民法院起诉。

行政诉讼的案件管辖分为级别管辖和地域管辖。

（1）行政诉讼受理范围。

人民法院受理公民、法人或者其他组织提起的下列诉讼：

① 对行政拘留、暂扣或者吊销许可证和执照、责令停产停业、没收违法所得、没收非法财物、罚款、警告等行政处罚不服的；

② 对限制人身自由或者对财产的查封、扣押、冻结等行政强制措施和行政强制执行不服的；

③ 申请行政许可，行政机关拒绝或者在法定期限内不予答复，或者对行政机关作出的有关行政许可的其他决定不服的；

④ 对行政机关作出的关于确认土地、矿藏、水流、森林、山岭、草原、荒地、滩涂、海域等自然资源的所有权或者使用权的决定不服的；

⑤ 对征收、征用决定及其补偿决定不服的；

⑥ 申请行政机关履行保护人身权、财产权等合法权益的法定职责，行政机关拒绝履行或者不予答复的；

⑦ 认为行政机关侵犯其经营自主权或者农村土地承包经营权、农村土地经营权的；

⑧ 认为行政机关滥用行政权力排除或者限制竞争的；

⑨ 认为行政机关违法集资、摊派费用或者违法要求履行其他义务的；

⑩ 认为行政机关没有依法支付抚恤金、最低生活保障待遇或者社会保险待遇的；

⑪ 认为行政机关不依法履行、未按照约定履行或者违法变更、解除政府特许经营协议、土地房屋征收补偿协议等协议的；

⑫ 认为行政机关侵犯其他人身权、财产权等合法权益的。

除前款规定外，人民法院受理法律、法规规定可以提起诉讼的其他行政案件。

人民法院不受理公民、法人或者其他组织对下列事项提起的诉讼：

① 国防、外交等国家行为；

② 行政法规、规章或者行政机关制定、发布的具有普遍约束力的决定、命令；

③ 行政机关对行政机关工作人员的奖惩、任免等决定；

④ 法律规定由行政机关最终裁决的行政行为。

（2）行政诉讼程序。

① 起诉和受理。对属于人民法院受案范围的行政案件，公民、法人或者其他组织可以先向上一级行政机关或者法律法规规定的行政机关申请复议，对复议不服的，再向人民法院提起诉讼，也可以直接向人民法院提起诉讼。

申请人不服复议决定的，可以在收到复议决定书之日起 15 日内向人民法院提起诉讼。复议机关逾期不作决定的，申请人可以在服役期满之日起 15 日内向人民法院提起诉讼。公民、法人或者其他组织直接向人民法院提起诉讼，应当在知道作出具体行政行为之日起 3 个月内提出。

人民法院接到起诉状，经审查，应当在 7 日内立案或者作出不予立案的裁定。原告对裁定不服的，可以提起上诉。

② 审理和判决。人民法院应当在立案之日起 5 日内，将起诉状副本发送被告。被告应当在收到起诉状副本之日起 10 日内向人民法院提交作出具体行政行为的有关材料，并提出答辩状。人民法院应当在收到答辩状之日起 5 日内，将答辩状副本发送原告。被告不提出答辩状的，不影响人民法院审理。

人民法院组成合议庭公开审理行政案件，法律另有规定的除外。人民法院审理行政案件不适用调解。诉讼期间不停止具体行政行为的执行，法律另有规定的除外。人民法院经过审理，根据不同情况，分别作出以下判决：其一，具体行政行为证据确凿，适用法律、法规正确，符合法定程序的，判决维持。其二，具体行政行为有下列情形之一的，判决撤销或者部分撤销，并可以判决被告重新作出具体行政行为：主要证据不足的；适用法律、法规错误的；违反法定程序的；超越职权的；滥用职权的等。

被告不履行或者拖延履行法定职责的，判决其在一定期限内履行。

行政处罚显失公正的，可以判决变更。

人民法院判决被告重新作出具体行政行为的，被告不得以同一事实和理由作出与原具体行政行为基本相同的具体行政行为。

人民法院应当在立案之日起 3 个月内作出第一审判决，有特殊情况需要延长的，由高级人民法院批准。高级人民法院审理第一审案件需要延长的，由最高人民法院批准。

当事人不服人民法院第一审判决的，有权在判决书送达之日起 15 日内向上一级人民法院提起上诉。当事人不服人民法院第一审裁定的，有权在裁定书送达之日起 10 日内向上一级人民法院提起上诉。逾期不上诉的，人民法院的第一审判决或者裁定发生法律效力。

人民法院审理上诉案件，按照下列情形，分别处理：其一，原判决认定事实清楚，适用法律、法规正确的，判决驳回上诉，维持原判；其二，原判决认定事实清楚，但适用法律、法规错误的，依法改判；其三，原判决认定事实不清、证据不足，或者由于违反法定程序可能影响案件正确判决的，裁定撤销原判，发回原审人民法院重审，也可以查清事实后改判，当事人对重审案件的判决、裁定，可以上诉。

当事人对已经发生法律效力的判决、裁定，认为确有错误的，可以向原审人民法院或者上一级人民法院提出申诉，但判决裁定不停止执行。人民法院院长对本院已经发生法律效力的判决、裁定，发现违反法律、法规规定认为需要再审的，应当提交审判委员会决定是否再审。上级人民法院对下级人民法院已经发生法律效力的判决、裁定，发现违反法律、法规规定的，有权提审或者指定下级人民法院再审。人民检察院对人民法院已经发生法律效力的判决、裁定，发现违反法律、法规规定的，有权按照审判监督程序提出抗诉。

③ 执行。当事人必须履行人民法院发生法律效力的判决、裁定。公民、法人或者其他组织拒绝履行判决、裁定的，行政机关可以向第一审人民法院申请强制执行，或者依法强制执行。行政机关拒绝履行判决、裁定的，第一审人民法院可以采取以下措施：

其一，对应当归还的罚款或者应当给付的赔偿金，通知银行从该行政机关的账户内划拨；

其二，在规定期限内不履行的，从期满之日起，对该行政机关按日处 50 元至 100 元的罚款；

其三，向该行政机关的上一级行政机关或者监察、人事机关提出司法建议，接受司法建议的机关，根据有关规定进行处理，并将处理情况告知人民法院；

其四，拒不履行判决、裁定，情节严重构成犯罪的，依法追究主管人员和直接责任人员的刑事责任；

其五，公民、法人或者其他组织对具体行政行为在法定期限内不提起诉讼又不履行的，行政机关可以申请人民法院强制执行，或依法强制执行。

8.3 工程建设纠纷处理的法律依据

工程建设合同具有履行周期长、履行过程中涉及的问题多且复杂、合同标的物特殊等特点，在实施过程中会出现关于合同计价的纠纷、工程计量的纠纷、竣工日期的纠纷、工程价款优先受偿权的纠纷、建筑工程质量不符合约定的纠纷等问题。处理纠纷的最有力依据是合同中明示的条款和工程法律法规条文等。

8.3.1 合同计价的纠纷

在工程建设合同中，当事人双方会约定计价的方法，这是建设单位向承包人支付工程款的基础。如果合同双方对于计价方法产生了纠纷且不能得到及时妥善的解决，就必然会影响到当事人的切身利益。

在实际履行合同中，当事人对计价方法的纠纷主要表现在以下几个方面。

8.3.1.1 工程变更纠纷

在工程建设过程中,变更是普遍存在的。尽管变更的表现形式纷繁复杂,但是其对工程款的支付的影响却仅仅表现在两个方面。

(1)工程量的变化导致价格的纠纷。从经济学的角度看,成本的组成包括两部分,即固定成本和可变成本。固定成本不因产量的增加而增加,可变成本却是产量的函数,因产量的增加而增加。当产量增加时,单位产量上摊销的固定成本就会减少,而可变成本不发生变化,其总成本将减少。在原有价格不变的前提下,会导致利润率增加。因此,当工程量发生变化后,当事人一方就会提出增加或者减少单价,以维持原有的利润率水平。如果工程量增加了,建设单位就会要求减少单价。相反,如果工程量减少了,施工单位就会要求增加单价。

调整单价时会涉及两个因素:一是工程量增减幅度达到多少就要调整单价;二是单价调整的概率及标准。如果在承包合同中没有对此进行约定,就会导致纠纷。

(2)工程质量标准的变化导致纠纷。工程质量标准有很多种分类的方法,如果按照标准的级别来分,可以分为国家标准、地方标准、行业标准、企业标准。当然合同双方当事人也可以在合同中约定标准,如果约定的标准没有违反强制性标准,其效力还将先于国家规定的标准。

正是工程质量标准的多样性导致工程标准发生变化,从而产生纠纷。例如,对于某混凝土工程,原来在合同中约定的混凝土强度等级为25MPa,后来建设单位出于安全和质量的考虑,要求将质量标准提高到30MPa,这就意味着施工单位将为此多付出成本,到底多付出了多少,双方从各自的利益出发,就有可能产生纠纷。

对于变更而引起的计价方法的纠纷,常规做法是当事人对建筑工程的计价标准或者计价方法有约定的,按照约定结算工程价款;如因设计变更而导致建筑工程的工程量或者质量标准发生变化,当事人对该部分工程价款不能协商一致的,可以参照签订建筑工程施工合同时当地建设行政主管部门发布的计价方法或计价标准结算工程价款。

8.3.1.2 工程验收不合格纠纷

工程合同中的价款是针对合格工程而言的,而在工程实践中,不合格产品也是普遍存在的,对于不合格产品如何计价也就自然成为合同当事人关注的问题。在这个问题中涉及两方面情况:一是工程质量与合同约定的不符合程度;二是针对该工程质量应予支付的工程款。如果建筑工程施工合同有效,但建筑工程经竣工验收不合格,工程价款结算可以参照以下两种方式。

(1)修复后的建筑工程经竣工验收合格,发包人可以要求承包人承担修复费用。

(2)修复后的建筑工程经竣工验收不合格,承包人请求支付工程价款的,发包人可以拒绝支付。因建筑工程不合格而造成的损失,发包人有过错的,也应承担相应的民事责任。

8.3.1.3 因利息而产生的纠纷

《民法典》第五百八十三条规定:"当事人一方不履行合同义务或者履行合同义务不符合约定的,在履行义务或者采取补救措施后,对方还有其他损失的,应当赔偿损失。"

根据上述条款,如果建设单位不及时向承包人支付工程款,承包人在要求建设单位继续支付的前提下,可以要求发包人为此支付利息。

在实践中，对于利息的支付容易在两个方面产生纠纷：一是利息的计付标准；二是何时开始计付利息。

《最高人民法院关于审理建设工程施工合同纠纷案件适用法律问题的解释（一）》第二十六条对于计付标准作出了规定："当事人对欠付工程价款利息计付标准有约定的，按照约定处理。没有约定的，按照同期同类贷款利率或者同期贷款市场报价利率计息。"同时，该司法解释第二十七条也对何时开始计付利息作出了规定："利息从应付工程价款之日开始计付。当事人对付款时间没有约定或者约定不明的，下列时间视为应付款时间：（一）建设工程已实际交付的，为交付之日；（二）建设工程没有交付的，为提交竣工结算文件之日；（三）建设工程未交付，工程价款也未结算的，为当事人起诉之日。"

8.3.1.4 合同计价的形式及相应风险

在现代工程建设中，合同的计价形式有十几种。目前常用的有固定价格合同、可调价格合同和成本加酬金合同三大类。这些不同种类的合同，分别有不同的应用条件、不同的权利和责任分配、不同的付款形式和不同的风险分担。

（1）固定价格合同。固定价格合同有固定总价合同和固定单价合同两种。固定总价合同是以一次包死的总价委托，且价格不因环境的变化和工程量增减而变化的工程承发包合同。在这类合同中承包商承担了全部的工程量和工程价格风险。除非有重大设计变更，一般情况下不允许调整合同价格。在工程建设中，发包人更喜欢采用这种合同形式，因为双方结算方式较为简单。合同的执行中，出现承包商索赔概率较小。但承包商承担了量和价的全部风险，报价中不可预见的风险较大。因此，承包商确定报价时必须考虑施工期间物价变化以及工程量变化带来的影响。相比于固定总价，固定单价合同风险要小得多，它是在确定价格不变的前提下，工程量据实结算的一种合同计价模式。

（2）可调价格合同。合同总价或者单价在合同实施期内，根据合同约定的办法调整。合同单价可调，一般是在工程招标文件中规定。在合同中签订的单价，根据合同约定的条款，在物价发生变化时可作调整。有些工程在招标时或签订合同时，由于某些不确定因素而在合同中暂定某些分部分项工程的单价，在工程结算时，再根据实际情况和合同中约定的单价进行调整，从而确定实际结算单价。

（3）成本加酬金合同。合同总价由成本和建设单位支付给施工单位的酬金两部分构成。由于工程建设的外部环境处于不断的变化之中，这些外部条件的变化就可能会使得施工单位的成本增加。例如，某种建筑材料大幅度涨价，或者发生了一定程度的设计变更使得工程量有所增加，都会让承包人承担更大的成本。在这种情况下，承包人就可能提出索赔的请求，请求建设单位支付增加部分的成本。

对于上面的三种计价方法，如果采用的是可调价格合同或者成本加酬金合同，建设单位就应该在合同约定的范围内支付这笔款项。但是，如果采用的是固定价格合同，则建设单位就不必为此支付。

8.3.2 工程计量的纠纷

在工程款支付的过程中，确认完成的工程量是一个重要的环节。只有确认了完成的工程量，才能进行下一步的结算。

8.3.2.1 工程结算的程序

2014年2月起实施的《建筑工程施工发包与承包计价管理办法》第十八条规定:"工程完工后,应当按照下列规定进行竣工结算:(一)承包方应当在工程完工后的约定期限内提交竣工结算文件。(二)国有资金投资建筑工程的发包方,应当委托具有相应资质的工程造价咨询企业对竣工结算文件进行审核,并在收到竣工结算文件后的约定期限内向承包方提出由工程造价咨询企业出具的竣工结算文件审核意见;逾期未答复的,按照合同约定处理,合同没有约定的,竣工结算文件视为已被认可。非国有资金投资的建筑工程发包方,应当在收到竣工结算文件后的约定期限内予以答复,逾期未答复的,按照合同约定处理,合同没有约定的,竣工结算文件视为已被认可;发包方对竣工结算文件有异议的,应当在答复期内向承包方提出,并可以在提出异议之日起的约定期限内与承包方协商;发包方在协商期内未与承包方协商或者经协商未能与承包方达成协议的,应当委托工程造价咨询企业进行竣工结算审核,并在协商期满后的约定期限内向承包方提出由工程造价咨询企业出具的竣工结算文件审核意见。(三)承包方对发包方提出的工程造价咨询企业竣工结算审核意见有异议的,在接到该审核意见后一个月内,可以向有关工程造价管理机构或者有关行业组织申请调解,调解不成的,可以依法申请仲裁或者向人民法院提起诉讼。发承包双方在合同中对本条第(一)项、第(二)项的期限没有明确约定的,应当按照国家有关规定执行;国家没有规定的,可认为其约定期限均为28日。"

发包和承包双方对工程造价咨询单位出具的竣工结算审核意见仍有异议的,在接到该审核意见后一个月内可以向县级以上地方人民政府建设行政主管部门申请调解,调解不成的,可以依法申请仲裁或者向人民法院提起诉讼。

工程竣工结算文件经发包方与承包方确认即应当作为工程决算的依据。

8.3.2.2 关于确认工程量引起的纠纷

(1)对未经签证但事实上已经完成的工程量的确认。工程量的确认应以工程师的确认为依据,只有经过工程师确认的工程量才能进行工程款的结算,否则,即使施工单位完成了相应的工程量,也由于属于单方面变更合同内容而不能得到相应的工程款。

工程师的确认以签证为依据,也就是说只要工程师对于已完工程进行了签证,建设单位就要支付这部分工程量的工程款。但是,有的时候却存在另一种情形,即工程师口头同意进行某项工程的修建,但是出于主观的或者客观的原因而没能及时提供签证。对于这部分工程量的确认就很容易引起纠纷。

《最高人民法院关于审理建设工程施工合同纠纷案件适用法律问题的解释(一)》第二十条规定:"当事人对工程量有争议的,按照施工过程中形成的签证等书面文件确认。承包人能够证明发包人同意其施工,但未能提供签证文件证明工程量发生的,可以按照当事人提供的其他证据确认实际发生的工程量。"

(2)对于确认工程量的时间的纠纷。如果建设单位迟迟不确认施工单位完成的工程量,就会导致施工单位不能及时得到工程款,这样就损害了施工单位的利益。为了保护合同当事人的合法权益,《最高人民法院关于审理建设工程施工合同纠纷案件适用法律问题的解释(一)》第二十一条规定:"当事人约定,发包人收到竣工结算文件后,在约定期限内不予答复,视为认可竣工结算文件的,按照约定处理。承包人请求按照竣工结算文件结算工程价款的,人民法院应予支持。"

8.3.3 竣工日期的纠纷

竣工日期可以分为合同中约定的竣工日期和实际竣工日期。合同中约定的竣工日期是指发包人和承包人在协议书中约定的承包人完成承包范围内工程的绝对或相对的日期。实际竣工日期是指承包人全面、适当履行了施工承包合同时的日期。合同中约定的竣工日期是发包人限定的竣工日期的底线，如果承包人超过了这个日期竣工就将为此承担违约责任。而实际竣工日期则是承包人可以全面主张合同中约定的权利的开始之日，如果该日期先于合同中约定的竣工日期，承包人可以因此获得奖励。

正是由于确定实际竣工日期涉及发包人和承包人的利益，对于工程竣工日期的纠纷就时有发生。

《建设工程施工合同（示范文本）》（GF-2017-0201）规定了工程竣工验收程序，承包人送交竣工验收报告的日期为实际竣工日期。工程按发包人要求修改后通过竣工验收的，实际竣工日期为承包人修改后提请发包人验收的日期。

但是，在实际施工过程中却容易出现一些特殊的情形并最终导致关于竣工日期的纠纷的产生。这些情形主要表现在：

8.3.3.1 质量是否合格导致的竣工日期纠纷

工程质量是否合格涉及多方面因素，当事双方很容易就其影响因素产生纠纷。一旦产生纠纷，就需要通过权威部门来鉴定。鉴定结果如果不合格就不涉及竣工日期的纠纷了。如果经鉴定确认检查结果是合格的，就涉及以哪天作为竣工日期的问题了。承包人认为应该以提交竣工验收报告之日为竣工日期，而发包人则认为应该以鉴定合格之日为实际竣工日期，这种情况按相关规定是从有利于无过错方角度解决问题。例如，建筑工程竣工前，当事人对工程质量发生纠纷，工程质量经鉴定又合格的，应该以提交竣工验收报告之日为实际竣工日期，鉴定期间为顺延工期期间。

8.3.3.2 发包人拖延验收引发的竣工日期纠纷

工程具备竣工验收条件，承包人按国家工程竣工验收有关规定，向发包人提供完整竣工资料及竣工验收报告。双方约定由承包人提供竣工图的，应当在专用条款内约定提供的日期和份数。发包人收到竣工验收报告后28天内组织有关单位验收，并在验收后14天内给予认可或提出修改意见。承包人按要求修改，并承担由自身原因造成修改的费用。

但是，有的时候出于主观的或者客观的原因，发包人没能按照约定的时间组织竣工验收。最后施工单位和建设单位就实际竣工之日产生了纠纷。对此，《最高人民法院关于审理建设工程施工合同纠纷案件适用法律问题的解释（一）》第九条第一项规定，"建设工程经竣工验收合格的，以竣工验收合格之日为竣工日期"；第二项规定，"承包人已经提交竣工验收报告，发包人拖延验收的，以承包人提交验收报告之日为竣工日期"。

8.3.3.3 发包人擅自使用工程产生的竣工验收日期纠纷

《建设工程质量管理条例》第十六条规定："建设单位收到建设工程竣工报告后，应当组织设计、施工、工程监理等有关单位进行竣工验收……建设工程经验收合格的，方可交付使用。"

有的时候，建设单位为了能够提前使用工程而取消了竣工验收这道法律规定的程序。这样的后果就是容易对实际竣工日期产生纠纷，因为没有提交的竣工验收报告和竣工验收试验可供参考。对于这种情形，《最高人民法院关于审理建设工程施工合同纠纷案件适用法律问题的解释（一）》第九条第三项规定："建设工程未经竣工验收，发包人擅自使用的，以转移占有建设工程之日为竣工日期。"

8.3.4 工程价款优先受偿权的纠纷

8.3.4.1 《民法典》关于工程款优先受偿权的规定

在工程建设中，建设单位为了筹措资金，经常会向银行贷款。作为条件，银行会要求建设单位提供相应的担保。有的时候，建设单位会以拟建的建设工程（主要是商品房）作为抵押来为贷款作担保。于是，建设单位和银行之间就会签订一个抵押合同。根据《民法典》关于担保部分的规定：债务履行期届满抵押权人未受清偿的，可以与抵押人协议以抵押物折价或者以拍卖、变卖该抵押物所得的价款受偿；协议不成的，抵押权人可以向人民法院提起诉讼。抵押物折价或者拍卖、变卖后，其价款超过债权数额的部分归抵押人所有，不足部分由债务人清偿。这就是说，如果建设单位在应该偿还贷款的期限届满而没有清偿贷款，银行就可以将建成的工程项目（主要是指商品房）折价、拍卖或者变卖，然后将所得的收入占有。

但是，根据《民法典》第八百零七条的规定，"发包人未按照约定支付价款的，承包人可以催告发包人在合理期限内支付价款。发包人逾期不支付的，除根据建设工程的性质不宜折价、拍卖外，承包人可以与发包人协议将该工程折价，也可以申请人民法院将该工程依法拍卖。建设工程的价款就该工程折价或者拍卖的价款优先受偿"。这就意味着如果建设单位不及时支付工程款，则施工单位可以将建成的建设项目折价、拍卖并将所得占有。

8.3.4.2 建筑工程价款优先受偿权问题的司法解释

在上述两个条件都存在的情况下，银行和施工单位都可以将建成的工程项目拍卖并将所得款项占有。那么，到底优先将这笔款项支付给谁呢？针对这个问题，《最高人民法院关于审理建设工程施工合同纠纷案件适用法律问题的解释（一）》规定以下几种情况的优先受偿，人民法院应予以支持。

（1）与发包人订立建设工程施工合同的承包人，依据《民法典》第八百零七条的规定，请求其承建工程的价款就工程折价或者拍卖后的价款优先受偿的，并且按该条规定享有的工程价款优先受偿权优于抵押权和其他债权的。

（2）装饰装修工程具备折价或者拍卖条件，工程的承包人请求该装饰装修工程折价或者拍卖后的价款优先受偿的。

（3）承包人承建的建设工程质量经验收合格，请求其承建的工程价款就工程折价或者拍卖后的价款优先受偿的。

（4）未竣工的建设工程质量检验合格，承包人请求其完成部分的工程价款就其完成部分折价或者拍卖后的价款优先受偿的。

《最高人民法院关于审理建设工程施工合同纠纷案件适用法律问题的解释（一）》第四十一条规定了优先受偿权的行使期限和起算时间："承包人应当在合理期限内行使建设工程价款优先受偿权，但最长不得超过十八个月，自发包人应当给付建设工程价款之日起算。"该解释重新规定了优先受偿权的行使权期限，由原来规定的 6 个月时间修改为 18 个月，增加了施工方行使权利的期限，保护了施工方的权益。

8.3.5 建筑工程质量不符合约定的纠纷

8.3.5.1 出于承包商的原因而导致质量不符合约定的纠纷处理

《民法典》第八百零一条规定："因施工人的原因致使建设工程质量不符合约定的，发包人有权请求施工人在合理期限内无偿修理或返工、改建。经过修理或者返工、改建后，造成逾期交付的，施工人应当承担违约责任。"

《最高人民法院关于审理建设工程施工合同纠纷案件适用法律问题的解释（一）》第十二条规定："因承包人的原因造成建设工程质量不符合约定，承包人拒绝修理、返工或者改建，发包人请求减少支付工程价款的，人民法院应予支持。"

出于承包商的原因而造成工程质量不合格会触犯法律，承包商应承担相应的法律责任，比如偷工减料、擅自修改图纸等。

《建筑法》第七十四条规定："建筑施工企业在施工中偷工减料的，使用不合格的建筑材料、建筑构配件和设备的，或者有其他不按照工程设计图纸或者施工技术标准施工的行为的，责令改正，处以罚款；情节严重的，责令停业整顿，降低资质等级或者吊销资质证书；造成建筑工程质量不符合规定的质量标准的，负责返工、修理，并赔偿因此造成的损失；构成犯罪的，依法追究刑事责任。"

8.3.5.2 出于发包人的原因而导致质量不符合约定的纠纷处理

《建设工程质量管理条例》第五十六条规定："违反本条例规定，建设单位有下列行为之一的，责令改正，处 20 万元以上 50 万元以下的罚款：（一）迫使承包方以低于成本的价格竞标的；（二）任意压缩合理工期的；（三）明示或者暗示设计单位或者施工单位违反工程建设强制性标准，降低工程质量的；（四）施工图设计文件未经审查或者审查不合格，擅自施工的；（五）建设项目必须实行工程监理而未实行工程监理的；（六）未按照国家规定办理工程质量监督手续的；（七）明示或者暗示施工单位使用不合格的建筑材料、建筑构配件和设备的；（八）未按照国家规定将竣工验收报告、有关认可文件或者准许使用文件报送备案的。"

《建设工程质量管理条例》第五十八条规定："违反本条例规定，建设单位有下列行为之一的，责令改正，处工程合同价款 2%以上 4%以下的罚款；造成损失的，依法承担赔偿责任：（一）未组织竣工验收，擅自交付使用的；（二）验收不合格，擅自交付使用的；（三）对不合格的建设工程按照合格工程验收的。"

【案例分析】

> 第一原告：张某
> 第二原告：北京某房地产开发公司
> 被告：北京某建设行政主管部门
> 2016 年 3 月 15 日，被告北京某建设行政主管部门收到某建筑公司举报，称其正在进行施工的建筑施工图纸存在严重质量问题，希望被告对该图纸的设计单位进行查处。

被告经调查后发现，该项目施工图纸是由第一原告张某组织无证设计人员，私自安排刻制并使用本应当是由市住建局统一管理发放的施工图出图专用章，以蚌埠某建筑设计院上海分院的名义设计。据此，被告于 2016 年 11 月 17 日对第一原告作出了"责令停止建筑活动并处 5 万元罚款"的行政处罚。同时，上述项目的开发单位即第二原告在未验明设计单位的资质的情况下，将工程设计发包给事实上是个人的第一原告，并将无证人员设计的施工图纸交给施工单位使用，被告因此对第二原告也作出了"责令改正，并处罚款 3 万元"的行政处罚。处罚决定书下达后，两原告均不服上述行政处罚，遂于 2017 年 1 月 6 日向法院提起行政诉讼，要求撤销被告的上述处罚。

问题： 你认为原告的做法对吗？为什么？

分析： 本案中的第一原告和第二原告对建设行政主管部门在建筑活动监督管理过程中作出的具体行政行为有异议，发生行政纠纷，可以申请复议或者直接向人民法院提起行政诉讼。本案是当事人对行政处罚不服而提起的行政诉讼。在本案中，第一原告张某未经注册，以注册执业人员的名义从事建筑工程勘察、设计活动，且私刻图章，以其他单位的名义从事建筑工程勘察、设计任务；第二原告北京某房地产开发公司违反有关法律法规的规定，将建筑工程勘察、设计任务发包给不具有相应资质等级的勘察、设计单位。第一原告和第二原告均违反了有关法律法规的强制性规定。《建设工程勘察设计管理条例》规定，未经注册以注册执业人员的名义从事建设工程勘察、设计活动的，责令停止违法行为，没收违法所得，处以罚款；给他人造成损失的，依法承担赔偿责任。违反该条例规定，发包方将建设工程勘察、设计业务发包给不具有相应资质等级的建设工程勘察、设计单位的，责令改正，处以罚款。本案被告北京某建设行政主管部门依据有关法律法规规定对上述原告进行行政处罚是正确的。

复习思考题

1. 简述工程建设纠纷的概念。
2. 概括总结工程建设纠纷适用的法律规则。
3. 简述工程建设纠纷证据的种类及应用。
4. 简述建筑民事纠纷处理的程序。
5. 概括叙述工程建设纠纷行政复议的程序。

9 工程建设用地制度与政策

【知识目标】
1. 了解我国当前的主要土地政策和建设用地的基本含义；
2. 熟悉我国的土地所有权和使用权制度；
3. 掌握建设用地使用权的获取方式和主要程序；
4. 掌握土地使用权出让法律制度的基本法律问题；
5. 了解土地使用权出让和转让的程序；
6. 了解建设用地使用权划拨法律制度的基本法律问题。

9.1 我国现行土地制度概述

《宪法》《民法典》和 2019 年 8 月修正的《土地管理法》规定了中国现行土地所有制的性质、形式和不同形式的土地所有制的使用范围，以及土地的使用和管理制度。在建设过程中，应对建设必备的土地及其相关的土地制度和政策进行了解和把握。

9.1.1 土地所有制度

《土地管理法》第二条第一款规定："中华人民共和国实行土地的社会主义公有制，即全民所有制和劳动群众集体所有制。"即土地所有权的主体只限于国家和农民集体，私人以及其他主体不得成为土地所有人。

9.1.1.1 国有土地

全民所有制的土地被称为国家所有土地，简称国有土地，其所有权由国务院代表国家行使。《土地管理法》第二条第二款规定："全民所有，即国家所有土地的所有权由国务院代表国家行使。"

关于国有土地的范围，《宪法》和《民法典》都有相关规定。《宪法》第九条第一款规定："矿藏、水流、森林、山岭、草原、荒地、滩涂等自然资源，都属于国家所有，即全民所有；由法律规定属于集体所有的森林和山岭、草原、荒地、滩涂除外。"《民法典》第二百四十九条规定:"城市的土地,属于国家所有。法律规定属于国家所有的农村和城市郊区的土地,属于国家所有。"

国有土地分为城市土地和城市以外的国有土地。城市土地,一般理解为已进行城市配套建设、具备城市功能、基本连片的区域,在我国房地产法规中,有时称之为城镇土地,包括县级以上城市和建制镇的土地。城市土地是国有土地中最重要的部分,是法定的房地产建设用地资源。城市以外的国有土地,包括农村、城市郊区和未被开发利用的地区的土地,这类土地只有依法纳入城市建设规划,才可成为房地产业开发建设用地,才能进行相关的建设活动。

9.1.1.2 集体土地

我国集体土地所有权指的是由农村集体经济组织所享有的土地所有权,采取的是农民集体所有的形式,这种所有制的土地被称为农民集体所有土地,简称集体土地。其范围包括:农村和城市郊区的土地,除由法律规定属于国家所有的以外,属于农民集体所有;宅基地和自留地、自留山,属于农民集体所有。集体土地所有权在法律上受到严格限制,不能作为交易的标的物,其变更只有两种情况:一是国家征收(包括集体所有者的放弃);二是边界的调整。

9.1.2 土地使用制度

土地使用权指法人或公民依法取得的对土地的占有、使用、收益及部分处分的权利。我国的土地使用权依照土地所有权的不同可分为国有土地使用权和集体土地使用权。集体土地使用权主要指农村集体土地的承包经营权,其并未被作为一项完整的财产权予以规定,因此本部分内容主要对国有土地的使用权及相关的规定进行介绍。

在计划经济时期,我国的城市土地使用制度,是对土地实行行政划拨,无偿、无期限使用,禁止土地使用者转让土地的制度。这种城市土地使用制度通过几十年的实践,证明存在许多弊端,主要表现在如下方面:不利于土地的合理使用;不利于正确评价企业的绩效;有违按劳分配原则;不利于城市建设;易产生不正之风。

我国城市土地使用制度经过改革探索,找到了一种既能维护土地公有制,又有利于市场经济运行的制度。在不改变城市土地国有的条件下,这种土地使用制度的实施有以下两种方式:一方面,对于公共事业和公益用地,可以采取行政划拨方式获取土地使用权,它在本质上是一种行政行为,是无偿、无期限的,所以内容包括占有、使用和部分收益权。另一方面,对于经营性用地,通过出让方式获取土地使用权,这是一种市场行为,政府通过招标、拍卖、协议、挂牌等方式将一定年限的土地使用权有偿、有期限地出让给土地使用者,土地使用者的土地使用权在使用年限内可以转让、出租、抵押或者用于其他经济活动,其合法权益受国家法律保护,需要继续使用的,经申请批准,可以延长期限使用,同时按市场状况缴纳地价。

9.1.3 土地管理制度

9.1.3.1 国家实行土地登记制度

根据《土地管理法》和相关法规的规定,国家依法对国有土地使用权、集体土地所有权、集体土地使用权和土地他项权利进行登记。土地登记由县级以上人民政府登记造册,确认有关土地权利。属于国有土地的,核发国有土地使用证,确认国有土地使用权,其中,中央国家机关使用的国有土地的具体登记发证机关,由国务院确定。属于农民集体所有土地的,核发集体土地所有证,确认集体土地所有权;使用集体土地的,核发集体土地使用证,确认集体土地使用权。属于土地他项权利的,核发土地他项权利证明书,确认土地他项权。土地登记以县级行政区为单位组织进行,具体工作由县级以上人民政府土地管理部门负责。

9.1.3.2 国家实行土地有偿、有期限使用制度

除国家核准的划拨土地以外,凡新增土地和原使用的土地改变用途或使用条件、进行市场交易等,均实行有偿、有期限使用。

9.1.3.3 国家实行土地用途管制制度

根据土地利用总体规划,土地按用途可分为农用地、建设用地和未利用土地。土地用途管制的核心是不能随意改变土地的用途。农用地转为其他类型用地必须由有批准权的人民政府核准。控制建设用地总量,严格限制农用地转为建设用地。

9.1.3.4 国家实行耕地保护制度

十分珍惜、合理利用土地和切实保护耕地是我国的基本国策。《民法典》第二百四十四条规定,"国家对耕地实行特殊保护,严格限制农用地转为建设用地,控制建设用地总量。耕地主要是指种植农作物的土地,包括新开垦荒地、轮歇地、草田轮作地;以种植农作物为主兼有零星果树、桑树或其他树木的土地;耕种三年以上的滩地和滩涂等"。

9.1.4 工程建设用地的概念和特征

9.1.4.1 建设用地的概念

建设用地通常是指通过工程措施和资源开发,为人类的生产、生活等方面和物质建设所提供的土地。2019 年修订后的《土地管理法》根据建立土地用途管制制度的要求,将土地按用途划分为三类,即农用地、建设用地和未利用土地,明确界定了各类土地的具体含义,建设用地是指建造建筑物、构筑物的土地,包括城乡住宅和公共设施用地、工矿用地、交通水利设施用地、旅游用地、军事设施用地等,建设用地按用途可以分为工业建设用地、民用建设用地和军事建设用地三大类。

9.1.4.2 建设用地的特征

(1) 建设用地使用权是存在于国家所有的土地之上的物权。建设用地使用权的标的仅以土地为限;而且由于我国城市土地属于国家所有,农村和城郊土地,除法律规定属于国家所有以外,属于集体所有。所以,建设用地使用权只能存在于国家所有的土地上,不包括集体所有的农村土地。《民法典》第三百六十一条规定:"集体所有的土地作为建设用地的,应当依照土地管理的法律规定办理。"

(2) 建设用地使用权是以保存建筑物或其他工作物为目的的权利。这里的建筑物或其他工作物是指在土地上下建筑的房屋及其他设施,如桥梁、沟渠、铜像、纪念碑、地窖,建设

用地使用权即以保存此等建筑物或工作物为目的。

(3) 建设用地使用权是使用国家所有的土地的权利。建设用地使用权虽以保存建筑物或其他工作物为目的，但其主要内容在于使用国家所有的土地。因此，上述建筑物或其他工作物的有无与建设用地使用权的存续无关。也就是说，有了地上的建筑物或其他工作物后，固然可以设定建设用地使用权；没有地上建筑物或其他工作物的存在，也无妨于建设用地使用权的设立；即使地上建筑物或其他工作物灭失，建设用地使用权也不消灭，建设用地使用权人仍有依据原来的使用目的而使用土地的权利。

(4) 建设用地使用权主要包括占有、使用和收益等功能。根据《宪法》的规定，国有土地的所有权属于国家，建设开发单位获取的是建设用地的使用权。建设用地的使用权内容主要包括对建设用地依法实施控制，即占有，这是开发建设的前提；根据法律规定对建设用地加以利用，进行建设，即使用，这是建设用地使用权的核心所在；通过开发建设获取相应的利益，即收益，这是建设用地使用权的关键。另外，可以对建设用地的使用权行使一定的处分权，如转让、抵押、租赁等，但这种处分不是所有权意义上的处分，而是使用权意义上的处分。

(5) 建设用地具有稀缺性。土地作为宝贵的自然资源，具有不可再生的特性。近年来，随着房地产业在我国的迅猛发展，各地建设用地供需日益紧张，由于城市土地面积有限，建设用地日益凸显出其稀缺的特性。

9.2 建设用地的取得与管理

根据我国的土地使用制度，国有土地使用权可以与土地所有权相分离，国家可以将国有土地使用权通过划拨、出让、租赁等方式，依法确定给单位或个人进行使用，作为房地产开发企业或者建筑企业，可以通过土地使用权的出让、划拨、转让方式取得建设用地的使用权。

9.2.1 国有建设用地使用权的出让

9.2.1.1 土地使用权出让的概念和特征

国有建设用地使用权出让是指国家将国有建设用地使用权在一定年限内出让给土地使用者，由土地使用者向国家支付土地使用权出让金的行为。土地使用权出让金是指通过有偿、有期限出让方式取得土地使用权的受让者，按照合同约定的期限，一次或分次提前支付的整个使用期间的地租。其法律特征主要表现为以下几个方面。

其一，建设用地使用权出让法律关系中的出让人是国家，即建设用地的所有权人。在实践中，土地出让权由国家授权地方人民政府土地管理部门来代表其行使，其他任何主体，均不得作为出让人。而对于建设土地使用权的受让人不是特定的，中华人民共和国境内外的企事业单位、其他组织和个人，除法律另有规定外，均可按规定取得土地使用权，进行土地开发、利用和经营。

其二，建设用地使用权出让的客体是国有建设用地使用权。建设用地使用权出让的是一定期限内的国有建设用地使用权。从权利性质上看，出让的是土地使用权，而不是所有权。

从范围来看，出让的是国有建设用地，而不是集体所有的建设用地。另外，土地使用权出让不包括地下资源、埋藏物和市政公共设施，受让方不得以享有土地使用权为由而主张地下资源、埋藏物和市政公共设施的权利。

其三，建设用地使用权的出让是有偿、有期限的出让。建设用地使用者取得一定年限内的建设用地使用权，需要支付代价，代价是建设用地使用者向国家支付土地出让金，同时，取得的建设用地使用权也不是无期限的永久使用权，该期限以建设用地使用权出让合同的约定为准，同时不能超出相关法律法规规定的最长期限，《中华人民共和国城镇国有土地使用权出让和转让暂行条例》（全书以下简称《城镇国有土地使用权出让和转让暂行条例》）第十二条规定："土地使用权出让最高年限按下列用途确定：（一）居住用地七十年；（二）工业用地五十年；（三）教育、科技、文化、卫生、体育用地五十年；（四）商业、旅游、娱乐用地四十年；（五）综合或者其他用地五十年。"《民法典》第三百五十九条规定："住宅建设用地使用权期限届满的，自动续期……非住宅建设用地使用权期限届满后的续期，依照法律规定办理。该土地上的房屋以及其他不动产的归属，有约定的，按照约定；没有约定或者约定不明确的，依照法律、行政法规的规定办理。"土地使用权期满，土地使用者可以申请续期。经政府批准同意续期的，应当重新签订合同，支付土地使用权出让金，并办理登记。

9.2.1.2 建设用地使用权出让的方式

出让方式是指通过何种方式或程序将国有建设用地使用权让与使用者使用，对土地使用者而言也即国有建设用地使用权取得的方式。根据《城市房地产管理法》《民法典》和其他有关法规的规定，目前我国城镇国有建设用地使用权的出让方式主要有协议、招标、拍卖和挂牌四种方式。

（1）协议出让建设用地使用权。协议出让建设用地使用权是由出让主管机关根据用地性质、功能和土地开发的特点，确定建设用地使用权受让人，并由双方达成协议的一种出让方式。协议方式的特征主要有两点：一是双方自愿，自由协商；二是多次谈判，反复磋商。协议出让建设用地使用权的最大优点是比较灵活，自由度大，缺点是缺乏透明度，容易产生不正之风，导致国有土地收益流失等，所以我国房地产法律法规在肯定协议出让的同时，对协议出让限定较为严格。

① 协议出让建设用地使用权的范围。按照相关法律规范的规定，出让国有土地使用权，除依照法律、法规和规章的规定应当采用招标、拍卖和挂牌方式出让的以外，还可采用协议方式。《民法典》进一步限定缩小了协议出让的建设用地范围。《民法典》第三百四十七条规定，"设立建设用地使用权，可以采取出让或者划拨等方式。工业、商业、旅游、娱乐和商品住宅等经营性用地以及同一土地有两个以上意向用地者的，应当采取招标、拍卖等公开竞价的方式出让"。

协议出让方式由于缺乏竞争性，其适用范围应受到严格控制，一般仅限于非适用此方式不可的情形。同时，在协议出让的过程中，国家对受让人也要有所选择，以确保建设用地使用目的的实现。

② 协议出让国有土地使用权的程序。通常情况下，协议出让按下列程序进行。

第一，公布出让计划。协议出让土地使用权，首先要由市、县人民政府国土资源行政主管部门根据社会经济发展计划、国家产业政策、土地利用总体规划、城市规划和土地市场状况，制订国有土地使用权出让计划，经报同级人民政府批准后，在当地指定场所或者通过报纸、互联网等媒介公布。

第二，用地者申请。国有建设用地出让计划公布后，需要使用土地的单位或者个人在公布的时间内，向市、县人民政府国土资源行政主管部门提出意向用地申请。

第三，制订出让方案。市、县国土资源主管部门对于符合协议出让条件的申请者，要会同城市规划等有关部门，根据国有土地使用权出让计划、城市规划和意向用地者申请的用地项目类型、规模等制订协议出让土地使用权方案。

第四，确定土地使用权出让金。土地使用权出让是指国家以土地所有者的身份将土地使用权在一定年限内让与土地使用者，并由土地使用者向国家支付土地使用权出让金的行为。在我国，土地使用权出让金是按照土地的使用面积计算的，在经济发展状况不同的城市和地区，土地使用权出让金的实际收取金额也有所区别，土地使用权出让金随着我国经济的不断发展，其具体金额也会相应调整。对于一些特殊用途的土地，土地使用权出让金可免予收取。

第五，签订国有土地使用权出让合同。出让方与受让方在经过充分协商达成协议后，签订国有土地使用权出让合同，并向公众公布，接受监督。

第六，交付出让金。在公布的出让结果没有人提出异议或提出异议不成立的情况下，受让方依照国有土地使用权出让合同的约定，付清土地使用权出让金，依法办理土地登记手续，取得国有土地使用权。

（2）招标出让建设用地使用权。招标出让是出让建设用地使用权的一种重要方式。根据规定，招标出让国有土地使用权是指由市、县人民政府土地行政主管部门（出让人）发布招标公告，邀请特定或者不特定的自然人、法人和其他组织参加国有建设用地使用权投标，根据投标结果确定建设用地使用者的出让行为。

招标出让建设用地使用权，引进了市场竞争机制，体现了商品交换原则。从适用范围上讲，招标出让一般适用于区域面积大、开发要求高和受城乡发展规划严格制约的土地。实践中，中标者不一定是出价最高者。政府土地行政主管部门作为招标人，在审慎研究各投标者的全部规划方案后，对能够最大限度地满足招标文件中规定的各项综合评价标准，或者能够满足招标文件的实质性要求且价格最高的投标人，确定为中标人，然后与之签订合同，确定中标者为建设用地使用权人。招标出让建设用地使用权通常经过以下几个程序。

① 拟订方案。根据出让计划，市、县人民政府国土资源行政主管部门会同有关部门拟订招标方案。

② 逐级报批。出让方案及文件确定以后，市、县人民政府国土资源行政主管部门按照出让国有土地使用权的审批权限，逐级向有批准权限的人民政府报批，属征地后出让的，按照征地程序同时报批。

③ 发布招标公告。招标出让公告应当包括以下内容：出让人的名称、地址、联系电话等，授权或者指定下属事业单位以及委托代理机构进行招标的，还应注明其机构的名称、地址和联系电话等；招标地块的位置、面积、用途、开发程度、规划指标要求、土地使用年限和建设时间等；投标人的资格要求及申请取得投标资格的办法；获取招标文件的时间、地点及方式；招标活动实施时间、地点，投标期限、地点和方式等；确定中标人的标准和方法；支付投标保证金的金额、方式和期限；其他需要公告的事项等。

④ 投标。投标人在投标截止时间前将标书投入标箱。招标公告允许邮寄标书的，投标

人可以邮寄，但出让人在投标截止时间前收到方为有效。标书投入标箱后，不可撤回。投标人应当对标书和有关书面承诺承担责任。

⑤ 开标。出让人按照招标公示规定的时间、地点开标，邀请所有投标人参加。由投标人或者其推选的代表检查标箱的密封情况，当众开启标箱，点算标书。投标人少于三人的，出让人应当终止招标活动。投标人不少于三人的，应当逐一宣布投标人名称、投标价格和投标文件的主要内容。

⑥ 评标。按照"价高者得"的原则确定中标人的，可以不成立评标小组。按照"综合条件最佳者得"的原则确定中标人的，招标人应当成立评标小组进行评标。评标小组由出让人代表、有关专家组成，成员人数为5人以上的单数。评标小组可以要求投标人对投标文件作出必要的澄清和说明，但是澄清或者说明不得超出投标文件的范围或者改变投标文件的实质性内容。评标小组应当按照招标文件确定的评标标准和方法，对投标文件进行评审。

⑦ 定标。招标人应当根据评标小组推荐的中标候选人确定中标人。招标人也可以授权评标小组直接确定中标人。

⑧ 签订《国有土地使用权出让合同》，公布出让结果，核发建设用地批准书，交付土地，缴纳土地使用权出让金，并办理登记。

（3）拍卖出让建设用地使用权。拍卖出让国有土地使用权是指由市、县人民政府土地行政主管部门发布拍卖公告，竞买人在指定时间、地点进行公开竞价，根据出价结果确定建设用地使用者的出让方式。拍卖与招标都是以竞争方式取得出让建设用地使用权，都适用于竞争比较大、投资回报率比较高的开发项目，但两者在具体运作过程中也存在较大的区别。

① 拍卖是一种公开竞价方式。每个竞买人均知道前面竞买人的报价；而招标则是一种秘密的竞争方式，每个投标人均不知道其他投标人的条件。

② 拍卖奉行价高者取得建设用地使用权的规则，而招标除此外还要综合衡量投标人的其他条件。如规划设计方案、业绩等，以确定最佳的建设用地使用人。

根据相关规定，拍卖出让国有建设用地使用权的程序为：发布拍卖公告→确定竞买人→主持拍卖→签订《拍卖成交确认书》→签订出让合同→缴纳土地出让金→办理登记→领取建设用地使用权证书。

（4）挂牌出让建设用地使用权。挂牌出让是指出让人发布挂牌公告，按公告规定的期限将拟出让宗地的交易条件在指定的交易场所挂牌公布，接受竞买人的报价申请并更新挂牌价格，根据挂牌截止时的出价结果或者现场竞价结果确定使用权人的行为。

挂牌方式出让国有建设用地使用权是一种新型的建设用地使用权出让方式。这种方式是招标和拍卖方式的重要补充形式，它综合体现了招标、拍卖和协议方式的优点，具有公开、公平和公正的特点。同时，挂牌出让的方式在实践中操作简便，便于开展，且有利于土地有形市场的形成和运作。作为土地资源市场配置的创新，挂牌出让的方式在土地市场中发挥着日益重要的作用。挂牌出让建设用地使用权需要经过以下几个步骤。

① 出让人公布挂牌宗地的基本情况以及挂牌起始价、增价原则及加价幅度等。

② 确定竞买人。出让人在发布挂牌公告后，应当对竞买人的资格进行审查，符合条件的竞买人填写报价单报价。

③ 主持人确认报价后，更新挂牌价格。

④ 在截止时间确定竞得人。挂牌时间不得少于10日，在这期间可根据竞买人竞价情况调整增价幅度。挂牌期限届满，挂牌主持人现场宣布最高报价及其报价者，并询问竞买人是

否愿意继续竞价。有竞买人表示愿意继续竞价的，挂牌出让转入现场竞价，通过现场竞价确定竞得人。

⑤ 签约。出让方和取得使用权的竞买人签订《土地使用权出让合同》，缴纳土地使用权出让金，并进行登记，办理土地使用权证书。

9.2.2 建设用地使用权的转让及管理

9.2.2.1 建设用地使用权转让的含义

建设用地使用权转让是指土地使用者将土地使用权单独或者随同地上建筑物、其他附着物转移给他人的行为。土地使用权转让的方式包括出售、交换、赠与和继承等。按照转让前土地使用权的获得方式，土地使用权转让可以分为两种类型：一是通过出让获得土地使用权的转让；二是通过行政划拨取得的土地使用权通过补办出让手续后的转让。

9.2.2.2 建设用地使用权转让的条件

按照规定，土地使用权转让应同时具备下列条件：

（1）已经缴清土地使用权出让金并按照《城镇国有土地使用权出让和转让暂行条例》的规定办理了有关手续，取得了土地使用权；

（2）不改变土地使用权出让合同规定的土地用途并符合城市建设规划的需要；

（3）已按出让合同约定的期限和要求完成建筑工程及公共设施建设，且开发建设实际投资已经达到土地使用权出让合同规定的建设投资总额的25%以上，但继承、赠与不受此限；

（4）符合土地使用权出让规定的其他有关土地使用权的前提条件。

9.2.2.3 建设用地使用权转让的内容

（1）权利、义务转移。土地使用权转让时，国有土地使用权出让合同和登记文件中所载明土地使用权转让时，其地上的建筑物、附着物随之转让。

（2）土地使用者转让地上建筑物、附着物所有权时，其使用范围内的土地使用权随之转让，但地上建筑物、附着物作为动产转让的除外。

（3）使用期限。受让土地使用权的使用年限为国有土地使用权出让合同规定的使用年限减去原使用者已使用年限的剩余年限。

（4）转让价格。对于国有土地使用权转让价格，若明显低于市场价格，市、县人民政府可以采取相应的措施，以平抑地价，维护土地市场交易程序。

9.2.2.4 建设用地使用权转让的程序

（1）转让方与受让方签订土地使用权转让合同。

（2）转让方协同受让方办理土地使用权和地上建筑物、其他附着物所有权转让的过户登记，同时转让方办理注销登记。

（3）分割转让土地使用权和地上建筑物、其他附着物所有权及转让划拨土地使用权的，向市、县人民政府土地管理部门和房产管理部门申请批准。

（4）经批准同意转让划拨土地使用权的，应补办出让手续，补签出让合同及补出让金。

9.2.3 建设用地使用权划拨

9.2.3.1 划拨建设用地使用权的概念与特征

建设用地使用权划拨是指县级以上人民政府依法批准，在建设用地使用者缴纳补偿费、安置费等费用后将该幅土地交付其使用，或者将建设用地使用权无偿交付给土地使用者使用的行为。

划拨建设用地具有四个主要特征。

其一，划拨建设用地使用权是一种行政法律行为。建设用地使用权划拨是一种行政法律行为，这种方式无须划拨双方协商一致，只要经过依法批准并履行相应的程序，建设用地使用者便获得了建设用地的使用权。

其二，划拨建设用地使用权的取得具有无偿性。从国家和建设用地使用者的关系来看，建设用地使用者无须向国家缴纳使用土地的费用，用地者可无偿取得划拨土地使用权。根据《城市房地产管理法》的规定，如果所划拨的土地上已有用地者，则取得划拨建设用地使用权的用地者须缴纳补偿费、安置费等费用，以补偿原用地者的损失，但此笔费用并非向国家缴纳，对于国家而言依然是无偿的。

其三，划拨建设用地使用权一般没有使用期限的限制。除法律、行政法规规定了某幅划拨建设用地使用权的使用期限外，没有使用期限的限制。

其四，划拨建设用地使用权是一种不可交易的财产权。划拨建设用地使用权除非将划拨改变为出让，否则不能直接进入市场，使用权人仅可以自己使用，不可处分，从此角度而言它是一种不可交易的财产。

9.2.3.2 划拨建设用地使用权的适用范围

根据《城市房地产管理法》和《土地管理法》的规定，划拨建设用地主要包括以下四类。

（1）国家机关用地和军事用地；
（2）城市基础设施用地和公益事业用地；
（3）国家重点扶持的能源、交通、水利等基础设施用地；
（4）法律、行政法规规定的其他用地。

在此基础上，原国土资源部颁布的《划拨用地目录》进一步细化了以划拨方式取得建设用地使用权的范围。具体规定如下：

国家机关用地，主要是国家党政机关和人民团体用地，具体包括办公用地和安全、保密、通信等特殊专用设施用地。

军事用地是指各种军事设施用地，包括以下七类：指挥机关、地面和地下的指挥工程、作战工程；营区、训练场、试验场；军用公路、铁路专用线、机场、港口、码头；军用洞库、仓库、输电、输油、输气管线；军用通信、通信线路、侦查、观测台站和测量、导航标志；国防军品科研、试验设施；其他军事设施。

城市基础设施用地是指城市生产、生活及各种社会活动所需要的公共设施用地，包括供水、燃气供应、供热、公共交通、环境卫生、道路广场、绿地等设施用地。

城市公益事业用地是指城市内的文化教育、医疗保健、娱乐体育等用地，主要包括非营利性的邮政设施、教育设施、科研机构、体育设施、公共文化设施、医疗卫生设施和社会福利设施等用地。

国家重点扶持的能源、交通、水利等基础设施用地，主要包括石油天然气设施、煤炭设施、电力设施、水利设施、铁路交通设施、公路交通设施、水路交通设施、民用机场设施等用地。

法律、行政法规规定的其他用地，包括监狱、劳教所、戒毒所、看守所、治安拘留所、收容教育所等用地。

9.2.3.3 建设用地使用权划拨的程序

建设用地使用权的划拨必须依法进行。根据《土地管理法》《中华人民共和国土地管理法实施条例》《城乡规划法》等的规定，符合条件的土地使用者要取得划拨建设用地使用权，须经过以下程序。

（1）用地单位提交用地申请。经批准的建设项目，需要使用国有土地的，建设单位应当持法律、法规规定的文件，向有批准权限的县级以上人民政府土地行政主管部门提出建设用地申请。

（2）土地行政主管部门审查和报批。县级以上人民政府土地管理部门对建设用地申请进行审查后，便划定用地范围，并组织建设单位与被征地单位及有关单位，依法商定征用土地的补偿、安置方案。然后，依照土地管理法规定的审批权限报有批准权的人民政府批准。建设项目占用土地需要征用农地的，还应按规定办理农用地专用审批手续。

（3）土地划拨。建设用地申请及土地补偿安置方案，经有批准权限的人民政府批准后，向建设单位颁发建设用地批准书，土地管理部门根据建设用地批准文件和建设进度，一次或分期划拨建设用地，并督促被征地单位和建设单位按时移交土地，尽快落实土地补偿、安置方案。

（4）核发国有土地使用证。建设项目竣工后，建设项目主管部门组织有关部门验收时，县级以上人民政府土地管理部门要到现场核查实际用地情况，经核查无误后，用地单位应到土地行政管理部门办理土地登记，由土地行政管理部门颁发国有土地使用证，确认土地使用权。

案例分析

> 某镇职业高中于1986年组建，所占有的土地属于划拨国有土地，一直沿用至今。2017年镇政府为了发展经济，决定对原有集镇进行改造，要求职业高中临街部分建两层楼建筑。由于经费困难，职业高中表示无力建造。于是，镇政府决定将职业高中临街土地598.5平方米，以每31.5平方米为一宗地，底价3000元进行拍卖。同年8月26日，由镇政府及委托单位物价局拍卖行、司法局公证处等单位人员参加对职业高中临街的19宗国有土地进行拍卖，镇政府共得拍卖国有土地款97900元。
>
> 问题：镇政府此次拍卖国有土地使用权的行为是否合法，为什么？
>
> 分析：
>
> （1）镇政府无权拍卖国有土地使用权。
>
> （2）根据《城镇国有土地使用权出让和转让暂行条例》第九条规定，"土地使用权的出让，由市、县人民政府负责，有计划、有步骤地进行"；第十条规定，"土地使用权出让的地块、用途、年限和其他条件，由市、县人民政府土地管理部门会同城市规划和

建设管理部门共同拟订方案,按照国务院规定的批准权限批准后,由土地管理部门实施";第四十七条规定,"无偿取得划拨土地使用权的土地使用者,因迁移、解散、撤销、破产或者其他原因而停止使用土地的,市、县人民政府应当无偿收回其划拨的土地使用权,并可依照本条例的规定予以出让"。以上规定说明土地使用权的出让,是政府代表国家行使国有土地所有权的权利的体现。因此,出让国有土地使用权必须由政府垄断,即只有县级以上人民政府才有国有土地使用权的出让权,县级以上人民政府土地管理部门代表政府具体组织实施。

(3)本案例中的镇政府超出了权限,而且形成了非法转让国有土地使用权的实施。

本章小结

我国实行的是土地的社会主义公有制,即全民所有制和劳动群众集体所有制。土地所有权的主体只限于国家和农民集体,私人以及其他主体不得成为土地所有人,而获取的只是土地的使用权。我国的土地使用权分为国有土地使用权和集体土地使用权,建设用地使用权分为划拨土地使用权和出让土地使用权。划拨土地使用权的取得具有严格的限定范围,仅适用于法律有明确规定的建设项目的用地。出让土地使用权的取得适用的范围广泛,各种类型的建设用地均可通过出让的方式获得土地使用权。土地使用权的出让主体是国家,出让的方式有协议、招标、拍卖和挂牌几种方式,而建设用地使用权的出让方式主要是招标、拍卖和挂牌,特定条件下使用协议出让的方式。

复习思考题

1. 我国实行什么样的土地所有和使用制度?我国当前建设用地使用制度的主要特征有哪些?
2. 获取建设用地使用权的主要方式有哪些?
3. 什么是土地使用权出让?建设用地使用权出让的主要方式有哪些?
4. 哪些情况可以申请获取划拨土地使用权?

10 城市房地产管理法律制度

【知识目标】
1. 了解房地产及房地产法的基本概念和特征；
2. 熟悉房地产法的基本原则；
3. 了解房地产开发企业的资质等级；
4. 掌握房地产开发管理的相关知识；
5. 掌握房地产登记制度的功能、类型和程序。

10.1 房地产法律制度与政策概述

10.1.1 房地产的概念

房地产是指土地、建筑物及固着在土地、建筑物上不可分离的部分及其附带的各种权益。房地产由于其位置的固定性和不可移动性，在经济学上又被称为不动产。其可以有三种存在形态，即土地、建筑物、房地合一。

房地产法是调整房地产经济关系的法律规范的总称。广义上的房地产法包括确认和调整房地产产权、开发、经营、使用、交易、服务、管理及其他与房地产相关的各种社会关系的法律规范；狭义上的房地产法指以《城市房地产管理法》为核心的，与之相配套的专门调整房地产关系的法律规范，主要有《城市房地产管理法》《土地管理法》《城乡规划法》和《民法典》等。另外，还有更狭义的房地产法，即特指《城市房地产管理法》。

10.1.2 房地产的特征

10.1.2.1 位置的固定性

房地产位置的固定性又称不可移动性。房地产的不可移动性决定了房地产只能就地开发、利用或消费，并要受制于其所在的空间环境；而不能像其他商品，原料地、生产地、销售地和消费地可以不在同一个地方，可以在不同地区之间调剂余缺，从产能过剩地区运送到供给相对短缺或需求相对旺盛的地区。所以，房地产市场是一个地区性市场。

10.1.2.2 使用的长期性

土地能永久地存在，永久地使用，具有不可毁灭性。基于此，法律规定了所有权与使用权的可分性，以及允许在同一项房地产上同时设置多种不同权益。

10.1.2.3 唯一性

房地产是典型的特定物，每一宗房地产的建筑风格、结构位置、建造年代、建筑等级以及用途、层次、朝向等皆不可能完全一样，这就决定了房地产价值也各不相同。

10.1.2.4 资源有限性

土地资源供给的有限性必将导致房屋资源供给的有限性。

10.1.2.5 风险性大

由于房地产投机性强、价值量大、经营周期长，其投资风险大，市场上炒地皮、楼花等投机行为的存在，增加了投资房地产的风险性。

10.1.3 房地产法概述

10.1.3.1 房地产法的概念与特征

房地产法是调整房地产使用、开发、经营、交易、管理、服务等房地产关系的法律规范的总称。它是由一系列法律、行政法规与地方性法规等规范性文件组成的统一整体，是国家管理房地产市场，保障房地产权利人的合法权益，促进房地产业健康发展的重要部门法律规范。

房地产法具有以下特征。

其一，房地产法具有不可分割性。房与地的相互依赖性，决定了调整房地产的法律规范与调整地产的法律规范必须集结于一部法律中，以便在诸环节上相互协调，避免发生立法与法律适用上的冲突。

其二，房地产法是城市社会生活的基础性法。房地产是现代城市政治、经济、文化及其他一切社会活动的物质载体。房地产法通过调整城市房地产的生产、交换、分配与消费过程中发生的经济关系，为城市社会生活服务，它是城市社会的基础性法律。

其三，房地产法调整范围具有广泛性。房地产法的调整范围是十分广泛的，包括房地产的开发、利用，房地产的转让、租赁、交换、继承、抵押、典当，房地产的规划、土地的征收与征用、房屋的征收与补偿，房地产的中介服务，房地产的社会保证等。随着我国市场经济及房地产业的发展，房地产法的调整范围还将继续扩大。

其四，房地产法的调整手段具有国家干预性。基于房地产的特殊性以及房地产业在国民经济与生活中的重要性，国家对房地产活动往往进行较为严格的监管，从而使房地产法在调整手段上体现了较强的国家干预性。

10.1.3.2 房地产法的基本原则

（1）土地公有制原则。我国坚持社会主义道路，基本原则之一就是实行土地的社会主义公有制，包括国家所有和集体所有。《宪法》规定，由法律规定属于集体所有的森林和山岭、草原、荒地、滩涂除外，矿藏、水流、森林、山岭、草原、荒地、滩涂等自然资源都属于国家所有，即全民所有。

（2）国有土地有偿、有期限使用原则。这是推进我国房地产商品化、发展土地使用权交易市场和商品市场，促进市场经济完善的基本要求。

（3）合理利用土地和切实保护耕地的原则。土地是不可再生资源，合理利用土地和切实保护耕地已成为我国的基本国策之一。我国对耕地实行特殊保护，包括建立基本农田保护制度和占用耕地补偿制度，确保耕地总体动态平衡。同时，强化土地用途管制，节约用地，综合开发，谋求经济、社会环境效益的最大化和基本平衡。

（4）房地产综合开发原则。房地产在国民经济中居于重要地位，房地产市场交易本身具有投机性和风险性。因此，科学的管理方法是以宏观调控为指导，适当开放，由市场去调节，但又不能放任自流，特别要警惕泡沫成分。同时，房地产开发经营还应当按照经济效益、社会效益、环境效益相统一的原则，实行全面规划、合理布局、综合开发、配套建设，并根据国家社会、经济发展水平，扶持发展居民住宅建设，逐步改善居民生活条件。

10.1.3.3 我国房地产法的立法现状

新中国成立后，我国颁布了大量的房地产法律、法规，形成了以《城市房地产管理法》（2019年8月第三次修正）为核心的单行法规和诸多规章相补充的法律体系框架，结合《宪法》《民法》《行政法》共同调整房地产关系。

《宪法》规定了土地实行国家所有和集体所有，规定保护公民的合法的房屋所有权，1988年通过宪法修正案，规定土地的使用权可以依照法律的规定转让。这为我国国有土地使用权实行有偿、有期限使用制度提供了《宪法》依据。

《民法典》将城市房屋拆迁纳入征收、分层设立建设用地使用权，规定了房地产开发建设中对相邻不动产所负的义务，对物业管理相关内容以法律形式予以确认，并对不动产登记制度作了进一步的完善，是房地产业建设与发展的重要依据。《民法典》规定了如房地产转让合同、商品房预售合同等与房地产活动相关的合同生效、变更以及合同双方的权利、义务等。

《土地管理法》确立了土地归属和利用的基本制度，以及国家对土地利用的用途管制、土地利用规划法制度、土地监察制度等，这些规定与房地产法息息相关。

《建筑法》和《城乡规划法》是房地产开发建设必须遵守的法律，它们规范了建设各方主体在房地产产品生产过程中形成的法律关系。

《城市房地产管理法》直接规范房地产建设活动中形成的一定的权利义务关系，它是制定有关房地产管理部门法规、规章和地方法规、规章的基础，是我国房地产法律体系中最重要的法律制度。

10.2 房地产开发经营管理制度与政策

10.2.1 房地产开发的含义

10.2.1.1 房地产开发是一种计划性的建设行为

房地产开发是根据城市总体规划和社会经济发展计划的需要，在依法取得国有建设用地使用权的土地上进行土地开发、基础设施、房屋建设的行为。在一个开发区域内，房地产开发是指土地开发和房屋开发一体化的过程，包括规划设计、地质勘查、征地拆迁、土地开发、房屋建设、工程验收直至交付使用。它是一项综合性的生产活动。

10.2.1.2 房地产开发是一种综合性的生产活动

房地产开发是一项复杂的、综合性的生产活动。可以从不同的角度，用不同的标准对其进行分类。按开发的对象来分，房地产开发分为新区开发和旧城改造。新区开发就是根据土地利用总体规划和城市规划，将农业用地或未利用土地开发建设成居住、工商业及其他用途的建设用地。旧城改造则是根据城市规划的需要将现已开发利用的旧城区改造翻新，重新建设，变成新的建成区。以开发的方式来分，房地产开发分为单项开发和成片开发两大类。单项开发通常是指在旧城改造或新区开发中所形成的一个相对独立的开发项目，其规模小、占地少，项目功能和配套设施比较单一。成片开发是指房地产开发企业在取得国有土地使用权后，依照规划对较大面积的土地进行综合性的开发建设，形成工业用地或其他建设用地条件，然后进行土地使用权转让，或者进而建成通用工业厂房以及配套的生产、生活服务设施。按开发主体来分，房地产开发分为政府开发和房地产开发企业开发。政府开发是由政府出面，组织进行前期开发，将生地变为熟地。房地产开发企业开发是指房地产开发企业通过法定程序取得开发项目后，对土地进行开发，建设房屋等建筑物。其开发项目可以从熟地上开始，也可以从生地上开始。

10.2.2 房地产开发企业的分类与设立

10.2.2.1 房地产开发企业的分类

房地产开发企业一般是指具有企业法人资格，以营利为目的，从事房地产开发和经营的企业。房地产开发企业又称开发商或发展商，在有些法律文件中也称建设单位，通常其企业组织为房地产开发施工单位。房地产开发企业的特殊性在于从事房地产开发和经营，一般具有高投入、高风险、回报周期长、综合性强、关联效应大等特征。依据相关的法律法规，房地产开发企业登记为有限责任施工单位或股份施工单位，其中又有专营企业和兼营企业两种。

10.2.2.2 房地产开发企业的设立条件

房地产开发企业是房地产开发经营活动的主体，其设立应符合有关法律的规定。根据《城市房地产管理法》的规定，房地产开发企业的设立应符合以下条件。

（1）有自己的名称和组织机构。房地产公司要有属于自己的名称并在工商局备案，同时要求组织机构健全，要选择适合公司发展的组织形式。

（2）有固定的经营场所。

（3）有符合国务院规定的注册资本。根据《城市房地产开发经营管理条例》的规定，房地产开发企业的设立，应有100万元以上的注册资本，而且应是实有资本，这是法定注册资本数额的最低要求。

（4）有足够的专业技术人员。房地产开发是一个专业性很强的行业，它不仅需要建筑、设计等方面的专业技术人员，而且需要经济、法律、会计、统计等方面的专业人员。根据规定，房地产开发企业设立的重要条件之一是有 4 名以上持有资格证书的房地产专业、建筑工程专业的专职技术人员，2 名以上持有资格证书的专职会计人员。

（5）法律、行政法规规定的其他条件。

房地产企业的设立必须符合上述规定，省、自治区和直辖市人民政府可以根据本地方的实际情况，对设立房地产开发企业的注册资本和专业技术人员条件作出高于以上的规定。

10.2.2.3　房地产开发企业设立程序

设立房地产开发企业应经过以下程序。

（1）应当向工商局行政管理部门申请设立登记，工商行政管理部门对符合《城市房地产管理法》规定条件的，应当予以登记，发给营业执照；对不符合房地产开发企业应当具备的条件的，不予登记。

（2）房地产开发企业在领取营业执照后的 1 个月内，应当到登记机关所在地的县级以上地方人民政府规定的部门备案；设立有限责任公司、股份有限公司，从事房地产开发经营的，还应当执行公司法的有关规定。

10.2.2.4　房地产开发企业的资质等级

为加强对房地产开发企业的管理，规范房地产开发企业行为，原建设部发布了《房地产开发企业资质管理规定》（住房和城乡建设部于 2015 年对其进行了修改）。国家对房地产开发企业实行资质管理。房地产开发企业资质按照企业条件分为一、二、三、四等四个资质等级。

（1）一级资质。从事房地产开发经营 5 年以上；近 3 年房屋建筑面积累计竣工 30 万平方米以上，或者累计完成与此相当的房地产开发投资额（提供竣工验收备案证）；连续 5 年建设工程质量合格率达 100%；上一年房屋建筑施工面积 15 万平方米以上，或者完成与此相当的房地产开发投资额；有职称的建筑、结构、财务、房地产及有关经济类的专业管理人员不少于 40 人，其中具有中级以上职称的管理人员不少于 20 人，持有资格证书的专职会计人员不少于 4 人（以上人员需提供劳动合同及社保缴纳证明）；工程技术、财务、统计等业务负责人具有相应专业中级以上职称；具有完善的质量保证体系，商品住宅销售中实行了《住宅质量保证书》和《住宅使用说明书》制度；未发生过重大工程质量事故。

（2）二级资质。从事房地产开发经营 3 年以上；近 3 年房屋建筑面积累计竣工 15 万平方米以上，或者累计完成与此相当的房地产开发投资额；连续 3 年建设工程质量合格率达 100%；上一年房屋建筑施工面积 10 万平方米以上，或者完成与此相当的房地产开发投资额；有职称的建筑、结构、财务、房地产及有关经济类的专业管理人员不少于 20 人，其中具有中级以上职称的管理人员不少于 10 人，持有资格证书的专职会计人员不少于 3 人；工程技术、财务、统计等业务负责人具有相应专业中级以上职称；具有完善的质量保证体系，商品住宅销售中实行了《住宅质量保证书》和《住宅使用说明书》制度；未发生过重大工程质量事故。

（3）三级资质。从事房地产开发经营 2 年以上；房屋建筑面积累计竣工 5 万平方米以上，或者累计完成与此相当的房地产开发投资额；连续 2 年建设工程质量合格率达 100%；有职称的建筑、结构、财务、房地产及有关经济类的专业管理人员不少于 10 人，其中具有中级以上职称的管理人员不少于 5 人，持有资格证书的专职会计人员不少于 2 人；工程技术、财务等业务负责人具有相应专业中级以上职称，统计等其他业务负责人具有相应专业初级以上职称；具有完善的质量保证体系，商品住宅销售中实行了《住宅质量保证书》和《住宅使用说明书》制度；未发生过重大工程质量事故。

（4）四级资质。从事房地产开发经营1年以上；已竣工的建筑工程质量合格率达100%；有职称的建筑、结构、财务、房地产及有关经济类的专业管理人员不少于5人，持有资格证书的专职会计人员不少于2人；工程技术负责人具有相应专业中级以上职称，财务负责人具有相应专业初级以上职称，配有专业统计人员；商品住宅销售中实行了《住宅质量保证书》和《住宅使用说明书》制度；未发生过重大工程质量事故。

10.2.3 房地产开发建设管理

10.2.3.1 房地产开发建设的规划控制

根据《城市房地产开发经营管理条例》规定，房地产开发项目的确定，应当符合土地利用总体规划、年度建设用地计划、城市规划和房地产开发年度计划的要求。国家对房地产开发建设的管理主要体现在以下两个方面。

（1）土地利用总体规划控制。土地利用总体规划是在一定区域内，根据国家社会经济可持续发展的要求和当地的自然、经济、社会条件，对土地的开发利用、治理、保护在空间上和时间上所作的总体安排和布局。它是各类土地利用的依据，也是国家实行土地用途管制的基础。其主要作用是划分土地利用区，明确土地利用区内的土地用途和使用条件，为土地开发、使用和整理提供依据，为政府审批农地转用、划定基本农田保护区提供依据。房地产开发建设对土地的使用，必须符合土地利用总体规划确定的土地用途。房地产开发建设用地使用权的出让，必须与土地利用总体规划相一致。这就将房地产开发建设用地，纳入土地利用规划管理的范围。这有利于土地资源的合理利用。

（2）城市规划控制。城市规划是城市在一定时期内的发展目标及城市建设的综合部署和城市发展建设的蓝图。它是城市开发、建设和管理的依据。由于城市土地的数量相对稳定，随着人口的不断增长，土地供求矛盾日益突出，而在现有技术条件下，扩大土地面积和充分利用空间客观上有一定难度。只有通过科学的规划合理利用现有的土地和空间，才是现实的选择。因此，城市规划作为科学利用土地资源的一种措施，在城市土地资源的优化配置、保证城市建设健康发展方面起着十分重要的作用。《城市规划法》规定：城市规划区内的土地利用和各项建设必须符合城市规划，服从规划管理。《城市房地产管理法》也规定：房地产开发必须严格执行城市规划，按照经济效益、社会效益、环境效益相统一的原则，实行全面规划、合理布局、综合开发、配套建设。具体地讲，城市规划对房地产开发建设的管理和控制，主要体现在以下几个方面。

① 在城市规划区内，房地产开发项目建筑工程的选址和布局必须符合城市规划的要求。建筑工程的设计任务书报批申请时，必须获得城市规划行政主管部门的选址意见书。否则，开发项目不能立项，房地产开发就无从谈起。

在城市规划区内进行房地产开发建设需要使用土地时，必须持国家批准的建设项目的有关文件，向城市规划主管部门申请定点，由城市规划行政主管部门核定其用地位置和界限，提供规划设计条件，核发建设用地规划许可证。用地者在取得建设用地规划许可证后，方可向人民政府土地管理部门申请用地。

② 在城市规划区内新建、扩建和改建建筑物、构筑物、道路、管线和其他工程设施，也必须持有关批准文件向城市规划行政主管部门提出申请，由城市规划行政主管部门根据城市规划提出规划设计要求，核发建筑工程规划许可证。建设单位在取得建筑工程规划许可证和其他相关批准文件后，方可申请办理开工手续。

③ 对城市规划区内的建筑工程进行检查和验收。城市规划行政主管部门有权对城市规划区内的建筑工程进行检查，保证其符合规划的要求。被检查者有义务如实提供情况和必要的资料。同时，城市规划行政主管部门还通过参加城市规划区内重要建筑工程的竣工验收及行使处罚权来保证城市规划的实施。

政府通过行使规划管理权，而对房地产开发建设的各个环节进行规划控制，约束房地产开发行为，将房地产开发项目的工程建设纳入规划控制的轨道，保证城市房地产开发符合城市规划的要求，进而实现城市建设的目标。

10.2.3.2 房地产开发的用地管理

（1）房地产开发用地市场。房地产开发用地是指以房地产开发为目的而取得使用权的土地。取得土地使用权是进行房地产开发的前提，同时所取得的土地使用权必须是可交易的。现在的土地市场主要有两个层次，一个层次是国家出让土地使用权（一级土地市场，也称土地出让市场），另一个层次是土地使用者之间转让或再转让土地使用权及其地上建筑物、其他附着物的所有权（二级或三级土地市场，也称土地转租或交易市场）。第一个层次由国家垄断，农民集体所有的土地不得擅自出让、出租、转让、抵押，只能依法征收转为国有土地后方可出让，第二个层次则由市场机制和价值规律自主调节。

（2）房地产开发建设用地的审批。《城市房地产管理法》规定："土地使用权出让，必须符合土地利用总体规划、城市规划和年度建设用地计划。""县级以上地方人民政府出让土地使用权用于房地产开发的，须根据省级以上人民政府下达的控制指标拟订年度出让土地使用权总面积方案，按照国务院规定，报国务院或者省级人民政府批准。"房地产开发用地一般都属于建设用地，用地面积通常较大，其用地是否合法，是否符合土地利用规划和计划的要求，直接关系到本地区土地利用总体规划、城市规划和土地利用年度计划的执行，进而关系到社会经济的协调发展。因此，房地产开发建设用地的审批，必须符合国家有关法律的规定，必须严格执行土地利用规划和年度计划。

① 房地产开发企业通过出让方式取得土地使用权的，人民政府土地管理部门要会同城市规划、建设及房产管理部门，共同对出让的地块、用途、年限和其他条件拟订方案，然后报有批准权的人民政府批准。

② 人民政府对征用或使用土地的审批，主要是以土地利用规划和年度土地利用规划为依据，对符合土地利用总体规划和年度土地利用计划的房地产开发项目用地予以批准，对不符合规划或计划的用地不予批准。

③ 出让土地的审批权限。根据规定，使用基本农田的，使用基本农田以外的耕地在35公顷以上的，使用耕地以外的其他土地在70公顷以上的，由国务院批准；使用耕地在35公顷以下的，使用耕地以外的其他土地在70公顷以下的，由省级人民政府批准。人民政府在批准出让土地使用权时，必须严格遵守法律规定，不得超越法定权限行使土地审批权。

（3）房地产开发用地的使用。房地产开发企业在依法取得土地使用权后，必须按照《土地使用权出让合同》约定的土地用途及动工开发期限进行项目开发建设。根据《城市房地产管理法》和《城市房地产开发经营管理条例》的规定，《土地使用权出让合同》约定的动工开发期限满1年未动工开发的，可以征收相当于土地使用权出让金20%以下的土地闲置费；满2年未动工开发的，可以无偿收回土地使用权。这一规定为房地产开发用地的合理使用，严格执行城市土地利用规划和土地利用计划提供了保障。

10.2.4 房地产交易

10.2.4.1 房地产交易概述

房地产交易是一种市场买卖行为，广义的房地产交易是指当事人之间在进行房地产转让、抵押、租赁等交易行为的同时，还进行与房地产交易行为有着密切关系的房地产价格确定、房地产交易中介服务等活动，狭义的房地产交易是指当事人之间进行的房地产转让、房地产抵押和房屋租赁的活动。房地产交易应遵循以下一般规则。

其一，房地产转让、抵押时，房屋所有权和该房屋占用范围内的土地使用权同时转让、抵押。这就是"房产权与地产权一同交易规则"。房产权与地产权是不能分割的，同一房地产的房屋所有权与土地使用权只能由同一主体享有，而不能由两个主体分别享有；如果由两个主体分别享有，他们的权利就会发生冲突，各自的权利都无法行使。在房地产交易中只有遵循这一规则，才能保障交易的安全、公平。

其二，实行房地产价格评估。我国目前仍未形成合理的完全市场化的房地产价格体系，我国房地产价格构成复杂，非经专业评估难以恰当确定，故法律规定房地产交易中实行房地产价格评估制度。房地产价格评估，应当遵循公正、公平、公开的原则，按照国家规定的技术标准和评估程序，以基准地价、标定地价和各类房屋的重置价格为基准，参照当地的市场价格进行评估。

其三，实行房地产成交价格申报。房地产权利人转让房地产，应当向县级以上地方人民政府规定的部门如实申报成交价，不得瞒报或者作不实的申报。实施该制度的意义在于：进行房地产交易要依法缴纳各种税费，要求当事人如实申报成交价格，便于以此作为计算税费的依据。当事人作不实申报时，国家将依法委托有关部门评估，按评估的价格作为计算税费的依据。

其四，房地产转让、抵押当事人应当依法办理权属变更或抵押登记，房屋租赁当事人应当依法办理租赁登记备案。房地产的特殊性决定了实际占有或签订契约都难以成为判断房地产权利变动的科学公示方式，现代各国多采用登记公示的方法以标示房地产权利的变动。我国法律也确立了这一规则并规定，房地产转让、抵押，未办理权属登记，转让、抵押行为无效。

10.2.4.2 房地产交易市场

房地产市场是以房产作为交易对象的流通市场，也是房屋商品交换关系的总和。房地产市场是从事房产、土地的出售、租赁、买卖、抵押等交易活动的场所或领域。房地产包括作为居民个人消费资料的住宅，作为生产资料的厂房、办公楼等。所以，住宅市场属于生活资料市场的一部分，非住宅房地产市场则是生产要素市场的一部分。房地产也是自然商品，因而建立和发展从事房地产交易的市场是经济运行的要求。

按照市场结构及层次可以将房地产市场分为一、二、三级市场。

（1）房地产一级市场又称土地一级市场（土地出让市场），是土地使用权出让的市场，即国家通过其指定的政府部门将城镇国有土地或将农村集体土地征用为国有土地后出让给使用者的市场。房地产一级市场是由国家垄断的市场。

（2）房地产二级市场又称增量房地产市场，是指生产者或者经营者把新建、初次使用的房屋向消费者转移，主要是生产者或者经营者与消费者之间的交易行为。在二级市场中，交易双方均为平等的民事主体，但交易的一方必须是取得土地使用权的房地产开发企业，由其对土地进行开发、建造各类房屋，然后将开发的土地连同地上建筑物转让或租赁给使用者。

（3）房地产三级市场又称存量房地产市场，是购买房地产的单位和个人，再次将房地产转让或租赁的市场，也就是房地产再次进入流通领域进行交易而形成的市场，也包括房屋的交换。

房地产一级市场是房地产二、三级市场的前提和基础，起导向与调控作用，房地产二、三级市场是房地产一级市场的延伸和扩大，起促进市场繁荣的作用。

10.2.4.3 房地产转让

房地产转让是指房地产权利人通过买卖、赠与或者其他合法方式将房地产转移给他人的行为。其中房地产转让的主体是房地产权利人，包括房地产所有权人和土地使用权人，房地产转让的客体是房屋所有权及该房屋所占用范围内的土地使用权。

（1）房地产转让的条件。房地产是特殊的商品，房地产转让在房地产交易与经营中占据重要地位。在此环节中，为了确保权益人的权益，减少纠纷，应对房地产转让的条件予以限定。

① 房地产转让主体须具备合法资格。自然人作为主体时，应当具备完全民事行为能力；法人和其他组织作为主体时应当具有法人资格和符合法定条件。

② 房地产转让客体需符合法定要求。根据《城市房地产管理法》等的规定，房地产转让应符合以下条件。

第一，以出让方式取得土地使用权的，要按照出让合同约定已经支付全部土地使用权出让金，并取得土地使用权证书；并按照出让合同约定进行投资开发，属于房屋建筑工程的，完成开发投资总额的25%以上，属于成片开发土地的，形成工业用地或者其他建设用地条件。

第二，以划拨方式取得土地使用权的，转让房地产时，应当按照国务院规定，报有批准权的人民政府审批。有批准权的人民政府准予转让的，应当由受让方办理土地使用权出让手续，并依照国家有关规定缴纳土地使用权出让金。

转让房地产进行报批时，有批准权的人民政府按照国务院相关规定，决定不办理土地使用权出让手续的，转让方应当按照国务院规定将转让房地产所获收益中的土地收益上缴国家或者作其他处理。

第三，一手房屋销售条件。关于一手房交易，根据《土地管理法》《城市房地产管理法》及相关行政法规、地方法规的有关规定，开发商销售房屋，必须已经履行了法律所规定的有关手续。在销售房屋时，房地产开发商和销售商必须能够提供齐全的"五证""二书"，这是法律对销售方的基本要求。"五证"是指国有土地使用证、建设用地规划许可证、建筑工程规划许可证、建筑工程施工许可证（建筑工程开工证）、商品房销售（预售）许可证。"二书"是指住宅质量保证书和住宅使用说明书。

第四，商品房预售，应当符合下列条件。

其一，已交付全部土地使用权出让金，取得土地使用权证书；

其二，持有建筑工程规划许可证；

其三，按提供预售的商品房计算，投入开发建设的资金达到工程建设总投资的25%以上，并已经确定施工进度和竣工交付日期；

其四，向县级以上人民政府房地产管理部门办理预售登记，取得商品房预售许可证明。

第五，下列几种情况，房地产不得转让。

其一，不符合上文提到的相关转让规定的；

其二，司法机关和行政机关依法裁定、决定查封或者以其他形式限制房地产权利的；

其三，依法收回土地使用权的；

其四，共有房地产，未经其他共有人书面同意的；

其五，权属有纠纷的；

其六，未依法登记领取权属证书的；

其七，法律、行政法规规定禁止转让的其他情形。

③ 房地产转让要有必要的形式要件。房地产转让属于要式法律行为，转让双方达成一致后，应签订书面合同，明确载明土地使用权取得方式、双方权利和义务以及其他必需条款，并在签订合同后一定时期内，到房地产管理部门办理变动登记手续，领取房地产权利证书。

（2）房地产转让的程序。房地产转让应当按照一定的程序经房地产管理部门办理有关手续后方可成交。《城市房地产转让管理规定》对房地产转让的程序作了如下规定：房地产转让当事人签订书面转让合同；房地产转让当事人在房地产转让合同签订后90日内持房地产权属证书、当事人的合法证明、转让合同等有关文件向房地产所在地的房地产管理部门提出申请，并申报成交价格；房地产管理部门对提供的有关文件进行审查，并在7日内作出是否受理申请的书面答复，7日内未作书面答复的，视为同意受理；房地产管理部门核实申报的成交价格，并根据需要对转让的房地产进行现场查勘和评估；房地产转让当事人按照规定缴纳有关税费；房地产管理部门办理房屋权属登记手续，核发房地产权属证书。

此外，凡房地产转让或变更的，必须按照规定的程序先到房地产管理部门办理交易手续和申请转移、变更登记，然后凭变更后的房屋所有权证书向同级人民政府土地管理部门申请土地使用权变更登记。不按上述法定程序办理的，其房地产转让或变更一律无效。

10.2.4.4 房地产抵押

房地产抵押是指抵押人以其合法的房地产以不转移占有的方式向抵押权人提供债务履行担保的行为。债务人不履行债务时，抵押权人有权依法以抵押的房地产拍卖所得的价款优先受偿。抵押人是指以房地产作为本人或第三人履行债务担保的企业法人、个人和其他经济组织。抵押权人是指接受房地产抵押作为履行债务担保责任的法人、个人和其他经济组织。抵押物是指由抵押人提供并经抵押权人认可的作为债务人履行债务担保的房地产。

（1）房地产抵押权的设定条件。根据《民法典》所规定的物权公示方法，除因法律规定而直接产生的房地产抵押权外，房地产抵押权因房地产抵押合同并经登记后而设定。中国现行立法没有规定法定房地产抵押权，房地产抵押权的设定条件有两个，即房地产抵押合同和房地产抵押权登记。

① 房地产抵押合同。房地产抵押合同是指债务人或者第三人不转移对房地产的占有，将房地产作为债权担保而与债权人达成有明确相互权利义务关系的协议，依据此协议在债务人或第三人提供抵押的房地产上为债权人设定了抵押权，债务人或者第三人对债权人之债权承受房地产物上的担保义务。当债务人不履行债务时，债权人有权依法以拍卖该房地产的价款优先受偿。房地产抵押合同为要式合同，抵押人和抵押权人订立房地产抵押合同，应当采用书面形式并记载法律规定的内容，主要包括：债权人、债务人、抵押人的姓名（名称）、住址；被担保主债权种类、数额；债务人履行债务的期限；房地产的名称、数量、质量、状况、所在地、所有权权属或者使用权权属；抵押担保的范围；当事人认为需要约定的其他事项。房地产抵押合同所记载的内容不符合法律规定要求的，当事人应当予以补正。

② 房地产抵押权登记。房地产抵押权登记是指由主管机关依法在登记簿上就房地产上的抵押权状态予以记载。房地产抵押权经登记后依法成立并取得物权公示、公信效力。中国立法将登记作为抵押合同的生效要件，混淆了房地产抵押合同的债权合同性质以及房地产抵押权登记的物权变动性质。房地产抵押合同是债权合同，依法成立时就应生效。而房地产抵押权登记是物权行为，是房地产抵押权成立的要件。房地产抵押权登记由抵押当事人向法律规定的房地产抵押登记机关申请，填写并递交房地产抵押登记表，同时提交法律规定的应当提交的登记文件，主要包括主合同和房地产抵押合同以及抵押的土地使用权证书、房屋所有权证书。房地产抵押登记机关收到当事人的申请后即由负责监督职责的抵押登记部门对当事人提交的抵押登记文件的真实性、合法性予以审查，审查合格者，予以核准登记并公告。

（2）房地产抵押实现的条件。房地产抵押权是为将来行使而设定的权利，非即时行使的权利，只有符合一定的条件，抵押权人才能行使之。房地产抵押权实现的条件有三个。

① 房地产抵押权的存在。房地产抵押权的实现首先应以房地产抵押权的存在为前提。房地产抵押权的存在是指当事人曾就特定的债权设定房地产抵押权，并且，此项房地产抵押权尚未出于法定的原因而消灭。房地产抵押权若不存在，则不能实现抵押权。

② 债权已届清偿期而未受清偿。债权已届清偿期而抵押权人未受清偿时，抵押权人才能行使抵押权。清偿期为房地产抵押权人得依法向债务人请求债务履行的时期，应以登记的日期为准。清偿是指抵押权所担保的债权全部得到清偿，若债权仅获部分清偿，抵押权人可行使抵押权而使未受偿部分的债权获得清偿。

③ 对于债的未受清偿，抵押权人没有过失。中国立法对于抵押权与主债权的关系，严格遵循抵押权的附从性，故在债权的履行过程中发生瑕疵必然会影响抵押权的效力。若债权不能履行，系房地产抵押权人的原因所致，则抵押权人不能以债权已经到期为由，行使房地产抵押权。

10.3 城市房屋征收与补偿法律制度

10.3.1 城市房屋征收与补偿概述

《城市房屋拆迁管理条例》自 2001 年颁布施行起历经 10 年，其对规范城市房屋拆迁行为、加强对城市房屋拆迁的行政管理、保障城市经济建设、促进社会发展均起到积极作用。

但各种弊端也显现出来，随着 2011 年 1 月公布实施了《国有土地上房屋征收与补偿条例》，原《城市房屋拆迁管理条例》也适时废止，新的条例对房屋征收与补偿行为做了更具体、详细的规定，可操作性也更强。

10.3.1.1　立法目的

（1）《国有土地上房屋征收与补偿条例》规范了国有土地上房屋征收与补偿活动。房屋征收是政府行为，主体是政府。但房屋征收与补偿又不仅仅涉及政府，也涉及房屋被征收群众和各种社会组织，并且征收活动历时时间长、范围广、法律关系复杂。因此，有必要通过立法对政府的征收行为、各方的权利义务等予以规范，从而保证房屋征收与补偿工作依法、有序地进行。

（2）维护了公共利益。目前我国处于工业化、城镇化快速发展的重要阶段。工业化、城镇化是经济社会发展、国家现代化的必然趋势，符合广大人民群众的根本利益，是公共利益的重要方面。无论是公共利益的界定，还是房屋征收与补偿工作的开展，都必须考虑我国的国情，切实维护公共利益的需要，实现国民经济和社会的可持续发展。

（3）保障被征收房屋所有权人的合法权益。依法保障被征收人的合法权益，是制定该条例的一个核心内容。在房屋征收与补偿过程中，只有切实保障被征收人的居住条件有改善，生活水平不降低，按照市场价格进行评估确定货币补偿金额，即对被征收房屋价值的补偿金额，不得低于房屋征收决定公告之日被征收房屋类似房地产的市场价格，同时对被征收人的搬迁、临时安置和停业损失予以补偿，保证被征收人所得补偿在市场上能买到区位、面积类似的住房，并依法赋予被征收人征收补偿方案和房屋征收评估办法制定参与权、房地产价格评估机构的选择权、补偿方式选择权、回迁权以及相应的行政救济和司法救济权，才能最大限度维护好房屋征收群众的利益。

10.3.1.2　适用范围

《国有土地上房屋征收与补偿条例》只适用于征收国有土地上单位、个人的房屋，不适用于集体土地的征收。根据《宪法》和《民法典》的有关规定，城市的土地属国家所有，法律规定属于国有的农村和城市郊区的土地，属于国家所有。

10.3.1.3　房屋征收与补偿的基本原则

（1）公平补偿的原则。公平补偿，一方面是指补偿与被征收财产价值相当，体现了政府征收虽然具有强制性，但是在补偿上不应让为公共利益作出贡献的被征收人吃亏；另一方面是指对全体被征收人应当适用统一的标准，体现被征收人之间的公平。

（2）决策民主的原则。依法行政是依法治国的重要内容。该条例的规定充分体现了决策民主原则，如在房屋征收补偿工作中，要求所有因公共利益需要，确需征收房屋的建设活动，应当符合国民经济和社会发展规划、土地利用总体规划、城乡规划等。

（3）程序正当的原则。程序正当是要求政府严格遵循法定程序，依法保障行政管理相对人、利害关系人的知情权、参与权和救济权，同时赋予被征收人在房屋征收决定、补偿协议履行、补偿决定等环节的行政救济权和司法救济权。所有这些规定都是为了让有关各方能有机会在过程中表达诉求，发表意见。

（4）结果公开的原则。为了避免征收补偿过程中的暗箱操作，做到公开透明、公平公正,以确保房屋征收与补偿工作的顺利开展,该条例明确规定了结果公开的原则。例如,在房屋征收与补偿工作中,要求征收补偿方案应当公布,补偿决定应当公告,分户补偿情况应当公布,对征收补偿费用管理和使用情况的审计结果应当公布等。

10.3.2　国有土地上房屋征收与补偿的基本程序

① 征收补偿方案拟订。由市、县级人民政府确定的房屋征收部门拟订征收补偿方案。在拟订方案时应当注意,根据公共利益的需要确需征收房屋的各项建设活动,应当符合国民经济和社会发展规划、土地利用总体规划、城乡规划和专项规划。如果是保障性安居工程建设、旧城区改建的,应当纳入市、县级国民经济和社会发展年度计划。征收补偿方案具体应包含哪些内容,《国有土地上房屋征收与补偿条例》本身没有明确,但一般而言至少应当包括房屋征收的目的、房屋征收范围、实施时间、补偿方式和房源情况、签约期限、搬迁过渡方式、过渡期限等。

② 征收补偿方案的论证和公布征求意见。房屋征收部门将拟订的征收补偿方案报市、县级人民政府。市、县级人民政府在收到征收补偿方案后,应当及时组织发展改革、城乡规划、国土资源、环境保护、文物保护、建设等有关部门对征收补偿方案进行论证,并在论证后予以公布,征求公众意见。征求公众意见的期限不得少于 30 日。

③ 暂停办理相关手续。征收补偿方案公布之后,不得在房屋征收范围内实施新建、扩建、改建房屋和改变房屋用途等不当增加补偿费用的行为。房屋征收部门应当及时以书面通知的形式通知有关部门暂停办理相关手续。暂停办理的期限应当在书面通知中载明,暂停期限最长不得超过一年。

④ 多数人异议和听证会。因旧城区改建需要征收房屋,多数被征收人认为征收补偿方案不符合《国有土地上房屋征收与补偿条例》规定的,市、县级人民政府应当组织由被征收人和公众代表参加的听证会,并根据听证会的情况修改方案。

⑤ 方案征求意见和修改情况的公布。市、县级人民政府将征求意见情况和根据公众意见(包括听证会)修改的情况及时公布。

⑥ 作出房屋征收决定的前置条件。市、县级人民政府在作出房屋征收决定前,应当完成下列工作:按照有关规定进行社会稳定风险评估;征收补偿费用足额到位,专户存储,专款专用;组织有关部门对征收范围内未经登记的建筑进行调查、认定和处理。

⑦ 征收决定的作出。市、县级人民政府作出房屋征收决定,房屋征收决定涉及被征收人数量较多的,应当经政府常务会议讨论决定。

⑧ 征收决定的公告。市、县级人民政府应当及时公告房屋征收决定。公告应当载明征收补偿方案和行政复议、行政诉讼权利等事项。市、县级人民政府及房屋征收部门同时做好房屋征收与补偿的宣传、解释工作。

⑨ 对征收决定的复议和诉讼。被征收人对市、县级人民政府作出的房屋征收决定不服的,可以依法申请行政复议,也可以依法提起行政诉讼。行政复议和行政诉讼原则上不影响房屋征收决定的实施。

⑩ 被征收房屋调查及调查结果的公布。房屋征收部门对房屋征收范围内房屋的权属、区位、用途、建筑面积等情况组织调查登记,并将调查结果在房屋征收范围内向被征收人

公布。

⑪ 房地产价格评估机构的选定。由被征收人协商选定具有相应资质的房地产价格评估机构；协商不成的，通过多数决定、随机选定等方式确定，具体办法由省、自治区、直辖市制定。

⑫ 评估以及对评估结果异议的处理。被选定的房地产价格评估机构按照国务院住房城乡建设行政主管部门制定的房屋征收评估办法对被征收房屋进行评估。评估报告应当送达被征收人。被征收人对评估确定的被征收房屋价值有异议的，可以向房地产价格评估机构申请复核评估。对复核结果有异议的，可以向房地产价格评估专家委员会申请鉴定。

⑬ 征收补偿的协商。房屋征收部门与被征收人根据《国有土地上房屋征收与补偿条例》的规定，进行协商。被征收人有权选择货币补偿或房屋产权调换，即有补偿方式的选择权。因旧城区改建征收个人住宅，被征收人选择在改建地段进行房屋产权调换的，作出房屋征收决定的市、县级人民政府应当提供改建地段或者就近地段的房屋。征收个人住宅，被征收人符合住房保障条件的，作出房屋征收决定的市、县级人民政府应当优先给予住房保障。具体办法由省、自治区、直辖市制定。房屋征收部门与被征收人协商一致的，订立书面补偿协议。补偿协议应当包括补偿方式、补偿金额和支付期限、用于产权调换房屋的地点和面积、搬迁费、临时安置费或者周转用房、停产停业损失、搬迁期限、过渡方式和过渡期限等事项。

⑭ 补偿协议的履行原则。先补偿，后搬迁。在作出房屋征收决定的市、县级人民政府对被征收人给予补偿后，被征收人应当在补偿协议约定或者补偿确定的搬迁期限内完成搬迁。补偿协议订立后，一方当事人不履行补偿协议约定义务的，另一方当事人可以依法提起诉讼。

⑮ 补偿决定的作出与内容。在征收补偿方案确定的期限内，房屋征收部门与被征收人达不成协议，或者被征收房屋所有权人不明确的，由房屋征收部门报请作出房屋征收决定的市、县级人民政府依照《国有土地上房屋征收与补偿条例》的规定，按照征收补偿方案作出补偿决定。补偿决定应当公平，并应当包括补偿方式、补偿金额和支付期限、用于产权调换房屋的地点和面积、搬迁费、临时安置费或者周转用房、停产停业损失、搬迁期限、过渡方式和过渡期限等事项。市、县级人民政府作出补偿决定后，应当及时在房屋征收范围内予以公告。被征收人对补偿决定不服的，可以依法申请行政复议，也可以依法提起行政诉讼。行政复议、行政诉讼原则上不影响补偿决定的执行。

⑯ 补偿决定的非诉强制执行及条件。被征收人在法定期限内不申请行政复议或者不提起行政诉讼，在补偿决定规定的期限内又不搬迁的，由作出房屋征收决定的市、县级人民政府依法申请人民法院强制执行。强制执行申请书应当附具补偿金额和专户存储账号、产权调换房屋和周转用房的地点和面积等材料。

⑰ 分户补偿情况的公布。房屋征收部门应当依法建立房屋征收补偿档案，并将分户补偿情况在房屋征收范围内向被征收人公布。

10.4 房地产登记制度

10.4.1 房地产登记制度概述

《城市房地产管理法》第六十条规定："国家实行土地使用权和房屋所有权登记发证制

度。"登记最主要的目的在于公示,通过登记将房地产权属的设立、转移和变更的情况向公众予以公开,使公众了解某项不特定的房地产所形成的房地产权属状态。其价值功能在于以公示方式宣示物权的权属,满足物权对世性的要求,同时通过公示方式厘清权属,避免和减少权属纠纷。房地产权属登记发证制度是权属管理的首要核心内容,房地产权属登记管理是用法律的手段对房地产进行登记,审查确认产权,核发权属证书,办理权属转移变更的行为,建立准确、完整的权属档案资料等,从而建立正常的产权登记秩序,更好地保护权利人的合法权益。在权属登记有公信力的国家或地区,实质上就是以国家或政府的声誉来保证某一房地产权利的归属和可靠性,从而使这一房地产权利能够得到国家法律的保护。

具体来说,房地产权属登记具有五个方面的功能。

① 公示功能。房地产权属登记是公示的手段,是把房地产权利的事实向公众公开以标明房地产流转的情况,其主要的功能在于保护动态的交易安全,使连续发生的交易不因权利人主张权利而受到破坏。因为任何人设定或转移房地产权利,都会涉及第三人利益,所以房地产权利的设立或转移必须公开和透明,以利于保护第三人的利益,维护交易安全和秩序。

② 公信功能。公信是把登记记载的权利人在法律上推定其为真正权利人,如果以后事实证明登记的物权不存在或存在瑕疵,对于信赖该物权的存在并已从事了物权交易的人,法律仍然承认其具有与真实的物权相同的法律效果。其具有三个方面的内容:一是房地产权属变动的依据。登记起着房地产权属能否按照当事人的意思设立、变更与消灭的作用。二是产权正确性的推断。房地产登记簿上记载的权利人在法律上推定其为真正权利人,并以登记簿上所记载的当事人的权利内容为确定房地产权利的依据。三是善意保护。凡是信赖登记所记载的权利而与权利人进行交易的人,在没有相反的证据证明其明知或应当知道不动产登记簿上记载的权利的权利人并非真正权利人时,都应当推定其为善意。法律确认房地产登记簿上记载的权利为真实,目的是保护善意第三人。

③ 管理功能。房地产权属的登记管理功能是指房地产登记具有国家管理意图的功能。其具体体现在:一是对房地产市场进行监督管理的功能,通过建立产籍资料,实现国家对房地产的宏观调控职能;二是审查监督功能,通过对房地产权属登记的审查程序,实现国家对税收的监管。同时,在房地产登记过程中,通过登记的合法性审查,可以及时发现和纠正不法行为。

④ 警示功能。房地产权属登记的警示功能是指对各种记载房地产权利的变动均纳入登记,将各种房地产物权的排他性效力通过房地产登记簿的记载予以明确宣示,以达到告诫相对人存在房地产交易风险的作用。

⑤ 效率功能。交易的便捷和安全是市场经济的重要特征。经过登记的房地产权利受法律确认,有国家强制力予以保护,当事人可以充分信赖登记的内容,在交易之前不必要投入更多的精力和费用去调查、了解对方当事人是否对转让的房地产享有权利或存在权利的负担。可以节省交易费用,并能快捷地完成交易,符合市场经济的特征。

10.4.2 土地登记制度

10.4.2.1 土地登记制度概述

土地登记是将国有土地使用权、集体土地所有权、集体土地使用权和土地的抵押权、地役权以及依照法律法规规定需要登记的其他土地权利记载于土地登记簿公示的行为。

土地登记实行属地登记原则，申请人应当向土地所在地的县级以上人民政府自然资源行政主管部门提出土地登记申请，依法报县级以上人民政府登记造册，核发土地权利证书，但土地抵押权、地役权由县级以上人民政府自然资源行政主管部门登记，核发土地他项权利证书。

10.4.2.2　土地登记程序

（1）土地登记申请。土地登记申请是土地权利人或土地权利变动当事人按照规定向土地登记机关申请其土地权利状况或权利变动事项，请求在土地登记簿上予以注册登记的过程和行为。土地登记申请人应提交的文件资料包括土地登记申请书、申请人身份证明、土地权属来源证明、地上附着物权属证明。

（2）地籍调查。地籍调查是土地登记的前期基础性工作，是土地登记法律行为的重要程序。其目的是依照有关法律程序和技术规程，查清每一宗土地的位置、界限、面积、权属、用途以及等级等基本情况，以满足土地登记的需要。

地籍调查包括权属调查和地籍勘丈。权属调查主要是查清宗地权属、界址位置、用途等。地籍勘丈是测量宗地界址点的平面位置、宗地形状、面积等。地籍调查的基本单元是宗地。

（3）权属审核。权属审核是土地登记机关对申请人提交的证明文件资料和地籍调查结果进行审核，再由县级以上人民政府根据土地登记机关的审核意见，决定对申请登记的土地权利和权利变动事项，是否准予登记的法律程序。权属审核是土地登记的核心环节。土地登记人员将土地登记申请和地籍调查的有关内容记录到土地登记审批表的相应栏目，以备审核时使用。权属审核应达到的标准是权属合法、界址清楚和面积准确。权属审核是对土地登记申请人的审核，对宗地自然状况的审核，对宗地权属状况的审核。经土地管理部门土地登记审核人员审核批准后，即可直接生效，作为土地登记人员在土地登记卡注册登记的依据。

（4）注册登记。注册登记是指土地登记机关对批准土地登记的土地所有权、使用权或他项权利进行登卡、装簿、造册的工作程序。土地登记经办人和审核人必须由获得土地登记上岗资格，熟悉精通业务和有关法律法规的人员担任，并实行专人负责制度。

土地登记审批表是土地登记机关进行注册登记的唯一依据。注册登记的内容主要包括：填写土地登记卡和土地共有使用权登记卡、填写土地归户卡、组装土地登记簿、填编土地归户册。土地登记卡是土地登记的主件，也是土地使用权、所有权和土地他项权利的法律依据。

（5）核发或更改土地证书。土地证书是土地登记卡部分内容的副本，是土地使用者持有的法律凭证。目前我国的土地证书主要有四种：国有土地使用证、集体土地所有证、集体土地使用证、土地他项权利证明书。土地证书以宗地为单位根据土地登记卡填写。土地他项权利以他项权利人为单位填写。

10.4.3　房屋登记制度

10.4.3.1　概述

（1）房屋登记的概念。房屋登记是指房屋登记机构依法将房屋权利和其他应当记载的事项在房屋登记簿上予以记载的行为。房屋登记由房屋所在地的房屋登记机构办理,房屋登记机构应当建立本行政区域内的房屋登记簿。房屋登记簿是房屋权利归属和内容的依据,由房屋登记机构管理。

(2)房屋登记机构。房屋登记机构是指直辖市、市、县人民政府建设行政主管部门或者其设立的负责房屋登记工作的机构。国务院建设行政主管部门负责指导、监督全国的房屋登记工作。省、自治区、直辖市人民政府建设行政主管部门负责指导、监督本行政区域内的房屋登记工作。

10.4.3.2 房屋权属登记种类

(1)所有权登记。房屋所有权登记包括新建房屋的所有权初始登记、房屋所有权转移登记、房屋所有权变更登记、房屋所有权注销登记。

(2)抵押权登记。房地产抵押其实是一种担保形式。所谓抵押,是指债务人或者第三人不转移对《民法典》第三百九十五条所列财产的占有,将该财产作为债权的担保,债务人不履行债务时,债权人有权依法以该财产折价或者以拍卖、变卖该财产的价款优先受偿。房地产抵押登记是房地产他项权利登记的主要内容,是房地产管理部门代表政府作出的行政行为,其主要作用是公示。抵押合同自抵押登记之日起生效。

(3)地役权登记。所谓地役权,是指为自己土地之便利而使用他人土地的权利。地役权对于调整相邻土地关系,充分发挥土地资源的社会价值具有积极作用。在房屋上设立地役权的,当事人可以申请地役权的设立登记。

(4)预告登记。当事人签订买卖房屋或者其他不动产物权的协议,为保障将来实现物权,按照约定可以向登记机构申请预告登记。预告登记后,未经预告登记的权利人同意,处分该不动产的,不发生物权效力。预告登记后,债权消灭或者自能够进行不动产登记之日起3个月内未申请登记的,预告登记失效。预告登记的设立,在保障当事人权利、维护不动产物权关系稳定以及交易安全等方面起到了十分重要的作用。

(5)其他登记。权利人、利害关系人认为房屋登记簿记载的事项有错误的,可以申请更正登记。利害关系人认为房屋登记簿记载的事项错误,而权利人不同意更正的,利害关系人可以持登记申请书、申请人的身份证明、房屋登记簿记载错误的证明文件等材料申请异议登记。

10.4.3.3 房屋登记程序

(1)申请登记。申请登记是指房产权利人或者代理人在规定的期限内按照权利的种类和登记的种类向登记机关提供合法有效的法律文件的行为。这一程序的主要工作是检验证件和填写申请书、墙界表等。检验证件是整个产权登记的基础,包括检验身份证件和产权证件。身份证件和产权证件必须吻合。申请人包括自然人、法人和其他具有民事主体资格的组织。我国采取实名制原则,申请人为法人或其他组织的,应当使用其法定名称,由法人代表申请;申请人是自然人的,应当使用身份证上的姓名。检验有关证件的目的在于确定申请人是否具备登记资格。只有具有相关产权证件,且权属清楚、产权来源资料齐全,才予以登记。对于违章建筑、临时建筑等,不予登记。对于申请人因正当理由不能按期提交证明材料或需补办有关手续的,可以准予暂缓登记。在有利害关系人提出异议、权属存在纠纷的情况下,也应当暂缓登记。填写申请书和墙界表,即填写房屋产权申请书和房屋四面墙界表。墙界表是房屋权利人向登记机关提供的房屋四面墙体归属情况的书面凭证。申请人填写申请书和墙界表后，连同产权证件、身份证明等，一起交给登记机关工作人员。工作人员审阅无误后，办理收件手续，收取证件。

（2）勘丈绘图。勘丈绘图是对已申请房屋产权登记的房屋，进行实地勘察，查清房屋现状，丈量计算面积，核实墙体归属，绘制分户平面图，补测或修改房屋的平面图（地籍图），为产权审查和制图发证提供依据。勘丈绘图的主要任务包括核实、修正房屋情况、核实墙界和绘制分户单位平面图等。将与实际一致的房屋平面图连同申请书、墙界表、未登记房屋调查表以及分户单位平面图等移交给原来的登记人员，并归入相应的登记档案袋。其中非常重要的是对墙界的核实。核实的时候，应由权利人逐一指引，验证墙界表的真实性，同时再由邻居确认申请人指界是否与实际情况相符，经双方确认后再对墙界进行登记。

（3）产权审查。产权审查是指以产权、产籍档案的历史资料和实地调查、勘察的现实资料为基础，以国际现行的政策、法律和有关的行政法规为依据，对照申请人提出的申请书、墙界表以及其他产权证明，认真审查其申请登记的房屋产权来源是否清楚、产权转移和房屋变动是否合法的整个过程。产权审查要做到层层把关、"三审定案"（初审、复审和终审）。初审是指通过查阅产权档案及有关资料，审查申请人提交的证件是否齐全，核实房屋的界限，了解房屋产权来源及权利变动情况，根据有关法律法规提出初步的意见。初审以后，要将房屋产权登记的基本情况和初步核查的结果进行公布。在规定的期限内，房屋的利害关系人可以书面向登记机关提供有关证据，要求重新复核；没有异议的，准予确认房屋产权。复审是指经过初审和公告以后确认房屋产权无异议的，交由复审人员进行全面复核和审查。这是产权审查确认产权、核发产权证书的重要环节。终审是最后的审查，一般由直接负责权属登记工作的机构指定的专人进行。终审时，对于有疑问的内容，终审人员应及时向有关人员指出，对于复杂的问题，也可采用会审的办法，以确保确权无误。经过以上步骤后，可以确认房屋产权并发放产权证书。

（4）绘制权证。绘制权证包括缮证、配图、核对、盖印四个流程。

① 缮证，即填写房屋产权证、房屋共有权保持证和房屋他项权证。

② 配图，是指将测绘人员经过实地复核后测制的房屋平面图或分户单位平面图、示意图粘贴在房屋产权证规定的位置上。

③ 核对，是指房屋产权缮写和粘贴附图以后再进行校对。核对以申请书为根据，对照检查房屋产权证、房屋共有权保持证存根的项目有无错漏，与申请书是否一致；以房屋产权证（或房屋共有权保持证）存根为依据，对照检查骑缝处的字号与权证扉页的字号是否相符；以房屋产权证（或房屋共有权保持证）存根为根据，对照检查房屋平面图的各项有无错漏、是否一致。如果存在问题，在询问清楚和补齐后方可进行绘制。

④ 盖印，即在登记复核后，依次在房屋产权证存根与房屋产权证的骑缝处和图证结合处，另盖骑缝专用章和房管机关的钢印，并加盖填发机关公章。

（5）收费发证。收费发证是房屋产权登记工作的最后一道程序，包括征税、收费和发证。产权人缴纳的税费，原则上应包括印花税和登记费、勘测丈测费、权证工本费等。房屋的买卖、赠与、典当以及不等价交换等，都要由承受人缴纳契税和印花税，一般委托房产登记部门在办理房屋交易手续时代为征收。

发证，即产权人缴纳税费后，由发证机关发出领证通知书，产权人在指定的时间、地点，携收件收据、缴纳税费收据以及身份证件等到发证机关，经检验无误后，发给房屋产权证书。

根据规定，房屋权属证书主要有房屋所有权证、房屋共有权证、房屋他项权证，或者房地产权证、房地产共有权证、房地产他项权证。这些证书是表明权利人对特定房屋享有所有权、共同所有权、他项权（抵押权）的凭证。只要权利人拥有这些证书且证书记载的姓名与持有人一致，第三人即可推定证书上记载的人为相应权利的享有人。

案例分析

张某有李甲、李乙两个子女且均已成年。2015年，张某以户主的身份提出建房申请，经批准后原地翻建了二层楼房。2016年，李乙以张某的名义向A市政府申请私有房屋所有权登记。A市政府经审查后向张某颁发了房屋所有权证。2018年，新建房屋因拆迁被拆除。因拆迁安置补助款的分配，三人发生争执。同年，李甲提起民事诉讼，要求对新建房屋进行确权。在审理过程中，李甲得知该房屋已被登记在张某名下，遂以A市政府的登记行为侵犯其合法权益为由向法院提起行政诉讼，请求撤销张某取得的房屋所有权证。

问题：A市政府向张某颁发房屋所有权证的行政行为，是否侵犯了李甲的合法权益（房屋行政登记行为是否合法）？

分析：本案是一宗民事纠纷与行政纠纷紧密相连的案件。所涉及的主要是共有房屋的产权登记，即房屋共有人的合法权益的保护。

共有是一种常见的财产法律关系，指两个或两个以上的民事主体对同一物享有所有权。每个共有人无论对共有财产的全部还是部分进行占有、使用、收益、处分时，都直接涉及其他共有人的利益，所以不能自行其是，必须遵循协商一致的原则。

在我国，产权登记实行登记要件主义。登记作为一种行政行为，体现着国家干预性。房屋权属登记既可以由权利人（申请人）申请，也可以由权利人委托代理人申请；代理人申请登记时，除向登记机关交验代理人有效证件外，还应当向登记机关提交权利人（申请人）的书面委托书，凡权属清楚、产权来源资料齐全的，应当核准登记，并颁发房屋权属证书。

本案中，诉争的房屋应为张某与李甲、李乙的共有物。对于共有物的处理，应遵循协商一致的原则。因此，登记时必须注明各方的出资额，按出资额对房屋享有权利。在各方未达成协商的情况下，应以建房申请的户主张某作为权利人（申请人）申请。

审理中，张某承认口头委托李乙申请办理房屋权属登记，但未出具书面委托。因此，A市政府在未交验代理人有效证件、权利人的书面委托书以及在权属存有纠纷的情况下，向张某颁发房屋权属证书，属于行政程序违法，登记行为应予撤销。但鉴于被登记的房屋已在城市建设中拆除，故撤销登记已无实际意义，应判决确认登记行为违法。

本章小结

本章主要讲述了房地产法律制度及相关政策。学习本章时以理解应用为主。首先弄清房地产的概念和特征，并对最新颁布实施或最近几年修正的房地产法有一定的了解。在我国，房地产法规是调整房地产经济关系的法律规范的总称。我国房地产法的调整对象主要包括房地产产权、开发、经营、使用、交易、服务等各种关系。

房地产开发是我国城市建设和商品房生产的主要形式。房地产开发企业的开发行为是否规范、有序直接关系到土地是否合理利用，房地产开发企业的设立程序和资质等级划分对于规范房地产市场起到了积极的作用。国家对房地产开发建设的管理主要体现在土地利用、城市规划等方面。

学习房地产交易时，要明确房地产交易是一种市场买卖行为，它分广义和狭义两种解释。广义的房地产交易是指当事人之间在进行房地产转让、抵押、租赁等交易行为的同时，还进行与房地产交易行为有着密切关系的房地产价格确定、房地产交易中介服务等活动；狭义的房地产交易是指当事人之间进行的房地产转让、房地产抵押和房屋租赁的活动。

房屋登记是指房屋登记机构依法将房屋权利和其他应当记载的事项在房屋登记簿上予以记载的行为。房屋登记由房屋所在地的房屋登记机构办理，房屋登记机构应当建立本行政区域内的房屋登记簿。房屋登记簿是房屋权利归属和内容的依据，由房屋登记机构管理。房屋登记制度是本章学习的一个重要知识点，需要结合案例掌握房屋登记的种类和程序。

复习思考题

1. 简述房地产法的概念和特征。
2. 什么是房地产开发企业？其主要有哪几种资质？
3. 简述商品房预售应当具备的条件。
4. 简述国有土地上房屋征收与补偿的基本程序。
5. 什么是房地产登记？其有何效力和特征？
6. 简述房屋登记的程序和内容。

参考文献

[1] 建设工程法规及相关知识 二级建造师执业资格考试用书.全国二级建造师执业资格考试用书编写委员会编写. 北京：中国建筑工业出版社，2020.

[2] 《中华人民共和国民法典》实用问题版. 北京：法律出版社，2021.

[3] 建设工程法规及相关知识. 全国一级建造师执业资格考试用书. 全国一级建造师执业资格考试用书编写委员会编写. 北京：中国建筑工业出版社，2019.

[4] 王铁三,刘万瑞. 建设工程法规与案例. 西安电子科技大学出版社，2014.

[5] 曹林同. 建筑法规. 北京：教育科学出版社，2016.

[6] 陈东佐. 建筑法规概论. 北京：化学工业出版社，2020.

[7] 吴胜兴. 土木工程建设法规. 北京：高等教育出版社，2020.

[8] 朱宏亮. 建设法规. 武汉：武汉理工大学出版社，2018.

[9] 李珊. 建设法规. 西安：西北工业大学出版社，2015.

[10] 顾永才. 建设法规. 武汉：华中科技大学出版社，2016.

[11] 陈晓明，崔怀祖，卢滔. 工程建设法规. 北京：北京理工大学出版社，2018.